反思证券法

［美］马克·斯坦伯格（Marc I. Steinberg）◎著

林少伟　唐林垚◎译　沈彦希　孙光亮◎校

上海人民出版社

中文版序言

　　《反思证券法》由牛津大学出版社于 2021 年出版，我很高兴为本书中文版撰写序言。本书在业内专家群体中赫赫有名。例如，美国证券交易委员会前任主席哈维·皮特（Harvey Pitt）声称："凡是关注资本主义强化、资本市场效率提升以及投资者保护的人，都应该去读马克·斯坦伯格教授别出心裁且发人深省的作品——《反思证券法》。"证券交易委员会前总法律顾问拉尔夫·费拉拉（Ralph Ferrara）评论说，这本书阐述了"一个使得资本市场准入和交易保持公平有效的体系"。本书被美国书展授予 2021 年美国最佳法律书籍的荣誉称号。

　　《反思证券法》关注美国证券监管的许多重要方面，倡导进行有意义的改革。本书分析了一些重大课题如美国证券法的披露框架、注册制度、注册豁免、公司治理、内幕交易、私人证券诉讼、并购以及证券交易委员会的运作，最后一章总结了全书提出的 125 项建议。

　　本书首次全面论述了自 40 多年前美国法律协会通过《联邦证券法典》以来，美国证券法的多次修订情况，具有里程碑式意义。遗憾的是，国会最终没有通过这一法典，未来出台的希望亦十分渺茫。

　　本书旨在发现、解决美国证券法现存的不足之处，提出分析性举措予以补救，以健全完善现有法律框架。当然，鉴于本书所提建议的实质性，相关建议引发了一些争议，这种反响也不足为奇。以下简要列举一些本书提出的建议。

　　2002 年，美国国会通过《萨班斯—奥克斯利法案》，其中规定，证券交易委员会要求在证券交易所上市的公司"迅速且即时"（on a rapid and current basis）地披露说明公司财务状况或者财务操作方面的"重大变化"附加信息。证券交易委员会决定增加当前报告表 8-K 要求的披露项目数量，而非效仿欧盟和其他发达市场要求所有重大信息（不考虑正当商业原因）必须及时披露。其可能的结果是，公司有了不向投资者和证券市场及时披露重大信息的合法理由，从而忽视投资者利益，降低证券市场的价格发现效率。摆在证券交易委员会面前的解决办法是，要求在证券交易所上市的公司及时公开披露所有重大信息，除非有正当的商业理由不披露。

信息过载在美国的信息披露制度中很普遍。公司向证券交易委员会提交的文件数量庞大，普通投资者想要消化这些文件所包含的信息，既不适当，也不切实际，反倒成为一种负担。虽然治标不治本，但为了减轻投资者的信息接收压力，证券交易委员会要求公司在提交文件的前部附上摘要。这种方法并不稀奇，实践中已有公司以此种方式向证券交易委员会提供文件。摘要易于理解，推广应用将增强披露纪律，并有利于那些时间有限和经验匮乏的普通投资者理解披露文件中包含的复杂信息。

关于私人发行注册豁免，二十多年来，我一直反对证券交易委员会未能上调界定个人合格投资者资格的资金门槛。简而言之，合格投资者的身份意味着此类投资者无法基于证券交易委员会规则获得发行人披露信息的保障。实际上，信息披露是一个协商和规避欺诈责任的过程。1982 年，证券交易委员会认为，如果一个人的净资产达到 100 万美元或年收入达到 20 万美元，那么他就是一名合格投资者。由于担心不利于私人资本筹集，证券交易委员会 40 多年来一直拒绝提高资金门槛。这种立场倾向于便利资本形成，而不是保护投资者，有失一个有义务保护投资者的监管机构形象。对于证券交易委员会来说，解决方案之一是提高资金门槛，使之与 1982 年以来的通货膨胀水平保持一致。例如，1982 年的 100 万美元在 2024 年可转换为约 325 万美元。此外，在确定合格投资者的身份之时，具有人身专属不可替代性的资产，如个人的退休账户，不应包括在内。

最后一个例子聚焦于令人难以认同的美国内幕交易制度。在美国法框架下,处境相似的人可能无缘无故地受到区别对待。没有其他发达市场追随美国的内幕交易制度框架。基于信义义务原则,在证券交易委员会执法过度的情况下,区别对待的情况普遍存在。为纠正这种现象,应采取一种全面认定信息获取的路径。据此,获得重大非公开信息的人不能从事交易或向他人透露信息。此外,在从事交易之前,即使没有掌握重大非公开信息,也应要求董事和高级管理人员提前告知他们交易公司证券的意图。在充分告知后,如果该交易被认为是合法的,那么高级管理人员或董事可在下一个营业日进行交易。

本序言中讨论的例子对《反思证券法》的内容和建议进行了一些说明。作为一名学者和从业者,我在证券法领域的职业生涯始于1978年担任的证券交易委员会执法律师,本书展示了本人观点的变化情况。本书的写作亦是一项令人愉快和振奋的工作,我希望《反思证券法》一书将为美国证券法框架以及全球证券市场带来重大改进和启发。

马克·斯坦伯格

2024年6月5日

推荐序

　　证券是资本市场上最为重要的金融产品之一，当今世界所有金融产品都脱离不了人类社会早期就已存在的因分工合作专业化而交换产品的需求。随着社会的发展，人们的交易活动得以跨越时空障碍，不仅大大地扩展了财富积累的视野，而且逐步实现了在日益扩大的人群、地域里的资源合理配置。相比于初始的面对面、物易物的场景，产品交换行为经过最大程度的潜力挖掘、需求创造与利润追逐，终于日趋精细化、专业化，能够通过高效的规模运作，实现从多层次中间商、信用贸易直到现代资本市场的出现；从实物产品的交易到一般等价物、流通票据、有价证券及其衍生品的交易。与此同时，联结交易相对方的信用机制也从自发的、无序的、风险弥漫的状态，进化为介入的、有序的、风险控制的状态。尽管近期风行一时的虚拟货币试图借助技术力量消解法律的规制和既有体系的监管，但在主要大国中其交易活动仍常被强行视为证券而予以规制、加以监管。可以说，证券法仍是并在未来很长一段时间内都会是资本市场监管规则的核心内容。

　　美国的证券法是当今世界上绝大多数建立有资本市场的国家借鉴学习的蓝本。作为规模最大、产品种类最多、交易技术最为发达、吸引全球资金最多的资本洼地，美国资本市场拥有世界上最早通过法律形式对资本市场作出规范并在立法、司法和执法层面加以实施的宝贵经验。更重要的是，这里是全世界财富创造/积累、资本跨界流动/集聚过程中各种矛盾冲突最为严重的地方，所以它的法律和监管规则的变化一直受到世界各国资本市场监管机构的高度重视。《反思证券法》一书从多个层面探讨美国证券市场监管中的重要问题，不仅从联邦法律与各州法律之间互动、冲突、制约关系的角度反思证券法与公司治理的互动问题，还关注了信息披露、注册豁免、私人证券诉讼、内幕交易以及并购等证券发行、交易、违法损害救济的具体制度与监管问题，并对其各种不足之处提出了尖锐的批评和改善的建议。

斯坦伯格教授对美国证券立法的历史演变与司法的裁判逻辑均相当熟悉，书中一个个鲜明观点的背后是丰富翔实的论据。当然，读者所见的内容看似信手拈来，实则是作者倾心钻研、深入思考的结果。举其一例，斯坦伯格教授早前在他的另一本专著《公司治理联邦化》（The Federalization of Corporate Governance）中，就对联邦证券法如何影响各州公司法展开过探讨，而该书和本书共同关注的一个具体面向即是充斥于各国资本市场且备受争议的内幕交易及其规管制度。在美国证券交易委员会九十年来的执法活动中，禁止内幕交易的观念逐渐从州法层面上的董事及高管人员的受托人义务中脱离出来，通过该委员会的不懈努力，转化为证券法实施 10b-5 规则中确立的内幕交易责任认定标准与交易者民事救济诉权。可以说，美国证券交易委员会在解释和发展证券法中所作的努力及其在该领域所取得的进展，打破了业界对美国法院主导判例法走向的传统印象，也在一定程度上得到了法院和国会的尊重与认可。

他山之石，可以攻玉。本书对美国证券法诸多方面的反思，也给我国证券法的改进与完善提供了对照与内省的空间。例如，美国证券法的信息披露制度之完善堪称全球领先，斯坦伯格教授却指出其中仍然存在信息过载的问题——若广大投资者淹没于强制披露的信息海洋，则实际上难以有效地利用/获取投资决策所需信息。从中国资本市场三十年前尚未能在立法层面明确建立强制性信息披露制度，到 2005 年修改《证券法》对这一空白的有限填补，再到 2019 年进一步修改该法对信息披露内容新增"简明清晰"的要求，我国证券信息披露制度的发展与美国面临着类似的问题，共享着同频的解决思路。了解斯坦伯格教授在本书中针对信息过载提出的具体建议，有助于我国在立法一般性规定之外有效推行"简明披露"，平衡广大投资者对信息的相关性需求和对信息的接受程度及能力，切实保护投资者利益。

再如，在证券私人诉讼领域，斯坦伯格教授着重剖析了美国联邦证券法在违法行为主观过失标准、中介服务机构的次要责任以及非欺诈或故意情形下损害赔偿限制等方面的不统一、不一致、不确定问题，勾勒了一幅证券市场高度发达、日渐专精而引发各种尖锐矛盾的图景。尽管我国证券法民事责任制度通常被认为起步较晚、发展较慢；相比于证券监管机构的执法活动，私人诉讼更是因缺乏投资者的选择热情及司法机构的理解/支持而略显沉寂，但近年来颇具中国特色的投服中心支持私人诉讼模式形成，投资者针对虚假陈述、内幕交易等证券违法行为主张救济的实例不断丰富，甚至在公司治理层面追究管理者责任的情形亦时有发生。因此，我国未来证券民事赔偿诉讼的展开亟须前瞻性与积极性思考，本书便可提供探询美国经验的窗口。

两位译者的高水平翻译原汁原味地呈现了斯坦伯格教授对于美国证券法及实践的深刻思考，对处于全面深化改革中的我国资本市场有较好的借鉴和启示作用，对于当前我国资本市场中诸多乱象的治理更是具有警示和参考作用。在此，我向有兴趣了解美国证券法发展历程与最新趋势，有志向为我国证券市场的法治化建设奉献才智的读者，郑重推荐本书。

是为序。

中国证券监督管理委员会前副主席，中投公司原总经理
高西庆
2024 年 11 月 13 日于北京

致　谢

我很高兴这个项目取得了成果，这当然是具有挑战性和有趣的。正如本书所示，书中探讨了广泛的主题，并提出了许多可供采纳的建议。相关分析建议希望对立法者、监管者、法官、学者、从业者和学生有所帮助。

我的研究助理给我提供了极大的支持，在此，我对德文·波奇女士、泰勒·桑托里先生和凯特琳·索森女士表示感谢。

在教职工中，我感谢詹妮弗·柯林斯院长对这个项目的大力支持。我要对图书馆与技术副院长格雷格·艾维先生和研究与教师服务图书馆员莫西·加里纳先生表示感谢。此外，法学院行政助理卡罗琳·耶茨女士的勤奋和卓越贡献也值得赞誉。

在这个项目期间，我有幸获得了两项夏季研究资助，它们分别是弗雷德·E.塔克卓越教师捐赠基金（2019年夏季）和罗伯特·B.罗琳商业法与领导力中心（2020年夏季）。我由衷感谢捐赠者对我的慷慨支持。

我还要对我作为这所一流法学院的教员三十多年来所得到的大力支持表示感谢。

译者分工

本书中文版序言、致谢、第一至五章、索引由林少伟负责翻译；第六至十章由唐林垚负责翻译。

第一章

奠基之法——证券法之反思

一、导　言

对联邦证券法（尤其是 1933 年《证券法》①和 1934 年《证券交易法》②）进行"反思"是一个亟待全面分析的重要议题，这既反映了时代的需求，亦是本书研究的主旨所在。前述两项法案均诞生于大萧条时期，③自颁布实施以来，美国国会定期对其进行重大修订。④相关的修订时间跨度长，超过八十五年，涉及

---

①　15 U.S.C. § 77（a）*et seq.*

②　15 U.S.C. § 78（a）*et seq.*

③　参见 *Cyan, Inc. v. Beaver County Employees Retirement Fund*，138 S.Ct. 1061，1066（2018）（"1929 年股市崩盘后，国会为促进证券市场的诚信行为，相继颁布了两部法律"）；证券交易委员会（SEC），*50 Years of the U.S. Securities and Exchange Commission*（1984）（"大崩盘凸显了联邦政府干预资本市场建立和维持更高的商业行为标准的必要性"）。

④　参见 1938 年《马罗尼法》，Pub. L. No.75-719，52 Stat. 1070（1938）［设立全美证券交易商协会（NASD）来负责场外证券市场的监管，NASD 是美国金融业监管局（FINRA）的前身］；1964 年《证券法修正案》Pub. L. No.88-467，78 Stat. 565（1964）（扩大 1934 年《证券交易法》的规制范围，将其定期报告、代理以及短线内幕交易的相关规定适用于场外交易公司，同时加强对经纪人及其关联人员的资质标准和行政纪律控制）；《威廉姆斯法案》，Pub. L. No.90-439，12 Stat. 454（1968）（针对程序和披露，确立了关于私有化和要约收购的要求）；1975 年《证券法修正案》，Pub. L. No.94-29，89 Stat. 97（1975）（指示证券交易委员会"促进国家证券市场体系的建立"）；《反海外腐败法》（FCPA），Pub. L. No.95-213，91 Stat. 1494（1977）（禁止以获得或保留业务为目的向外国官员行贿，同时要求 1934 年《证券交易法》所规定的有披露义务的公司妥善保存准确的账簿、记录以及内部会计控制措施）；1990 年《证券执行救济和小额股票改革法》，Pub. L. No.101-429，104 Stat. 931（1990）（加强证券交易委员会的执行救济措施，包括征收罚款、禁止令以及禁止担任董事和高级管理人员）；1995 年《私人证券诉讼改革法案》（PSLRA），Pub. L. No.104-67，109 Stat. 737（1995）（对证券集体诉讼改革作出规定，实施更严格的辩护要求，加强对上市公司前瞻性陈述的保护，并制定比例责任框架）；1996 年《全美证券市场促进法案》（NSMIA），Pub. L. No.104-290，110 Stat. 3416（1996）（NSMIA 的规定优先于各州对证券登记的监管及其豁免的规定）；1998 年（转下页）

证券监管的方方面面。⑤证券交易委员会⑥凭借自身广泛的权力，在证券法修订过程中扮演了积极监管者的角色。⑦

四十多年前，美国法律协会（ALI）通过了《联邦证券法典》。⑧《联邦证券法典》是一个宏大的项目，由知名法学家路易斯·罗思教授（Louis Loss）担任报告人和首席顾问，⑨旨在达成以下三个主要目标："（1）简化复杂的法律体系（尽管这种复杂性是不可避免的）……（2）（尽可能地）杜绝重复监管；以及

（接上页）《证券诉讼统一标准法案》（SLUSA），Pub. L. No.105-353，112 Stat. 3227（1998）（在特定例外情况下，要求针对全国上市公司提起的证券集体诉讼只能向适用联邦法律的联邦区法院提起）；2002 年《萨班斯—奥克斯利法案》Pub. L. No.107-204，116 Stat. 745（2002）[通过要求目标公司的首席执行官和首席财务官证明证券交易委员会定期报告的准确性、推进公司治理各方面（例如审计委员会的组成和职责）联邦化、要求 1934 年《证券交易法》所规定的有披露义务的公司进行实时披露、加强政府执法以及强调专业的（会计和律师）行为标准，强化联邦层面的监管]；《多德—弗兰克华尔街改革和消费者保护法案》，Pub. L. No.111-203，124 Stat. 1376（2010）（针对联邦证券法的规制范围，要求加强对高管薪酬和目标公司治理结构的披露，开展不具约束力的股东"薪酬话语权"投票，以及将设立独立薪酬委员会作为国家证券交易所上市条件，通过以上措施强化联邦公司治理）；2012 年《促进创业企业融资法案》（JOBSAct），Pub. L. No.112-106，126 Stat. 306（2012）（通过放宽一系列限制和增设新的登记企业种类——新兴成长型公司，方便小企业融资）。

⑤　此类立法修正案涉及披露命令、融资、强化公司治理、金融中介监管、证券监管委员会执行权、私人诉讼等多个主题。资料来源参见前注④。

⑥　证券交易委员会是依据 1934 年《证券交易法》设立的。参见 1934 年《证券交易法》15 U.S.C. § 78（d）第 4 条。

⑦　相关事例包括：1942 年证券交易委员会颁布的股东提案规则、1961 年发布的著名的 Cady, Roberts 案裁决（依据联邦法律，禁止内幕交易）以及依照裁决（由证券交易委员会执法部主任斯坦利·斯伯金牵头）实施的"志愿者计划"，推动公司自行检举非法账款，继而促成了《反海外腐败法》的制定和颁布。参见 1976 年 5 月向参议院银行、住房和城市事务委员会提交的《证券交易委员会关于可疑及非法公司账款和实践的报告》（即证券交易委员会就上市公司自行检举非法账款向参议院作出的报告）；SEC 50 Year Publication，前注③（依据该志愿者项目，"一些世界上规模最大的公司都承认自己存在某种形式的可疑账款"）；in Cady, Roberts & Company 40 S.E.C. 907（1961）案中（依据"获取"方法，实现非法内幕交易的联邦化）；《证券交易法公告》No.3347（1942）（通过了证券交易委员会股东提案规则，规则具体内容见证券交易委员会 14a-8 规则 17 C.F.R. § 240.14a-8）。

⑧　American Law Institute, Federal Securities Code（1978）（published by the ALI in 1980）.

⑨　See id. at 5. 助理报告人是维克多·布鲁尼教授（Victor Brudney）。顾问包括 Mr. Milton H. Cohen, Professor Vern Countryman, Mr. Theodore H. Focht, Mr. Ray Garrett, Jr.（他曾担任美国证券交易委员会主席），Mr. L.C.B. Gower, Mr. Alton B. Harris, Mr. David S. Henkel, Mr. Charles Jackson, Jr., Professor Homer Kripke, Mr. Milton P. Kroll, Professor Robert H. Mundheim, and Professor David S. Ruder（他后来担任了美国证券交易委员会主席）。

（3）重新审查整个投资者保护计划，提升计划的效率。"[10]时至今日，国会都没 3
有通过美国法律协会的这一法典，其前景渺茫。[11]虽然结果不尽如人意，但《联
邦证券法典》的某些内容已依照证券交易委员会指令落地实施。例如，颁布统
一披露要求、通过引用 1933 年《交易法》定期报告中的信息并入 1933 年《证
券法》注册申请表、储架注册的概念以及扩大州内发行豁免。[12]因此，尽管《联
邦证券法典》中的某些原则得到了适用，但并未达成其最终目的——在联邦层
面形成一个连贯且简化的法典框架，在不会对资本形成和诚信经营设置不当障
碍的前提下，加强对投资者的保护。一言以蔽之，这一宏伟的事业可谓有始
无终。[13]

因此，美国如今适用的证券监管框架，其构成极为复杂，包含零碎的联邦
立法、司法裁判、证券交易委员会举措、州"蓝天"法以及自律组织监管。[14]由
此可见，统一且合理监管的缺位问题一直存在。长期以来，无论是在交易实践
还是诉讼中，指令的适用都非常混乱，无规律可循，且与健全的公共政策背道

---

　　[10]　*Id*. at xix. 这样做的另一个目标是"尽可能不干扰诚信的企业"。*Id*., quoting, President
Franklin D. Roosevelt, S. Rep. No.47, at 607, and H.R. Rep. No.85, at 1—2, 73d Cong., 1st Sess.
(1933).

　　[11]　事实上，在笔者有关证券监管著作的第一版中，就有如此表述："在这个关头，颁布美国
法律协会的《联邦证券法典》显然不合时宜。"Marc I. Steinberg, *Securities Regulation* 7 (1986).
时至今日，这一观点仍一语中的。

　　[12]　参见证券交易委员会 S-K 规则 17 C.F.R. § 229.10 *et seq*.〔S-K 规则针对证券交易委员会文
件（例如，1933 年《证券法》注册申请表和 1934 年《证券交易法》定期报告），规定了非财务报表
披露的统一要求〕；1933 年《证券法》Release No.6383（1982）（整合 1933 年《证券法》和 1934 年
《证券交易法》的披露制度）；《证券法公告》No.6499（1983）（通过"储架"登记规则）。美国法律
协会的《联邦证券法典》有类似（但并不完全相同）的规定。例如，《联邦证券法典》第 402 条、第
505 条和第 602 条，参见前注⑧。

　　[13]　关于《联邦证券法典》的评论，参见 Securities and Exchange Commission, *Statement Con-
cerning Codification of the Federal Securities Laws*, Securities ActRelease No.6242（1980）; Symposi-
um, *The Federal Securities Code*, 33 U. Miami L. Rev. No.5（1979）; Symposium, *The American
Law Institute's Proposed Federal Securities Code*, 30 Vand. L. Rev. 311（1977）（Part 1）; 32 Vand.
L. Rev. 455（1979）（Part 2）; Louis Loss, *The American Law Institute's Federal Securities Code Pro-
ject*, 26 Bus. Law. 555（1970）; Louis Lowenfels, *The Case Against the Proposed Federal Securities
Code*, 65 Va. L. Rev. 615（1979）; Carl Schneider, *Reform of the Federal Securities Laws*, 115 U. Pa.
L. Rev. 1023（1967）.

　　[14]　See Marc I. Steinberg, *Securities Regulation*（7th ed. 2017）; Marc I. Steinberg, *Under-
standing Securities Law*（7th ed. 2018）.

而驰。本书旨在辨识现有证券监管框架的根本问题，直击其痛点，为补齐这些短板建言献策，对具体的整治措施进行深入彻底的分析，并尝试为制定统一完善的公共政策框架提供见地。

就此而言，解决证券监管全局问题是一项波澜壮阔的任务，既非本书所能及，亦非本书主旨所在。[15]本书旨在确定证券法的主要问题，重点关注 1933 年《证券法》和 1934 年《证券交易法》（以及后续对这些法案产生影响的国会立法和证券交易委员会声明），以希望本书所作的针对性分析对美国实施优化后的证券监管框架具有一定的借鉴意义和价值。[16]

二、美国证券法框架的优越性

本书聚焦 1933 年《证券法》、1934 年《证券交易法》及其数十年来的相关修订，对美国证券法展开剖析与反思。[17]尽管现有的证券法框架仍存在诸多不足与矛盾之处，但无论在国内还是国际市场，其仍具有无与伦比的优越性。美国证券法框架之所以能够成为世界证券法市场中的佼佼者，其自身所具有的特质功不可没，下文将针对这些特质进行简要讨论。

美国的证券监管框架设置巧妙，结构精密完备，若能切实落地，所获成效必定非常亮眼。该框架包括但不限于以下部分：第一，存在一个包罗万象的法定框架——如 1933 年《证券法》和 1934 年《证券交易法》，解决了证券监管的多方面问题。第二，证券交易委员会积极发挥政府监管者职能，对证券市场、金融中介机构、发行人行为（通常侧重于披露实践）、相关关键行为人（例如高管、董事和控制人）、其他参与者（例如代理咨询公司、积极投资者和向客户提

---

⑮ 有关证券监管最全面的论述，参见 Louis Loss, Joel Seligman, and Troy Paredes, *Securities Regulation* (6th ed. 2020)。关于州证券监管，著名的论述参见：Joseph C. Long, Michael J. Kaufman, and John M. Wunderlich, *Blue Sky Law* (2020)。关于其他两部综合性著作，请参见 Thomas Lee Hazen, *Treatise on the Law of Securities Regulation* (7th ed. 2019)；Louis Loss, Joel Seligman, and Troy Paredes, *Fundamentals of Securities Regulation* (7th ed. 2019)。

⑯ 在这方面，读者可能会对牛津大学出版社近期出版的另一本书感兴趣：Marc I. Steinberg, *The Federalization of Corporate Governance* (2018)。

⑰ 资料来源见前注①—④。

供服务的专业人士）以及实施违法行为的不法之徒进行监管和约束。此外，相关的刑事起诉事宜则由美国司法部负责。第三，所谓的自律组织（包括美国金融业监管局、美国公众公司会计监督委员会、市政债券规则制定委员会）在促进金融市场一体化的过程中发挥重要作用（例如，为经纪人、会计师事务所及其关联主体制定行为准则）。第四，州证券法（也称"蓝天"法）通过州证券委员会提供了重要的保障，尤其是在监管小型公众公司和私人公司、其内部人员以及市场专业人士不当行为方面。第五，存在一个灵活有效的私人救济框架。受害的投资人可通过该框架，就其因被告不当行为所遭受的经济损失获得补偿。这种一体多面的监管框架如能扎实落地，对美国证券市场抑或是广大投资主体而言，都大有裨益。[18]

　　该框架的另一重要特征就是其灵活性，以实现证券监管的目标。典型例子之一就是对"证券"这一术语的定义。[19]尽管针对证券外延的界定一直以来都饱受诟病，[20]但总而言之，美国证券法所使用的规制方法仍有其可取之处。举例而言，具有此类票据典型属性的股票始终在联邦证券法的规制之列，商业的确定性也因此得到增强。[21]尽管票据的状态仍存在较大的不确定性，但通常情

6

---

　　[18]　有关讨论，参见 Marc I. Steinberg, *Securities Regulation：Liabilities and Remedies*（2020）；Marc I. Steinberg and Ralph C. Ferrara, *Securities Practice：Federal and State Enforcement*（2d ed. 2001 and annual supp.）；引自前注[15]。

　　[19]　"证券"这一术语的定义参见 1933 年《证券法》第 2（a）（1）条和 1934 年《证券交易法》第 3（a）（10）条。参见 15 U.S.C. § 77b（a）（1），§ 78c（a）（10）。这一术语指代一系列广泛的票据，包括票据、债券、股票、投资合同，以及"一般而言，被普遍认为是'证券'的任何票据"。但需要注意的是，这一定义存在一个限定条件，即"上下文另有规定的除外"，这表明票据的具体名称取决于经济情况。参见 *United Housing Foundation，Inc．v．Forman*，421 U.S. 837（1975）案（认定合作住房项目中的股票不属于联邦证券法规定的股票，因为该票据不具备必要的特征）。

　　[20]　举例而言，杰出的证券法专家哈罗德·S.布鲁门塔尔（Harold S. Bloomenthal）曾对美国最高法院对 *Marine Bank v. Weaver*. 455 U.S. 551（1982）案的裁定进行批判，他认为："若对某一法律审查作出的应答包含同样的问题，那么对于法院给出的判决理由，美国 95%的证券监管教授都会给出 F 的评分。" Harold S. Bloomenthal, *1982 Securities Law Handbook* xlvii（1982）. 参见 Marc I. Steinberg and William E. Kaulbach, *The Supreme Court and the Definition of "Security"：The "Context" Clause，"Investment Contract" Analysis，and Their Ramifications*，49 Vand. L. Rev. 489（1987）.

　　[21]　*Gould v. Ruefenacht*，471 U.S. 701（1985）；*Landreth Timber Co．v．Landreth*，471 U.S. 681（1985）. 与普通股票相关的属性包括："（1）在利润分配后有权获得股息；（2）可流通；（3）可抵押或质押；（4）根据所持股份所占比例获授投票权；以及（5）有升值能力。" *Landreth*，471 U.S. at 686.

况下，为投资而广泛发行或出售的票据均被视为证券。㉒最后，就非法人企业而言（例如 LLC、㉓有限合伙企业㉔以及普通合伙企业㉕），会通过投资合同测试将大部分此类企业纳入证券法的规制范围。㉖事实上，七十五年来，这一测试历经各种灵活的诠释和演变，涵盖了广义投资层面的种种利益，包括柑橘园（citrus groves）、㉗

7

㉒　参见 Reves v. Ernst & Young，494 U.S. 56（1990）（采用"家族相似性"测试来判断一种票据是否属于证券：对说服理性卖家和买家参与交易的动机、票据的发行计划、投资公众的合理预期以及是否存在能够降低损失风险的风险降低因素进行评估）。参见 Marc I. Steinberg, Notes as Securities: Reves and Its Implications，51 Ohio St. L. J. 675（1990）。

㉓　Cf. United States v. Leonard，529 F.3d 83（2d Cir. 2008）（认定 LLC 权益属于证券，因为 LLC 的成员实际上是被动投资者），Avenue Capital Management II，L.P. v. Schaden，843 F.3d 876（10th Cir. 2016）（认定由于 LLC 的成员能够发挥主观能动性，因此 LLC 权益不属于证券）。

㉔　鉴于有限合伙人通常不会实质性参与合伙企业事务，因此依据投资合同，有限合伙企业权益通常会被视为证券。参见 Liberty Property Trust v. Republic Properties Corp.，577 F.3d 335（D.C. Cir. 2009）。另外，有限合伙人全权掌管投资的，有限合伙企业权益不属于证券。参见 Steinhardt Group，Inc. v. Citicorp，126 F.3d 144（3d Cir. 1997）。

㉕　普通合伙企业的权益通常不属于证券，因为作为所有人的一般合伙人对企业有实质性的控制权。参见 Hirsch v. du Pont，396 F. Supp. 1214（S.D.N.Y. 1975），aff'd，553 F.2d 750（2d Cir. 1977）。若普通合伙协议将合资企业定性为有限合伙，按照有限合伙企业来分配控制权，或一般合伙人实际上无权控制投资，则很多法院会将这类普通合伙企业的权益认定为证券。参见 Williamson v. Tucker，645 F.2d 404（5th Cir. 1981）。此外，有限责任合伙企业（LLPs）的权益也可被视为证券，因为合伙人的有限责任，被动的合伙人鲜少有动机对企业的投资进行监督。参见 Securities and Exchange Commission v. Merchant Capital，483 F.3d 747（11th Cir. 2007）。参见 Elaine Welle，When Are Limited Liability Partnership Interests Securities?，27 J. Corp. L. 63（2001）。

㉖　参见 Securities and Exchange Commission v. W.J. Howey Co.，328 U.S. 293（1946）（若在一家普通企业中投入了资金，且预期获得的收益完全来自其他主体的努力，则认定存在投资合同）。多年来，豪威测试（Howey test）不断在改进。举例而言，即便投资者也作出了一定的努力，但只要关键的创业或管理职能是由其他主体履行的，投资合同依旧成立。参见 Securities and Exchange Commission v. Glenn W. Turner Enterprises，Inc.，474 F.2d 476，482（9th Cir. 1973）。此外，最高法院随后对豪威测试中"收益"的定义进行了扩大解释。参见 Securities and Exchange Commission v. Edwards，540 U.S. 389（2004）（认定投资合同分析的收益包括收到的定期款项）。

此外，一些州采用了更广泛的测试，即风险资本测试，借此确定是否存在投资合同。参见 Silver Hills Country Club v. Sobieski，361 P.2d 906，908（Cal. 1961）[指出被告"正在募集风险资本以发展盈利业务，（且投资者）与其他购买者同样承担资本风险"]；State Commissioner of Securities v. Hawaii Market Center，Inc.，485 P.2d 105（Haw. 1971）[采用广泛的风险资本测试，依据是：Ronald Coffey，The Economic Realities of a "Security"：Is There a More Meaningful Formula?，18 Case. W. Res. L. Rev. 367（1967）]。

㉗　参见 Securities and Exchange Commission v. W. J. Howey Co.，328 U.S. 293（1946）。在 Howey 案中，柑橘园的销售绑定了一份服务合同，也受到联邦证券法的规制。Howey 案审理法院所采用的汇总方法同样适用于其他情形，例如绑定租金池协议的公寓的销售。参见后注㉘。

公寓、[28]保单贴现[29]以及近期的虚拟货币。[30]因此，票据被认定为证券的方式方法非常灵活。此举的目的有二：一是加强对投资者的保护，二是增强商业确定性。尽管一直以来都饱受争议，[31]但总体而言，这一方法是不断演变，且行之有效的。[32]

因此，美国证券法框架在诸多方面表现不俗，的确是有其可取之处的。从前述五个组成部分展开讨论，[33]美国证券法制度具有优越性这一论断并非言过其实。尽管如此，过去二十几年层出不穷的种种丑闻也说明，这一制度同样存在严重的缺陷。[34]不可否认的是，在应当受到监管的领域，仍然存在着监管缺位的问题。[35]此外，在投资者遭受灾难性损失的情况下，政府不愿对"信誉良好"主体采取执法行动，这也一直是舆论争议的焦点。[36]本书聚焦于对证券法的反思，以促进投资者保护和诚信商业惯例、提升美国证券市场一体化，进而切实推动

8

㉘　参见 *Hocking v. Dubois*，885 F.2d 1449（9th Cir. 1989）（en banc）；《证券法公告》No.5347（1973）。但参见 *Salameh v. Tarsadia Hotel*，726 F.3d 1124（9th Cir. 2013）（认定投资人保有充分的控制权，因此证券法不适用于绑定租金池协议的公寓的销售）。

㉙　参见 *Securities and Exchange Commission v. Mutual Benefits Corp.*，408 F.3d 737（11th Cir. 2005）（认定保单贴现中的部分权益属于投资合同，因此可以认定为证券）。但参见 *Securities and Exchange Commission v. Life Partners，Inc.*，87 F.3d 536（D.C. Cir. 1996）［指出"（发起人）预购买服务……以及实际的购买后服务加在一起，也无法满足 *Howey* 案的第三项要求，即投资人的收益主要来源于其他主体的努力"］。

㉚　参见《证券交易法公告》No.81207（2017）（指出，"无论是使用美元还是虚拟货币购买的证券"，均适用联邦证券法）；Hayden Baker，*Tales from the Crypt：The Securities Law Implications of Initial Coin Offerings and a Framework for a Compliant ICO*，47 Sec. Reg. L. J. 309（2018）。

㉛　资料来源见前注⑳。

㉜　在各种各样的企业中，发起人从被动投资人处募集资金，立足经济现实，对证券的定义进行灵活处理，法院和证券交易委员会得以对这些企业适用证券法。参见 *Continental Marketing Corp. v. Securities and Exchange Commission*，387 F.2d 466（10th Cir. 1967）（认定绑定服务协议的活海狸出售具有投资合同性质，因此属于证券）；资料引自前注㉑—㉚。

㉝　见前注⑬以及附随文本。

㉞　这些灾难导致了两项重要法案的通过——2002 年《萨班斯—奥克斯利法案》和 2010 年《多德—弗兰克华尔街改革和消费者保护法案》，参见前注④。参见 Barney Frank，*What We Did Last Crisis*，50 Loy. U. Chi. L. J. 523（2019）。

㉟　本书后续会对这些问题展开讨论。举例而言，在内幕交易监管方面，存在严重的缺漏。美国最高法院所采用的信义义务推理与其他发达市场大相径庭，因此导致了执行的分歧和不可预测的问题。参见 Marc I. Steinberg，*Securities and Exchange Commission v. Cuban—A Trial of Insider Trading*（2019）。

㊱　例如，电影《大空头》（2015）就描绘了这种情况。参见 Michael Lewis，*The Big Short*（2010）。

必要改革的落实。㊲

三、证券法反思正当时

尽管美国证券法框架确有可取之处，但仍存在重大缺陷。要想补足现有的短板，必须对证券法框架的关键组成部分加以调整和优化。本部分将对需要重新审视和补救的一些问题领域进行初步介绍。

本书第二章对证券监管的关键方面（即联邦证券法的披露制度）展开探讨。在1933年《证券法》规定的发行背景下，依据1934年《证券交易法》对定期和当前报告的要求，提出了强制披露框架（在特定情形中，证券交易委员会将放弃这一框架）。分析的重点是必须披露的信息类型、进行此类披露的情形、证券交易委员会统一披露框架的有效性以及统一披露制度的基本原理。㊳如有必要，将与其他发达交易市场（例如欧盟）采用的披露要求进行横向对比。㊴

本书第三章针对未经注册的证券发行和证券转售行为，对《证券法》规定的注册豁免展开讨论。当前豁免框架是以"关联方"身份、"发行"与"交易"的区分、"承销商身份"以及"受信投资人"资质等概念为基础建立起来的，但这些概念本身存在问题。㊵本章分析了国会和证券交易委员会的决定，指出了豁免框架的瑕疵，并提出了解决方案，以期在保障投资者权益的同时促进资本的募集。㊶

㊲　资料来源见前注③和④。

㊳　在笔者整个职业生涯中，笔者都是从一般的角度来阐述这些概念的。参见 Marc I. Steinberg, *Corporate Internal Affairs—A Corporate and Securities Law Perspective*（1983）；Marc I. Steinberg, *Securities Regulation*（1986 and 7th ed. 2017）；*Understanding Securities Law*（1989 and 7th ed. 2018）。

㊴　尽管其他发达证券市场实施的标准与美国证券法框架中的标准类似，但在某些领域选择适用的是完全不同的标准，这一点值得审慎思考。参见 Marc I. Steinberg, *International Securities Law—A Contemporary and Comparative Analysis*（1999）。

㊵　美国法律协会对"关联方""控制""分销"等术语的处理印证了这一点。参见 ALI Federal Securities Code, *supra* note 8, at § 202（3），（29），（41）。

㊶　本书的主题之一就是，在没有充分理由的情况下，国会和证券交易委员会经常以牺牲投资者保护为代价，促进资本募集。过去二十五年间发生的金融崩溃，在某种程度上可以归咎于这一监管层面的怠惰。

本书第四章聚焦证券交易委员会的注册程序。过去三十年间，证券交易委员会一直试图使《证券法》的严格要求"现代化"。[42]而国会本身也在不时颁布立法，促进目标发行人的融资。[43]考虑到面临的挑战，无论是国会还是证券交易委员会都不会选择与投资人保护背道而驰的做法。尽管如此，仍然存在着许多应予弥补的巨大差距。此外，对于特定行为主体而言（尤其是外部董事和承销商），《证券法》第11条规定的尽职调查抗辩[44]仍是其心头大患。本章旨在为这些问题提供可行的解决方案。

本书第五章对联邦证券法框架内公司治理的众多议题展开研究。事实上，这一主题也是笔者近期在牛津大学出版社出版的《公司治理联邦化》一书中讨论的重点。[45]本章讨论的问题包括国会和证券交易委员会在推进公司治理特定方面联邦化过程中的不严谨、避重就轻，甚至对其他更为棘手的问题置之不理。总体而言，这一联邦化进程是有利于促进法律合规和增强投资者保护的，但根深蒂固的问题依然没有解决。[46]针对如何协调当前联邦政府对于公司治理之规定与本章所提议的措施之间的关系，笔者在本章提出了自己的建议。   10

本书第六章围绕证券法中的私人诉讼展开讨论。联邦证券法中所包含的诉讼结构衍生于旧时代，并不适用于现代证券市场。为了解决存在的漏洞，国会分阶段进行了立法，但未能提出一个连贯且公平的责任框架。[47]其后果就是，私人证券诉讼制度需要进一步析清，进行统一性的增强，并对公共政策的影响予

---

　　[42]　参见《证券法》Release No.8591（2005）（通过众多规则，对违反《证券法》第5条的行为予以授权，包括第163条规则，允许知名成熟发行人在提交注册申请表之前作出发售要约）；《证券法》Release No.10699（2019）[通过第163B条规则，允许所有发行人（或所有经授权的代表）在提交注册上市申请表之前与特定机构投资者进行书面或口头沟通。若无此规则规定，这种行为就会构成对《证券法》第5条的违反]。

　　[43]　参见2012年《促进创业企业融资法案》，上文注④（通过放宽一系列限制和增设新的登记企业种类——新兴成长型公司，方便小企业融资）。

　　[44]　15 U.S.C. § 77k [规定，《证券法》注册申请表中包含针对特定方的实质性虚假陈述或真假参半的陈述的，依据该注册申请表购买证券的主体享有明确的私人诉讼权利，且前述特定方（不包括发行人）可提出尽职调查抗辩来免除相关责任]。

　　[45]　参见 Steinberg，前注⑯。

　　[46]　参见同上，第264—284页（探讨了这些问题并提出解决的方案）。

　　[47]　此类碎片化的立法包括1995年《私人证券诉讼改革法案》（PSLRA）、1998年《证券诉讼统一标准法案》（SLUSA）以及2002年《萨班斯—奥克斯利法案》。相关法案参见上文注④。

以更为深入的评估。本章提出的建议旨在围绕公司受信人、金融中介机构和看门人对责任框架进行改进和优化。

本书第七章聚焦内幕交易的关键问题。其特点是美国证券交易委员会监管过于激进，司法模糊，以及对类似情况作不同处理。[48]时至今日，国会依然拒绝颁布特定法规来禁止内幕交易。[49]如此一来，要适用联邦法，就必须以州法律规定的诈骗概念[50]以及证券交易委员会主动制定的规则（旨在有效执行委员会认定的不当内幕交易）为前提。[51]正如该章所述，更妥当的处理方法其实是参照其他发达证券市场采用的标准，由国会来制定一个更适合的内幕交易框架。[52]

本书第八章论述了联邦证券法项下的并购。1933 年和 1934 年通过联邦证券法之时，并购这一问题并未受到重视。事实上，直至 20 世纪 60 年代到 90 年代私有化和要约收购蔚然成风，国会和证券交易委员会才开始关注这类交易活动。[53]如今，无论是联邦法规还是证券交易委员会规则，都包含关于公众公司并购交易的内容。[54]然而，尽管国会选择将并购监管的某些方面联邦化，但它又拒绝制定包含这方面实质性标准的联邦法规。本章尝试提出一种可行的方法。

本书第九章围绕政府执法展开。联邦证券法不仅包含《证券法》本身，还包括其通过后数十年间制定的修正案。在联邦证券法的执行方面，证券交易委

---

[48] 有关笔者关于这一主题的文献，参见 Marc I. Steinberg and William K.S. Wang, *Insider Trading* (3d ed. 2010)。

[49] 近期，美国众议院通过了一项有关内幕交易的法案。参见《禁止内幕交易法》，H.R. 2534，116th Cong., 1st Sess. (2019)；H.R. Report No.116-219, Committee on Financial Services (2019)。本书第七章对该法案进行了讨论。

[50] 参见 *United States v. O'Hagan*, 521 U.S. 642（1997）；*Dirks v. Securities and Exchange Commission*, 463 U.S. 646（1983）；*Chiarella v. United States*, 445 U.S. 222（1980）。

[51] 相关的例子包括证券交易委员会通过 10b5-2 规则 17 C.F.R. § 240.10b5-2（将盗用理论扩展到保密协议领域，即便事先并不存在保密关系）以及 14e-3 规则 17 C.F.R. § 240.14e-3（对要约收购中的非法内幕交易适用信息平等方法）。

[52] 制定全面的内幕交易法定框架能够确保美国与采用这种路径的其他发达证券市场保持一致。

[53] 关键的联邦立法《威廉姆斯法案》于 1968 年颁布，旨在解决私有化和要约收购中的程序与披露问题。

[54] 证券交易委员会通过了数项规则来应对这些交易。参见证券交易委员会 M-A 规则，17 C.F.R. § 229.1000 *et seq.*（对现金合并、私有化和要约收购交易的披露要求作出规定）。

员会和美国司法部具有广泛的权力,[55]但政府时常会因未能发现重大欺诈[56]以及怠于追责高层管理人员而受到强烈批评。[57]本章对这些问题进行了讨论,并提出改进的建议。

本书第十章针对证券法"反思"这一核心主题,对笔者的分析和建议进行了总结。探讨了应当如何限制或扩大联邦法律、如何提升其统一性,以及如何以同样的方式对待行为主体。在此过程中,本章还从法律合规、公司治理以及投资者保护的角度对政策观点展开讨论,同时避免过度阻碍资本形成和商业惯例。

四、结 论

12

本书的内容或许能够为美国证券法和监管监督的改善路径提供一些有意义的思考。美国证券市场仍旧是世界最先进的证券市场,而为了保持这一领先地位,重大实质性变革必不可少。因为只有积极变革,才能真正提升美国证券市场的完整性,切实保障投资人权益。如若不然,熊市、大规模金融诈骗以及随之而来的全球金融灾难不过是摇摇欲坠的多米诺骨牌,大厦倾颓也只是时间问题。

---

⑤⑤ 笔者与他人合著了一本关于证券执法实践的著作,参见 Steinberg and Ferrara, *supra* note 18。

⑤⑥ 参见 Eamonn Fingleton, *Madoff and the SEC:The Story You Don't Know*, Forbes, June 4, 2013,网址:https://www.forbes.com/sites/eamonnfingleton/2013/06/04/heres-one-reason-why-east-a-sians-think-america-is-a-basket-case/#70a82f1829a7 ("麦道夫事件中的证券交易委员会并不像许多人认为的那样无能,而是腐败")。

⑤⑦ 正如当时的委员路易斯·阿吉拉尔指出的,在这种情形中,证券交易委员会采取的执行行为"寥寥无几,以至于委员会至今都没有保留任何关于针对董事提起诉讼的统计数据"。路易斯·A.阿吉拉尔:《第 12 届年度董事会峰会与同行交流会上的讲话:董事会的重要使命》(2015 年 10 月 14 日),https://www.sec.gov/news/speech/important-work-of-boards-of-directors.html。另一个例子常在私人联邦集体诉讼案件中被提出来,但金融危机之后,在以追究首席执行官、首席财务官、审计委员会主席和董事会主席责任为目的的执行诉讼中,证券交易委员会常常拒绝适用控制人条款。参见 Steinberg, *supra* note 16, at 282—84;Marc I. Steinberg and Forrest C. Roberts, *Laxity at the Gates:The SEC's Neglect to Enforce Control Person Liability*, 11 U. Va. L. & Bus. Rev. 201 (2017)。

第二章
联邦证券法的披露制度

一、导　言

　　本章聚焦联邦证券法的披露制度，探讨当前框架的利与弊，并对应当采取何种措施来增强其效用提出相应的建议。讨论的主题包括证券法对充分披露和实质公平的取舍（以披露为重，实质公平次之）、重大性的概念、强制披露框架、综合披露制度、证券交易委员会在特定情形中对强制披露框架的废除、不同情形中披露要求的适用以及国家证券交易所为目标公司设定的披露义务。

　　总体而言，国会和证券交易委员会有效落实了这一全面且影响深远的披露框架，但仍存在亟须补救和改进的明显缺陷与短板。本章接下来的讨论旨在提供灵活的解决方案，优化现有的披露制度，从而提高市场效率，增强投资者保护力度。

二、以披露为重，实质公平次之

　　州公司法历来注重交易的公平性，①州证券法则长于证券发行的监管，②联邦

---

　　①　参见 *Santa Fe Industries*，*Inc*. *v*. *Green*，430 U.S. 462，477—79（1977）案（指出交易的公平性属于州公司法的规制范畴，且只是联邦证券法项下一个不值一提的小问题）；*Cort v. Ash*，422 U.S. 66，84（1975）案（"公司是州法律的产物，投资者是基于这样一种认知才将资金委托给公司董事的，即公司内部事务受州法律规制，但联邦法律明确要求董事对股东承担特定责任的除外"）。

　　②　一般而言，按照实质审查，州证券管理机构可以目标发行不"公平公正"为由阻止该发行继续推进或对其施加一定的限制条件（例如要求在特定时间段内或在满足特定的条件前对内幕人员收益进行托管）。需要注意的是，州证券法同样注重披露。参见 Joseph C. Long，Michael（转下页）

证券法却与这两者不同，其关注的焦点是披露概念。③这一做法旨在为投资者和证券市场准确披露重大信息，以便他们能够作出明智的决策。④而公平性，至少在理论层面上，通常是联邦证券法项下无关紧要的问题。⑤

（一）拒绝联邦公平性方法

美国最高法院对 *Santa Fe Industries* 案⑥作出了开创性裁决，这一判决反映出联邦证券法以披露为重的事实。在该案的套现合并（cash-outmerger）中，⑦母公司以极不公平的价格对子公司的股票进行了估值。⑧原告小股东没有寻求评估⑨

15

（接上页）J. Kaufman, and John M. Wunderlich, *Blue Sky Law* § 1.04（2020）；Symposium, *Blue Sky Anniversary Edition*, 50 Washburn L. J. No.3（2011）（纪念堪萨斯证券法颁布 100 周年）；American Bar Association, Section of Corporation, Banking and Business Law, *Report on State Regulation of Securities Offerings*, 41 Bus. Law. 785（1986）；Richard B. Tyler, *More About Blue Sky*, 39 Wash. & Lee L. Rev. 899（1982）。然而，值得一提的是，州级监管的范围相对有限：若目标证券正在或将在国家级证券交易所（例如纽约证券交易所）进行交易，则联邦证券法可优先适用，同时禁止适用州注册要求。参见《证券法》第 18（b）（1）条 15 U.S.C. § 77r（b）（1）。

③ 参见 *Ernst & Ernst v. Hochfelder*, 425 U.S. 185, 195（1976）案（指出 1933 年《证券法》"旨在向投资者充分披露有关证券公开发行的重要信息"，而 1934 年《证券交易法》的"主要目的则是防止股票价格被操纵……以及要求在国家级证券交易所发行股票的公司定期提交报告"）。*Accord*, *Securities and Exchange Commission v. Zandford*, 535 U.S. 813, 819（2002）案（指出"国会试图以充分披露理论来替代买者自负理论"）。需要注意的是，1964 年的修正案扩大了定期报告要求的适用范围，在场外交易证券的企业只要满足相应的资产和股东门槛，也需定期提交报告——《证券交易法》第 12（g）条。参见 1964 年《证券法修正案》Pub. L. No.88-467，78 Stat. 565（1964）。

④ 参见 *Basic, Inc. v. Levinson*, 485 U.S. 224, 230（1988）案（指出"本院曾多次提出，制定《证券交易法》的根本目的在于贯彻充分披露理念"）；《证券法公告》No.10825（2020）（指出证券交易委员会的"披露要求虽然在某些方面是约定俗成的，但其本身具有重要性，有助于从管理层、董事会管理和评估注册人绩效的视角了解注册人的业务、财务状况和前景"）。

⑤ 参见 *Schreiber v. Burlington Northern, Inc.*, 472 U.S. 1, 12（1985）案（重点是"国会一贯重视披露"）；*Santa Fe Industries, Inc. v. Green*, 430 U.S. 462, 478（1977）案（提出"只要披露充分且公平，那么交易条款的公平性最多是法规层面无关紧要的小节"）。

⑥ *Santa Fe Industries, Inc. v. Green*, 430 U.S. 462（1977）.

⑦ 在现金逐出合并中，公司以现金作为对价换取小股东持有的股权（通常是他们占有的普通股股份），小股东不再拥有企业的任何股权。参见 *Weinberger v. UOP, Inc.*, 457 A.2d 701（1983）案。

⑧ 参见 430 U.S. at 466—467（公司向小股东提出的收购价格为每股 150 美元，但原告主张股票实际价值为每股 772 美元）。

⑨ 参见 8 Del. Code § 262（指出在估值的过程中，股票价格应以"公允价值"为准）。参见 Marc I. Steinberg, *Short-Form Mergers in Delaware*, 27 Del. J. Corp. L.489（2002）。

或在州法院提起违反信义义务诉讼,⑩而是尝试援引《证券交易法》第 10（b）条⑪和证券交易委员会 10b-5 规则,⑫主张这些规定不仅适用于披露,还适用于实质公平。⑬尽管这一主张得到了美国上诉法院的认可,⑭却未能征服最高法院。⑮在对相关的法律用语、立法历史和州公司法传统职能进行审查后,法院认定,依据第 10（b）条和 10b-5 规则提出的诉讼理由必须以披露瑕疵为前提,而不能以实质公平为前提。⑯

　　若法院没有作出如此裁判,就会引发一个隐忧,即只要涉及证券买卖,就可援引联邦证券法来规制一系列所谓的公司受信人自我交易事项。⑰因此,这种判定有助于联邦公司法的实施,以补充州公司法项下的注意和忠实义务。⑱考虑到州立法机构和法院在评估受信人不当行为时存在明显的疏失,⑲扩大联邦证券

---

⑩　参见 *Weinberger v. UOP，Inc.*, 457 A.2d 701（Del. 1983）。参见 Marc I. Steinberg and Evelyn N. Lindahl, *The New Law of Squeeze-Out Mergers*, 62 Wash. U. L.Q. 351（1984）。

⑪　15 U.S.C. § 78j（b）.

⑫　17 C.F.R. § 240.10b-5.

⑬　430 U.S. at 466—467.

⑭　*Green v. Santa Fe Industries，Inc.*, 533 F.2d 1283, 1292（2d Cir.1976）案（指出"是否进行充分披露并不是问题的关键所在,因为合并和价值低估才是构成欺诈的根本要素。若合并的目的本身就不具效力,那么即便向小股东作出了最充分彻底的披露,欺诈行为的责任也不会因此减轻"）, rev'd, 430 U.S. 462（1977）。

⑮　430 U.S. 462（1977）.

⑯　同上,第 477—479 页〔还表达了这样一种观点,若第 10（b）条效力及于推定欺诈,则可能带来"无理诉讼"的风险〕。

⑰　参见,同上第 478 页（"就 10b-5 规则规定的欺诈而言,大股东以不公平的价格将小股东踢出局,很难想象法院如何区分其到底是利用短期合并还是其他手段来实现这一目的的,或者说,法院如何能够区分私有化交易中的滥权行为和涉及证券交易的其他受信人的自我交易,从而将原本由州监管的一系列公司行为纳入《规则》的规制范围内"）。参见 Ralph C. Ferrara and Marc I. Steinberg, *A Reappraisal of Santa Fe：Rule 10b-5 and the New Federalism*, 129 U. Pa. L. Rev. 263（1980）。

⑱　讨论引入拟议的联邦公司或拟议的联邦最低标准立法,参见 Marc I. Steinberg, *The Federalization of Corporate Governance*（2018）；William L. Cary, *Federalism and Corporate Law：Reflections on Delaware*, 83 Yale L. J. 663（1974）；Melvin I. Urofsky, *Proposed Federal Incorporation in the Progressive Era*, 26 Am. J. Legal Hist.160（1982）；另可参见本书第五章的论述。

⑲　举例而言,针对存在利害关系的董事交易,州法院和立法机构不会对交易的公平性进行司法评估,而是赋予无利害关系的知情董事相当大（但不是绝对的）的自由裁量权,由其负责批准这类交易。参见 8 Del. Code § 144；*Marciano v. Nakash*, 535 A.2d 400（Del. 1987）案。出于对结构性偏见的担忧,由独立的、无利害关系的董事对关联方交易进行评估,这种做法在实践中可能会遭受质疑。参见《董事衍生诉讼中的商业判断规则》65 Cornell L. Rev. 600（1980）。此外,（转下页）

法的适用范围来规制此类行为，可能对投资者大有裨益，且能够起到一定的威慑作用。[20]

（二）公平性方法的具体应用

某些情况下，国会和证券交易委员会只对州法律规制范围内的实质性信义行为进行监管。举两个例子以供参考。第一个例子是按照惯例，向上市公司执行官提供并经董事会（或相应的董事会委员会）正式授权的贷款属于州公司法规制的范畴。[21]尽管贷款的相关条款可能会涉及联邦证券法规定的披露义务，[22]但所涉贷款的授予和相关条款仅属于州公司法的规制范围，且适用注意和忠实义务来对交易是否尽职和公平进行评估。[23]州法院适用的种种标准往往非常宽松，这就意味着此类贷款的审查门槛相当之低。[24]20 年前的一系列金融丑闻爆发之后，国会发现，那些陷入困境的公司普遍存在这一现象：公司内部人士都曾获

17

（接上页）州法院对高管薪酬安排的审查同样被认为过于宽松。参见 *Seinfeld v. Verizon Communications, Inc.*, 909 A.2d 117（Del. 2006）；*In re The Walt Disney Company Derivative Litigation*, 906 A.2d 27（Del. 2006）；Marc I. Steinberg and Matthew D. Bivona, *Disney Goes Goofy：Agency，Delegation，and Corporate Governance*, 60 Hastings L. J. 202（2008）。第三个例子是对董事未能充分履行其监督义务的追责处理不严。参见 *Stone ex rel. AmSouth Bancorporation v. Ritter*, 911 A.2d 362, 370（Del. 2006）案（重点补充）［"阐明董事承担监督责任的必要条件：（a）董事完全没有实施任何报告或信息制度或控制措施；或（b）实施了相应的控制制度，但最终未能监督具体的运行情况，从而导致其未能发现必须发现的风险或问题"］。最后一个例子是州免责条款，这类条款允许公司通过修改章程来免除董事违反注意义务的金钱责任。参见 8 Del. Code § 102（b）（7）。

[20] 另一个相反的观点是，以这种方式扩大联邦证券法的适用范围，会使原告方律师挑起无理诉讼的几率大幅上升，目的就是短平快地解决索赔问题。参见 *Blue Chip Stamps v. Manor Drug Stores*, 421 U.S. 723, 739—44（1975）案（提出，无理诉讼问题的存在印证了其推断，即在以违反第 10b 条和 10b-5 规则为由提起的私人诉讼中，认可买方—卖方常设规则）。关于合并与收购的更进一步讨论，参见本书第八章。

[21] 参见 8 Del. Code § 143（授权公司向自身或其任一子公司的管理者或雇员发放无息贷款，"只要董事认为该贷款……能够给公司带来益处"）。

[22] 参见 Item 404 of SEC Regulation S-K, 17 C.F.R. § 229.404。

[23] 参见 *Aronson v. Lewis*, 473 A.2d 805（Del. 1984）。

[24] 参见同上，第 817 页（针对某位持有公司 47% 股份的股东发放的、总金额为 225 000 美元的无息贷款，指出"除对贷款最基本的指控外，原告并没有提供相应证据证明这种安排可被定性为浪费，此外，考虑到特拉华州法律赋予了广泛的公司权力，存在这类贷款的事实本身并不构成索赔的理由"）。

授数百万美元的无息贷款。自此，有效审查缺位才真正引起国会的注意。㉕针对此类自我交易事件，2002 年《萨班斯—奥克斯利法案》禁止任何上市公司向其董事或高管发放贷款。㉖联邦政府对受信人自我交易碎片化的禁止性规定说明，当主流政治风向和公共政策要求采取此类措施时，国会实际上就会对此有所作为，针对实质公平进行立法。㉗

第二个例子是特拉华州最高法院对 Unocal 案作出的裁判。㉘在该案中，目标公司的董事会决定将恶意投标人踢出局，禁止其参与目标公司向自身股东提出的防御性自我公开收购要约，法院对此予以支持。㉙法院裁定，董事使用这种排他性收购要约来对抗所谓的"绿票讹诈者"㉚属于正当履行自身的信义义务。㉛

㉕ 参见 Douglas M. Brandson，《商业企业：法律架构、治理和政策》（2020 年第 4 版）〔指出，就安然公司而言，"首席执行官肯尼斯·雷（Kenneth Lay）甚至没有拿出银行贷款来支付其所行使期权的履约价格，就如外界都戏谑地将安然财务部称作是'肯尼斯·雷的自动取款机'，而对于世界通讯公司而言，之所以向首席执行官伯纳德·埃伯斯（Bernard Ebbers）出借 4.05 亿美元的公司资金，主要是为了满足市场下行中的保证金追加要求"〕。

㉖ 2002 年《萨班斯—奥克斯利法案》第 402 条，附带《证券交易法》第 13 (k) 条 15U.S.C. § 78m (k)。在有限范围内，第 402 条并不禁止特定类型的贷款。一般而言，只要是依据目标公司一般业务流程向公司董事和高管作出的特定类型的贷款，第 402 条均不禁止，且只要是依据公众贷款相同条款向受信人发放贷款，第 402 条同样适用。15 U.S.C. § 78m (k) (2)；Robert E. Buckholz, Jr., Marc R. Trevino, and Glen T. Schleyer, *Public Company Deskbook: Complying with Federal Governance & Disclosure Requirements* § 5:5 (3d ed. 2018).

㉗ 虽然没有直接关注实质公平，但国会授予证券交易委员会发布高管和董事禁令（bar orders）的权力，这一授权是联邦公司治理影响州法律内部事务原则的又一例证。参见《证券法》第 8A 条、第 20 (e) 条，《证券交易法》第 21 (d) (2) 条、第 22C 条。这些规定授权证券交易委员会在个人"不符合条件"且已实施联邦证券法项下欺诈行为的情况下，禁止该个人担任公开招股企业的董事或管理人员。参见本书第五章的讨论。参见 Marc I. Steinberg and Ralph C. Ferrara, *Securities Practice: Federal and State Enforcement* §§ 6:1—6:19 (2d ed. 2001 & ann. supp.).

㉘ *Unocal Corp. v. Mesa Petroleum Co.*, 493 A.2d 946 (Del. 1985).

㉙ 同上，第 958 页（认定"董事有权反对 Mesa 的要约收购，并依据保护公司的明确义务进行合理调查，开展善意的选择性股票交易"）。

㉚ 同上，第 956 页（将法庭案件中的公司掠夺者描述为"和'绿票讹诈者'一样闻名国内"）。通常情况下，"绿票讹诈"指的是"（潜在的）抱有恶意的收购公司大量购入目标公司的证券，主要目的是诱使目标公司以高于潜在收购公司买价的溢价回购相关证券"。Marc I. Steinberg, *Understanding Securities Law* 486 (7th ed. 2018). 相关讨论参见本书第八章。

㉛ 同上，参见第 958 页 493 A.2d（指出"董事有权反对 Mesa 的要约收购，并依据保护公司的明确义务进行合理调查，开展善意的选择性股票交易。此外，由于 Mesa 进行了不充分且具有强制性的两阶段要约收购，董事会认为其行为对公司构成了威胁，这种认知合情合理，因此 Unocal 选择的选择性股票回购计划具有合理性"）。

证券交易委员会并不接受法院对这一实质性防御策略的认可性裁定，因此其颁布规定，要求发行人和第三方的收购要约都必须对所有股东公开。[32]证券交易委员会的这一规定实际上"推翻"了特拉华州最高法院的判决。因此，尽管要约收购策略在州法律的范围内是合法的，[33]但实际情况是，当证券交易委员会认为其享有法定权力的情况下，会插手相关事宜，而这种积极作为也契合了其对公共政策的理解。[34]

（三）以披露的名义增强公平

同样，证券交易委员会有时也会借助对信息披露的要求，试图对实质性行为施加影响。典型的例子是，在美国最高法院就 *Santa Fe* 案作出裁定后，证券交易委员会通过了 13e-3 规则[35],[36]。依据该裁定，证券交易委员会无权对实质公平进行监管。作为回应，证券交易委员会要求公司向无关联的小股东披露目标公司私有化交易是否公平，以及支持这一立场的理由。[37]在证明私有化交易具有公平性（事实并非如此）的往来文件中所包含的重大虚假陈述，会引发证券交易委员会的强制执行以及私人诉讼。[38]过去几十年间，证券交易委员会一直假

19

---

[32] 13e-4 规则（发行人要约收购）、14d-10 规则（第三方要约收购）17 C.F.R. §§ 240.13e-4, 14d-10。这些规则还规定，投标股东与其他招标股东享有相同的最佳价格待遇。举例而言，13e-4（f）(8)规则规定："任何发行人或关联方不得进行要约收购，但满足以下条件的除外：(i) 要约收购对受要约收购的证券所属类别的所有证券持有者开放的；以及（ii）就要约收购的证券向证券持有者支付的对价与向该证券其他持有者支付的对价相同，且均为最高对价的。"

[33] 参见 *Schreiber v. Burlington Northern, Inc.*，472 U.S. 1 (1985)。

[34] 在采用所有持有人和最佳价格规则时，证券交易委员会如此推论：
许多评论家都曾主张，证券交易委员会依据这一规定［即《证券交易法》第13（e）条］享有的权力仅限于披露监管。然而，在通过《威廉姆斯法案》之时，国会在第13（e）条中授予了证券交易委员会广泛的规则制定权，其可以决定发行人要约收购的最优监管方案，而行使这种权力也包括通过实质性法规。

[35] 17 C.F.R. § 240.13e-3.

[36] 参见前注⑥—⑳的讨论及其随附文本。

[37] 因此，目标公司或关联公司必须在提交给证券交易委员会的附录 13e-3 中披露其"是否合理地认为 13e-3 规则项下交易对于非关联证券持有人公平或不公平"以及得出这种结论所依据的"重大因素"。参见 Rule 13e-3，17 C.F.R. § 240.13e-3；SEC Schedule 13E-3；Item 8，SEC Regulation M-A，Item 1014。

[38] 参见 *Howing Co. v. Nationwide Corp.*，826 F.2d 1470 (6th Cir. 1987)；*In the Matter of FSCCorp.*，22 SEC Docket 1374 (SEC 1981)。

借披露之名，以迂回的方式来对实质公平的实现进行监管。[39]

（四）联邦法律监管实质行为的正当性

上述例子证明，在某种程度上，实质受信行为是受联邦证券法规制的。当然，这一结论并不意味着公平性是联邦证券法关注的首要问题。但令一些消息人士失望的是，[40]这也说明，在他们认为确有必要的情况下，国会和证券交易委员会偶尔会踏足这一领域予以干预。这种做法大有裨益，因为它向州立法机构和法院传递出一个信号：无论是对公司高管、董事，还是对外部专业人士（例如会计师、律师以及投资银行家），过分纵容都会引发联邦层面的干预行为。因此，对于原本属于州法律专属管辖的事务，要么提前制止，要么实施严格的监管。[41]金融危机期间最容易出现这种举措，2002 年《萨班斯—奥克斯利法案》和 2010 年《多德—弗兰克法案》就是最典型的例证。[42]

此外，在某些情况下，必须通过联邦层面的行动来解决各州不愿或无法彻底解决的重要问题。[43]国会和证券交易委员会有时会采用联邦框架来处理这类情

---

[39] 举例而言，几十年来，证券交易委员会一直打着强制披露高管薪酬和相关方交易的幌子来阻止过度的受信人自我交易。参见 Items 402，404 of Regulation S-K，17 C.F.R. §§ 229.402，404；*In re Franchard Corp*. 42 S.E.C. 163，［1964—1966 Transfer Binder］Fed. Sec. L. Rep. (CCH) ¶ 77，113（1964）；*infra* notes 83—92 and accompanying text；另可参见本书第五章的论述。

[40] 参见 Roberta Romano，*The Sarbanes-Oxley Act and the Making of Quack Corporate Governance*，114 Yale L. J. 1521（2005）。

[41] 从历史的角度来看，内幕交易相关法律提供了这样一个例子。作者在近期由牛津大学出版社出版的一本著作中提出：

内幕交易应该是州公司法管辖的一个基本方面，因为这种行为涉及公司管理人员和董事对目标公司、股东所负有的注意义务和忠实义务。然而，各州通常怠于制定全面的规则来禁止内幕交易……各州的不作为造成了明显的缺漏，而这一缺漏由联邦法律来弥补。正如美国联邦第二巡回上诉法院所述，"普通法对董事交易内幕信息责任的讨论，很大程度上是随着第 10 (b) 条和 10b-5 规则中联邦诉因的出现才展开的"。

Marc I. Steinberg，*The Federalization of Corporate Governance*，前注⑱，第 115—116 页，引用 *Treadway Companies*，*Inc*. *v*. *Care Corp*.案，638 F.2d 357，375 n.35（2d Cir. 1980）。

[42] 《萨班斯—奥克斯利法案》和《多德—弗兰克法案》包含众多对公司治理有影响的规定，例如，仅由独立董事组成的审计和薪酬委员会、道德准则、股东在薪酬咨询投票上的话语权、禁止向董事和高管发放贷款以及高管奖金回收条款。相关讨论参见 Steinberg，前注[41]，第 191—224 页；本书第五章中的讨论。

[43] 正如前注[41]所述，内幕交易就是典型的例子。从历史的角度出发，1942 年颁布的证券交易委员会股东提案规则也可以作为另一个例证。参见 14a-8 规则，17 C.F.R. § 240.14a-8；（转下页）

况，而联邦框架在很大程度上是用于监管相关目标领域的。[44]

正如本书后续讨论的，国会和证券交易委员会应当以更审慎的方式参与到公司治理程序的联邦化进程中。[45]如若禁止上市公司向受信人出借贷款应成为联邦法律的规制内容，那么就会引发疑问：高管薪酬协议和关联方交易的有效性为何不应受到联邦法律的规制？尽管这一问题看起来略显牵强，但在二十年前对公司内部人士发放贷款的探讨之中也产生过相同的困惑。[46]现实情况是：公司向一些高管支付的薪酬数额饱受争议，[47]且州法律在支持关联方交易方面也过于纵容。[48]在一系列问题的共同作用下，下一次重大金融灾难到来之时，也许就会是联邦化时代正式开启的时机。[49]

21

三、重大性概念

重大性概念是美国证券监管领域的核心原则之一。[50]根据联邦证券法和州证券法，陈述或遗漏的重大性程度会对披露义务和责任风险产生巨大影响。[51]举例

（接上页）《证券交易法公告》No.3347（1942）。依据 14a-8 规则，股东提案仅具倡导性，对公司没有约束力。更多讨论参见 Steinberg, *supra* note 41, at 157—190; Marilyn B. Cane, *The Revised SEC Shareholder Proxy Proposal System：Attitudes，Results and Perspectives*, 11 J. Corp. L. 57（1985）; Alan R. Palmiter, *The Shareholder Proposal Rule：A Failed Experiment in Merit Regulation*, 41 Ala. L. Rev. 879（1994）; Patrick J. Ryan, *Rule 14a-8, Institutional Shareholder Proposals and Corporate Democracy*, 23 Ga. L. Rev. 97（1988）; 另可参见本书第五章的论述。

　　[44] 参见前注㉑—㊸的讨论及其随附文本。

　　[45] 参见本书第五至第九章的讨论。

　　[46] 参见前注㉑—㉖的讨论及其随附文本。

　　[47] 举例而言，2018 年美国公司薪酬最高的五位首席执行官依次如下：埃隆·马斯克（Elon-Musk）—特斯拉—5.13 亿美元；布兰登·肯尼迪（Brendan Kennedy）—Tilray—2.56 亿美元；罗伯特·艾格（Bob Iger）—迪士尼—1.46 亿美元；蒂姆·库克（Tim Cook）—苹果—1.41 亿美元；以及尼科什·阿罗拉（Nikesh Arora）—Palo Alto Networks—1.3 亿美元。《彭博薪酬指数：2018 年美国薪酬最高 CEO》，https://www.bloomberg.com/graphics/2019-highest-paid-ceos。

　　[48] 参见前注⑲—㉔的讨论及其随附文本。

　　[49] 在金融丑闻出现之前，笔者就曾提出过类似的观点。参见 Marc I. Steinberg, *Curtailing Investor Protection Under the Securities Laws：Good for the Economy?*, 55 SMU L. Rev. 347（2002）。

　　[50] 参见 *Matrixx Initiatives，Inc. v. Siracusano*, 563 U.S. 27（2011）; *Basic，Inc. v. Levinson*, 485 U.S.224（1988）; *TSC Industries，Inc. v. Northway，Inc.*, 426 U.S. 438（1976）。

　　[51] 参见 §§ 11, 12（a）（2）, 17（a）of the Securities Act, 15 U.S.C. §§ 77k, 1（a）（2）, q（a）; §§ 10（b）, 18（a）of the Securities Exchange Act, 15 U.S.C. §§ 78j（b）, r（a）; SEC Rule 10b-5, 17 C.F.R. § 240.10b-5; § 410 of the Uniform Securities Act; Calif. Sec. Laws § 25401; Texas Sec. Act Art. 581-33A。

而言,联邦证券法众多条款规定,只有达到重大性程度的披露瑕疵才可诉。⑤州"蓝天"法对于披露瑕疵的认定与联邦证券法如出一辙。⑤

(一)重大性的含义

有鉴于此,重大性的定义及其在相关事实和情形中的适用极为重要。在美国,重大性通常意味着,理性的投资者或股东在作出投资或表决决策时会认为这些信息很重要。⑤这一定义并不要求"否定假设条件"的存在。这说明,即使存在披露瑕疵,如果能准确且充分地披露相关信息,也能改变决策。⑤美国最高法院认为,"在理性的投资者看来,(准确)披露(错误或)遗漏的事实能够显著地影响全部有效信息",这一观点似乎限缩了术语广泛的含义。⑤

对于不确定或者偶然事件,例如产品开发、企业合并、政府调查等,⑤重大性是否存在取决于"在给定的时间内,根据公司活动的整体情况,对这类事件的发生概率和预期规模作出的综合判断"。⑤因此,这一标准意味着,即便发生的概率相对较小,规模巨大的或有事件仍可能具有重大性。⑤举例而言,在闭锁

㊾ 参见前注㊿引用的联邦法律渊源。参见 Marc I. Steinberg, *Securities Regulation*:*Liabilities and Remedies*(2020)。

㊿ 参见前注㊿引用的州法律渊源。参见 Long, Kaufman 和 Wunderlich,前注②。

54 参见 *TSC Industries, Inc. v. Northway, Inc.*,426 U.S. 438(1976)。

55 同上,第 449 页[指出所采用的标准"不要求证明(准确)披露(错误陈述)或遗漏的事实会导致理性投资者改变其(想法)的实质可能性"]。

56 同上,*Accord*,*Matrixx Initiatives, Inc. v. Siracusano*,563 U.S.27,38(2011);*Basic, Inc. v. Levinson*,485 U.S. 224,232(1988)。参见证券交易委员会 12b-2 规则,17 C.F.R. § 240.12b-2("重大事项"是指"理性投资者在决定是否购买或出售注册的证券时极有可能非常重视的事项")。

57 例如,就产品开发而言,一款备受追捧的新产品能否按时发售;就企业合并而言,初步的合并谈判是否达到了比较明确的水平;就政府调查而言,是否有理由相信联邦贸易委员会将采取执法行动。

58 *Basic, Inc. v. Levinson*,485 U.S. 224,238(1988),引用 *Securities and Exchange Commission v. Texas Gulf Sulphur Co.*,401 F.2d 833,849(2d Cir. 1968)(全院庭审)(在初步矿产发现的情形中,上诉法院会适用这一重大性标准)。第二巡回法院的裁定是解释联邦证券法最重要的裁定之一。参见 Symposium,*Texas Gulf Sulphur 50th Anniversary Symposium Issue*,71 SMU L. Rev. No.3(2018)。

59 参见 *Securities and Exchange Commission v. Geon Industries, Inc.*,531 F.2d 39,47—48(2d Cir. 1976)("鉴于收购合并对于小公司而言是性命攸关的大事,换言之,相对于较小的交易,有关此类合并的信息在初期是具有重大性的信息,即使在这一阶段,合并胎死腹中的几率明显非常高")。美国最高法院在 *Basic* 案中基本认同了这一方法。参见 485 U.S,第 238 页。

型公司，为了开展尽职调查，并评估潜在收购方收购目标公司的可行性，需与上市公司签署保密协议。即使按照惯例完成收购的可能性相对较低，签署保密协议仍可能至关重要。(60)

在众多发达市场，判断一份陈述（或一项遗漏）是否具有重大性的依据在 23
于：准确且充分披露该陈述（或遗漏）是否会对价格造成重大的影响。(61)美国法院虽偶尔会引用这一表述，(62)但对于重大性这一术语，其更常用于损失因果关系中，即达到重大性的披露瑕疵将直接导致经济损失。(63)尽管这样定义重大性可能适用于有效市场中目标公司股票的交易，(64)但若目标公司由私人持股或其股票是在非有效市场交易时，这种定义显然不够妥帖。(65)此外，在某些情形中——例如在股东行使投票权的背景之下，就管理层和董事的诚信作出披露而言，错报或遗漏某些事实（例如不披露给首席执行官带来丰厚利益的且经董事会批准的自

---

(60) 参见前注(59)引用的资料来源。在笔者担任专家证人的一起案件中，私人持股公司签订保密协议，保密事项包括可能向规模更大的企业出售公司（且事实上出售行为已经完成）。仲裁庭认定，若内幕人员在未告知少数股东存在保密协议的情况下收购其股票，则构成未披露重大事实。

(61) 参见 2014 年 4 月《欧洲议会和理事会关于市场滥用监管的条例》（EU）No.596/2014，第 7 条第 4 款（考察目标信息“是否可能对金融工具价格产生重大影响”）；2001 年《澳大利亚公司法》（Cth）§§ 1042C，1042D，1043A（考察普遍可得的信息是否会对目标证券的价格或价值产生重大影响）；《安大略省证券法》R.S.O. 1990，c. S.5 §§ 1（1），126.2（1）（b）（规定，若“可以合理预期信息会对证券的市场价格或价值产生重大影响”，则该信息具有重大性）（加拿大并没有国家层面的证券立法）。

(62) 参见 *Christine Asia Co. v. Ma*，2017 WL 6003340，at * 2（2d Cir. Dec. 5，2017）[“在首次公开发行四个月后披露（声称遗漏的信息），导致阿里巴巴的股票在两天之内下跌 13%，330 亿美元的市值瞬间蒸发，这一事实证明了此类信息对投资者的重要性”]。

(63) 参见 *Dura Pharmaceuticals，Inc. v. Broudo*，544 U.S. 336，347（2005）（提及“原告未能主张 Dura 的股价在真相揭开后大幅下跌这一事实”）。值得注意的是，通过证明原告主张的披露瑕疵并未对价格造成影响，被告可依据市场依赖理论驳回欺诈指控。参见 *Halliburton Co. v. Erica P. John Fund，Inc.*案，134 S. Ct. 2398，2414（2014）[认定被告“在集体诉讼确认之前，被告必须有机会以证据证明其被指控的虚假陈述（或遗漏）并未对股票的市场价格造成影响，以此来推翻（市场欺诈理论项下关于依赖的）假设”]。

(64) 参见 *Halliburton Co. v. Erica P. John Fund，Inc.*，134 S. Ct. 2398（2014）；*Basic，Inc. v. Levinson*，485 U.S. 224（1988）。在判例法中定义有效市场的特征，参见 *Unger v. Amedisys，Inc.*，401 F.3d 316（5th Cir. 2005）；*Freeman v. Laventhol & Horwath*，915 F.2d 193（6th Cir.1990）；*Cammer v. Bloom*，711 F. Supp. 1264（D.N.J. 1989）；讨论见后注(122)—(123)及其随附文本。

(65) 这类证券本质上是在一个效率低下的市场中进行交易的。参见 Alan R. Bromberg，Lewis D.Lowenfels，and Michael J. Sullivan，*Securities Fraud & Commodities Fraud* § 8.6（2020）；Geoffrey C. Rapp，*Proving Markets Inefficient：The Variability of Federal Court Decisions on Market Efficiency*，10 U. Miami Bus. L. Rev. 303（2002）；讨论见后注(129)—(134)及其随附文本。

我交易）——即便这类事实可能并不会对股价造成什么影响，但在理性的股东看来也是具有重大性的。(66)

24 ### （二）重大性的经济定性

重大性认定既不是单纯的事实问题，也不是纯粹的法律问题，而是二者兼而有之。因此对于证券律师们来说，相应的咨询难度也随之增加。(67)正如美国最高法院强调的，仅仅依靠定量分析是不合时宜的。(68)这种观点契合了当下的商业现实。例如，若一家公司的盈利低于分析师的预测，即便只是略低一点，其股价也会受到不利影响。(69)

因此，在法院的判决和证券交易委员会的声明中，重大性的经济定性原则已经得到一致认可。(70)按照这一方法，即便错报或疏漏的数量很少，但仍可能对
25 公司及其股价产生显著影响。(71)因此，证券交易委员会在特定情形中依旧坚持使用定量标准就令人十分费解。举例而言，根据披露程序的相关规定，如果目标

---

(66) 参见 Ralph C. Ferrara，Richard M. Starr，and Marc I. Steinberg，*Disclosure of Information Bearingon Management Integrity and Competency*，65 Nw. U. L. Rev. 555（1981）。

(67) 参见 *TSC Industries*，*Inc*. *v*. *Northway*，*Inc*.，426 U.S. 438，450（1976）（陈述重要性是一个事实和法律的混合问题）。作者在多本著作和文章中都对证券律师的作用进行了论述。参见 Marc I. Steinberg，*Attorney Liability After Sarbanes-Oxley*（2018）；Marc I. Steinberg，*Symposium on the Corporate Attorney—Ethical and Practical Lawyering with Vanishing Gatekeeper Liability*，88 Fordham L. Rev. 1575（2020）。

(68) 参见 *Matrixx Initiatives*，*Inc*. *v*. *Siracusano*，563 U.S. 27（2011）［认定目标公司收到的不良药物报告数量无需达到具有统计意义的程度，此类信息本身就是《证券交易法》第 10（b）条所规定的重大信息］。

(69) 参见 Corrie Driebusch，*This Earnings Season*，*A Miss Hurts Even More*，Wall St. J.，April 24，2019，https://www.wsj.com/articles/this-earnings-season-a-miss-hurts-even-more-11556107202。

(70) 参见 *Matrixx Initiatives*，*Inc*. *v*. *Siracusano*，563 U.S. 27（2011）；*Ganino v*. *Citizens Utilities Co*.，228 F.3d 154（2d Cir. 2000）；SEC Staff Accounting Bulletin（SAB）99，64 Fed. Reg. 45，150（1999）。

(71) 在 *Ganino* 案中，第二巡回法院认为，SAB 99“完全合理且符合现行法律”，因此“对评估涉案虚假陈述的重大性而言，是具有可信度的指标”228 F.3d at 163。以此类推，下述考量会导致微小的虚假陈述或疏漏被认定为具有重大性：

- 虚假陈述的对象是否源自可以精确计量的项目，或虚假陈述是否源自估计，如源自估计，该估计方法是否具有固有的不精确性；
- 虚假陈述是否掩盖了收益或其他趋势的变化；
- 虚假陈述是否掩盖了“实际业绩无法满足分析师对企业的一致预期”之事实；（转下页）

公司或其子公司是诉讼当事方,通常情况下不会强制其进行披露,但损害赔偿要求超过合并流动资产的10%的除外。[72]这一定量标准的应用(以及相对较大比例的标准)很难与最高法院判例[73]以及证券交易委员会在类似情况下适用的重大性定性评估保持一致。[74]在类似情形下,要适用符合司法先例以及证券交易委员会自身披露要求的灵活重大性标准,就应当摒弃这类定量标准。

(三)不同重大性门槛的适用

随着五花八门的披露要求相继问世,不同的重大性门槛也应运而生,这些门槛的适用也成了令人头痛的问题。三十多年前,在对 *Basic* 案作出的裁判中,美国最高法院并未支持这一方法。[75]然而,如今证券交易委员会和法院在处理证券交易委员会 S-K 条例(管理层讨论与分析——MD&A)第 303 项规定的披露

(接上页)

- 虚假陈述是否将损失转为收入,或将收入转为损失;
- 虚假陈述是否涉及注册人部分业务,且该部分在注册人经营或盈利能力中发挥着重要作用;
- 虚假陈述是否影响注册人的监管要求合规情况;
- 虚假陈述是否影响注册人遵守贷款契约或其他契约要求;
- 虚假陈述是否导致管理层薪酬增加,例如,满足授予奖金或其他激励性薪酬的要求;以及
- 虚假陈述是否涉及隐瞒非法交易。

员工会计公报(SAB)99,于 *Ganino* 案获准,228 F.3d at 163。

[72] 参见证券交易委员会 S-K 条例第 103 项及说明 2,17 C.F.R. § 229.103 ["若索赔金额(不含利息和成本)不超过注册人及其子公司流动资产的 10%,则无需提供与该索赔诉讼相关的任何信息"]。但事无绝对,"重大破产"以及环境诉讼就是典型的例外情况。证券交易委员会近期决定继续适用 10% 这一门槛要求。参见《证券法》No.10825(2020)。

[73] 参见前注[56]引用的案例。

[74] 参见 *Securities and Exchange Commission v. Leslie*,[2012 Transfer Binder] Fed. Sec. L. Rep. (CCH) ¶ 96,711 (N.D. Cal. 2012);SAB 99,前注[70]。值得注意的是,尽管 SAB 99 关注的重点是财务报表中的披露,但在 *Ganino* 案中,证券交易委员会文件的叙述部分也适用了 SAB 99 的原则。一些法院仍然沿用定量评估,摒弃定性分析。参见 *Securities and Exchange Commission v. Hoover*,903 F. Supp. 1135 (S.D. Tex. 1995)(法律认定 3% 的错误陈述并不具有重大性)。参见 Clarissa Hodges,*The Qualitative Considerations of Materiality*:*The Emerging Relationship Between Materiality and Scienter*,30 Sec. Reg. L. J. 4 (2002)。

[75] *Basic*,*Inc*.*v*.*Levinson*,485 U.S. 224,240 n.18 (1988) ["无论是在法令(即第 10(b)条)、立法沿革还是先前裁判决中,均未找到任何权威论述,支持我们依据提起诉讼的主体或内部人士是否被控获利来改变重大性的衡量标准"]。

26 时，会适用不同的重大性评估标准，而不是适用联邦证券法的反欺诈和救济规定。(76)依据管理层讨论与分析，若公司对相关趋势、需求、承诺、事件或不确定性知情，则必须进行以下评估：

1. 已知的趋势、需求、承诺、事件或不确定性是否具有实现可能性？若管理层判断不具有实现可能性，则无需进行披露。

2. 若管理层无法作出前述判断，则必须假定已知趋势、需求、承诺、事件或不确定性将会发生，并对此进行客观评估。

除非管理层确定这类事项不会对注册人的财务状况或经营结果造成重大影响，否则就必须进行披露。(77)

前述问题和反欺诈情形中适用的重大性评估基本一致，都可用于判断披露瑕疵是否具有可诉性。但证券交易委员会和部分法院认为，管理层讨论与分析的披露命令项下的重大性标准比第 10（b）条项下的标准更为宽泛。(78)因此，管理层讨论与分析情景中出现的错误陈述或遗漏会违反证券交易委员会的报告要求，但并不满足起诉的要求，投资人无法以诉讼方式寻求救济。(79)尽管重大性并不是可明确适用的标准，但管理层讨论与分析情景中的披露瑕疵对理性投资者
27 而言很重要，会显著影响投资者对信息的综合研判。(80)令人不安的是，证券法所依据的这一关键概念（即重大性概念）是碎片化的，并不完整，有损于商业确

(76) 参见 *NVIDIA*，768 F.3d 1046，1054—56（9th Cir. 2014）［指出第 303 项下的重大性标准比第 10（b）条项下的标准“宽泛得多”］；*Oran v. Stafford*，226 F.3d 275，288（3d Cir. 2000）（指出“10b-5 规则与 S-K 条例第 303 项规定的重大性标准大相径庭”）；1989 年证券交易委员会《解释性公告》，《财务报告公告》No.36，6 Fed. Sec. L. Rep.（CCH）¶ 73，193，at 62，842（1989）（重大性的概率/量级标准……并不适用于第 303 项的披露）。另请参见 Concept Release，Business and Financial Disclosure Required by Regulation S-K，Securities Act Release No.10064（2016）。

(77) 证券交易委员会《财务报告公告》No.36，6 Fed. Sec. L. Rep.（CCH）¶ 73，193，at 62，843（1989）。证券交易委员会关于管理层讨论与分析（MD&A）的公告，参见《证券法公告》No.9106（2010）（《解释性公告》涉及气候变化方面的管理层讨论与分析）；《证券法公告》No.8350（2003）（指引注册人和发行人进行更为合规的管理层讨论与分析披露）。

(78) 参见前注(76)引用的渊源。

(79) 参见前注(76)—(77)引用的渊源。参见 Denise Crawford and Dean Galaro，*A Rule 10b-5 Private Right of Action for MD&A Violations*，43 Sec. Reg. L. J. 245（2015）。

(80) 参见 *In the Matter of Caterpillar*，*Inc.*，AAER-363，50 S.E.C. 903，910（1992）（指出“S-K 条例要求披露理解注册人财务报表所必要的信息，而 Catepillar 未能在管理层讨论与分析中囊括所要求的信息，导致投资者对 Catepillar 的财务和经营情况了解不全面”）。

定性和投资者保护。为了定性披露，将不同的定义适用于相同的关键概念，[81]不仅进一步加剧了概念的模糊性，相关实践更是无则可依。因此，根据美国最高法院的先例以及对重大性定性评估的认可，"重大性"这一术语在实际应用中，应被视为一种事实和情景方法。简言之，无论适用何种法律或监管规则，应根据相同的重大性标准来判断披露的虚假陈述或遗漏。认定管理层讨论和分析情景中重大披露瑕疵无法达到第 10（b）条和其他反欺诈规定对重大性设定的门槛，这意味着主张自己受害的目标公司证券的买方或卖方无权就该虚假陈述或遗漏造成的损害提起诉讼。[82]

（四）重大性分析——管理层诚信

就相关话题而言，重大性定性分析包括对信息的评估。从经济层面来考量，被评估的信息或许并不那么重要，但对理性的股东而言，这类信息具有重大性。尽管经济损失可能并未显现，但证券交易委员会的执行行动和受影响股东提出的衡平法救济请求可能会存在争议。[83]举例而言，在决定是否投票支持董事提名人时，很多股东会考虑一些重要因素，例如董事会授权的高管薪酬水平、董事会监督下发生的不道德或非法行为以及董事受信人作出的极具争议的自我交易。若是共益公司，这种看法更为根深蒂固。[84]正是因为认识到了这些事项对于股东的重要性，过去几十年内，证券交易委员会一直要求公司对高管薪酬和受信人   28

---

[81]　显然，管理层讨论与分析侧重于披露财务信息，但依照 S-K 条例，其属于叙述性披露的一部分。通常情况下，S-X 条例，17 C.F.R. § 240.210 侧重于证券交易委员会特定文件中所含财务报表的内容。参见本书第四章的讨论。

[82]　参见前注[76]引用的案例。

[83]　参见 *Gaines v. Haughton*，645 F.2d 761（9th Cir. 1981）（以不披露可疑款项为由提起股东诉讼，向法院诉请禁令救济，并认定过去的董事选举无效）；*Securities and Exchange Commission v. Savino*，［2005—2006 Transfer Binder］Fed. Sec. L. Rep.（CCH）¶ 93，705（S.D.N.Y. 2006）（由于未披露向公司内幕人员发放的回扣，主张可以此为由提起诉讼）。值得注意的是，证券交易委员会可以违反特定报告规定［例如《证券交易法》第 13（a）条（15 U.S.C. § 78m（a）］为由申请强制执行，该条规定并不要求当事人主张的披露不足必须具有重大性。

[84]　通常情况下，共益公司可在服务特定社会目的的同时，以增加股东财富为目标。有关共益公司的深入讨论，参见 Mark J. Loewenstein，*Benefit Corporations：A Challenge in Corporate Governance*，68 Bus. Law.1007（2013）。

自我交易的信息进行披露。[85]举例而言，在1964年提起的一起执行诉讼中，目标公司没有披露令其首席执行官受益的资金转移活动，针对这一情况，委员会认为，该遗漏对于投资者而言具有重大性，因为这"与管理层诚信评估密切相关"。[86]值得注意的是，要求披露此类事项或对提升规范行为的标准有积极的助推作用。比如，精心策划的自我交易会引发积极股东的讨论，强制披露这类交易会促使独立董事（董事会成员大多为独立董事[87]）反对这类交易或对其进行修正。[88]在这种情况下，证券交易委员会强调重大性定性标准的做法对公司治理实践产生了实质性影响。[89]

　　然而，就重大性定性标准而言，这之中其实存在巨大差异。比如，有上诉法院裁定，首席执行官捏造学术背景这一行为对投资者而言不具有重大性。[90]再如，一些法院认为，若非对经济产生重大影响，否则公司无需披露其董事或高管未被起诉的犯罪行为。[91]这些裁定实际上阻碍了以重大性定性标准为逻辑前提的一致披露的实现。实际上，无论是首席执行官隐瞒自己的教育背景或对此作出虚假陈述，抑或是公司受信人违反法律，这些信息对于任何理性股东而言都极为重要，从法律层面认定这些信息对股东不重要简直是无稽之谈。要解决这一问题很简单，那就是由证券交易委员会出面，通过专门明确的披露法规，

29

---

[85]　参见 Items 402，404 of Regulation S-K，17 C.F.R. §§ 229，402，404。

[86]　*In re Franchard Corp.*，42 S.E.C. 163，［1964—1966 Transfer Binder］Fed. Sec. L. Rep. (CCH) ¶77，133，at 82，043（1964）。

[87]　除某些例外情况外，作为证券交易所上市的条件之一，独立董事必须占据公司董事会大部分席位。参见《关于自律组织的证券交易法公告》No.48745，2003 WL 22509738（Nov. 4，2003）；相关讨论参见本书第五章。

[88]　尽管如此，针对高管，尤其是首席执行官，独立董事经常会批准丰厚的薪酬方案和其他诱人的额外津贴。参见前注[47]。

[89]　参见 Steinberg 的讨论，前注[18]，第133—136页。

[90]　参见 *Greenhouse v. MCG Capital Corp.*，392F.3d 650（4th Cir. 2004）。从另一角度来看，参见 Floyd Norris，*Radio Shack Chief Resigns after Lying*，N.Y. Times，Feb. 21，2006，at C1（报道称，该公司的首席执行官"对公司捏造了自己的教育背景，谎称自己拥有两个大学学位，并在此事暴露"后辞职）。

[91]　参见 *Gaines v. Haughton*，645 F.2d 761（9th Cir. 1981）；*In re Axis Capital Holdings Ltd. Securities Litigation*，456 F. Supp. 2d 576（S.D.N.Y. 2006）；*Amalgamated Clothing & Textile Workers v. J.P. Stevens & Co.*，475 F. Supp. 328（S.D.N.Y. 1979），*vacated as moot*，638 F.2d 7（2d Cir. 1980）。

来处理这些明显有问题的裁决。(92)凭借这种方式，证券交易委员会能够解决定性披露框架中大多数的不一致问题。在当前的政治风气和现任证券交易委员会委员的组成下，积极的规制可能难以实现。但随着政治风向的变化，在金融危机和大规模欺诈席卷而来时，股东保护主义风潮或许会大行其道。

（五）重大性标准的灵活性

在许多情况下，对于重大性的判定其实是一个非常模糊且极具挑战性的过程。具体事实和情况都要纳入考量范围之内。虽然这种考量方法有时会模棱两可，但相较于以可明确适用的标准为基础且不向受影响群体披露不重要信息的定义方法，这一判定方法仍具有优越性。(93)正如最高法院指出的，认可严格的重大性标准是有风险的，可能会滋生不公平和小动作。(94)如果证券交易委员会能够
对重大性标准进行灵活解释，同时谨慎监督，那么本章提出的重大性概念对于 30
投资者和证券市场应是大有裨益的。(95)

四、强制性披露框架

随着 1933 年《证券法》和 1934 年《证券交易法》的通过，强制性披露框

---

(92) 参见 *Axis Capital Holdings Ltd. Securities Litigation*，456 F. Supp. 2d 576，587（S.D.N.Y. 2006）（指出，“按照法令或法规规定，需要披露未被指控的非法行为的”，则存在披露该行为的义务）。证券交易委员会则通过了加强代理披露的规定。参见《证券交易法公告》No.61175（2009）。为了证明自身在这一领域是与时俱进的，证券交易委员会在其非当事人意见陈述（支持全体出庭法官复审 *Gaines* 案，未成功）中指出（参见前注(91)）：

> 原告声称，Lockheed 某些高管和董事知晓并参与了相当多的非法行为。对于理性股东而言，在评估董事候选人是否适格时，处理公司事务中的非法行为当然是非常重要的考量因素。这样的指控会令其直接依法解除相关候选人参选资格。存在这样的非法行为会引发对“该高管管理公司的品质和诚信”的质疑，股东理应对此审慎考量。

(93) 参见 Kurt S. Schulzke and Gerlinde Berger-Walliser，*Toward a Unified Theory of Materiality in Securities Law*，56 Colum. J. Transnat'l L. 6（2017）。

(94) 参见 *Basic*，*Inc. v. Levinson*，485 U.S. 224（1988）（拒绝认定存在有关价格和结构的协议，因为该协议过于严苛，无法作为确定重大性的标准）。

(95) 参见 Troy A. Paredes，*Blinded by the Light：Information Overload and Its Consequences for Securities Regulation*，81 Wash. U. L.Q. 417（2003）；James J. Park，*Assessing the Materiality of Financial Misstatements*，34 J. Corp. L. 513（2009）；Schulzke and Berger-Walliser，前注(93)。

架得以建立。(96)公司要公开发行证券，(97)就需要向证券交易委员会提交《证券法》所规定的注册上市申请表和定期报告，(98)这些文件中必须包含特定信息。(99)有关披露项目的规定集中于 S-K 条例（有关会计项目的规定则集中于 S-X 条例）。因此，对于需要披露哪些信息以及怎样确保向证券交易委员会提交的各种文件披
31 露内容的一致性，这些条例就是主要依据。(100)

（一）强制性披露制度的建立

联邦证券法项下的强制披露框架可谓树大根深。这一框架是随着 1933 年和 1934 年联邦证券法的颁布建立起来的，后由证券交易委员会运作管理，已有近百年历史。(101)一言以蔽之，强制披露就是监管程序的基本组成部分。有批评家对这一框架提出质疑，认为市场激励足以促使目标公司及其内部人员主动向证券

---

(96) 15 U.S.C. § 77a *et seq*.；15 U.S.C. § 78a *et seq*. 参见 Louis Loss et al.，Fundamentals of Securities Regulation 50—54（7th ed. 2018）（认定强制性披露是联邦证券法的核心功能之一）；Paul G. Mahoney，*The Exchange as Regulator*，83 Va. L. Rev. 1453，1465（1997）（指出“美国证券监管最显著的特征就是强制披露”）；Andrew A. Schwartz，*Mandatory Disclosure in Primary Markets*，2019 Utah L. Rev. 1069，1078（2019）（提出“强制披露是且一直是 1933 年和 1934 年法案的核心特征”）。

(97) 参见《证券法》附录 A 第 2（a）（10）条、第 5 条、第 6 条、第 7 条、第 10 条、第 11 条、第 12 条，15 U.S.C. §§ 77b（a）（10），e，f，g，j，k，l，aa；*Herman & MacLean v. Huddleston*，459 U.S. 375，381—82（1983）［指出“1933 年《证券法》第 11 条规定，若记名债券的注册上市申请表中含有（重大）错误或误导性信息，则记名债券的购买者可对注册发行的特定当事方提起诉讼，该部分旨在通过对直接参与发行的各方适用严格的责任标准，以确保其遵守《证券法》的披露规定”］。

(98) 参见 §§ 12（b），（g），13（a），15（d）of the Securities Act，15 U.S.C. §§ 77l（b），（g），（m）a，o（d），SECForms 10-K，10-Q，8-K，17 C.F.R. §§ 249.308，308a，310。

(99) 举例而言，这些信息包括：注册人业务和财产情况、注册人或其子公司涉诉情况、注册人证券情况、有关注册人普通股市场价格和股息的相关信息、注册人选定的财务信息、有关财务状况和经营业绩的管理层讨论与分析、会计和财务披露的变化以及与注册会计师在此方面的分歧、有关市场风险的定量和定性披露、有关注册人董事、高管和控制人员的特定信息、高管薪酬以及有关《证券法》注册发行的信息（例如在表 S-1 中提供招股说明书摘要、收益使用、发行价格确定、分销计划、出售证券的持有人身份）。参见证券交易委员会 S-K 条例 17 C.F.R. § 229.101 等。

(100) S-K 条例、S-X 条例 17 C.F.R. §§ 210，229 等。参见《证券法公告》No.6383（1982）（指出“自通过以来，S-K 条例不再单纯是特定标准化的注册人相关披露规定的依据，而逐渐发展成为适用于《证券法》和《证券交易法》的更完善的披露要求原则”）；《证券法公告》No.6231（1980）（指出通过“修订 S-X 条例”等措施，实现了信息披露的统一）。

(101) 参见 *Federal Regulation and Regulatory Reform*，Report by the Subcommittee on Oversight and Investigation of the Committee on Interstate and Foreign Commerce，U.S. House of Representatives，94th Cong.，2d Sess.（1976）（声明“证券交易委员会负责实施和执行联邦证券法，主要法规是 1933 年《证券法》和 1934 年《证券交易法》”）。

市场和投资者披露必要的信息,[102]但这一观点并没有得到认可。[103]简言之,强制披 32
露制度之所以具有允当性,是建立在满足下列关键要素的前提之下的,即若不
采用和实施这一框架:(1)更多的公司及其内幕人员会实施欺诈行为;(2)内
幕人员的薪酬和额外津贴以及金融中介费用会更高;(3)证券交易委员会、州
证券管理局和自我监管组织无法对被禁止的行为实施有效监督;(4)民事和刑
事制裁无法促使公司及其内幕人员作出妥当的披露;以及(5)市场信心下降,
进而导致融资成本增加、市场流动性下降、证券市场效率放缓和投资者退出资
本市场。[104]

---

[102] 有关强制披露框架的批评,参见 Homer Kripke, *The SEC and Corporate Disclosure:Regulation in Search of a Purpose* 119(1979)("资本市场的资本供应商和其他交易人一致认为该信息对其作出放贷和投资决定具有必要性,对资本市场有兴趣的发行人可自愿进行披露");George J. Benston, *Required Disclosure and the Stock Market,An Evaluation of the Securities Exchange Act of 1934*,63 Am. Econ. Rev. 132(1973)(实证分析显示,强制披露对股票价格并不会造成重大影响);Roberta Romano, *Empowering Investors:A Market Approach to Securities Regulation*,107 Yale L. J. 2359, 2374(1998)("由于公司需要资本,投资者需要信息,若公司要与其他投资项目竞争,赢得资金,就会非常乐意进行信息披露")。参见 Omri Ben-Shahar and Carl E. Schneider, *The Failure of Mandated Disclosure*,159 U. Pa. L. Rev. 647(2011)("探索强制披露——现代社会保护个人自主权最常见手段——的盛行与失败");Kevin S. Haeberle and M. Todd Henderson, *A New Market-Based Approach to Securities Law*,85 U. Chi. L. Rev. 1313, 1390(2018)(提出采用"证券法新方法,即建立一个现代证券法核心上市公司信息的市场",取代当下的强制披露制度,"这一市场……能激励公司披露更多有价值的信息")。

[103] 参见众议院州际和对外贸易委员会,第 95 届国会 1 次会议,《咨询委员会关于公司向证券交易委员会所作披露的报告》,众议院印发 95-29(1997)(主张"国会在 1933 年《证券法》和 1934 年《证券交易法》中设立的披露制度,自 1934 年设立以来,由证券交易委员会实施和推进,运行良好,无需进行彻底的改革或革新");John C. Coffee, Jr., *Market Failure and the Economic Case for a Mandatory Disclosure System*,70 Va. L. Rev. 717(1984)(指出市场驱动的信息生产往往不足,且代理成本过高,强制披露可以有效解决这一问题);Elisabeth de Fontenay, *The Deregulation of Private Capital and the Decline of the Public Company*,68 Hastings L. J. 445, 473(2017)("几十年来,公众普遍认为,理论上而言,联邦证券监管中强制披露的成本效益分析结果是有利的");Hilary A. Sale, *Disclosure's Purpose*,107 Geo. L. J. 1045, 1051(2019)(主张"尽管有声音呼吁要进行变革,但从某种程度上来讲,披露制度仍牢牢占据一席之地,这是因为市场问题以及种种贪婪与欺诈的存在,就是对叫嚣着放松监管的人最有力的回应")。

[104] 参见 Steinberg,前注30,第 162—163 页(阐述制定强制披露框架的理由);Joel Seligman, *The Historical Need for a Mandatory Corporate Disclosure System*,9 J. Corp. L. 1, 5—9(1983)(主张"近期的批评家们普遍忽视或低估了这一点证据,即正是因为存在证券欺诈、承销商或内部人士薪酬过高以及公众对证券市场缺乏信心等问题,才促使国会在 1933 年、1934 年和 1964 年作出相应立法,为当前的公司强制披露制度奠定基础")。

（二）强制披露框架的有效性

鉴于强制披露框架已经妥当建立起来，随之亟待考虑的问题就是这一制度是否达到了理想的效果。正如其他资料所指出的，披露的信息并非越多越好，投资者被连篇累牍的文件淹没，就会产生信息过载的问题。[105]另一个需要考虑的问题则是，披露的对象是谁？是不固定的理性投资者、精明的金融机构投资者还是金融分析师？[106]

证券交易委员会 S-K 条例涵盖了所有具体的披露规定。但注册人经常对重要项目（例如"风险因素"）进行模式化披露，[107]多用溢美之词（亦称为"鼓

[105] 参见 Parades，前注[95]，第 420 页（作为未来的证券交易委员会委员，指出"无论证券交易委员会是否准备或即将准备废除部分披露要求，联邦证券法都能通过解释投资者实际如何处理信息和制定决策来作出改进。长久以来的观念和政策选择倾向于信息披露越多越好，信息过载的问题至少引发了人们对这种观念和政策选择的质疑和反思"）。

[106] 关于这一主题的讨论，参见 S-K 条例规定的商业和财务披露，《证券法公告》No.10064，第 51 页（2016）（概念公告提出了这一问题，"注册人在制备披露文件时，是否应当假设投资者具备一定的投资者成熟性"）；Homer Kripke, *Fifty Years of Securities Regulation in Search of a Purpose*，21 San Diego L. Rev. 257, 276（1984）（批评证券交易委员会的披露"制度并不是建立在披露'所有重大事实'的基础之上的，而是建立在披露委员会可以客观核实的过去发生的事件基础上的"）；Amanda M. Rose, *The "Reasonable Investor" of Federal Securities Law：Insights from Tort Law's "Reasonable Person" & Suggested Reforms*，43 J. Corp. L. 77, 113（2017）（相较于接受"对理性投资者的特定定义……强调决策者需要制定一些明确的定义，尤其是符合联邦证券法监管目标和市场现实的定义"）；Margaret V. Sachs, *Materiality and Social Change：The Case for Replacing "the Reasonable Investor" with "the Least Sophisticated Investor" in Inefficient Markets*，81 Tulane L. Rev. 473, 473（2006）（提出"法院在低效市场中适用的替代标准……以'最不成熟的投资者'替代'理性投资者'"）。

[107] 公司在披露中提及的广泛风险因素包括："（1）公司过去没有盈利，可能也无法实现盈利；（2）公司的债务可能会对其财务状况和前景造成重大不利影响；（3）公司所有的客户合同都可能在特定条件下终止；（4）公司的对冲交易行为可能会对公司资产流动性或未来经营业绩造成不利影响；（5）公司可能无法成功落实拟定的商业策略；（6）完成特定项目过程中的成本超支和延期可能会对公司业务、财务状况、现金流以及前景造成不利影响；（7）公司无法获得额外资金或对特定项目的完成造成不利影响；（8）龙卷风、海啸或其他灾害可能导致公司运营的实质性中断；（9）公司未能取得政府关于实施某项目的批准，可能会造成重大不利影响；（10）各种政治和经济因素可能会对公司设施的发展造成负面影响；（11）公司所处行业竞争激烈，公司可能无力与拥有更强财力的竞争者开展有效竞争，这或对公司业务、经营业绩或财务状况造成重大不利影响；（12）现行和未来的环境和相关法律法规会导致合规或运营成本增加；（13）公司缺乏多元性会对其财务状况、经营业绩、现金流、资产流动性以及前景造成重大不利影响；（14）由于公司普通股市场价格过去曾出现大幅波动且这种波动会持续，股东可能会损失部分或全部投资；以及（15）公司所在行业受全球经济因素影响，包括与不稳定经济条件相关的风险。"近期，证券交易委员会尝试以如下措施来破局："风险因素相关内容超过 15 页的，要求风险因素披露摘要不得超过 2 页；要求披露'重大'风险因素，以此完善 S-K 条例第 105 项的原则导向方法；除目前要求的子项外，还要求按照相关标题对风险因素进行分类，并在风险因素部分的末尾以单独标题披露适用于证券投资的普遍风险因素。"《证券交易委员会新闻公告》No.220-192（2020），宣布对"S-K 条例项下业务、法律程序以及风险因素的披露进行现代化"的修订，《证券法公告》No.10825（2020）。

吹"），⑱并过度夸大"信念"（在最高法院对 *Ominicare* 案作出裁决后，夸大 34
"信念"很大程度上无需承担任何责任）。⑲依照当前的法律，无论是一般的过度
乐观表达，还是将其作为一种信仰，都不会引起任何法律层面的责任。⑳公司董
事和高管不应受到和二手车销售人员同等程度的保护。㉑受信人对自己的公司和
股东负有注意和忠实义务，因此理应适用更高的责任标准。㉒一般的谎言和夸大

---

⑱　在法院看来，一般的实证或积极陈述并不是保证，存在"夸大其词"的成分，因此不能作
为诉讼依据。法院认为这类陈述缺乏重大性，不足以被投资者采信。参见 *Anderson v. Spirit
AeroSystems Holdings*，*Inc*.案，827 F.3d 1229（10th Cir. 2016）（公司关于其"生产力和效率提高"
的一般陈述被认定为是夸大其词）；*Lloyd v. CVB Financial Corp*. 811 F.3d 1200（9th Cir. 2016）
（将公司关于其最大债权人偿还公司债务的能力的概括陈述，以及对其"健全的信用文化和承保诚
信"的描述，定性为夸大其词）；*City of Edinburgh Council v. Pfizer*，*Inc*.，754 F.3d 159（3d Cir.
2014）（制药公司关于临床试验数据的积极陈述被认定为夸大其词）。但参见 *Vivendi*，*S.A.*，838
F.3d 223（2d Cir. 2016）（法院认定公司关于其净收入和可用现金的陈述具有重大性，且不存在夸
大）。以是否存在夸大成分为标准，这种做法备受评论家们的批评。参见 Jennifer O'Hare，*The Res-
urrection of the Dodo*：*The Unfortunate Re-Emergence of the Puffery Defense in Private Securities
Fraud Actions*，59 Ohio St. L. J. 1697（1998）；Stefan Padfield，*Is Puffery Material to Investors*：
Maybe We Should Ask Them，10 U. Pa. J. Bus. & Emp. L. 339（2008）；另可参见本书第六章的讨论。
⑲　*Omnicare*，*Inc. v. Laborers District Council Construction Industry Pension Fund*，135 S. Ct. 1318
（2015）［认定在两种情况下，可依据意见陈述提起诉讼：其一，公司（或其他发言人）提出本身并不
相信的意见的；其二，意见遗漏了公司（或其他发言人）关于该意见陈述的调查或知情的重大事实，
且这些事实与理性投资者对陈述的看法是相冲突的］。*Omnicare* 案依据注册上市申请表中的披露不足，
提出了《证券法》第 11 条（15 U.S.C. § 77k）规定的信念或意见陈述。*Omnicare* 案的逻辑被推及涉
及违反《证券交易法》第 10（b）条［15 U.S.C. § 78j（b）］的诉讼中。参见 *City of Dearborn Heights
v. Align Technology*，*Inc*.，856 F.3d 605（9th Cir. 2017）。相关评论参见 Allison Cook，"*I Believe*" *Omni-
care Falls Short*：*An Analysis of the Supreme Court's Latest Attempt to Clarify Opinion-Statement Liability*，
46 Sec. Reg. L. J. 19（2018）；James D. Cox，*We're Cool Statements After Omnicare*：*Securities Fraud Suits
for Failures to Comply with the Law*，68 SMU L. Rev. 715（2015）；Hilary A. Sale and Donald C. Lange-
voort，"*We Believe*"：*Omnicare*，*Legal Risk Disclosure and Corporate Governance*，66 Duke L. J. 763
（2016）；本书第六章讨论。另一例证就是，一些石油公司经常会夸大自己的石油储量，远超其实际水
平。参见 Rachel Adams Heard，*Culture of Inflating Oil Reserves Helped Stoke U.S. Shale Boom*，
Bloomberg（June 23，2020），https://www.bloomberg.com/news/articles/2020-06-23/shale-oil-stocks-in-
vestors-question-industry-s-performance（讨论公司对其石油储量的"乐观估计"，并参考十多年前证券
交易委员会针对两家大公司提起的执行诉讼，证券交易委员会指控这些公司虚报储量。然而，经观察
发现，自这些诉讼之后，"几乎没有作出任何高额罚款和处罚……"）。
⑳　参见前注⑲—⑳引用的文章，后注㉑。
㉑　参见 Sarah K. Lee，*The Puffery Defense*：*From Used Car Salesman to CEO*，30 Sec. Reg. L.
J. 440（2002）。
㉒　*Cf. Meinhard v. Salmon* 案，249 N.Y. 458，164 N.E. 545，546（1928）（Cardozo，Ch. J.）
（认为"在公平行事的人看来，日常生活中被允许的许多行为，对受信托关系约束的主体而言，都
是被禁止的行为。不仅仅是诚信，履行的细节才是行为的标准"）。

35　其词如果确应受到处罚，[113]则个人和证券交易委员会均可提起诉讼（当然，前提是满足基本的诉讼要素要求）。[114]

此外，某些披露项目（例如"高管薪酬"）内容的篇幅实在是过长，通常附有许多图表、表格和数十页的叙述。[115]除非投资者或市场专业人士有充分的理由要消化这些信息，否则很难提起兴趣来完成这一繁琐冗杂的工作。[116]无关紧要信息的"过载"问题在证券交易委员会的披露框架中屡见不鲜。[117]显然，在执行普遍披露指令时，应当严格控制披露文件的篇幅，即在没有正当商业理由的情

36　况下，必须充分披露所有重大信息。[118]

---

⑬　在以违反《证券交易法》第 10（b）条和以其为基础制定的 10b-5 规则（17 C.F.R. § 240.10b-5）为由提起的诉讼中，无论是私人诉讼还是政府诉讼，都必须证明其中存在故意（即存在明知或有意的行为）。参见 *Aaron v. Securities and Exchange Commission*，446 U.S. 680（1980）以及 *Ernst & Ernst v. Hochfelder*，425 U.S. 185（1976）。一般而言，除私人诉讼（被告享有更大的责任保护）中的前瞻性陈述，轻率行为已经足以构成必要的意图。参见 *Ikon Office Solutions，Inc. Securities Litigation*，277 F.3d 658，667（3d Cir. 2002）（在这种情形中，适用关于轻率的最常见定义，即"被告在已知危险或该危险非常明显，被告必然知晓的情况下，仍严重偏离一般注意标准"）。

⑭　依据第 10（b）条提起的私人诉讼，其必备要素包括：原告具有目标证券买方或卖方的身份、存在重大披露不足（虚假陈述或疏漏）、被告存在主观故意、主张的不当行为与目标证券的购买或出售相关、原告的诉讼依据是其主张的披露不足、原告证明损失的因果关系以及主张的违法行为造成了损失。参见 *Dura Pharmaceuticals，Inc. v. Broudo*，544 U.S. 336，341—342（2005）。参见 Bromberg，Lowenfels 和 Sullivan，前注㉞；本书第六章讨论。

⑮　S-K 条例第 402 项本身篇幅长达数十页，这一事实就证明了这一点。参见 Stephen J. Choi 和 A.C. Pritchard，*Securities Regulation—Statutory Supplement* 268—302（2020）（包含对第 402 项的说明）。S-K 条例第 303 项（管理层讨论与分析）是本指令项下披露篇幅增加的另一例证。参见 Paredes，前注㉟，第 427—428 页。

⑯　参见 Schwartz，前注㊱，第 1081 页（主张"任何真正看过一级市场证券文件的人都知道，这些文件是多么的晦涩艰深、连篇累牍，绝非普通投资者能够参透的"）。

⑰　参见 Paredes，前注㉟，第 446 页（指出"投资者接收信息过载的问题愈发严重"）。正如 Warren Buffett 所言："四十多年来，我一直在研究上市公司提交的文件。很多时候，我根本无法弄清楚这些文件到底想说什么。"Warren E. Buffet，证券交易委员会投资者教育及援助办公室前言，*A Plain English Handbook：How to Create Clear SEC Disclosure Documents* 1（1988）。从某种程度上来讲，证券交易委员会是在尝试解决这一问题。参见《证券法公告》No.10825（2020）（指出通过的 S-K 条例修订"更新"了第 101 项、第 103 项和 105 项的内容，"改进了对投资者的披露，简化了注册人的合规"）。

⑱　因此，缓解信息过载的方式是：对于非重大事项的叙述性披露，降低其复杂性，削减篇幅。诚然，冗长披露的影响以及使用格式化用语可能会"掩盖"对投资者来说至关重要的事实。参见 *Werner v. Werner*，267 F.3d 288，297（3d Cir. 2001）（指出"依据'掩盖事实'原则，若披露的方式隐瞒或掩盖了理应披露的信息，则视为不充分披露"）。参见 Jeremy McClane，*Boilerplate and the Impact of Disclosure in Securities Dealmaking*，72 Vand. L. Rev.191（2019）。

（三）援引并入——信息差

通过援引并入将合格注册人的 1934 年证券交易委员会（规定的）定期报告纳入《证券法》注册上市申请表中，[19]加剧了实际的信息传递差。这种援引并入意味着通常情况下，发行人必须在注册上市申请表中披露的唯一信息就是发行条款（和依据该条款发行的证券），以及自上次提交定期（和当期）报告以来有关发行人事务重大变更的信息。[20]从实践经验来看，普通投资者并不会对以援引并入方式纳入目标注册上市申请表中的年度、季度和当期报告进行审查，这一点也可以理解。通常情况下，只有机构投资者和市场专业人士才有相应的资金来进行这样的分析。因此，作出投资或投票决定之前，在对已审核的实际信息进行评估时，机构投资者、市场专业人士与普通投资者之间存在着巨大的差异。[21]

四十年前，当证券交易委员会采用综合披露框架时，[22]支撑这一做法的依据就是有效市场理论，[23]即"最大限度地利用援引并入，将《证券交易法》报告纳入 1933 年《证券法》的注册上市申请表"。[24]当时，对于合格公司的特定一级市场股票发行（primary equity offerings）可以适用这种援引并入，这类公司会在有效市场交易其普通股，换言之，按照 20 世纪 80 年代的美元计算，在目标发行人有投票权的股票中，至少有价值 1.5 亿美元的股票由非关联公司持有（"流

37

---

[19] 参见《证券法公告》No.6331（1981）（合并证券法披露制度）；《证券法公告》No.6235（1980）（提议发布）。参见 Milton H. Cohen，*"Truth in Securities" Revisited*，79 Harv. L. Rev. 1340（1966）（支持采用综合披露框架）。

[20] 参见《证券法公告》No.10003（2016）［执行《修复美国地面交通运输法案》（FAST Act）中国会的指令，允许小型上市公司将其证券交易委员会《证券交易法》定期报告的内容并入注册上市申请表中］；《证券法公告》No.6383（1982）（授权表 S-3 发行人进行援引并入，并指出"《证券交易法》报告中有关注册人的信息将通过援引并入的方式纳入表 S-3 招股说明书中，且除非注册人事务发生重大变化，且并未在《证券交易法》文件中报告，否则招股说明书无需提供任何有关注册人的信息"）。

[21] 参见 Paredes，前注⑨，第 431—432 页（指出普通个人投资者并不关注证券交易委员会文件中公开披露的细节，但披露的信息是经过金融中介机构和证券专业人士"过滤"之后的，"他们研究并处理信息，并以其交易和建议最终决定了证券价格"）。

[22] 参见《证券法公告》No.6331（1981）。

[23] 正如美国最高法院所述，"在发达市场上交易的股票，其市场价格反映了所有公开可得的信息"。*Halliburton Co. v. Erica P. John Fund，Inc.*，134 S. Ct. 2398，2408（2014），*quoting*，*Basic，Inc. v. Levinson*，485 U.S. 224，246（1988）.

[24]《证券法公告》No.6383（1982）（指出"依据有效市场理论，表 S-3 允许以援引并入的方式最大限度地使用《证券交易法公告》"）。

通股"），或者至少有 1 亿美元的流通股和 300 万美元的股票年交易量。[125]多年来，证券交易委员会和国会将这些门槛一降再降。[126]如今，一般情况下，只要提交定期报告且报告可在网站随时查阅，那么合格的小型上市公司[127]也能通过援引并入将在目标注册上市申请表生效日期之前提交的所有证券交易委员会报告纳入其后续的 S-1 注册上市申请表中。[128]

　　证券交易委员会规定援引并入的主要理据是"依据有效市场理论，允许最大限度地利用《证券交易法》报告的合并，并要求在招股说明书中体现并向投资者作出披露"，而前述发展却与之背道而驰。[129]显然，以援引并入为必要条件的综合披露程序，其适用范围已经扩大，在非有效市场中进行证券交易的公司也被纳入其中，这从根本上推翻了这一框架的理论基础。对于这类发行人而言，援引并入就是规范，即便这些公司多半并不是金融分析师和市场中介关注的重点。因此，很大程度上而言，这些注册人提交的定期报告中罗列的信息对于市场价格的考察并没有太大的参考价值。[130]更糟糕的是，正如本书第四章将讨论的

38

---

⑫⑤　《证券法公告》No.6383（1982）（指出"证券交易委员会决定，特定注册人使用表 S-3 的，对其适用 1.5 亿美元的浮动交易要求，同时需增加其他测试，即 1 亿美元的流通股和 300 万美元的股票年交易量"）。

⑫⑥　参见《证券法公告》No.8878（2007）；《证券法公告》No.10003（2016）。

⑫⑦　参见 405 规则，17 C.F.R. § 230.405；《证券法公告》No.10513（2018）（一般而言，"小型上市公司"包括"公众持股量低于 2.5 亿美元的注册人，以及上一年年收入低于 1 亿美元、无公众持股或公众持股低于 7 亿美元的注册人"）。不符合小型上市公司资质的企业包括资产支持证券发行人、投资公司和母公司拥有多数股权的子公司（母公司本身不是小型上市公司）。

⑫⑧　参见《证券法公告》No.8591（2005）；《证券法公告》No.10003（2016）。在《证券法公告》No.10003（2016）中，证券交易委员会指出，"要获得使用援引并入的资格，小型上市公司必须提交（a）最近一个完整财年的年度报告；以及（b）在提交表 S-1 前 12 个月内（或小型上市公司提交此类报告和材料的更短期限内）所有必须提交的《证券交易法》报告和材料……此外，获得援引并入的资格存在前提条件，即小型上市公司确保在发行人维护的或为发行人维护的网站上提供其援引并入的《证券交易法》报告和其他材料，并在招股说明书中披露将按要求提供此类材料"。值得注意的是，若发行人为空白支票公司、空壳公司或进行低价股票发行的发行人，则不允许使用援引并入。同上。

⑫⑨　《证券法公告》No.6383（1982）。

⑬⓪　显然，许多小型上市公司的普通股并不是在有效市场交易的。要确定特定证券的交易市场是不是有效市场可以参考以下要素："（1）每周平均交易量占总流通股的百分比；（2）追踪和报告股票的证券分析师数量；（3）做市商和套利者交易股票的情况；（4）公司是否有提交证券交易委员会表 S-3（相较于表 S-1）的资格……（鉴于证券交易委员会放宽了表 S-3 的门槛，因而导致这一因素如今的参考价值不大）；（5）有经验事实证明，意外的公司事件或财务发布与股票价格的即时波动之间存在因果关系（最重要的因素）；（6）公司市值；（7）股票的买卖差价；以及（8）流通股，不包括内幕人员所持股票的股票交易量。" *Unger v. Amedisys，Inc.*，401 F.3d 316，323（5th Cir. 2015）.通常情况下，小型上市公司的普通股很难具备上述所有因素。参见 Russell Robinson，*Fraud on the Market and Thinly-Traded Securities under Rule 10b-5：How Does a Court Decide If a Stock Market Is Efficient？*，25 Wake Forest L. Rev. 223（1990）。

那样，近年来针对所谓小型上市公司的特定披露和内部控制的要求大幅度放水，导致监管框架出现重大缺口。⑬鉴于这类规模较小的上市公司往往更倾向于采取宽松的监督和披露实践，这种政策选择通常青睐短期资本增长，而非充分知情的证券市场。⑬尽管上市公司报告目前存在诸多门槛，且成本较高，⑬因而令一些公司对进入公开市场望而却步，⑬但这些障碍是必要的，因为它们能够最大程度地限制欺诈和其他不合理行为，防止这些行为损害投资者和美国证券市场。⑬

39

---

⑬　参见《证券交易法公告》No.88365（2020）（对特定小型上市公司予以豁免，就管理层评估目标发行人财务报告内部控制有效性而言，此类小型上市公司无需再取得外部审计师的单独证明）；《证券法公告》No.10513（2018）（通过修订，扩大 S-K 条例和 S-X 条例中按比例披露要求的适用范围，将公众持股量低于 2.5 亿美元的上市公司以及收入低于 1 亿美元、公众持股量低于 7 亿美元的公司涵盖其中）；《证券交易委员会新闻公告》No.2018-116（2018 年 6 月 28 日）（宣布修订将允许额外的 996 名注册人成为小型上市公司，从而有资格适用按比例披露）。按比例披露的项目包括：选定的财务数据、注册人业务描述、管理层讨论与分析、市场风险信息、公司治理以及高管薪酬。小型上市公司定义参见前注⑰；本书第四章讨论。

⑬　参见 Steinberg，前注⑳，第 157 页［指出这些国会和证券交易委员会举措（例如《修复美国水陆运输法案》和证券交易委员会修订）可被视为促进资本募集的措施，同时隐晦地传达出这样一个观点，即在国家证券交易所上市的所有证券都是在有效市场进行交易的，但这种合理化违反了既定的理论，即问题的关键在于特定股票的市场，而非其交易的地点］；John L. Orcutt，*The Case Against Exempting Smaller Reporting Companies from Sarbanes-Oxley Section 404：Why Market-Based Solutions Are Likely to Harm Ordinary Investors*，14 Ford. J. Corp. Fin. L. 325，357（2009）（指出小型上市公司"更容易出现财务披露不准确的问题"，且"由于机构和二级支持的减少，其能收到的集体信息收集和监测服务也会变少，从而导致其在应对日益加剧的不准确性问题时愈发捉襟见肘"）。

⑬　参见《证券法公告》No.10513（2018）；Stuart R. Cohn and Gregory C. Yadley，*Capital Offense：The SEC's Continuing Failure to Address Small Business Financing Concerns*，4 N.Y.U. J.L. & Bus. 1（2007）；Carl Schneider et al.，*Going Public：Practice，Procedure，and Consequences*，27 Vill.L. Rev. 1（1981）。

⑬　参见《证券法公告》No.10513（2018）［评论道，"减轻小型上市公司（SRC）的披露负担，就会使更多注册人符合小型上市公司的资格。只要将节省下来的合规成本和其他资源（例如管理措施）用于披露并以其他方式落实合规事宜，同样可以刺激资本的募集。因为对于犹豫是否应当上市的公司而言，如果披露要求相对降低，它们可能就会选择上市"］。

⑬　参见 Paredes，前注⑮，第 472 页（指出诸如"相应缩减强制披露制度"之类的更宽松的披露义务能够促使"坏"发行人"模仿""好"发行人的行为，从而削弱"强制披露制度解决资本市场'柠檬问题'的影响"）；Robert Prentice，*Wither Securities Regulation？：Some Behavioral Observations Regarding Proposals for Its Future*，51 Duke L. J. 1397，1403（2002）（主张更宽松的监管环境传递了这一信号，即欺诈"更容易被接受，因此也更容易发生"）；Edward Rock，*Securities Regulation as Lobster Trap：A Credible Commitment Theory of Mandatory Disclosure*，23 Cardozo L. Rev. 675，686（2002）（主张强制披露框架"提供了一种可信的特殊执行机制，不仅能够确保披露信息的全面性，还能确保其质量"）；参见本书第四章讨论。

（四）提议在证券交易委员会文件中添加强制性"摘要"

为方便普通投资者更好地获取并理解目标公司的《证券法》注册上市申请表、《证券交易法》定期报告（包括表 10-K、表 10-Q 和表 8-K）以及其他证券交易委员会文件（例如委托投票说明书）中有意义的信息，应对之法就是要求这类文件必须在开头处添加一个足够全面的"摘要"，将必要的信息全部囊括其中。举例而言，若依据《证券法》进行上市注册，无论是蓝筹股发行人以储架注册方式进行援引并入[136]还是近期成立的上市公司进行援引并入，[137]普通投资人都应该能通过简明易懂的书面格式，随时获取有关目标公司有意义的信息和其他重大事实。对于目标公司而言，要求其以简洁和对用户友好的方式在摘要中呈现重大信息并不过分。证券交易委员会注册上市申请表和定期文件（包括大型公司的储架注册发行以及特定《证券交易法》文件，例如委托投票说明书、表 10-K 和表 10-Q）中含有充分全面的摘要，应当有助于促进披露程序的规范化，为普通投资者提供更方便的渠道，助其获取必要信息，作出明智决策。[138]就此而言，要求各《证券交易法》报告公司设立披露委员会（披露委员会成员均

---

[136]　通常，采用储架注册的，证券未来会延迟或持续发行或出售。参见 415 规则，17 C.F.R. § 230.415。对于这类证券，《证券交易法》报告中所含信息会以援引并入的方式并入储架注册声明。参见 *Worldcom, Inc., Securities Litigation*, 346 F. Supp. 2d 628（S.D.N.Y. 2004）《关于证券业协会和债券市场协会的法庭之友陈述》第 1 页、第 3 页［指出"储架注册发行已成为美国融资市场的重要组成部分。按照这种发行方式，发行人只要提前发出通知（通常只需要提前几小时），就能随时进入市场，无需经过证券交易委员会审查。这无疑大大加快了发行人进入市场的速度，且其还可以重复进入市场"］。此外，对于知名且经验老到的发行人而言［通常情况下，是指普通流通股达到 7 亿美元及以上或注册或发行的不可转换证券（过去三年内注册或发行的普通股除外）达到 10 亿美元或以上的上市公司］，储架注册声明自提交证券交易委员会后立即生效。参见《证券法公告》No.8591（2005）。

[137]　这些注册人中许多都是小型上市公司。小型上市公司的定义见前注[12]。数以千计的这类公司都会采用按比例披露要求。参见前注[13]—[15]的相关讨论及随附文本。

[138]　参见 S-K 条例第 503（a）项 17 C.F.R. § 229.503（a）（指出"若招股说明书篇幅很长或内容艰涩繁杂，则有必要提供摘要，且摘要应当简洁明了，注册人必须以简明的英语……提供该招股说明书信息的摘要"）。尽管有一定的作用，但第 503（a）项未规定要披露信息的类型，且并不适用于《证券交易法》定期文件。证券交易委员会通过的简明英文披露规则侧重于招股说明书披露的明晰度。依据这些规则，招股说明书摘要（以及招股说明书的其他特定部分）必须以简明英语书就。参见 421 规则，17 C.F.R. § 230.421；《证券法公告》No.7497（1998）。本章提议扩大这一要求的适用范围，不仅要求注册发行需要提供全面的摘要，所有证券交易委员会文件中都需要提供全面摘要，包括《证券交易法》定期报告（例如表 10-K、表 10-Q 和表 8-K）。

为可代表委员会聘请独立法律顾问的独立董事）将有利于实现这一目标。⑬⑨

（五）部分废除强制性披露框架

然而，在特定情形中，证券交易委员会不费吹灰之力就废除了强制披露框架。⑭⓪最典型的例子就是 506 规则项下证券，这类证券仅面向合格投资者出售。⑭①针对这类证券发行，证券交易委员会并未规定任何强制性披露要求。⑭②除机构投资者和精通金融的个人投资者外，"合格投资者"还包括与其配偶或配偶同等身份的主体总体净资产达到 100 万美元（不包括其主要住房）的个人，以及年收入达到 20 万美元（家庭年收入 30 万美元）的个人。⑭③提及这类人群，自然会令我们设想其具备良好的财务成熟度，能够凭借自身能力获取有意义的注

---

⑬⑨　许多上市公司都设有披露委员会，由公司高管和向公司首席执行官或首席财务官汇报的其他高级职员组成。披露委员会的任务是评估信息的重大性和公司的披露义务，并在维持适当披露控制和程序方面发挥重要作用。参见 KPMG, *Transparency and Management's Disclosure Committee*（2016）。依照《咨询委员会关于资本募集和监管程序的报告》的提议，由外部董事组成一个披露委员会，确保公司披露的诚信。这一授权能够优化披露流程，并提供一定程度上的心理安慰，即董事履行了自己的法定义务。参见［1996—1997 Transfer Binder］Fed. Sec. L. Rep. (CCH) ¶ 85，834，at 88，427—428（1996）［指出组建这类披露委员会大有裨益，"能够确保对披露准备程序进行更为连续的监督，且随着时间推移，提高定期和二级市场报告与披露的质量和诚信度"；"在发行人首次发行的背景下，从董事会层面关注尽职调查，从而确保外部董事作为监督者更多地参与其中"；以及"为外部董事提供切实可行的手段，方便其更多地参与对其他资本市场看门人（如承销商）的尽职调查活动"］。依据本章所提出的建议，和审计委员会一样，披露委员会应仅由外部董事组成，且在适当的情况下，外部董事有聘请独立法律顾问的法定权力。参见《证券交易法》第 10A 条，15 U.S.C. § 78j-1；《证券交易法公告》No.48745（2003）；本书第四章讨论。

⑭⓪　关于这个问题的进一步讨论，见本书第三章。

⑭①　506 规则（b）、（c），17 C.F.R. § 230.506（b），（c）。依据 1996 年《全美证券市场促进法》(NSMIA)，506 规则项下证券优先适用州规定。参见 § 18（b）（4）（D），15 U.S.C. § 77r（b）（4）(D)；*Brown v. Earthboard Sports USA, Inc.*，481 F.3d 901（6th Cir. 2007）；Jill Meyer, *Federal Preemption of the Rule 506 Exemption*，37 Sec. Reg. L. J. 122（2009）；见本书第三章讨论。

⑭②　参见《证券法公告》No.6389（1982）（指出"若发行人仅向合格发行人出售证券，则条例 D 并不强制要求其作出任何具体披露"）。需要注意的是，适用反欺诈条款意味着通常会披露特定的信息。

⑭③　合格投资者的收入水平指的是前两年的收入，且可以合理预期前两年的收入与本年度必要收入基本持平。一般来说，除个人外，组织总资产超过 500 万美元即可称为合格投资者。参见 501 规则（a），17 C.F.R. § 230.501（a）；《证券法公告》No.10824（2020）（"依据特定专业资格证书、职称、其他证书或私人基金的'知识型员工'，扩充自然人投资人的种类"）；本书第三章讨论。

册类型信息，从而能维护自己的利益。[144]然而，这一假设过于想当然，与实际情况不符。证券交易委员会的做法是以牺牲投资者保护为代价促进资本募集，但506规则项下证券的不知情投资者所遭遇的种种欺诈证明，证券交易委员会这一做法未免鼠目寸光。[145]

42

要解决这一困境并不难。除金融财富（例如拥有大量净资产）外，要想被认定为合格投资者，个人必须具备必要的财务成熟度，或由具有这种财务成熟度的代表提供建议。[146]个人是否具有财务成熟度可以参考教育背景、工作经验或之前的投资经历等指标来确定。若不满足这类条件，就应当适用强制性披露框架，赋权目标投资人接收注册类型信息。[147]

只因为某个人拥有100万美元的净资产或年收入达到20万美元，就想当然地认定其具备获取重大信息的能力，这种想法太不切实际。事实上，证券交易委员会明知这类投资者通常缺乏财务成熟度，也没有足够的能力与发行人及其发起人讨价还价套出注册类型信息，但证券交易委员会仍选择这么做，目的就是促进资本的募集。目标发行人要想进入证券市场，应当满足这一条件，即必须向不具有财务成熟度（或缺少有效信息获取渠道）的投资者披露注册类型信息。尽管这一条件在一定程度上会阻碍资本的募集，但同时也能够降低经济损

---

[144] 参见506规则（b）、（c），17 C.F.R. § 230.506（b），（c）。*Cf. Securities and Exchange Commission v. Ralston Purina Co.*案，346 U.S. 119, 124（1953）（对法定非公开发行豁免作出解释，指出是否适用豁免应取决于"受影响的特定类别主体是否需要《证券法》的保护"）；*Doran v. Petroleum Management Corp.*案，545 F.2d 893（5th Cir. 1977）[认为依据第4（2）条（现为第4（a）（2）条）的法定非公开发行豁免，拥有财富并不意味着个人精通财务知识]。

[145] 参见 Luis A. Aguilar, *Increasing the Vulnerability of Investors*（2012年证券交易委员会公开声明）（反对证券交易委员会针对506规则拟议修订所采取的举措，证券交易委员会委员Aguilar随后表示，"若一般性劝诱规则与506规则之类的发行豁免相结合，则公司无需向投资者提供任何信息声明或披露，如此一来，欺诈更容易实施，隐蔽程度也会大大升高"），网址：https://www.sec.gov/news/public-statement/2012-spch082912laahtm。

[146] 总体而言，该提案的标准与1982年506规则颁布之前的标准相仿，按照之前的标准，潜在投资者不仅要获得（或实际收到）注册类型信息，还必须具有相应的财务成熟度（或雇用具备必要财务成熟度的受要约人代表）。参见 *Lawler v. Gilliam* 案，569 F.2d 1283（4th Cir. 1978）；*Doran v. Petroleum Management Corp.*案，545 F.2d 893（5th Cir. 1977）；前证券交易委员会146规则[依据当时的第4（2）条（现在的第4（a）（2）条）非公开发行豁免颁布的规则]。

[147] 参见 Marc I. Steinberg, *Corporate Internal Affairs—A Corporate and Securities Law Perspective* 44—49（1983）；Marc I. Steinberg, *The Securities and Exchange Commission's Administrative, Enforcement, and Legislative Programs and Policies—Their Influence on Corporate Internal Affairs*, 58 Notre Dame L. Rev. 173, 209—214（1982）；另可参见本书第三章的论述。

失发生的概率，减轻其严重程度。⑭⑧   43

（六）披露所有重大信息的要求

当前披露框架最令人痛心的一点可能就在于这一框架并没有要求公司在其
证券交易委员会注册上市申请表和定期文件中披露所有重大信息。尽管 S-K 条
例的披露项目已相对完备，但有些时候仍旧无法完全穷尽投资者应当获取的所
有重大信息。⑭⑨因此，由于证券交易委员会并未规定对特定事件或情况的披露要
求，故而公司及其高管在知情的情况下未能在其证券交易委员会文件中向投
资者披露明显重大信息的行为是情有可原的。⑮⓪正如某个上诉法院所述，"公司   44

---

⑭⑧　证券交易委员会曾就如何简化、增强以及协调《证券法》豁免框架征集意见，笔者对此进
行了回应，并在向其提交的信函中提出了这一观点。在信中，笔者主张：

> 来信的目的是强调证券交易委员会的首要作用是保护投资者，而不是促进资本募集。虽然为
> 资本募集扫清不必要的障碍是证券交易委员会的重要目标之一，这一点毋庸置疑，但重点应落在
> 为投资者提供充分的保障之上。不幸的是，自 20 世纪 80 年代初颁布 D 条例以来，证券交易委员
> 会在保护投资者这方面可谓屡战屡败。当仅向所谓的富有个人"合格投资者"作出合格发行时，
> 为了废除强制性披露框架，证券交易委员会单方面推翻了既定的上诉判例法［参见 Lawler v. Gil-
> liam 案，569 F.2d 1283（4th Cir. 1978）］。不幸的是对个人而言，衡量"财务"成熟度的标准有
> 且只有一个，那就是财富。具体来说，就是个人净资产达到 100 万美元。如此一来，就导致了不
> 成熟的个人在没有得到充分信息披露的情形下蜂拥投资。尽管事后可以虚假陈述或欺诈为由提起
> 诉讼，但得到令人满意追偿的概率和诉讼的不确定性及成本都是当事人难以承受的……

　　几十年来，即使是在 20 世纪 90 年代的丑闻之后，证券交易委员会仍旧拒绝提高 100 万美元净
资产这一门槛。直到 2010 年，国会才在《多德—弗兰克法案》中以立法形式规定，这 100 万美元不
包括个人的主要居所。该立法还建议证券交易委员会重新审查这一限额，并在其认为适当的情况下
予以提升。但证券交易委员会并没有听从这一建议，一如既往地重资本募集、轻投资者保护。在之
前的一篇文章中，笔者对证券交易委员会这一不作为作出了批评。参见 Steinberg，The
"Accredited" Individual Purchaser under SEC Regulation D：Time to Up the Ante，29 Sec. Reg. L. J.
93（2001）。时至今日，笔者认为，1982 年的 100 万美元约等于现在的 265 万美元。要履行自身的
法定义务，证券交易委员会需要作出补救措施。因此，证券交易委员会在修改影响个人合格投资者
的豁免框架时，理应提高净资产数额以及个人/共同收入标准。

　　Public Comment Letter Submitted by Marc I. Steinberg, File Number S7-08-19, Concept Release
on Harmonization of Securities Offerings（August 5，2019），available at https：//www.sec.gov/com-
ments/s7-08-19/s70819-5914776-188970.pdf.

⑭⑨　参见 Cooperman v. Individual，Inc.，171 F.3d 43（1st Cir. 1999）（认定公司首席执行官与
其董事会在公司发展战略这一问题上存在冲突的这一情况，对投资者来说虽然非常重要，但不是
必须披露的事项）。

⑮⓪　在这种情形中，披露的义务和时机属于公司董事会和管理层的善意判断范畴。参见
Chiarella v. United States 案，445 U.S. 222，230（1980）［无披露义务，《证券交易法》（转下页）

没有向公众提供所有重大信息的一般义务"。[151]

但这类规则其实毫无意义：它鼓动发行人不披露信息，对有效市场造成不良影响，同时与投资者的期待背道而驰。因而，其他发达证券市场会拒绝这种武断的做法也不足为奇。[152]这些国家规定，在没有正当商业理由的情况下，目标发行人必须立即向投资者和证券市场披露所有重大信息。[153]依据这一观点，美国

_____

（接上页）第 10（b）条项下保持沉默的行为不可作为诉讼理由］；*Shaw v. Digital Equipment Corp.*，82 F.3d，1194，1202（1st Cir. 1996）（指出"单纯拥有重大非公开信息本身并不导致披露义务的产生"）；*Securities and Exchange Commission v. Texas Gulf Sulphur Co.*，401 F.2d 833，850 n.12（2d Cir. 1968）（满席审理）（指出"披露的时机属于公司商业判断的范畴，公司应按照证券交易所和证券交易委员会颁布的确定性披露要求确定披露时机"）。参见 Jeffrey D. Bauman，*Rule 10b-5 and the Corporation's Affirmative Duty to Disclose*，67 Georgetown L. J.935（1979）。

[151]   *J & R Marketing SEP v. General Motors Corp.*，549 F.3d 484，496—497（6th Cir. 2008）（同样指出"我们无权将广泛的披露义务强加于任何人，要求披露其认为是非公开的重大信息"）。参见 *Cooperman v. Individual，Inc.*，171 F.3d 43，49（1st Cir. 1999）（指出"尽管在公开发行的情形中，的确存在切实的披露义务，但有一点很清楚，证券发行人并无披露所有重大信息的绝对义务"）。

在过去，证券交易委员会曾敦促注册人披露所有重大的非公开信息。举例而言，在 1970 年的一份公告中，证券交易委员会表示，"虽然公司遵守了报告要求，但其仍有义务全面、及时地公布有关公司财务状况的重大事实"。《证券法公告》No.5092（1970）。在其他公告中，证券交易委员会指出，"投资者期望上市公司持续及时地披露公司重大进展，这种愿景合理合法"。《证券交易法公告》No.18271（1981）。

[152]   参见 2001 年《公司法》（Cth）S 674（2）（澳大利亚）；《安大略省证券法》R.S.O. 1990，c. S.5 § 75（加拿大并没有联邦证券法）；2014 年 4 月《欧洲议会和理事会关于市场滥用监管的条例》（EU）No.596/2014，第 17 条（规定目标公司延迟披露的，必须有正当理由，除此之外，还必须确保延迟披露不会对投资者造成误导，同时要确保特定信息的保密）。参见 *Market Abuse Regulation—Commentary and Annotated Guide*（Marco Ventoruzzo and Sebastian Mock eds.，2018）。

[153]   资料来源参见前注[152]。Timothy J. Johnston，*Is Mandatory Real-Time Disclosure Really Mandatory? A Comparison of Real-Time Disclosure Frameworks and Enforcement*，47 Sec. Reg. L. J. 44，56—57（2019）（指出"广泛采用的持续披露框架的确要求公司在可能的情况下，实时报告所有重大非公开信息，但信息属于次要例外情况的除外"）；Marc I. Steinberg，*Insider Trading，Selective Disclosure，and Prompt Disclosure：A Comparative Analysis*，22 U. Pa. J. Int'l Econ. L. 635，670（2001）（指出"依据其他司法管辖区的法律，在缺乏充分的商业理由的情况下，上市的发行人必须持续及时地向证券市场披露重大事项"）。

前述充分商业理由的例外情况应作狭义理解，例如"立即披露可能会损害发行人合法权益的"。《市场滥用条例》（MAR）第 17（4）条。参见 2016 年欧洲证券及市场管理局《市场滥用指引：内部信息披露延迟》，https://www.esma.europa.eu/sites/default/files/library/2016-1478_mar_guidelines_-_legitimate_interests.pdf［欧洲证券及市场管理局针对此类情况发布了一份更详尽清单，其中包括重大交易（例如合并）谈判、收购另一企业重大股权的计划以及需要保密的非相关方拟定合同的必要批准］；Timothy J. Johnston，前文，第 58 页（讨论了依据欧盟《市场滥用条例》可以延迟披露重大信息的情形）。

的国家证券交易所要求，若无正当商业理由，上市公司要及时披露重大信息。⑱
然而，这些证券交易所规则大多流于形式，因为就算上市公司不遵守交易所的   45
披露要求，证券交易所也不会对其进行处罚。此外，在法院看来，投资者无权
以目标公司违反证券交易所规则为由提起损害赔偿诉讼。⑮

　　事实上，即使是以表 8-K 形式提交的当期报告，其重点也是在定期报告的
间隔期内影响目标注册人的重大发展，⑯在没有充分商业理由的情况下，证券交
易委员会也不会要求该注册人披露其所知的所有重大信息。⑰举例而言，当主要
客户终止一份明显重要的合同时，目标公司无需在表 8-K 中披露这一情况。⑱就

---

　　⑱ 参见纽约证券交易所（NYSE）《上市公司手册》第 202 条 01—06 款；《纳斯达克上市规
则》，《重大信息披露规则》IM-5250（b）（1）。除特定例外情形外，《纽约证券交易所手册》第 202.05
条规定，"上市公司应迅速向公众发布合理预期中会对其证券市场造成重大影响的信息"。同样地，
《纳斯达克上市规则》IM-5250（b）（1）要求"在纳斯达克上市的公司要按照符合 FD 条例规定的披
露方式（或多种方式的组合），及时向公众披露合理预期中可能会对其股票价值或投资决策造成影
响的重大信息"。

　　通常情况下，FD 条例禁止发行人选择性地披露重大非公开信息。参见 17 C.F.R. § 243.100 *et
seq.*；《证券交易法公告》No.43154（2000）（通过公告）。在美国，即便证券交易委员会规则或法令
未作要求，但为了满足金融中介机构、市场分析师、机构投资者和积极股东的期望，上市公司也会
披露重大非公开信息。参见 Marc I. Steinberg and Jason B. Myers, *Lurking in the Shadows*：*The
Hidden Issues of the Securities and Exchange Commission's Regulation FD*, 27 J. Corp. L. 173（2002）。

　　⑮ 参见 *Harris v. TD Ameritrade，Inc.*, 805 F.3d 664（6th Cir. 2015）；*Walck v. American
Stock Exchange*, 687 F.2d 778（3d Cir. 1982）；*State Teachers Retirement Board v. Fluor Corp.*, 654
F.2d 843（2d Cir. 1981）；*Jablon v. Dean Witter & Co.*, 614 F.2d 677（9th Cir. 1980）。五十多年前，
一些法院的确隐晦地表达了在这种情形下，个人有权提起诉讼。参见 *Buttrey v. Merrill Lynch,
Pierce, Fenner & Smith，Inc.*, 410 F.2d 135（7th Cir. 1969）。很明显，如今的法院已经不再遵循这
些陈旧的裁定。有些时候，证券交易所会对不合规的上市公司作出制裁。参见 Jing Yang, *Luckin Is
on Brink of Nasdaq Delisting*, Wall St. J., May 20, 2020, at B3（报道称，纳斯达克股票市场决定将
公司摘牌，理由是公司披露的销售业绩造假且"过去没有对公众披露重大信息"）。

　　⑯ 17 C.F.R. § 249.308.

　　⑰ 参见《证券交易法公告》No.49424（2004）。依照 2002 年《萨班斯—奥克斯利法案》制定
的立法指令，证券交易委员会对表 8-K 进行了修订。参见 § 409, Pub. L. No.107-204, 116 Stat. 745
［规定"按照《证券交易法》第 13（a）条和第 15（d）条进行报告的发行人，应以通俗易懂的英文
快速、及时地向公众披露与自身财务状况或经营重大变化相关的额外信息，其中可能包括证券交易
委员会依据规则认定的、对保护投资者和公众利益必要或有用的趋势信息、定性信息和图示"］。

　　⑱ 参见《证券交易法公告》No.49424（2004）（指出，若要求注册人披露这些信息，将导致
目标合同具体终止时间难以确定，且可能导致客户使用谈判策略）。这一理由备受诟病。对投资者
和证券市场而言，重要合同是否会出现不可挽回的损失是非常重要的考察因素之一。参见 Marc I.
Steinberg, *Securities Regulation* 857（7th ed. 2017）。

46 此而言，不要求在表 8-K 中披露所有重大信息实际上妨碍了充分知情的证券市场的实现。⑮

（七）披露所有重大信息的指令

因此，（在没有正当理由的情况下）不要求上市公司披露所有重大信息意味着，这些公司的证券交易价格通常不能准确反映其价值。这种情况进而会对证券市场的诚信造成不利影响。准确地说，尽管一家公司的股票在有效市场中的市场价格的确能够反映所有公开可得信息，⑯但并不能反映对价格有重大影响的未披露的重大信息。不当拖延提供这类信息意味着，即便是知名且经验老到的发行人，⑯其市场价格也缺乏准确性（这是十分常见的）。为缓解这一窘境，（即便没有正当理由）上市公司仍应在觉察此类信息重大性后的一个工作日内披露所有重大信息。⑯

实施这一指令还有另一个切实的好处：从事非法内幕交易将会变得举步维艰。⑯通过挤压目标公司及其代理人禁止披露重大信息的空间，非法内幕交易的发生概率就会大幅下降。⑯尽管证券交易委员会强力打击非法内幕交

47

---

⑮　鉴于公司股票的市场价格理应反映该公司在公共领域的所有重大信息，因此不披露这类信息就意味着股票的市场价格存在一定的误导性。相关讨论参见前注⑫—⑬及其随附文本。

⑯　参见 *Halliburton Co. v. Erica P. John Fund*，*Inc.*，134 S. Ct. 2398，2408（2014），*quoting*，*Basic*，*Inc. v. Levinson*，485 U.S. 224，246（1988）（认为"在发达市场交易的股票的市场价格反映了所有可公开获取的信息"）。

⑯　除其他要求外，经验丰富的知名发行人要么"（1）（由非关联公司持有的）全球普通股（普通股）市值至少达到 7 亿美元，要么（2）过去三年内，在经注册的首次发行中，以现金（而非股权交换）的形式发行了至少 10 亿美元的不可转换证券（不包括普通股）"。参见 Steinberg，前注㉚，第 128—129 页的讨论；《证券法公告》No.8591。

⑯　如文中所述，若存在正当的商业理由，就会破例允许公司延迟披露。通常情况下，一个工作日的延期是遵循证券交易委员会 FD 条例采用的惯例。依据 FD 条例，若非故意有选择性地披露重大非公开信息，目标公司必须"立即"披露该信息，即"在合理可行的情况下尽快"披露（不得晚于 24 小时或纽约证券交易所次日交易开始之时）。FD 条例第 101（d）条规则 17 C.F.R. § 243. 101（d）。引用资料参见前注⑭。

⑯　有关内幕交易的更多信息，请参见本书第七章。

⑯　关于持续披露义务对内幕交易频率的影响，某项研究的作者发现，"内幕人员的大笔非常规收益'基本来自存在延迟披露的交易'，而'立即披露的交易往往并没有什么油水'，这说明完备的披露规则对内幕行为的发生概率有着重大影响"。George W. Walker 和 Andrew F. Simpson，*Insider Conduct in New Zealand：Exploring the Enforcement Deficit*，2013 New Zealand L. Rev. 521，542（2013）.同样指出，"有效且持续的披露制度能够削弱内幕人员和市场之间的信息不对称，从而降低内幕行为的发生概率"，引用 Ahmad Etebari et al.，*Disclosure Regulation and the*（转下页）

易,⑯但其拒绝弥补这一披露缺口,⑯后果就是证券市场和投资者无法获取充分的重大信息,进而给不法之徒开展非法交易大开方便之门。

破局之法也很简单。证券交易委员会应在 S-K 条例中采用以下新的披露项目,适用于所有注册上市申请表、定期文件(包括表 8-K 当期报告)和委托投票说明书:⑯

48

(接上页)*Profitability of Insider Trading*:*Evidence from New Zealand*,12 Pacific-Basin Finance Journal 479(2004)。

以此类推,2002 年《萨班斯—奥克斯利法案》对《证券交易法》进行了修订,要求上市公司董事、高管和 10% 的股东必须在两个工作日内向证券交易委员会报告其股票交易行为。参见 2002 年《萨班斯—奥克斯利法案》第 403(a)条,修订《证券交易法》第 16(a)条 15 U.S.C. § 78p(a),《证券交易法公告》No.47809(2003)。在此修订之前,内幕人员可推迟提交其交易报告,最晚可推至目标交易实际发生当月月底后的第十天。参见 Peter J. Romeo 和 Alan L. Dye Section 16 of the Securities Exchange Act of 1934:Treatise and Reporting Guide(5th ed. 2019)。这一修订的关键影响在于其大大减少了内幕人员参与股票期权回溯的机会。参见 *Ryan v. Gifford*,918 A.2d 341(Del. Ch. 2007)(对股票期权回溯进行了论述)。更多相关讨论参见本书第七章。

⑯ 参见 Marc I. Steinberg and William K.S. Wang,*Insider Trading* 639(3d ed. 2010)(称证券交易委员会正在"对内幕交易发动'战争'");David A. Vise and Steve Coll,*Eagle on the Street* 53(1991)(引用时任美国证券交易委员会主席约翰·沙德的话,其"即将对非法内幕交易'出手'")。本书第七章讨论内幕交易的问题。

⑯ 证券交易委员会拒绝弥补披露不足,这一决定与其在相关情形中适用的惯例如出一辙。举例而言,2002 年《萨班斯—奥克斯利法案》颁布,指示委员会制定规则,要求上市公司履行当期报告义务 [2002 年《萨班斯—奥克斯利法案》第 409 条,修订《证券交易法》第 13(1)条],在此之前,除非个别情况(即注册人控制权变更、特定资产的收购或处置、破产或破产管理、公司认证会计师变更以及公司董事辞职),证券交易委员会拒绝要求进行此类即时披露。这给持续报告制度留下了巨大的漏洞。国会指示证券交易委员会完善这一制度,在此过程中,证券交易委员会对持续报告制度进行了一定的补强,但选择性地留下了明显的漏洞。关于 2002 年《萨班斯—奥克斯利法案》颁布之前讨论这一问题的文章,参见 Steinberg,前注⑯,第 661 页(指出,除少数例外情形外,"证券交易委员会应当对表 8-K 进行修订,从而强制要求公司立即披露其所知或应知的对其自身有重大影响的任何事件")。更多讨论参见本书第九章。

⑯ 值得注意的是,美国法律协会的《联邦证券法典》会要求进行公司注册,而非证券注册。参见 American Law Institute,Federal Securities Code xxvii(1980)("依据本法典,将不再对证券进行注册。相反,当公司首次达到特定资产数额并拥有一定数量的证券持有人或其证券进行首次'发行'时,公司将进行注册")。《咨询委员会关于资本募集和监管程序的报告》(1996—1997 Transfer Binder)Fed. Sec. L. Rep.(CCH)¶ 85,834,at 88,409(1996)采用了类似的方法(指出"首次公开发行阶段监管程序的重点应从注册交易转至注册公司,侧重于更好地确保持续披露的准确性和完整性。一旦一家公司进行注册并提交了所需的公开报告,该公司及其关联公司此后出售的所有证券均应视为已依据《证券法》进行注册")。证券交易委员会拒绝采用这种做法。相反,通过援引并入和储架注册程序,证券交易委员会着力于提高披露制度的统一性和有效性。正如本章这部分所述,证券交易委员会在一定程度上实现了前述目标,但仍有极大的改进空间。

除目标文件中必须包含的信息外，还应提供更为深入的重要信息，无论 S-K 条例规定的其他项目是否要求提供这类重大信息。发行人（或注册人）如有正当商业理由的，可不提供此类重大信息。⑯⑧

这一拟议规则与其他发达证券市场以及美国证券交易所采用的方法一致。⑯⑨允许目标发行人和注册人在有正当商业理由的情况下不披露重大信息，避免了发行人和注册人披露负担过重的问题。更为重要的是，证券交易委员会若采纳并谨慎实施这一规则，将对提高市场效率、保护投资者利益大有裨益。⑰⑩

五、结 论

49　　本章围绕联邦证券法的披露框架展开讨论，探讨了现行制度的利弊，并提出了相应的改进措施，以期提高其效率。正如本章所述，当前施行的制度仍存

⑯⑧　早期，证券交易委员会提出，（在没有正当商业理由的情况下）注册人必须披露所有重大信息。参见《证券法公告》No.5092（1970）（指出"虽然公司遵守了报告要求，但其仍有义务及时全面公布有关公司财务状况的重大事实"）；前注⑮相关讨论；本书第四章讨论。

2018 年，特朗普总统要求证券交易委员会考量是否延长审查周期，从审查季度公开报告转向审查半年度报告，从而降低监管成本，改善公司的短期关注点，并以此促进增长。参见 Dave Michaels et al., *Trump Asks SEC to Ease Earnings Reporting*, Wall St. J., Aug. 18—19, 2018, at A1。另见 W. Randy Eaddy, *A Case for Eliminating Quarterly Periodic Reporting: Addressing the Malady of Short-Termism in U.S. Markets with Real Medicine*, 74 Bus. Law. 387（2019）。就此而言，特朗普总统的想法并不具有可行性。参见 Dave Michaels, *SEC Won't Change Quarterly Reporting Rule*, Wall St. J., Oct.12, 2018, at B1。这一想法遭到了诸多批评。参见 Review & Outlook, *Trump and Quarterly Capitalism*, Wall St. J., Aug. 23, 2018, at A16（认为"定期公司盈利报告能够加强问责"）；James J. Park, *Do the Securities Laws Promote Short-Termism?*, 10 U.C. Irvine L. Rev. 991（2020）（指出研究分析师发布的盈利预测是导致对短期业绩关注的根本原因，并敦促证券交易委员会不要取消季度披露）；Jason Zweig, *Cutting Back on Corporate Disclosure Isn't the Answer*,《华尔街日报》, Wall St. J., Aug. 18—19, 2018, at B1（主张不应减少披露次数）。无论最终适用的是季度还是半年度报告框架，关键在于表 8-K 当期报告要求的信息必须足够全面，能够令证券市场和投资者充分了解情况，（在没有充分商业理由的情况下）应当披露所有重大信息。

⑯⑨　参见前注⑮—⑮的讨论及其随附文本。

⑰⑩　不幸的是，尽管证券交易委员会有权追究违规者的责任，但通常情况下，证券交易委员会并不会这么做。例如在金融危机之后，证券交易委员会从未援引控制人条款［《证券交易法》第20(a) 条 15 U.S.C. § 78t (a)］。更多论述参见 Steinberg, 前注㊶, 第282—284 页；本书第九章的讨论。

在重大缺陷，亟待整合与改进。尽管国会和证券交易委员会实施了全面的披露框架，这一举措固然值得称赞，但其中的缺憾仍不容忽视，迫切需要采取纠正措施。[70]

---

[70]　针对在美国上市和发行证券的外国公司，问题在于应当进行何种调整（如有）。一般而言，有两种方法来对这种监管进行国际层面的协调：第一，求同法。这一方法旨在实施一套共同的要求，包括适用于国际发行的标准化披露文件。第二，互惠法。依照这一方法，在满足最低标准的情况下，互相承认目标外国公司的监管框架和披露材料。显而易见，互惠法更具可行性。在这种评估方式下，监管机构一方面要考虑如何使自身市场对国内外投资者更为有利，另一方面也要关注外国公司缺少同等披露和实施欺诈会对证券市场和公民造成损害这一问题，如何在两者之间权衡是监管机构的必修课。参见 Marc I. Steinberg, *International Securities Law—A Contemporary and Comparative Analysis* 1—51（1999）。

某种程度上而言，在美国，按照证券交易委员会的规定，非美国发行人在遵守美国披露文件方面更具灵活性。只要谨慎地采用这些便利措施，并对外国公司及其内幕人员进行积极管控，这种做法将会成效显著。对于来自相对弱监管市场的外国私人发行人，证券交易委员会适用的标准过于宽松，且执法不严，因而备受诟病。参见 Steven M. Davidoff, *Rhetoric and Reality：A Historical Perspective on the Regulation of Foreign Private Issuers*, 79 U. Cin. L. Rev. 619（2011）；Yuliya Guseva, *The SEC and Foreign Private Issuers：A Path to Optimal Public Enforcement*, 59 Bos. Coll. L. Rev. 2055（2018）。关于证券交易委员会为外国私人发行人提供的便利，参见 *Simplification of Registration and Reporting Requirements for Foreign Companies*,《证券交易法公告》No.7053（1994）[规定，为外国公司提供的便利包括：不要求提交季度报告，不受代理规则和第 16 条报告和短期盈利规则约束，（在发行人母国以此方式报告的）按总和基础支付高管薪酬，以及按半年度而非季度更新发行文件财务报表]；《证券交易法公告》No.8879（2007）（通过关于跨境豁免的修订，扩大豁免范围，允许美国证券持有人以与其他目标证券持有人相同的基准参与外国公司的企业合并交易和权利发行）；《证券交易法公告》No.8957（2008）（通过修订，允许外国私人发行人在证券交易委员会文件中使用依据国际财务报告准则制备的财务报表，且无需与美国普遍适用的会计准则保持一致）。证券交易委员会适用宽松标准的例证参见 Dave Michaels 和 Akane Otani, *U.S. Seeks to Audit Chinese Firms, Stirring New Worries for Investors*, Wall St. J., May 27, 2020, at A1（"十多年来，中国公司通过在美国证券交易所上市募集到数十亿美元，同时无需接受令其他上市公司不胜其烦的会计质量审查"）。

值得注意的是，美国和加拿大已经采用了互惠的多法域披露制度。参见《证券交易法公告》No.6902（1991）。参见 International Organization of Securities Commissions, *Objectives and Principles of Securities Regulation*（1998），https://www.iosco.org/library/pubdocs/pdf/IOSCOPD82.pdf；Daniel A. Braverman, *U.S. Legal Considerations Affecting Global Offerings of Shares in Foreign Companies*, 17 Nw. J. Int'l L. & Bus. 30（1996）；Kenneth B. Davis, Jr., *The SEC and Foreign Companies—A Balance of Competing Interests*, 71 U. Pitt. L. Rev. 457（2010）；Marc I. Steinberg and Lee E. Michaels, *Disclosure in Global Securities Offerings：Analysis of Jurisdictional Approaches, Commonality and Reciprocity*, 20 U. Mich. J. Int'l L. 207（1999）；Manning Gilbert Warren III, *Global Harmonization of Securities Laws：The Achievements of the European Communities*, 31 Harv. Int'l L. J. 185（1990）；Samuel Wolff, *Recent Developments in International Securities Regulation*, 23 Denv. Int'l L. & Pol. 347（1995）。

第三章

《证券法》注册豁免

一、导　言

过去四十年间，为促进资本募集，证券交易委员会对豁免框架进行了零零散散的修正。然而，此种改进方式反倒弄巧成拙，使得豁免框架愈发复杂，弊病杂生。针对一级和二级交易市场的豁免，国会和证券交易委员会废除了豁免制度中的既定标准，造就了如今以牺牲投资者保护为代价、过度偏重资本形成的框架。①

更有甚者，在州丧失监督豁免发行之权力的情况下，②不知情的投资者就会成为欺诈者眼中待宰的羔羊。不仅州层面存在监管缺失问题，证券交易委员会对 D 条例 506 规则项下的发行活动也选择作壁上观，③这直接导致针对不成熟投资者的金融欺诈十分猖獗，④包括对老年人的欺诈。⑤而证券交易委员会无节制

---

① 2019 年，依据豁免发行募集的资金已达 2.7 万亿美元，而注册发行募集的资金仅为 1.2 万亿美元。参见《证券法公告》No.10824（2020）。See generally Jennifer J. Johnson, *Private Placements: A Regulatory Black Hole*, 35 Del. J. Corp. L. 151（2010）; Marc I. Steinberg and Joseph P. Kempler, *The Application and Effectiveness of SEC Rule 144*, 49 Ohio St. L. J. 473（1988）; Manning G. Warren III, *A Review of Regulation D: The Present Exemption Regimen for Limited Offerings Under the Securities Act of 1933*, 33 Am. U. L. Rev. 355（1984）.

② 举例而言，各州对 506 规则和 A 条例中的第二层级发行并无监督权。参见 § 18（b）（4）of the Securities Exchange Act, 15 U.S.C. § 77r（b）（4）.

③ 依据 503 规则，表 D 中的发行通知通常需要 "在 D 条例发行的证券首销之后十五个日历日内" 提交给证券交易委员会。Rule 503（a）（1）, 17 C.F.R. § 230.503（a）（1）.

④ 依据部分豁免，"欺诈行为极易实施，却难以察觉"。参见 Luis A. Aguilar, *Commissioner, Securities and Exchange Commission, Increasing the Vulnerability of Investors*（Aug. 29, 2012）, https://www.sec.gov/news/publicstatement/2012-spch082912laahtm; https://clsbluesky.law.columbia.edu/2013/09/18/facilitatinggeneral-solicitation-at-the-expense-of-investors.

地扩大豁免范围，无疑也令情势雪上加霜。⑥

本章对证券首次发行和转售的豁免框架展开探讨，旨在阐明当前制度不符合投资者和证券市场最大利益的缘由，并提出相应的修正方案，以期通过实施修正后的豁免框架，更好地服务于热议的各方面利益。

二、《证券法》注册之主要豁免

《证券法》注册的主要豁免有两个明显特征：一是本身存在不一致性，二是重资本募集而轻投资者保护。相关例证参见下文。

（一）传统的 506 规则豁免

1982 年，证券交易委员会通过了 D 条例的 506 规则豁免，⑦其本意在于为第 4（2）条［现在的第 4（2）（a）条］规定的非公开发行豁免设置一个安全港。⑧两者的不协调之处在于 506 规则安全港的范围大于第 4（2）（a）条。作为一种既定规则，行政规则的规制范围不能超出其所依据的法规。⑨然而，证券交易委员会颁布 506 规则这一举动恰恰违反了这一原则。506 规则的规制范围远超其所依据的第 4（2）（a）条，这主要体现在以下三个方面。

53

---

⑤　参见 Stephen Deane，*Office of the Investor Advocate*，*Securities and Exchange Commission*，Elder Financial Exploitation（2018），https://www.sec.gov/files/elder-financial-exploitation.pdf；Larissa Lee，*The Ban Has Lifted*：*Now Is the Time to Change the Accredited-Investor Standard*，2014 Utah L. Rev. 369，385（2014）。

⑥　参见《证券法公告》No.10844（2020）。参见 *Lindeen v. Securities* and *Exchange Commission* 案，825 F.3d 646，648（D.C. Cir. 2016）（驳回两家州主要证券监管机构对证券交易委员会所颁布的 A 条例第二层级发行有效性的异议，A 条例监管优先于州对此类发行的监管。同时指出，州监管机构提出异议的理由是委员会"对合格买方的定义过于宽泛，并未将其限制在有足够财富、收入或财务成熟度的投资者范围内，在缺乏州级保护的情况下，这一定义无法保障买方利益"）。

⑦　参见《证券法公告》No.6389（1982）。

⑧　同上［指出"506 规则关涉的交易正是第 4（2）条项下豁免的交易"］。2019 年，依据 506 规则的发行共募集到 1.56 万亿美元。参见《证券法公告》No.10824（2020）。

⑨　参见 *Ernst & Ernst v. Hochfelder* 案，425 U.S. 185，214（1976）［指出 10b-5 规则的"范围不得超过国会依据第 10（b）条授予委员会的权力"］。值得注意的是，依据《证券法》第 28 条最新规定的豁免权，证券交易委员会如今已具有必要的权力。本书第四章对证券交易委员会依据第 28 条行使这一豁免权进行了论述。

其一，依据第 4（2）(a) 条，所有受要约人必须具有财务成熟度，或需咨询具备必要财务成熟度的受要约人代表。[⑩]相比之下，506 规则豁免则以购买人的财务成熟度为重点，受要约人是否具有财务成熟度则无关紧要。[⑪]其二，依据第 4（2）(a) 条，财富本身并不能证明所有者具备财务成熟度。[⑫]除此之外，依据 506 规则，（与配偶或配偶同等身份的主体）总体净资产达到 100 万美元（不包括其主要住所）的个人，或年收入达到 20 万美元（或家庭年收入达到 30 万美元）的个人被视为绝对具备财务成熟度，[⑬]因此属于合格投资者。[⑭]其三，第 4（2）(a) 条明确规定，向受要约人提供注册类型信息，[⑮]或向其开放获取此类信息的权限，即视为满足披露要求。[⑯]值得注意的是，要获取有效的信息访问权

---

⑩　参见证券交易委员会先前的 146 规则［即 506 规则的前身，其规定了第 4（2）条非公开发行豁免的安全港］；《证券法公告》No.5913（1974）（除其他条件外，要求"只能向发行人合理认为在金融和商事方面具有必要知识和经验或能够承担经济风险的主体发出要约，并仅可对上述主体出售证券，且通过经济风险测试的主体还必须有一名受要约代表，该代表须具备前述必要知识和经验"）。

⑪　参见 Rule 506（b）(2)（ii），(c)（2），17 C.F.R. § 230.506（b）(2)（ii），.506（c）(2)。

⑫　参见 *Lawler v. Gilliam* 案，569 F.2d 1283（4th Cir. 1978）；*Doran v. Petroleum Management Corp.* 案，545 F.2d 893（5th Cir. 1977）；*Lively v. Hirschfeld* 案，440 F.2d 631（10th Cir. 1971）。值得注意的是，美国律师协会对联邦证券监管委员会的意见书提出，个体的财富并不能证明其具有财务成熟度。参见美国律师协会，*Section 4（2）and Statutory Law—A Position Paper by the Federal Regulation of Securities Committee*，31 Bus. Law. 485，491（1975）（"若一个非常富有的人对财务问题一窍不通，身边也没有可靠的顾问，那么在进行高风险私募时，很难仅凭风险承受能力这一点将其纳入受要约人的行列"）。

⑬　参见 501（a）(6) 规则，17 C.F.R. § 230.501（a）(6)。收入测试还包括时间限制，其中规定"在最近两年个人年收入超过 20 万美元或与配偶共同收入超过 30 万美元，且当年有望达到同等收入水平的自然人"。这一收入测试与"联邦所得税申报表不挂钩……允许纳入特定扣除和额外收入项目"。《证券法公告》No.6389（1982）。参见 Thomas M. Selman，*Protecting Retail Investors: A New Exemption for Private Securities Offerings*，14 Va. L. & Bus. Rev. 41，49（2020）（在 D 条例通过之前，私人买方必须精明能干，但如今，"只需富有就足够了"），援引 C. Edward Fletcher，*Sophisticated Investors Under the Federal Securities Laws*，1988 Duke L. J. 1081，1123（1988）。

⑭　参见 Rule 501（a），17 C.F.R. § 230.501（a）。

⑮　参见 *Securities and Exchange Commission v. Ralston Purina Co.* 案，346 U.S. 119，124（1953）（指出"要作出明智的投资决策，需要获得充分的必要信息，这一法规旨在通过促进这类信息的披露来保障投资者的利益"）；*Doran v. Petroleum Management Corporation* 案，545 F.2d 893，903（5th Cir. 1977）（"本法院已明确，向所有受要约人提供注册信息这一要求，是获得非公开发行豁免的必要条件"）。

⑯　参见 346 U.S. at 125［提出"某些员工认购属于第 4（1）条和第 4（a）(2) 条的规制范围（例如向管理层人员的定向发行），这类员工因自身职务，能获取与该法规定的注册上市申请表相同的信息"］；美国律师协会意见书，前注⑫，第 487 页［指出依据第 4（2）条豁免，各受要约人必须获得发行人相关信息，或有权获得此类信息］。

限，个人或实体必须具备足够的影响力，能够促使发行人提供注册上市申请表中提供的信息。通常只有发行人的内幕人士（或许还包括其家庭成员）和出资比例高、对发行完成有突出贡献的投资者才有这样的影响力。[17]相比之下，506规则意味着任何合格投资者都能获取注册类型信息。[18]因此，符合合格投资者财务门槛或符合某些测试或认证要求（证券交易委员会近期的做法）的个人，无可辩驳地被视为有权限获取注册类型信息。[19]这同样适用于达到特定金融门槛的机构投资者，例如实体和其他组织。[20]在 1 000 万美元的 506 规则发行中，要求投资 25 000 美元的合格投资者拥有前述必要的影响力，显然不合常理。

为了推动仅向合格投资者进行的 506 规则发行，证券交易委员会选择支持这一谬论。若 506 规则发行中的任何购买人不是合格投资者，则必须向所有非合格投资者提供 D 条例中规定的注册类型信息。[21]制备这一揽子信息的成本可能相当之高，而且伴随着更大的责任风险。[22]证券交易委员会的目标非常明确，即促进资本募集，因而重发行人和金融中介机构的利益，轻投资者利益。强有力的佐证就是：自四十年前 D 条例颁布以来，证券交易委员会始终拒绝提高个人合格投资者 100 万美元的净资产门槛。[23]

55

---

[17]　参见 545 F.2d at 906（指出"若发行人以受要约人自身有'能力'获取信息为由而不披露的，必须证明受要约人相对于发行人占据优势，能够获取相关注册信息"）。

[18]　参见 502（b）（1）规则，17 C.F.R. § 230.502（b）（1）［指出目标发行人必须向"非合格投资人"提供 506（b）规则规定的信息，但"依据 504 规则出售证券或向合格投资者出售证券的，则无须提供前述信息"］。

[19]　参见《证券法公告》No.10824（2020）（"将具有特定专业证书、任命、其他证明文件或私人基金'知识型员工'身份的自然人，认定为新的合格投资者"）；Paul Kiernan, *SEC Eases Access to Private Markets*，Wall St. J.，Aug. 27, 2020，at A1（指出修正案以 3∶2 通过，评论家们"指出若公司不对其发行作出披露，尽职调查根本无法成行"）。

[20]　参见 501（a）规则，17 C.F.R. § 230.501（a）；援引前注[10]—[19]。笔者在四十年前就对这一方法进行了批判。参见 Marc I. Steinberg, *The Securities and Exchange Commission's Administrative，Enforcement，and Legislative Programs and Policies—Their Influence on Corporate Internal Affairs*，58 Notre Dame L. Rev. 173，209—214（1982）。

[21]　参见《证券法公告》No.6389（1982）（指出，若依据 506 规则"向非合格投资者"出售证券，"则应依据 502 规则，向所有非合格投资者买方提供该规则所规定的披露信息"）。

[22]　非公开发行备忘录（POM）披露违规的责任风险，其法律依据可以是《证券交易法》第 10（b）条、州证券法和普通法。参见 Marc I. Steinberg, *The Emergence of State Securities Laws：Partly Sunny Skies for Investors*，62 U. Cin. L. Rev. 395（1993）。

[23]　参见《证券法公告》No.10734（2020）（提出对合格投资者定义的修正，但该修正不涉及个人合格投资者资格的资金门槛）。

　　正如证券交易委员会所规定的,合格投资者的净资产包括其个人住所。[24] 2010 年,《多德—弗兰克法案》颁布实施,[25]国会规定,在计算投资者净资产时,[26]必须排除个人主要住所。同时指示证券交易委员会,要定期重新审查 100 万美元的门槛,以考虑是否要提高这一金额。[27]但这一指令发布后的十年间,委员会并未按其要求执行,仍旧维持着 100 万美元这一门槛,并且养老金和退休金等不可替代资产也包括在内。[28]自 D 条例通过以来,通货膨胀持续了四十年,如今,约有 13% 的美国家庭有资格成为合格投资者。[29]尽管证券交易委员会一直积极提高发行人发行额,以此争取一些注册豁免,[30]但其始终拒绝提高合格投资者的财务门槛。委员会的理由很明确,其认为提高财务门槛"会对 D 条例市场造成破坏性影响","导致公司的资本成本增加"。[31]

　　这种推断明显对投资者不利。注册发行会进行全面披露、审计财务报表并接受证券交易委员会工作人员审查,而在仅面向合格投资者进行的非公开发行中,这些优点通常是缺失的。北美证券管理者协会(NASAA)主席指出,"非公开发行往往有这些特征:不透明的披露、关联方交易、流动性差、财务信息很少,以及不幸的是,还有欺诈"。[32]非公开发行人及其发起人能够接触到庞大的"合格投资人群体",这件事本身就与健全的公共政策背道而驰,因为很多这样的投资人在经济上并不能承受巨大的投资损失。[33]

56

---

[24] 参见《证券法公告》No.6389(1982)。

[25] 《多德—弗兰克法案》,Pub. L. No.111-203,124 Stat. 1376(2010).

[26] 参见《多德—弗兰克法案》413(a)条;《证券法公告》No.9287(2011)。

[27] 参见《多德—弗兰克法案》413(a)条。

[28] 参见 Rule 501(a)(5),17 C.F.R. § 230.501(a)(5)。

[29] 《证券法公告》No.10734(2020)。1982 年通过 D 条例之时,约 1.6% 的美国家庭都符合合格投资者标准。同上。

[30] 举例而言,自 1982 年起,证券交易委员会就大幅提升了 A 条例和 504 规则项下豁免发行的金额。

[31] 《证券法公告》No.10734(2020)。

[32] 2020 年 3 月 16 日,NASAA 总裁、NASAA 局长克里斯托弗·杰罗德给证券交易委员会的信,关于修改"合格投资者"的定义,https://www.sec.gov/comments/s7-25-19/s72519-6960323-212740.pdf。

[33] 同上(主张"扩大合格投资者的范围,将无经济能力承担投资损失的投资者纳入其中,这一举措从政策层面来讲属实得不偿失")。因此,在 2020 年 1 月 23 日致证券交易委员会的意见函(https://www.sec.gov/comments/s7-25-19/s72519-6684984-205887.pdf)中,笔者就此提出:(转下页)

（二）《促进创业企业融资法案》506 规则豁免

相比 506 规则，2012 年《促进创业企业融资法案》[34] 的规定则更为宽泛。在所有购买人均为合格投资者的前提下，法案允许发行人及其代理人进行广告和一般性劝诱。[35] 依据这一豁免，发行人及其代理人可以使用以下手段："未经预约"给潜在投资者打电话推销；在互联网、广告牌、广播和电视上打广告；以及向陌生人群发有关预期发行的宣传资料等。[36] 作为一种非公开发行豁免，从事这类活动并不具有任何私密性。作为证券监管史上最生动的矛盾之一，国会在《促进创业企业融资法案》中对《证券法》第 4 条进行了修订，规定："不得因一般广告或一般性劝诱将 506 规则豁免的要约和销售……视为联邦证券法项下的公开发行。"[37] 按照这一立法拟制，问题就产生了，即，发行人及其代理人如何利用诸如互联网、广播和电视参与此类活动，且此种情况下标的发行"不应被视为公开发行"。[38]

57

事实证明，对于 D 条例中最无竞争力的发行人而言，利用广告和一般性劝诱来吸引数千名投资者，这种方案无疑十分令人心动。老牌发起人及其金融中

（接上页）本意见函仅代表本人对证券交易委员会修订"合格投资者"定义的个人观点。证券交易委员会提出的修订存在一定的可取之处，但也存在明显且令人费解的痛点：委员会竟然选择维持当前的个人合格投资者财务门槛。简言之，短期内个人收入达到 20 万美元（或共同收入达到 30 万美元）或（除主要住所外）资产净值达到 100 万美元，仅依据这样的条件就认定个人具有财务成熟度（无权强制披露与预期投资相关的重大信息），这种做法未免荒谬。此外，扩大合格投资者资质范围的同时，维持当前的财务门槛，暴露了证券交易委员会的立场。很显然，证券交易委员会选择以牺牲投资者保护为代价来推动资本募集。

作为投资者保护的责任主体，证券交易委员会的这一立场令人百思不得其解。在 D 条例发行中，金融诈骗、老年人欺诈和庞氏骗局层出不穷。由于各州无权监管 506 规则发行，证券交易委员会理应保持警惕，确保投资者不会受到欺诈。毕竟，私人损害赔偿诉讼和监管执行程序仅是投资者资金损失后的救济手段而已。

[34] 2012 年《促进创业企业融资法案》，Pub. L. No.112-106，126 Stat. 306（2012）。

[35] 参见 § 201（a）of the JOBS Act；Rule 506（c），17 C.F.R. § 230.506（c）；《证券法公告》No.9415（2013）。

[36] 参见 Phillip R. Sanders, *Understanding the New Rule 506（c）Exemption*，42 Sec. Reg. L. J. 347（2014）。

[37] 《证券法》第 4（b）条，15 U.S.C. § 77d（b）。

[38] 参见 Marc I. Steinberg, *Understanding Securities Law 64*（7th ed. 2018）。

介机构本身就已经掌握了大量的合格投资者，从而使其在传统 506 规则豁免的范围内有很大的操作空间。此外，大规模面向陌生人进行一般性劝诱会引发更多保密问题，因为专有信息可能会落入竞争对手的手中。[39]因此，与合格投资者和信誉良好的金融中介机构缺乏实质性关系的实体更倾向于适用《促进创业企业融资法案》506 规则。[40]这种实质性关系的缺位令不法分子有了可趁之机，其大肆实施不当行为，显然无益于透明度和诚信行为的实现。[41]

更有甚者，在所有 506 规则发行中，包括《促进创业企业融资法案》版本，州监管均须退居二线。[42]除了提交表 D 之外，不存在任何政府审查，[43]这无疑会放纵欺诈行为的泛滥。在庞氏骗局和其他不正当手段给投资收益造成不可挽回的损失后，无论是政府执法还是投资者提起诉讼，往往都收效甚微，很难给予受害者足够的补偿。[44]

（三）A 条例第二层级豁免

依据《促进创业企业融资法案》及其 2020 年修正案，证券交易委员会对 A 条例发行豁免进行了修订，将第二层级豁免项下的年发行额提高到了 7 500 万

---

[39] 参见 Manning G. Warren，*The Regulatory Vortex for Private Placements*，45 Sec. Reg. L. J. 9（2017）。

[40] 同前注⑭。

[41] 参见阿圭勒，前注④（指出"当诸如 506 规则的发行豁免和一般性劝诱相结合，就无需向投资者提供任何信息声明或披露，继而导致欺诈更容易进行，也更难以察觉"）。

[42] 参见《证券法》第 18（b）（4）条，15 U.S.C. § 77r（b）（4）。值得注意的是，若某一发行不适用 506 规则豁免，则州可对这一发行活动中的发行和豁免规则进行监督。参见 *Brown v. Earthboard Sports USA，Inc*.案，481 F.3d 901，910（6th Cir. 2007）（认定"为了适用 NSMIA 的优先购买权，发行必须满足有效证券注册豁免的条件"）。

[43] 参见 503（a）规则 17 C.F.R. § 230.503（a）（要求"在证券首销之后十五个日历日内"向证券交易委员会提交表 D）。证券交易委员会委员阿圭勒主张，应当强制要求发行人及其代理在开始进行一般性劝诱之前提交表 D。参见前注④。此外，发行人未提交规定的表 D 的，不影响其适用其他可适用的豁免。相反，若发行人因未能遵守本规定而收到禁令，则其丧失以后适用 D 条例的资格，但证券交易委员会决定放弃免除其资格的除外。参见 507 规则 17 C.F.R. § 230.507；《证券法公告》No.6825（1989）。值得注意的是，若 506 规则下的发行对象是合格或非合格的个人投资者，金融业监管局（FINRA）5123 规则要求证券经纪人向金融业监管局提供该发行中使用的所有私募备忘录或其他发行文件。

[44] 参见前注④（"大多数情况下，发现欺诈行为并提起诉讼时，投资者的大部分资金早已损失殆尽"）。

美元，各州无权对这些发行活动进行监管。⑤豁免有诸多益处，包括要求这些发行人遵守持续报告制度，以及向证券交易委员会提交经审计的财务报表。⑥尽管如此，投资者保护方面仍存在很大的缺口，包括所有 A 条例（第一层级和第二层级）发行中的潜在发行人都有权"试水"，在推进预期发行之前进行广告和一般性劝诱，以此确定投资者的意向。⑦鉴于许多此类发行本身就具有投机性质，且所涉及的公司以往要受到最低限度的州或联邦监管，⑧放纵这种行为的出现实属有欠考虑。毕竟，在《证券法》注册发行的准备阶段，发行人要获得向投资者（无论是否合格）作出出售要约的资格，就必须符合"黄金标准"，即必须是知名且经验丰富的发行人。⑨在预申报阶段，其他公司只能与合格机构买方和机构类合格投资者进行此类沟通。⑩

59

---

⑤　参见《证券法》第 3（b）（2）条 15 U.S.C. § 77c（b）（2）；251（a）（2）规则，17 C.F.R. § 230.251（a）（2）；《证券法公告》No.10844（2020）；《证券法公告》No.9741（2015）。A 条例第一层级发行每年可募集资金的上限是 2 000 万美元。参见 251（a）（1）规则，17 C.F.R. § 230.251（a）（1）。2020 年的修订变更了第二层级豁免项下关联机构 12 个月内可出售金额的上限，将其提高到 2 250 万美元。参见 241（a）（2）规则；《证券法公告》No.10844（2020）。第一层级豁免项下关联机构 12 个月内可出售金额上限为 600 万美元。参见 251（a）（1）规则。

⑥　参见前注⑤所引内容。第 3（b）（2）（F）条明确规定了发行人每年向证券交易委员会提交经审定的财务报表的要求。

⑦　参见第 3（b）（2）（E）条："发行人可在提交发行声明前，按照证券交易委员会为公共利益或保护投资者之目的规定的条款，劝诱潜在投资者。"A 条例 255 规则允许在第一层级和第二层级发行中采用这种做法。参见 17 C.F.R. § 230.255。同样地，2020 年，证券交易委员会通过了 241 规则，允许"发行人在决定适用证券销售豁免的种类之前，利用通用的劝诱材料来为证券豁免要约'试水'"。《证券交易委员会公告》No.2020-273（2020）。参见《证券法公告》No.10844（2020）。

⑧　参见 Rod Turner，*These 32 Companies Raised ＄396 Mill Using Regulation A＋，Entrepreneurs：You Have a New Option*，Forbes，March 14，2017，https://forbes.com/sites/rodnturner/2017/03/14/how-they-did-it-32-companies-successfully-raised-capital-viaregulation-a/＃4f88506c7cde；Rod Turner，*These 107 Companies Raised ＄1.5 B via Regulation A＋；New Metrics*，Medium，June 5，2019，https://medium.com/@IamRodTurner/these-107-companies-raised-1-5-b-via-regulation-a-new-metrics-7b60ec41958b。

⑨　参见证券交易委员会第 163 条规则，17 C.F.R. § 230.163；将在本书第四章中进行讨论。

⑩　参见《证券法》第 5（d）条 15 U.S.C. § 77e（d）（适用于新兴成长型公司）；163B 规则，17 C.F.R. § 230.163B（提交前沟通的合法性适用范围扩大，包含所有发行人）。证券交易委员会在 2019 年通过了这一扩大规则。参见《证券法公告》No.10699（2019）["通过新的 1934 年《证券交易法》沟通规则，允许发行人在提交注册上市申请表之前或之后，与特定潜在投资者（即合格机构买方和合格机构投资者）进行口头或书面沟通，以确定其是否对拟注册证券发行有意向"]；相关讨论参见本书第四章。

要知道，潜在 A 条例发行人作出的这类行为构成出售要约，会触发《证券法》第 5 条规定，尽管国会和证券交易委员会并未认定，但事实胜于雄辩。[51]典型的证据就是委员会在 A 条例中声明，"依据联邦证券法反欺诈条款之规定"，这种试水行为"被视为一种证券出售要约"。[52]当欺诈条款存在争议时，目标行为构成出售要约，但依据第 5 条注册条款，同样的行为却不构成出售要约，政府的这种做法显然自相矛盾，不合逻辑。然而，之所以要实施这种拟制，其目的很大程度上是帮助那些名不见经传或者非一流的公司达成融资目标。[53]

按照惯例，当目标公司的证券是在国家证券交易所上市或授权上市，那么其在公开发行的注册和资质问题上，优先适用联邦法律（即先占原则）。[54]从一般角度来看，这种优先原则适用合情合理。这些公司需要经历证券交易委员会监管、自律组织监督和市场分析师评估，[55]除此之外，公司通过注册发行和在国家证券交易所上市的要求严格，审计人员和承销商都要付出大量的精力。[56]要对在国家市场系统内交易的证券适用州注册和资质，某些州可能会要求目标公司作出额外的披露和承诺，这在一定程度上有损此类证券的资本募集、流动性和交易。[57]

然而，A 条例第二层级发行本身不存在类似的市场跟踪和审查，对这类发行优先适用联邦法律可谓多此一举。尽管州监管会增加资本募集成本，还可能会阻止部分公司进入公开市场，[58]但健全的州监督机制能够激励发行人、内幕人

---

[51]　参见前注[50]。

[52]　255（a）规则，17 C.F.R. § 230.255（a）。同样地，根据 241 规则进行的意向劝诱"属于依据联邦证券法反欺诈条款作出的证券出售要约"。参见《证券法公告》No.10844（2020）。

[53]　参见 Abraham J.B. Cable, *Mad Money：Rethinking Private Placements*，71 Wash. & Lee L. Rev. 2253，2263（2014）；Rod Turner, *Why Companies Are Raising Capital Via Regulation A＋ Instead of Venture Capital*，Medium，Oct.29，2019，https://medium.com/@IamRodTurner/why-companies-are-raising-capital-via-regulation-a-instead-of-venturecapital-ba9f3fa75077。

[54]　参见第 18（b）（1）（A）条，15 U.S.C. § 77r（b）（1）（A）；在本书第四章进行讨论。

[55]　参见在本书第四章的讨论。

[56]　参见诸如 Charles J. Johnson, Jr. et al., *Corporate Finance and the Securities Laws*（6th ed. 2019）；Carl Schneider et al., *Going Public：Practice，Procedure and Consequences*，27 Vill. L. Rev. 1（1981）。

[57]　参见 Rutherford B. Campbell, *An Open Attack on the Nonsense of Blue Sky Regulation*，10 J. Corp. L. 553，579（1985）（提出"州监管体系每年耗资数百万美元，但收效甚微，不仅未能切实保护投资者，甚至阻碍了资本的募集"）。

[58]　参见 American Bar Association, Section of Corporation, Banking and Business Law, *Report on State Regulation of Securities Offerings*，41 Bus. Law. 785（1986）。

士和其他参与发行过程的主体依法行事，其利远大于弊。[59]

（四）证券发行的合并

半个多世纪以来，证券发行的合并原则一直备受争议。[60]依据这一原则，多次单独的分开发行（separate offerings）被认定为一次合并发行（an integrated offering）。鉴于每种豁免都需要满足不同的条件，一旦多次拆分发行被合并起来，那么整体就很难满足不同的豁免标准。同样地，若将原本能申请豁免的发行与《证券法》规定的注册发行合并起来，则可能丧失豁免资格。[61]后果就是不能取得豁免资格，进而违反《证券法》第 5 条——该条是一项严格责任条款，会引起政府的强制执行，使购买者获得撤销权。[62]

支持发行合并的政策，其目的在于防止发行人和发起人将单次完整的发行进行拆分，以此募集资本，同时规避《证券法》注册。[63]评论家们认为，合并原则"一直给参与资本形成的发行人制造麻烦，带来模糊性、不确定性和潜在责任等诸多问题"。[64]显然，应当颁布足够具体的合并规则，为发行人及其代理人提供明确的标准，同时避免破坏注册授权的基本政策。

61

---

[59] 参见 Richard B. Tyler，*More About Blue Sky*，39 Wash. & Lee L. Rev. 895（1982）（美国法院驳回了两家州主要证券监管机构对 A 条例第二层级发行有效性的异议）。参见 *Lindeen v. Securities* 和 *Exchange Commission*，825 F.3d 646（D.C. Cir. 2016）。参见 generally Joseph C. Long，Michael J. Kaufman，and John M. Wunderlich，*Blue Sky Law* § 5：30（2019）；Michael Andrews，*The Regulation A + Exemption：Provider of Practical Tiers or Pointless Tears?*，44 Sec. Reg. L. J. 221（2016）。

[60] Cf. Rutherford B. Campbell，*The Overwhelming Case for Elimination of the Integration Doctrine Under the Securities Act of 1933*，89 Ky. L. J. 289（2000—2001），with Daniel J. Morrissey，*Integration of Securities Offerings—The ABA's "Indiscreet" Proposal*，26 Ariz. L. Rev. 41（1984）。

[61] 参见《证券法公告》No.4552（1962）。

[62] 15 U.S.C. § 77e.《证券法》第 12（a）（1）条规定，存在注册违规的，买方享有撤销权。参见 *Pinter v. Dahl* 案，486 U.S. 622（1988）。

[63] 参见 Darryl B. Deaktor，*Integration of Securities Offerings*，31 U. Fla. L. Rev. 465，473（1979）。

[64] Perry E. Wallace，Jr.，*Integration of Securities Offerings：Obstacles to Capital Formation Remain for Small Businesses*，45 Wash. & Lee L. Rev. 883，889（1988）.华莱士教授因提出重要的合并原则而享誉全国。参见 Phil Taylor，*Exploitation or Opportunity?*，Sports Illustrated，Aug. 12，1991，第 46、52 页（称佩里·华莱士教授"是范德比尔特大学的学生，在 1967—1968 年冬季成为东南联盟首位黑人校队篮球运动员"）。

过去的二十年间，证券交易委员会通过了部分调整措施，大大缩小了合并原则的适用范围。[65]事实上，随着 152 规则于 2020 年通过，证券交易委员会基本上废除了合并原则。如下文所述，虽然有必要对发行合并原则进行确切的澄清，但一刀切式地废除并非正确的解决方案。[66]相反，应当为合并原则制定特殊的安全港，令发行人及其代理人在保留《证券法》注册目标的同时，能够得到明确的指引。

三、《证券法》主要豁免的拟议框架

当前的《证券法》主要豁免框架需要进一步细化和平衡。事实证明，证券交易委员会通过牺牲投资者保护来促进资本募集的做法是错误的。下文提出了一种新方案，旨在满足投资者利益的同时，不妨碍发行人及其代理人的资本募集活动。

（一）非公开发行

现如今，针对州外发行，第 4（2）（a）条非公开发行豁免通常适用于满足以下条件的发行：（1）发行额超过 1 000 万美元，且面向少数获得注册类型信息的非合格投资者发行的；[67]或（2）发行人因被认定为不良行为人，无资格适用 504 规则或 506 规则豁免的。[68]在这些情形中，适用第 4（2）（a）条不失为一条上策，能够使这些无法使用另一豁免的实体适用本条被广泛认可的法

---

[65]　参见 155 规则，17 C.F.R. § 230.155（为放弃注册发行的非公开发行或放弃非公开发行的注册发行提供合并安全港）；502（a）规则，17 C.F.R. § 230.502（a）（为 D 条例发行提供合并安全港）；147A（g）规则，17 C.F.R. § 230.147A（g）（为 147A 规则发行提供合并安全港）。参见 J. William Hicks, *Exempted Transactions Under the Securities Act of 1933*（2d ed. 2001）；Theodore W. Jones, *The Doctrine of Securities Act "Integration,"* 29 Sec. Reg. L. J. 320（2001）。

[66]　参见 152 规则，152，17 C.F.R. § 230.152；《证券法公告》No.10844（2020）；证券交易委员会委员艾里森·海伦·李的声明，Statement on Amendments to the Exempt Offering Framework（2020），https://www.sec.gov/news/public-statement/lee-harmonization-2020-11-02（指出，若未要求两次发行之间等待期为 30 天，证券交易委员会通过 152 规则的行为实际上"会导致合并原则形同虚设"）；相关讨论参见后注⑫—⑭及其随附文本。

[67]　否则，依据 506 规则，需要向非合格买方提供规定需披露的信息。而按照 506 规则的规定，根本不可能向这类投资者提供信息。参见 502（b）（1）规则，17 C.F.R. § 230.502（b）（1）。504 规则豁免发行每年可募集资金的上限是 1 000 万美元。参见 504（b）（2）规则，17 C.F.R. § 230. 504（b）（2）；《证券法公告》No.10844（2020）。

[68]　关于不良行为人取消资格的相关规定见 504（b）（3）规则和 506（d）规则。

律规定。[69]值得注意的是，鉴于相关发行的发起人或许臭名昭著，各州有权对此类发行进行监督，关于第 4（2）（a）条豁免，还可规定额外的条件，从而加大投资者保护的力度。[70]

63

另外，需对 506 规则项下的传统豁免［现 506（b）规则］进行改进，以更好地平衡投资者保护和促进资本募集之间的关系。修改后的规则应包含以下内容：

（1）由于对募集资金的数额没有限制，豁免应对要约出售的对象人数加以限制，对非合格投资者出售的，人数不超过 35 名。对合格投资者出售的，人数不受限制。

（2）要被认定为合格投资者，除拥有必要的资金外，投资者（或其代表）必须具备财务成熟度。必要的资金数额需参照 1982 年（506 规则通过时）的水平并考虑通货膨胀来计算。举例而言，在 1982 年，个人要被认定为合格投资者，年收入需达到 20 万美元，这相当于 2020 年的 546 753 美元。[71]在统计个人资产净值时，除个人的主要住所外，某些其他不可替代资产也应被排除在外，包括养老金和退休金。同样地，实体和其他组织如果只满足规定的资金门槛，例如拥有 500 万美元的净资产，也不应被认定为合格投资者。假设个人或实体拥有必要的资金，发行人仍须确保潜在投资者（或其代表）具备财务成熟度。衡量这种财务成熟度的指标包括：过往投资、工作经历、教育背景、金融行业证书等。[72]

（3）应禁止对潜在投资者（不包括合格投资者和合格机构买方）打广告或进行一般性劝诱。（如本书所述）这些潜在投资者必须先取得合格投资者资质，如此才可以被诱导。为方便这一程序，可建立一个在线数据库，个人或机构投

64

---

[69] 换言之，存在州外买方、发行人因不良行为被取消资格或无经济能力制备信息包的情况下，第 4（a）（2）条是这类情形中唯一适用的联邦注册豁免。

[70] 参见《证券法》第 18（b）（4）（F）条，15 U.S.C. § 77r（b）（4）（F）［依据第 4（a）（2）条签发的证券交易委员会规则或条例不受州监管（即 506 规则，但不包括法定的第 4（a）（2）条豁免）］。

[71] 由 https://dollartimes.com/inflation 计算得出。

[72] 这一观点的成立有一个前提，即多数时候，财富不能和财务成熟度画等号。参见 Martha C. White, *Are Millionaires Smarter Than the Rest of Us*?, Money.com, December 14, 2016, https://money.com/are-millionaires-smarter-than-the-rest-ofus/; *Ohio State University*, *You Don't Have To Be Smart To Be Rich*, Study Finds, Science Daily, April 25, 2007, available at https://www.science-daily.com/releases/2007/04/070424204519.htm。

资者即可通过该数据库提供足以证明其合格投资者身份的信息。[73] 又或者，潜在发行人或其金融中介机构可以电子方式向潜在投资者邮寄或送达通用调查问卷，要求潜在投资者提供能够证明自己是合格投资者的必要信息和身份证明。[74] 若实体总资产超过 1 300 万美元（以 1982 年 500 万美元为基准，并考虑通货膨胀计算得出），且公开记录显示其具有活跃的投资经历，[75] 则此类实体将被自动认定为合格投资者。

（4）关于信息披露要求，依据证券交易委员会规则，面向非合格投资者作出的发行必须附带一份含特定披露的"信息包"。[76]（如本书所述）仅面向合格投资者作出的发行，其中部分投资者应有足够的影响力，促使发行人进行有意义的披露。只要向任何合格投资者披露了实质信息，就必须将之共享给所有投资者。鉴于发行人已经进行了选择性披露，这种做法能够保护没有谈判能力的合格投资者，促使发行人披露自己不想披露的信息。在适当的情形下，可以签署保密协议，以便发行人能够保护自身机密信息。[77]

（5）其他要求包括：首先，发行人必须采取特定措施避免分销。这些措施包括向潜在投资者书面披露转售限制，获得购买者投资函，以及在证书上注明转售限制通知。[78] 其次，取消不良行为人投资资格。[79] 再次，要求在作出以下行为

65

---

[73] 这一资格认定程序类似于《公民风险投资无异议函 2015 WL 4699193（SEC Div. of Corp. Fin. 2015）》规定的程序（潜在投资者可通过这一程序得到认证，并有资格参与私募投资）。

[74] 这一资格认定程序类似于《H.B. Shaine & Co., Inc.，证券交易委员会无异议函》1987 SEC No-Act. LEXIS 2004（SEC Div. of Corp. Fin. 1987）（向潜在客户发送一份"普通的调查问卷……确保其完成问卷与完成或开始特定要约之间有足够的间隔时间"）。

[75] 由 https://dollartimes.com/inflation 计算得出。

[76] 参见 502（b）规则，17 C.F.R. § 230.502（b）。

[77] 参见 *generally* E.J. Dickson，*What*，*Exactly*，*Is an NDA？*，Rolling Stone，March 19，2018，https://www. rollingstone. com/culture/culture-features/nda-non-disclosure-agreements-809856/；Richard Harroch，*The Key Elements of Non-Disclosure Agreements*，Forbes，March 10，2016，https://www. forbes.com/sites/allbusiness/2016/03/10/the-key-elements-of-non-disclosureagreements/ # 8bb2ced627dd。

[78] 参见 502（d）规则，17 C.F.R. § 230.502（d）。

[79] 不良行为人包括："发行人；发行人的所有前身；关联发行人；董事、执行官、参与发行的其他高管、发行人的普通合伙人或管理成员；（按表决权计算）发行人 20% 或以上已发行有表决权权益证券的受益所有人；在出售时以任何身份与发行人有关联的发起人……以及（直接或间接）因出售证券劝诱买方获得或将要获得报酬的主体。"506（d）规则，17 C.F.R. § 230.506（d）。取消资格的情形包括：刑事定罪、证券交易委员会禁令、其他监管机构（例如商品期货交易委员会或州证券委员会）签发的禁止令、证券交易委员会因欺诈或《证券法》注册违规作出的禁止令以及注册的国家证券交易所发布的暂停或驱逐令。同上。

之前至少提前 72 小时向证券交易委员会及所有适用州提交表 D：[在 506（c）规则项下发行中]进行广告或一般性劝诱；以及［在 504 规则或 506（b）规则项下发行中］作出要约或出售行为。此外，还须在发行结束之时提交表 D。[80]最后，针对私人诉讼适用实质性合规标准，以防对投资不满的投资者以技术上的疏忽违规为由撤销购买。[81]

（6）只要 506（b）规则豁免符合法律规定并经过完善，则各州无权对相关发行进行监管。[82]按照目前的情况，各州会保留对披露不足、操纵等非法行为的执法权。[83]就此而言，向适用州提交表 D 至关重要，此举能使各州证券监管机构了解在州内进行的发行，警惕欺诈或其他非法行为。[84]

66

经修改完善的 506 规则能够兼顾投资者和发行人双方的利益。如本书所述，《促进创业企业融资法案》506（c）规则豁免可以退出历史舞台，因为设立该规则的目的已经基本达成，同时能够给予投资者更有力的保障。

（二）有限和豁免公开发行

本部分集中对三种发行豁免进行讨论，分别为：504 规则发行豁免，A 条例发行豁免以及州内发行豁免。尽管未能穷尽所有交易注册豁免情形（例如

---

[80] 这一提议扩大了最新的表 D 提交要求。参见 503 规则，17 C.F.R. § 230.503（通常要求"在发行的证券首销之后十五个日历日内"向证券交易委员会提交最新的表 D）。要求在发行开始之前［或在 506（c）规则发行中，要求在进行一般性劝诱之前］提交表 D 能够建立起新的机制，方便监管机构更好地解读不完善的发行。参见前注④［提出在 506（c）规则发行中，应"要求在进行一般性劝诱前，发出制备表 D 的通知"］。

[81] 参见 508 规则，17 C.F.R. § 230.508。与现行条款一样，满足实质性合规标准的是私人诉讼抗辩，而非政府强制执行诉讼。通常情况下，被告未能遵守豁免的某一条款、条件或要求的，只要该条款、条件或要求不是专门保护原告的，就无法以此为由提起私人诉讼。因为这种瑕疵程度相对较轻，且被告的确有付出合理善意的努力遵守豁免的所有要求。此外，存在不被允许的一般性劝诱、506 规则发行的非合格投资者数量超过 35 名或超出 504 规则发行的金额上限的，则不可使用实质性合规抗辩。同上。参见 Mark A. Sargent，*The New Regulation D：Deregulation，Federalism，and the Dynamics of Regulatory Reform*，68 Wash. U. L.Q. 225（1990）。

[82] 当前情势如前所述。参见《证券法》第 18（b）（4）条，15 U.S.C. § 77r（b）（4）（F）。各州保留实施通知提交要求的权力，这类要求与证券交易委员会制定的要求类似。同上。

[83] 参见 *Brown v. Earthboard Sports USA，Inc* 案。481 F.3d 901，912（6th Cir. 2007）（指出对于 506 规则豁免要求的制定，国会将预先排除州法律的监管）。

[84] 参见前注[80]的讨论。

701 规则豁免和众筹豁免),⑧但这三种豁免情形以及 506 规则豁免已经涵盖了发行人在首次发行情形中最常用的豁免类型。⑧

1. 504 规则

依据 504 规则豁免,州监管是重点。属于《证券交易法》规定的具有披露义务公司或投资公司的,不得适用该豁免。⑧在十二个月内,私人发行人募集资金的上限可能是 1 000 万美元。⑧只有在州内进行了注册或依照适用的州法律仅对合格投资者出售的证券,才可进行一般性劝诱;⑧按照这种方式出售的证券不受限制。⑨

67   这项豁免存在两个问题。其一,按照本章之前的论述,合格投资者的定义应当进一步完善,包括对持有资产的门槛进行更新,并把财务成熟度纳入考察范围。⑨其二,依据 504 规则公开发行的证券不时会出现拉高价和倾销计划或其他非法行为。⑨在 504 规则发行中,尽管取消不良行为人资格的规定有一定的效用,⑨但还需要采取更多措施。各州应当承担这一责任。然而,太多州的证券部

---

⑧ 举例而言,其他豁免包括 147 规则、147A 规则、701 规则豁免以及众筹豁免。147 规则和 147A 规则豁免侧重于州内发行,本章后续对此会展开讨论。参见后注⑪—⑯及其随附文本。701 规则豁免仅适用于《证券交易法》所规定的不具有披露义务的公司,旨在为符合条件的发行人的员工、董事、高管和顾问作出补偿。17 C.F.R. § 230.701。《证券法》第 4(a)(6)条对众筹豁免作出了规定。参见 C. Steven Bradford, *The New Federal Crowdfunding Exemption: Promise Unfulfilled*, 40 Sec. Reg. L. J. 195(2012);Stuart R. Cohn, *The New Crowdfunding Exemption: Good Idea, Bad Execution*, 64 Fla. L. Rev. 1433(2012);Andrew A. Schwartz, *Crowdfunding Securities*, 88 Notre Dame L. Rev. 1457(2013)。

⑧ 参见《证券法公告》No.10763(2020)。依据传统的 506(b)规则豁免募集到的资金最多,2019 年的募资数额是 14.92 亿美元。同上。

⑧ 参见《证券法公告》No.10763(2020)。根据传统的 506(b)规则豁免,2019 年募集数额最多,为 14.92 亿美元。同上。

⑧ 参见 504(a)规则,17 C.F.R. § 230.504(a)。

⑧ 参见 504(b)(2)规则,17 C.F.R. § 230.504(b)(2);《证券法公告》No.10884(2020)。

⑨ 参见 502(d)规则,17 C.F.R. § 230.502(d)。504 规则豁免受限于不良行为人取消资格规定。参见 504(b)(3)规则,17 C.F.R. § 230.504(b)(3)。

⑨ 参见前注⑩—㉝、⑪—⑫及其随附文本。

⑨ 参见《证券法公告》No.7644(1999)。《证券法公告》No.7541(1998);Howard Friedman, *Securities Regulation in Cyberspace* 5—22(3d ed. 2004)。这类证券通常有如下特点:每股价格低、资本化程度低、公开信息相对较少且分析师覆盖程度有限(如有)。

⑨ 参见 504(b)(3)规则,17 C.F.R. § 230.504(b)(3)。

门都存在资金、人员和关键资源短缺的问题，很难有效履行自身职责。[94]若想及时发现和起诉异常行为，就必须改善这一现状。要实现这一目的，增加收入来弥补短板是必然选择。很显然，由于其他部门也迫切需要资金，州立法机构并未将证券委员会的资金需求视为当务之急。最可行的解决方案是由北美证券管理协会通过一份建议收费表，方便州证券委员会对其用户进行收费，包括对发行人、金融中介机构和投资公司。各州证券机构将执行这一方案，保留全部或足够份额的收入来覆盖自身运营成本。尽管收取这类费用一定程度上会阻碍资本募集，但其能够提高证券机构的警惕程度，打击违规者对州内居民的欺诈行为，利远大于弊。[95]此外，还可对违规者处以罚款，并将收缴的罚款用于机构运营。

2. A条例

按照目前的规定，A条例发行分为两个层级。第一层级允许在十二个月内募集资金的上限为2 000万美元，发行说明书需包含必须向证券交易委员会和适用州监管机构提交的特定信息。[96]依据A条例第一层级或第二层级购得的证券不受限制。[97]因属不良行为人而被取消资格的发行人不得适用任一层级发行。[98]通常情况下，第一层级吸引到的私人发行人往往会选择公开发行，以试图募集到超过504规则募集资金上限的数额。[99]

A条例第二层级的关键要素在本章前述部分已有讨论。[100]在此基础上，修订

68

[94] 参见 Manning Gilbert Warren III, *Reflections on Dual Regulation of Securities：A Case Against Preemption*, 25 Bos.Coll. L. Rev. 495，496—497（1984）。

[95] 过去，笔者曾提出，监管机构征收的罚金应当用于缓解公立学校资金短缺的问题。参见 Marc I. Steinberg, *Enhanced "Blue Sky" Enforcement：A Path to Help Solve Our Public School Funding Dilemma*, 50 Washburn L. J. 563（2011）（作为堪萨斯州证券法颁布100周年纪念日的一部分出版）。

[96] 参见251（a）规则，253，17 C.F.R. §§ 230.251（a），253。

[97] 参见3（b）（2）（C）规则，15 U.S.C. § 77c（b）（2）（C）；《证券法公告》No.9741（2015）。

[98] 参见262规则，17 C.F.R. § 230.262。

[99] 依据504规则，当前每年允许募集资金的上限为1 000万美元。参见504（b）（2）规则，17 C.F.R. § 230.504（b）（2）。证券交易委员会将这一金额上限从过去的每年500万美元提高到了1 000万美元。参见《证券法公告》No.10844（2020）。

[100] 参见前注[45]—[59]及其随附文本。

后的 A 条例框架应当包括以下内容：

（1）需审慎考虑是否应当废除 A 条例第一层级。随着 504 规则规定在十二个月内的发行金额增加到了 1 000 万美元，[101]规模较小的发行人可以在州注册范围内进行小型公开发行。[102]试图在公开发行中募集到更多资金的发行人往往要接触更大的投资者群体，则应当遵守 A 条例第二层级更严格的规定。

（2）依据 A 条例第二层级，十二个月内最多可募集 7 500 万美元，其中关联证券持有人销售的金额占比不超过 20%。[103]

（3）发行人的公开发行量达到 7 500 万美元，且某类权益证券的持有人数量达到必要标准的，享有两年过渡期，发行人只需在过渡期内成为《证券交易法》第 12（g）条规定的具有披露义务公司即可。[104]

（4）对所有使用 A 条例第二层级豁免的发行人而言，应强制执行当前的第二层级披露要求，包括遵守持续报告制度和提交经审计的财务报表。[105]

---

[101] 证券交易委员会在 2020 年通过了这一每年 1 000 万美元的金额上限规定。参见 504（b）（2）规则，17 C.F.R. § 230.504（b）（2）；《证券法公告》No.10844（2020）。

[102] 这些公开发行通常是依据适用的州法律进行注册的。有些州继续实施实质监管，按照这种监管，充分披露并不满足要求。除此之外，目标发行还必须"公平、公正和合理"。因此，"除要求充分披露外，州实质监管法律授予其监管机构分析待发行证券、发行条款以及发行人业务的权力，目的是确定……证券是否属于投机成分过高，不适合公开发售"。James Mofsky, *Blue Sky Restrictions on New Business Promotions* 7—8（1971）. 相应地，在如下情形中，发行可能会被驳回或者附加一定的条件（例如，在满足特定或有事项前，托管内部人士受益）：发起人本身投入的权益资本不足的；承销商佣金过高的；或向内部人士发行的认股权证和期权数量不当的。参见泰勒，前注[59]，第 903 页。

[103] 证券交易委员会在《证券法公告》No.10844（2020）中通过了这一 7 500 万美元的年度金额（对于 A 条例第一层级发行，年募集金额为 2 000 万美元，参见前注[45]）。当下，与目标发行人有关联的证券持有人最高可出售 30% 的募集资金（第二层级发行金额上限为 2 250 万美元）。参见 251（a）规则，17 C.F.R. § 230.251（a）。这一百分比过高。将证券持有人出售上限控制在 20% 就能赋予持有人相当大的流动性，同时也能将大部分募集到的资金为发行人所用。

[104] 这一条件已落地实施，是当下普遍的做法。参见证券交易委员会新闻公告 2015-59（2015）["募资超过金额上限和第 12（g）条注册门槛的发行人，在必须注册证券类别之前，可享有两年的过渡期，条件是发行人及时提交 A 条例规定的所有现有报告"]。

[105] 参见 257 规则，17 C.F.R. § 230.257。持续报告制度至关重要，必须保留。否则，这些非披露义务公司的证券在交易过程中，往往只会提供 15c2-11 规则所规定的信息，这显然不是上上之选。关于 15c-11 规则的讨论，参见后注[172]—[173]、[192]—[200]及其随附文本。

（5）对于 A 条例发行，不应优先适用联邦法律。然而，为了确保在没有州实质监管的情况下能够适用统一的披露要求，[106]在州一级，针对豁免的范围应适用联邦标准。在这种情况下，州监管机构的存在相当重要，这是因为证券交易委员会的人员对这些规模相对较小的公开发行关注不足，难以面面俱到。

（6）发行人在向证券交易委员会和适用州提交发行说明书之前进行广告和一般性劝诱或试水的对象仅限于合格投资者和合格机构买方。（正如本书所述）可在这些投资者获得资质后进行劝诱。[107]

（7）与现行的 A 条例第二层级发行不同，在 A 条例发行中，非合格投资者可购买的金额没有限制。[108]鉴于在其他发行中均不存在此类限制（例如504规则发行和506规则发行），且对于 A 条例发行而言，联邦和州层面已有监督措施要求发行人进行相对稳健的披露，因而再强加这些条件并无太大意义。

（8）依据现行 A 条例的规定，豁免不适用于特定发行人，包括：非美国或加拿大公司的实体；过去两年中未向委员会提交定期报告的实体；或被认定为不良行为人而被取消资格的实体。[109]

A 条例的这些修订适当、均衡且必要。如此一来，上述公司的证券就无法在

---

[106]　在这一情形中，适用州实质监管很可能会阻碍 A 条例发行的实施，同时大大提升资金成本。关于州实质监管的讨论，参见前注[102]。

[107]　同样地，在《证券法》注册发行中，发行人可在预申报阶段试水，与合格机构买方以及机构获许投资者进行口头或书面沟通。参见《证券法》第5（d）条 5 U.S.C. § 77e（d）；163B 规则，17 C.F.R. § 230.163B。在注册发行情形中，只有经验丰富的知名发行人可在预提交阶段向所有潜在投资者发出售要约。参见 163 规则，17 C.F.R. § 230.163B；本书第四章相关讨论。本书提出的方案要求，只有在潜在投资者具备规定的财务成熟度后，才能允许发行人在向证券交易委员会提交发行说明书之前进行劝诱。

[108]　毕竟，这类限制并不适用于其他豁免发行，包括第4（a）（2）条、504 规则和 506 规则发行。

关于 A 条例第二层级发行中非合格投资者可购买的数额限制，参见 251（d）（2）（C）规则［"不超过以下两者中较大者的10%：（1）该买方为自然人的，其年收入或资产净值……或（2）该买方为非自然人的，最近完整财年的收入或净资产"］。

[109]　参见 251（b）规则 17 C.F.R. § 230.251（b）（同样规定了发行人无资格使用 A 条例豁免的其他情形）。值得注意的是，依据《经济增长、放松监管和消费者保护法案》Pub. L. No.115-174, 132 Stat. 1296（2018），证券交易委员会近期对 A 条例第二层级进行了修订，允许《证券交易法》规定的公司适用该豁免。参见 257 规则，17 C.F.R. §§ 230.251（b），257；《证券交易法公告》No.10591（2018）。

欠缺最低标准的二级市场公开交易，因此，（如本书所述）依据 A 条例第一层级发行的证券至少应当提供 15c2-11 规则规定的信息。[⑩]若没有持续披露的强制性要求和积极的政府监督，欺诈必然泛滥成灾。正如本书所提出的，A 条例令公司能够在公开发行中筹集大量资本，同时规避《证券交易法》第 12（g）条的规定。[⑪]因此，

71 这不仅能够成为一条宝贵的资本募集渠道，也能为整个系统带来有效的政府监督。

3. 州内发行

州内发行豁免的目的在于方便当地企业从州内居民处募集资金。[⑫]在证券交易委员会看来，"国会显然认为，在特定区域开展业务的公司理应能够直接从当地募集资金，而无需向联邦机构登记证券"。[⑬]国会指出，针对此类发行，州内本身存在监管，且发行人就在当地，因此投资者能够得到充分的保护。[⑭]

若向州外居民发出单独要约，则第 3（a）（11）条的法定豁免和据其颁布的 147 规则自动失效。[⑮]除其他条件外，依据 147 规则，发行人必须满足以下条件：在发行州设立或组织；仅对该州居民发行和出售证券；主要营业地设于该州；满足本规则关于在发行州"开展业务"的规定。[⑯]

---

⑩　适用 A 条例第二层级的发行人须遵守持续公开报告要求。参见前注[⑯]及其随附文本。关于当前适用的 15c-11 规则信息不足的讨论，参见后注[⑫—⑲、⑲—⑳]及其随附文本。

⑪　相较于 A 条例发行人，《证券交易法》披露义务公司所受监管力度更大，需要满足的要求也更多。举例而言，《证券交易法》披露义务公司需：提交季度报告；遵守证券交易委员会代理规则及 2002 年《萨班斯—奥克斯利法案》和《多德—弗兰克法案》；以及遵守《外国公司实务法》（Foreign Corporate Practice Act）的内部会计控制和记录保存规定。此外，内部人士（包括《证券交易法》所规定的具有披露义务的公司董事和高管）须遵守该法案第 16 条关于短线交易规定。

⑫　参见《证券法公告》No.5450（1974）。

⑬　同上。参见 Daniel J. Morrissey, *Think Globally*, *Act Locally*: *It's Time to Reform the Intrastate Exemption*, 20 Sec. Reg. L. J. 59（1992）; Fredrich Thomforde, *Exemptions from SEC Registration for Small Businesses*, 47 Tenn. L. Rev. 1（1979）。

⑭　参见《证券法公告》，No.5450（1974）。

⑮　参见美国法律协会，*Federal Securities Code* § 1904 Comment, at 969（1980）["无论发行人对所有受要约人的家底进行了多么仔细的审查，只要有一次失误，豁免就失效，引发第 12（1）条（现在的第 12（a）（1）条）的绝对民事责任"]。

⑯　参见 147 规则，147, 17 C.F.R. § 230.147。关于"开展业务"的要求，发行人必须满足下列条件之一：（1）该实体至少 80% 的总收入"来自在州内经营业务……或提供服务"；（2）该实体至少 80% 的资产位于该州；（3）该实体会使用至少 80% 的发行募集资金在该州内开展业务；或（4）该实体大部分员工都在该州工作。147（c）（2）规则。

虽然互联网和其他大众通信手段都可用以开展发行活动，但 147 规则禁止州外发行，这就使得这一规则的实用性极为有限。[117]此外，发行人必须在发行州设立或组织这一要求意味着，在特拉华州或其他有利注册的州（例如内华达州）设立的企业就无法适用该规则豁免。[118]为提升州内豁免的适用性，证券交易委员会援引第 28 条，通过了 147A 规则。[119]依据该豁免规则，只要最终发行出售的对象是发行州的居民，发行人无需在发行州设立，且可向州外居民发出要约。[120]除其他要求外，发行人的主要营业地必须位于发行州，且必须满足"开展业务"的规定。[121]相较于第 3（a）（11）条和 147 规则，147A 规则之所以更具吸引力，就在于其预见性：能够清楚看到前两种豁免很难适应未来的发展。事实上，证券交易委员会也承认，就目前而言，147A 规则的主要作用是"维持现有州级豁免条款的持续可用性，而这些条款是以发行人对第 3（a）（11）条和 147 规则的依赖为前提的"。[122]

在颁布 147A 规则豁免这件事上，证券交易委员会可谓足智多谋，值得称赞。然而，问题的症结在于州内发行豁免本身是否还有存在的必要。这一豁免有其独特的时代背景。[123]现如今，发行人往往可通过 504 规则、A 条例以及 506 规则豁免来满足自身资本需求。这些豁免无一例外，都未曾对发行人住所作任

---

⑰ 参见《证券法公告》No.10238（2016）["我们认为，大量州外居民通过互联网查看的报价并不符合第 3（a）（11）条和 147 规则"]。

⑱ 同上。

⑲ 17 C.F.R. § 230.147A. 参见《证券法公告》No.10238（2016）["依据《证券法》第 28 条的一般豁免权，我们通过了 147A 规则。因此，新的 147A 规则将不受第 3（a）（11）条的法定限制"]。本书第四章对委员会依据第 28 条行使豁免权进行了讨论。

⑳ 依据 147A（d）规则，发行人必须合理相信目标买方是发行州的居民。该豁免允许发行人进行广告和一般性劝诱。参见 147A（b）规则，17 C.F.R. § 230.147A（b）。

㉑ 开展业务的要求与 147 规则的要求并无二致。参见《证券法公告》No.10238（2016）；前注⑯。

㉒ 参见《证券法公告》No.10238（2016）。参见 generally Sarah Aboukhair, The "Modernized" Rule 147 and 147A：An Analysis of the Potential Market Response to the SEC's Attempt to Revise and Modernize the Intrastate Offering Exemption，45 Sec. Reg. L. J. 421（2017）。

㉓ 总而言之，应当谨记蓝天法是早于联邦证券法的。堪萨斯州在 1911 年颁布了第一部州证券法。参见 1911 Kan. Sess. Laws 210；Amy Deen Westbrook, Blue Sky Laws for 100 Years：Introduction to the Special Issue on Corporate and Blue Sky Law，50 Washburn L. J. xxv（2011）（指出"2011 年的金融市场与 1911 年的市场有着天壤之别，1911 年的法案是综合考量了当时具体的政治、经济、技术和社会力量等因素而制定通过的"）。

何强制规定，并同时允许发行人向州外居民发行和出售。

依据 504 规则豁免，各州保留出台本州发行标准的权力，包括披露和实质标准。[124]若 504 规则发行的金额上限被认定为不足，则证券交易委员会可适当予以提高。[125]此外，在多州进行 504 规则发行，且对应州要求进行注册的，该发行很可能会受到至少一家监管机构审查。如此一来，在某些蓝天司法管辖区可能出现的州审查不足的问题就能得到一定程度的解决。尽管多家州级证券监管机构进行审查可能在一定程度上导致成本的增加，但发行人及其代表会更倾向于采取合理的做法。此外，各州通过的联合审查协议也能大幅降低审查成本。[126]

因此，州内发行豁免理应退出历史舞台。与其带来的利益相比，其他豁免更能满足发行人和投资者的需求。这类豁免虽曾辉煌过，但如今是时候急流勇退了。

4. 小结

前述讨论并未穷尽美国证券交易委员会注册的所有主要豁免，[127]但最常用的豁免规定都包含在内。举例而言，传统的 506 规则豁免就是最常用的豁免形式。[128]正如本节所提出的，证券交易委员会的豁免框架应当进行重构，采取更平衡的方式制定豁免规则，兼顾发行人和投资者的需求。本书提出的框架能够简

---

[124] 因此，遵守适用州披露和实质标准的州注册公开发行可适用 504 规则豁免。参见《证券法公告》No.10238（2016）。

[125] 2020 年，证券交易委员会将 504 规则发行每年可募集资金的上限提升至 1 000 万美元。参见《证券法公告》No.10884（2020）。这一 1 000 万美元的上限是适当的，为企业参与区域州级注册公开发行提供了机会，方便其募集到相对大量的资金。若发行人每年想通过公开发行募集到 2 000 万美元，则可选择 A 条例第一层级发行。这两种方式均可帮助发行人规避 A 条例第二层级发行的持续披露要求。相关讨论参见前注㊺—㊾及其随附文本。正如本书所述，应当审慎考量是否应当废除 A 条例第一层级。相关讨论参见前注⑩—⑩及其随附文本。

[126] 参见《证券法公告》No.10238（2016）。2016 年，证券交易委员会将 504 规则的年度金额从 100 万美元提升到 500 万美元，并在公告中指出："委员会……相信，将 504 规则的总发行额提升至 500 万美元，此举将促使各州制定或修订现有的区域协调审查计划，这类计划一举两得，能够在提升多司法管辖区证券发行注册效率的同时，避免加大投资者的风险。"参见 NASAA, Coordinated Review, https://www.nasaa.org/industry-resources/securities-issuers/coordinated-review/。

[127] 有关其他豁免事项的清单，参见前注㊅。

[128] 参见《证券法公告》No.10763（2020）（2019 年，传统的 506 规则发行募集资金额达到 14.92 亿美元，远超所有其他豁免发行）。

化豁免程序，使投资者受益的同时也不会过度阻碍发行人的资本募集。

（三）主要豁免发行的合并

正如本章此前讨论的，证券交易委员会已经采取了多项措施，大大降低了证券发行合并的可能性。[129]事实上，2020 年委员会通过 152 规则，这一举措从实践层面上废除了合并原则，只存在极个别例外情形。[130]证券交易委员会委员艾里森·海伦·李（Allison Herren Lee）证实了这一点，她指出：“若非规定两次发行之间等待期为三十天”，证券交易委员会“无疑令（合并）原则形同虚设”。[131]

74

直到最近，证券交易委员会虽然考虑缩短安全港期（例如，2007 年，证券交易委员会就提出了将安全港期缩短至九十天的规则提案），但仍无任何实际行

---

[129]　参见 152 规则，17 C.F.R. § 230.152；《证券法公告》No.10884（2020）；前注[60]—[66]及其随附文本。

[130]　参见 152 规则，17 C.F.R. § 230.152；《证券法公告》No.10884（2020），正如证券交易委员会关于 2020 年 11 月修订的“情况说明书”所述：

修订建立了一个新的合并框架，规定了新的一般原则，着眼于两次或两次以上发行的特定事实和情况，侧重于分析发行人能否证明其每一发行都符合《证券法》要求，或证明特定发行可适用注册豁免。

该修订还规定了四项不适用合并的非排他性安全港：

（1）在其他发行开始三十个日历日之前或其他发行终止或完成三十个日历日之后进行的发行，不与前述其他发行合并，条件是：

禁止一般性劝诱的豁免发行与后续的允许一般性劝诱的发行之间间隔三十个日历日或更长时间，发行人基于事实和具体情况，可合理相信，针对禁止一般性劝诱的豁免发行的买方，发行人（或其代表）在该豁免发行开始之前，并没有通过一般性劝诱招揽该买方或与其建立实质性关系；

（2）依据 701 规则、员工福利计划或 S 条例作出的要约和出售不会与其他发行合并；

（3）提交了《证券法》注册上市申请表的发行，若在以下发行之后作出，则不会被合并：

已终止或已完成的发行，且该发行不允许进行一般性劝诱；

已终止或已完成的发行，且该发行允许进行一般性劝诱，但融资对象仅限于合格机构买方和机构获许投资者；

在注册发行开始前三十个日历日以上终止或完成的发行，且该发行允许进行一般性劝诱；以及

（4）依据允许一般性劝诱的豁免作出的要约和出售，若是在任何已终止或已完成的发行之后作出，则不会被合并。

《证券交易委员会新闻公告》No.2020-273（2020）。

[131]　参见 Allison Herren Lee，*SEC Commissioner*，*Statement on Amendments to the Exempt Offering Framework*，前注[66]。

动。[⑬]2020 年，证券交易委员会最终通过 152 规则，[⑬]合并原则在实际层面上彻
底失势，唯一的例外情形就是目标发行人不仅不满足 152 规则的所有安全港条
款，且在完善注册豁免过程中存在明显疏漏。[⑬]

证券交易委员会废除了大部分合并原则，这一惊人之举也引发了另一个问
题，即是否应该完全废除合并原则。[⑬]一方面，在相对较短的时间内，发行人利用
豁免在多个表面独立但实际构成一次单独发行的发行中募集资金，这种行为是被
禁止的。在此情形下，合并原则是为了判断合并的发行是否合法。[⑬]若所谓拆分的
发行实际可以合并为一次单独发行，无法适用注册豁免，那么就构成注册违规。合
法的程序是：对所谓拆分发行的间隔期进行计时，确保间隔期足够长；将多次拆分
发行合并为符合注册豁免的一次单独发行；或提交《证券法》注册上市申请表。[⑬]

另一方面，可以说，合并原则现如今已无用武之地。只要发行人满足适用
豁免的标准，就有权在同时进行的多次发行中募集资金。鉴于各项所谓的独立
发行适用的注册豁免都不相同，因此对投资者的危害并不明确。此外，许多豁
免（例如 504 规则豁免和 A 条例豁免）都对发行人在十二个月内可以募集资金
的上限作出了规定。[⑬]只要不超过适用的发行金额且满足对应豁免的其他要求，

---

⑬ 参见《证券法公告》No.8828（2007）。

⑬ 17 C.F.R. § 230.152.参见《证券法公告》No.10884（2020）。

⑬ 在提出三十天安全港规定［《证券法公告》No.10763（2020）］的过程中，证券交易委员会推
断："自 1982 年以来，科技、市场和证券法都经历了翻天覆地的变化。我们初步认为，将安全港期间
缩短到三十天能够提高发行人的灵活性，拓宽其资本募集渠道，方便发行人依据《证券法》获得所需
资金，同时留有充足的时间去实现合并原则的设立目的：即防止发行人故意将单独发行拆分为多次发
行，借此规避注册。"同上。将安全港期间从六个月缩短到一个月的做法过于激进，用委员会的话说，
这种做法反而给"故意将单独发行拆分为多次发行"的行为大开方便之门。2007 年，证券交易委员会
提出，将安全港期间从六个月缩短到九十天更为妥当。参见《证券法公告》No.8828（2007）。

⑬ 这一观点是卢瑟福德·坎贝尔教授（Rutherford Campbell）在 20 年前提出的。参见 Ruther-
ford B. Campbell, *The Overwhelming Case for Elimination of the Integration Doctrine Under the Se-
curities Act of 1933*, 89 Ky. L. J. 289（2000—2001）。

⑬ 参见 Darryl B. Deaktor, *Integration of Securities Offerings*, 31 U. Fla. L. Rev. 465（1979）。

⑬ 参见 Perry E. Wallace, Jr., *Integration of Securities Offerings*：*Obstacles to Capital Forma-
tion Remain for Small Businesses*, 45 Wash. & Lee L. Rev. 883（1988）。

⑬ 参见《证券法公告》No.10763（2020）（"1982 年 D 条例颁布以来，信息环境发生了许多变
化，当今金融市场电子传播信息速度不断加快，体量不断增长"，有鉴于此，"三十天的安全港时间框
架……足以满足当前的需求，不必担忧豁免发行会影响后续注册发行的市场或破坏后续豁免发行的保
护"）。关于依据 504 规则和 A 条例每年可募集的资金上限，参见前注⑤、⑧、⑨、⑬及其随附文本。

则无论发行人在该期限内进行了 1 次还是 15 次发行，对于投资者而言，都无伤大雅。此外，还有一点需要注意，即注册违规的处罚非常严厉：购买者有权撤销交易，并面临政府执法程序，进而承担包括刑事责任风险在内的严格责任。[139]

上述两种观点都有其可取之处。更合适的处理方式是先确定表面上独立的发行是否出于相同的目的。[140]若服务于不同的目的，即便是同时进行的，也不应进行合并。例如，701 规则豁免的主要目的就是补偿目标发行人的员工和顾问，[141]而 504 规则、506 规则和 A 条例豁免的主要目的是募集资金，两者不应合并为单独发行。[142]然而，若所谓的独立发行只是某一融资计划的一部分，且这些独立发行彼此非常相近，[143]则有必要对其进行合并，"防止发行人通过两次或两次以上表面不同的发行完成交易，规避非豁免交易的注册，因为这类发行若被视为独立交易，则符合（某种适用的豁免）"。[144]

证券交易委员会忽视特定发行的相近性，一律不合并的决定是错误的，原因在于：[145]根据《证券法》注册豁免发起或完成的、彼此相近的发行，可能具有

77

---

[139] 卖家违反《证券法》第 5 条 15 U.S.C. § 77e 的，依据该法第 12（a）（1）条 15 U.S.C. § 77l（a）（1），买方有权撤销（若证券已售出，享有损害赔偿权）。事实上，有些州法律还依据注册违规的严格责任规定了刑事责任。参见诸如，*Buffo v. State*，415 So. 2d 1158（Ala. 1982）；*Cox v. Garvin*，607 S.E. 2d 549（Ga. 2005）；*State v. Casper*，297 S.W. 3d 676（Tenn. 2009）. See generally Mark A. Sargent，*A Blue Sky State of Mind：The Meaning of "Willfully" In Blue Sky Criminal Cases*，20 Sec. Reg. L. J. 96（1992）。

[140] 证券交易委员会通过了 152 规则，取代了传统的五要素测试，而这是该测试的一个关键问题。参见《证券法公告》No.10884（2020）（指出"最终规则取代了五要素测试"）。这五个要素分别是："发行是不是单一融资计划的一部分；发行是否涉及相同类别证券的发行；发行是否在同一或相近的时间进行；是否收到相同类型的对价；以及是否出于相同的一般目的。"《证券法公告》No.4552（1962）。

[141] 701 规则仅适用于不是《证券交易法》所规定的披露义务公司或投资公司的发行人。依据这一豁免在十二个月内可发行和出售的金额上限以以下金额中的最大金额为准：（1）100 万美元；（2）公司总资产的 15%；或（3）发行的证券类别中已发行证券的 15%。《证券法公告》No.7645（1988）。"任意十二个月内，证券总售价或金额超过 1 000 万美元的，必须向潜在买方提供规定的信息，包括财务报表。"701（e）规则。由于 701（e）规则豁免旨在提供补偿，不可用于募集资金。参见前注㊚。针对 701 规则发行，证券交易委员会通过了一项广泛的安全港，以排除合并规则。参见 152 规则，17 C.F.R. § 230.152。

[142] 参见前注⑦—㊻及其随附文本

[143] 这些是前注[140]中提出的传统五因素测试中的关键问题。

[144] Deaktor，前注㊿，第 473 页。参见 Morrissey，前注㊿，第 77 页（"若合并后的总发行量超出注册豁免的范围，则应向证券交易委员会提交注册申请"）。

[145] 参见 Lee，前注㊿。

/ 69

相同的目的或构成某一融资计划的一部分。此外，若这些发行彼此非常相近，对目标投资者的劝诱也会相互影响。⑭

　　本书所提出的框架相当简单，由两大安全港组成：其一，若独立的发行目的不同，则不可合并；其二，发行目的相同的，应适用九十天安全港期。这一期限不仅能令发行人安心，还能为投资者提供充分的保护，同时践行了证券交易委员会在十多年前就提出的期限。⑭2020 年修正之前，在特定情形中，证券委员会采用的安全港期为六个月，但对于当今市场而言，这一期限过长，会导致发行人错失资本募集的最佳时机。⑭此外，按照目前的管理，在明确合并原则的目标没有遭受损害的情形中，证券交易会可适用额外的安全港。否则，若所谓的独立发行是在九十天之内作出且目的相同，就会对其适用传统五要素测试，确定是否应当将其合并为单独发行。⑭

四、证券转售建议框架

　　当前适用于证券转售的《证券法》注册豁免框架烦冗复杂，很多时候甚至毫无意义。数十年来，批评家们一直敦促对此进行彻底改革。⑮能否获得豁免，首先要厘清以下概念：交易和分销有什么区别？卖方是不是关联方？是否具有承销商身份？以及证券是否受限制？

---

　　⑭　在涉及一般性劝诱的情况下，152 规则 17 C.F.R. § 230.152 在一定程度上解决了这一问题。参见前注⑬。此外，证券交易委员会意识到，可以每三十一天向非合格投资者作出 506（b）规则发行，一年就可以向超过 375 名此类投资者发行。因此，在通过 2020 年 11 月的修订［《证券法公告》No.10884（2020）］时，证券交易委员会对 506（b）（2）规则进行了修订，规定"在任意九十个日历日期限内，本条项下发行的发行人，其证券买方不得超过 35 人，或发行人合理认为不超过 35 人"。

　　⑭　参见《证券法公告》No.8828（2007）。委员会提出将 D 条例发行的安全港期间缩短到九十天，并在公告中表示："委员会认为九十天是合理的期间，这一时长允许发行人每一财务季度均可适用一次安全港，为其提供更多的灵活性，同时要求发行人在利用安全港发起实质类似要约之前，等待足够的间隔时间。"

　　⑭　参见前注⑬。

　　⑭　五要素测试（已被证券交易委员会弃用），见前注⑭。

　　⑮　参见 *ALI Federal Securities Code*，前注⑮，§§ 501—515, at § 502 Comment（1）［指出"美国法律协会《联邦证券法典》放弃了 1933 年法案不合逻辑且困难的'控制'测试（无论是初级还是次级）"］。

对于想要转售证券的持有人而言，适用与发行人发行或出售中相同的原则：在没有完全满足豁免要求之前，证券的发行和出售必须注册。⑮适用于这一情形的关键法定条款是《证券法》第4（a）（1）条，该条规定"发行人、承销商或交易商之外其他主体进行的交易"免于注册。⑯对于经纪人，第4（a）（4）条规定，"依据客户在交易所或场外市场的订单执行的经纪人交易免于注册，但此类订单的劝诱应当注册"。⑯

证券交易委员会颁布了144规则，为这一领域实践提供指引。⑭只要符合其规定，该豁免就相当于为转售证券的持有人提供了第4（a）（1）条项下的安全港，也为前述交易的经纪人提供了第4（a）（4）条项下的安全港。⑮此外，依据证券交易委员会无异议函和其他的委员会声明，所谓的"第4（1½）条"豁免已获得认可，规定了私人转售交易情形中的豁免。⑯为了进一步明确私人转售的问题，国会在2015年颁布了《证券法》第4（a）（7）条，规定在特定条件下向合格投资者转售证券享有注册豁免。⑰再如，证券交易委员会颁布了144A规则，规定向合格机构买方（QIBs）转售受限制证券可享受《证券法》的注册豁免。⑱

本书并没有对转售情形的各种注册豁免及其复杂性进行全面分析，但笔者

79

---

⑮　参见《证券法》第5条，15 U.S.C. § 77e；*Securities and Exchange Commission v. Chinese Consolidated Benevolent Association*，120 F.2d 738（2d Cir. 1941）。

⑯　15 U.S.C. § 77d（a）（1）.

⑯　15 U.S.C. § 77d（a）（4）.

⑭　17 C.F.R. § 230.144.1972年通过了144规则。参见《证券法公告》No.5223（1972）。144规则的安全港并不具有排他性，例如，允许证券持有人援引法定的第4（a）（1）条豁免。参见144规则初步说明。

⑮　参见144规则。关于第4（a）（4）条豁免，参见144（g）规则［为第4（a）（4）条中的定期经纪人交易提供安全港］。参见《证券法公告》No.8869（2007）［"1933年《证券法》144规则为第4（1）条（如今的《证券法》第4（a）（1）条）豁免项下的证券销售设立了安全港"］。

⑯　参见《证券法公告》No.6188（1980）。关于证券交易委员会的无异议函，参见诸如，*Bank of New Hampshire Corporation*，1981 WL 26188（SEC No-Act. Letter 1981）；*Optelcom，Incorporated*，1982 WL 30378（SEC No-Act. Letter 1982）；*Candela Laser Corporation*，1987 WL 108552（SEC No-Act. Letter 1987）。

⑰　15 U.S.C. § 77d（a）（7）. 这项法令是作为《快速法案》［《修复美国水陆运输法案》］的一部分而颁布的，Pub. Law 114—194，129 Stat. 1312（2015）］。

⑱　17 C.F.R. § 230.144A.

和许多其他学者与从业人员对此已有讨论。[159]而本书后续的论述旨在指出当前制度模糊、矛盾之处以及不良影响，进而提出相应的改进建议。

（一）当前转售豁免框架：难以接受的败笔

就目前而言，若证券持有人想要转售证券，相关的《证券法》注册豁免条款相当苛刻，令人难以接受，相关例证如下：

（1）对于交易和分销的界定存在问题。举例而言，一名控制人（例如首席执行官）在七十五天内出售其持有十年的纽约证券交易所证券，其持有的份额占目标公司已发行普通股的2%，这一行为可能构成分销（进而违反《证券法》第5条之规定）。[160]相较而言，持有证券两年的股东，若对目标公司不满，哪怕所持有份额占目标公司已发行普通股的8%，只要本身不是公司的关联方，也可出售其所持全部股份，且被视为满足第4（a）（1）条法定豁免的条件。[161]如此规定的理由是，首席执行官作为公司的控制人员，"有指导或影响公司管理和决策的权力"，[162]包括促使公司为出售其股

---

[159] 参见诸如，Thomas Lee Hazen, *Treatise on the Law of Securities Regulation*（7th ed. 2020）；J. William Hicks, *Exempted Transactions Under the Securities Act of 1933*（2020）；Louis Loss, Joel Seligman, and Troy A. Paredes, *Securities Regulation*（2019）；Marc I. Steinberg, *Understanding Securities Law*（7th ed. 2018）。

[160] 一般而言，144（e）规则 17 C.F.R. § 230.144（e）允许关联方（例如目标公司的首席执行官）在任意三个月期间内，按照该规则出售证券（连同同一类别证券的其他出售），数量以下述两者中较大者为准："发行人最新公布的报告或报表所显示的已发行股票或其他单位的1%；或交易前四周上报所有国家证券交易所和/或通过注册证券协会自动报价系统报告的周平均交易量。"因此，在部分提供的例证中，若首席执行官出售的证券占公司已发行股票的2%，超过了上述报告的周平均交易量标准，则无法适用144规则。在这种情形下，首席执行官需要适用模糊的第4（a）（1）条法定豁免。值得注意的是，对144规则项下债务证券和特定其他证券的转售，有更为严格的数量限制。参见144（e）（2）—（3）规则。

[161] 参见 *United States v. Sherwood* 案，175 F. Supp. 480（S.D.N.Y. 1959）[认定持有公司8%已发行股票的非关联方，在持有证券至少两年后，可适用法定的第4（1）条豁免]。两年的持有期足以证明目标主体并不是以分销为目的从发行人处购买证券。参见第2（a）（11）条，15 U.S.C. § 77b（a）（11）（对"承销商"作出定义）；*Securities and Exchange Commission v. Big Apple Consulting USA, Inc.*, 783 F.3d 786, 807（11th Cir. 2015）（"法院普遍认为，持有期两年已经足够"）。

[162] 参见 405 规则，17 C.F.R. § 230.405（将控制定义为"通过持有附表决权证券、合同或其他方式直接或间接取得指导或影响某一主体管理和政策的权力"）。

份提交注册上市申请表的权力。⑯然而，在此情形下，需考虑的关键问题是交易本身对交易市场的影响。⑯通常情况下，与首席执行官的少量抛售相比，无关联股东抛售8%的已发行普通股对交易市场的影响明显更大。⑯

81

（2）在上述例子中，我们假设出售8%已发行普通股的证券持有人并不是公司的关联人。但实际情况中关联人或控制地位的界定往往是不清晰的，⑯要考虑包括是否具有高管或董事身份、持股比例以及与公司内部人士关系等在内的相关因素。⑯举例而言，下述个体是否为控制人就值得商榷：外部董事（担任董事不足两年，不属于审计、薪酬、提名或其他重要董事会委员会成员）、公司内部总法律顾问（不担任董事，主要职能是监督公司法务部门，并为客户提供法律建议）、公司的长期投资银行（通过有偿契约向公司出借大笔资金，并担任公司所有证券发行的主承销商或配售代理人）、股东（持有企业9%股权，但不担任董事或高管）以及股东（在数百万流通股中仅持有500股，不担任董事或高管，但因明智的建议和敏锐的商业头脑被董事会尊为"智囊"）。⑯

（3）从逻辑层面上来讲，相较于受限制证券（例如，506规则发行中购买的有限责任公司权益），非限制证券（例如，在注册发行中购买的普通

---

⑯　参见 *Pennaluna & Company v. Securities and Exchange Commission* 案，410 F.2d 861，865（9th Cir. 1969）（查究个人能否获得提交注册上市申请表所需的签名），引用 L. Loss, *Securities Regulation* 557（2d ed. 1961）。

⑯　参见诸如 *United States v. Wolfson*，405 F.2d 779（2d Cir. 1968）。关于路易斯·沃尔夫森的一篇佳作，参见 Alan M. Weinberger, *What's in a Name？—The Tale of Louis Wolfson's Affirmed*，39 Hofstra L. Rev. 645（2011）。

⑯　然而，若在交易之前或交易因执行官在交易的2个工作日内提交表4导致交易公开之后，此信息被泄露，内部人士抛售证券可能会造成重大影响。参见第16（a）（2）（C）条，15 U.S.C. § 78q（a）（2）（C）。否则，一般情况下出售公司8%已发行股票肯定比出售2%的已发行股票影响大。

⑯　参见 A.A. Sommer, Jr., *Who's "In Control"？*，21 Bus. Law. 559（1966）（解释了控制含义的"边界不清"以及该界定的重要性）。

⑯　参见 Rutherford B. Campbell, *Defining Control in Secondary Distributions*，18 Bos. Coll. Ind. & Comm. L. Rev. 37（1976）；Alexander Poor and Michelle A. Rees, *The "Control" Quagmire：The Cumbersome Concept of "Control" for the Corporate Attorney*，44 Sec. Reg. L. J. 101（2016）。

⑯　参见 *Pennaluna & Company v. Securities and Exchange Commission* 案，410 F.2d 861（9th Cir. 1969）（不担任董事或高管职位且持有最少股份的个人，据其与公司内部人士的关系，可认定为控制人）；参引前注⑯—⑯。

股）流动性更强，转售方面限制也更少。⑯某种程度上来讲，事实的确如此。举例而言，非限制证券并没有持有期，而对于受限制证券，若是从《证券交易法》披露义务发行人（或其关联人）处购买的，购买者自购买之日起，必须持有证券达六个月；若是从非披露义务公司处购买的，为了适用 144 规则的安全港规定，必须持有证券达十二个月。⑰只要非关联持有人满足这一受限制证券持有期的要求，即可依据 144 规则在短时间内出售其所有受限制证券，哪怕售出的证券占到发行人权益证券相当大的比重，例如超过 20%。⑰另外，144 规则并未对持有非限制证券的非关联持有人作出任何规定。针对这种情形，没有任何安全港规则或其他规定（例如既定的司法先例）为非关联方提供充分的保障，因此，非关联方在国家证券交易所出售全部非限制证券且所售份额占发行人已发行证券相当大比重的（比如 10%），有涉嫌进行证券分销（而非交易）的风险，可能会违反《证券法》第 5 条。⑰

　　（4）如前所述，不知出于何种原因，证券交易委员会始终拒绝将非关联证券持有人出售非限制证券纳入 144 规则的适用范围内。因此，当这类证券持有人在非个人交易市场（如场外交易市场或证券交易所）出售股票时，就没有可适用的安全港。⑰这一监管指引的缺位令人百思不得其解，理

---

　　⑯　这一主张的例证之一就是 504 规则。依据 504 规则出售的受限制证券有一年的持有期，而依据该规则出售的非限制证券则无持有期。参见 144（d）规则，504（b）（1）规则，17 C.F.R. §§ 230.144（d），504（b）（1）。

　　⑰　参见 144（d）规则，17 C.F.R. § 230.144（d）；《证券法公告》No.8869（2007）。

　　⑰　参见 144（b）规则，17 C.F.R. § 230.144（b）。在通过公告时，证券交易委员会指出，该规则"允许非关联方在满足适用的持有期要求后（例如，有披露义务的发行人持有期为六个月，不具有披露义务的发行人为一年），可自由转售受限制证券，但有披露义务的发行人的非关联方仍需满足 144（c）规则的公共信息要求，在首个六个月持有期满后，额外持有六个月"。《证券法公告》No.8869（2007）。委员会要求非关联方满足当下的公共信息要求，额外持有六个月，此举看起来有些荒谬，因为非关联方并非控制人，也没有能力要求公司作出这一承诺。非关联方唯一可行的办法就是与目标公司订立契约，通常是在其从公司购买目标证券之时订立。

　　⑰　可以断言，证券交易委员会默认非关联方出售其非限制证券可适用第 4（a）（1）条豁免。尽管如此，委员会并未在 144 规则中解决这一问题，也未颁布其他证券交易委员会规则或条例。此外，在 United States v. Sherwood 案，175 F. Supp. 480（S.D.N.Y. 1959）中，出售的股票占公司已发行股票的 8%。而在法院看来，哪怕这一份额达到了 15%，结果也不会有什么不同。

　　⑰　参见 Steinberg，前注⑯，第 207 页（指出，非关联方在公开市场出售大量已发行股票的，这类交易"会对资本交易市场和投资大众造成不利影响……无论其在转售大量股票时是否具有关联方身份"）；前注⑰。需要注意的是，非关联方必须"在交易前三个月内不是关联方"。144（b）（1）（i）规则，17 C.F.R. § 230.144（b）（1）（i）。

应尽快修正。 83

（5）为方便经纪人或交易商发布或提交证券报价，按照《证券交易法》15c2-11 规则，其记录中必须包含目标发行人的特定信息。[174]就非披露义务发行人而言，所需信息相对较少，且容易过时，通常要求在发布或提交证券报价前十二个月内进行。[175]这就导致场外市场的二次交易相对不透明。[176]自相矛盾的是，证券交易委员会一边采取强硬的措施，要求发行人对发行进行有意义的披露，另一边又对在场外市场开展证券交易的非披露义务发行人睁一只眼闭一只眼，拒绝要求他们进行充分披露。[177]

（6）依据证券交易委员会无异议函和其他声明，"第 4（1½）条"豁免得以确立。[178]这一豁免在第 4（a）（1）条豁免的范围之内，但重点关照第 4（a）（2）条豁免有关发行人的标准，旨在确定发行人的资格条件。[179]尽管如此，由于证券交易委员会拒绝明确该豁免的具体要求，不确定性问题依旧 84 泛滥。[180]若无法申请该豁免，出售证券的持有人及其经纪人都可能面临严

---

[174] 17 C.F.R. § 240.15c2-11.

[175] 参见 15c2-11（b）（5）（i）规则；《证券交易法公告》No.89891（2020）（通过了对 15c2-11 规则的修订）。然而，依据 2020 年的修订，"公布或提交报价之前十二个月内"的信息通常被视为最新信息。15c2-11（b）（5）（i）规则。

[176] 该规则准确定义了"公开可得"的范围。参见 15c2-11（e）（4）规则："公开可得应指可通过电子化数据收集、分析及检索系统或合格的交易商报价系统、注册的全国证券协会、发行人或注册的经纪人或交易商网站获得。"

[177] 委员会通过的关于修订 15c2-11 规则的公告指出，修订"是为了实现规则的现代化，促进投资者保护，遏制欺诈和操纵行为"。《证券交易法公告》No.89891（2020）。这一重要的修订缩小了"搭便车例外"的范围。正如证券交易委员会在公告中所述：
证券交易委员会计划缩小当前例外情形（即搭便车例外情形），允许经纪商依照已审查发行人信息的另一经纪商的报价公布证券报价。据其表述，多年来，经纪商们一直利用这一例外来对证券进行持续报价，即便该证券的发行人已然不复存在。证券交易委员会提议的修订将会限制这一例外的适用。《证券交易法公告》No.87115（2019）。依据修订的 15c2-11 规则，搭便车例外的适用范围缩小。参见《证券交易法公告》No.89891（2020）；相关讨论参见后注[190]—[192]、[197]—[202]及其随附文本。

[178] 参引前注[156]。

[179] 参见 Ackerberg v. Johnson 案，892 F.2d 1328，1335 n.6（8th Cir. 1989）[指出遵守非正式的"第 4（1½）条"豁免意味着，目标主体可适用第 4（1）条豁免，说明"第 4（1）条显然适用于私下转售受限制证券的豁免"]。

[180] 参见 Christopher Olander and Margaret Jacks, *The Section 4（1½）Exemption—Reading Between the Lines of the Securities Act of 1933*, 15 Sec. Reg. L. J. 339（1988）。

格责任的风险。⑱证券交易委员会理应撤销这一非正式豁免，或颁布补充规则，明确适用该豁免的必要条件。

（7）144A 规则项下的转售豁免可以说针对的是财务成熟度最高的购买者——合格机构买方。⑱该豁免为两种情形下的证券转售提供了市场：（1）通过配售代理人向合格机构买方出售债务证券，且配售代理人是自己从目标发行人处购买证券的；以及（2）将原本在美国之外出售的外国公司证券转售给合格机构买方，包括依据证券交易委员会 S 条例进行的销售。⑱无论上述证券是否在集中自动化交易系统中进行交易，⑱向合格机构买方进行的

---

⑱　参见 Securities and Exchange Commission v. Ralston Purina 案，346 U.S. 119, 126（1953）（该方的"动机或许值得称赞，但无关紧要"）。此外，要求豁免的一方有责任证明其已经满足豁免的要求。参见 Ralston Purina，346 U.S. 第 126 页；Securities and Exchange Commission v. Culpepper 案，270 F.2d 241（2d Cir. 1959）。

⑱　17 C.F.R. § 230.144A. 通常，合格的机构买方包括特定实体［例如《证券法》第 2（a）（13）条定义的保险公司］"代表自己或其他合格机构买方，持有或投资与自身无关联的发行人证券，总额最低为 1 亿美元"的特定实体；"依据《证券交易法》第 15 条注册的、代表自己或其他合格机构买方持有或投资与自身无关联的发行人证券，总额最低为 1 000 万美元"的交易商（但该交易商参与公开发行，并持有的尚未售出的配售证券不包含在内）；以及"依据《证券交易法》第 15 条注册、代表合格机构买方进行无风险本金交易的交易商"。144A（a）（1）（i）—（iii）规则。

⑱　参见《证券法公告》No.6862（1990）；Anita Raghaven, Private Placement Market Is Proving Popular, Wall St. J., April 1, 1997, at C14；Marc I. Steinberg and Daryl L. Lansdale, Jr., Regulation S and Rule 144A: Creating a Workable Fiction in an Expanding Global Securities Market, 29 Int'l Law. 43（1995）。一般而言，S 条例 17 C.F.R. §§ 230.901—905 规定，《证券法》的注册条款不适用于美国之外的证券要约和出售，并制定了确定目标要约和出售是否在国外的标准。该条例设有两个安全港条款——发行人安全港和证券转售安全港。参见《证券法公告》No.6863（1990）。一般而言，需要注意以下内容：

> 在 S 条例中，对于《证券法》的域外适用，证券交易委员会坚持属地原则。这一做法的依据是，《证券法》的注册要求旨在保护美国的资本市场及该市场内的所有投资者（无论来自美国还是外国）。S 条例说明，证券交易委员会的工作重点发生了转变，从尝试监管美国的主体（无论其处于何地）转移到保护美国资本市场的完整性。对于注册的目的，证券交易委员会选择适用交易发生地的法律，而不是美国《证券法》。

> Steinberg and Lansdale，前注，第 47 页。

⑱　参见 Nasdaq's Rule 144A Platform Approved by SEC for Launch, 39 Sec. Reg. & L. Rep.（BNA）1214（2007）。144A 规则发行通常需要提交《证券法》注册上市申请表，而 144A 规则项下的持有人可以凭该注册上市申请表，换成依据该申请表发行的证券（称为 A/B 交换）。参见 Edward Greene et al., U.S. Regulation of the International Securities and Derivative Markets § 7.01（12th ed. 2017）（指出"投资者通常要求发行人提供'注册权'，这是一种通过后续的转售注册申请表或 A/B 交换要约在公开市场进行的快速转售方式"）；Randall W. Bodner and Peter L. Welsh, Institutional Buyer Beware: Recent Decisions Reinforce Narrow Range of Remedies Available to QIBs in Rule 144A Offerings, 36 Rev. Sec. & Comm. Reg. 1728（2004）（指出"现有近三分之二或四分之三的高收益发行是通过 144A 规则私募完成的，通常采用 A/B 交换"）。

大范围转售并不构成分销，因此变相构成了一种《证券法》上的注册豁免。[185]这一规则最令人不解的地方在于，证券的持有人和提出要求的潜在购买者都有权从目标发行人处获得特定的规定信息，包括发行人的财务报表。[186]讽刺的是，证券交易委员会认为，依据 506 规则，个人合格投资者具有促使发行人披露注册类型信息的影响力，[187]但合格机构买方这种"大人物"却需要证券交易委员会来保护其权益。[188]与之相反，按照惯例，在 144A 规则发行中，通常会按照商定的合同权利，将目标发行人的相关信息披露给成熟的机构投资者。[189]

上述讨论证明，目前适用于证券转售的《证券法》注册豁免框架存在诸多 86 不合理之处，既自相矛盾，也模糊不清、错漏百出。接下来的讨论旨在提供一个更兼容且更简洁的程序，以期解决前述问题。

（二）转售豁免的建议框架

交易与分销、关联和非关联身份以及受限制和非限制证券之间的区别，使得转售豁免的框架极为复杂。本书所提出的方案旨在平衡兼顾多方面利益的同

---

[185] 参见《证券法公告》No.10649（2019）（指出"出售证券的持有人在私募或其他豁免发行中购买证券后，可通过一般性劝诱进行 144A 规则发行。因此，市场参与者是利用 144A 规则来促进发行人资本募集的，具体分为两步走：第一步是在豁免的基础上向一家或多家金融中介机构进行首次发行；第二步则是依据 144A 规则向合格机构买方转售证券"）。

[186] 参见 144A（d）（4）（i）规则，17 C.F.R. § 230.144A（d）（4）（i）（提出必须提供的信息包括"有关发行人业务性质及其所提供产品和服务的简介；发行人最近的资产负债表、损益表和留存收益表，以及发行人前两个财年的类似财务报表"）。

[187] 参见前注⑬—㉓及其随附文本。

[188] 参见《证券法公告》No.6862（1990）（弗莱施曼，委员会委员，对部分内容有异议）（"在评论家们看来，这一要求与证券交易委员会的理论不同，证券交易委员会认为大型机构有足够的自保能力，在作投资决策时，无需证券交易委员会来规定它们需要什么信息"）。

[189] 参见 Greene et al., *supra note* 184, at § 7.01；Bradley Berman, *Conducting Due Diligence in Rule 144A*, *Reg. S. Offerings*, Lexis Practice Advisor（2013），https://www.law360.com/articles/460924/conducting-due-diligence-in-rule-144a-reg-s-offerings；Alicia S. Davis, *A Requiem for the Retail Investor?*, 95 Va. L. Rev. 1105, 1110（2009）；Howell E. Jackson and Eric J. Pan, *Regulatory Competition in International Securities Markets：Evidence from Europe*, 3 Va. L. & Bus. Rev. 207, 255—257（2018）。参见 *generally* Gary M. Lawrence, *Due Diligence in Business Transactions*（2019）；前注⑳—㉖及其随附文本。

时，简化这一程序，使其更加明晰确定。

一般而言，应设立三种独立的豁免来为以下三类主要情形提供全面的安全港：公开转售证券、证券私下转售以及向合格机构买方转售证券。通过修订144 规则、《证券法》第 4（a）（7）条和 144A 规则，可在保留当前制度的前提下，实现转售豁免框架的重构。为适应上述修订，可对第 4（a）（1）条和第 4（a）（4）条的措辞进行相应的变更。

1. 公开转售证券

就公开转售证券而言，关键标准应当是目标实体是否为《证券交易法》披露义务公司以及证券持有人拟转售证券的数额。有披露义务公司会定期向公众公开重大信息。[190]对于非披露义务发行人，则只强制要求其提供 15c2-11 规则所规定的信息。[191]如此一来，这些公司的证券就会在弱型有效市场中交易，市场关注度也相对较低。[192]因此，在公开转售情形中，应当给予上市公司更大的操作空间。就拟转售证券的数量而言，相比执着于潜在卖家是不是关联方，问题的关键应当是目标企业是否为《证券交易法》所规定的有披露义务的公司。此外，鉴于有披露义务的公司会定期报告重大信息，证券在更为发达的市场交易，且必须向证券交易委员会报告交易情况，[193]因此有必要制定更为宽泛的安全港。通过实施具体的标准，这一框架能够为《证券交易法》所规定的有披露义务的公司提供更全面的转售豁免。

由于有披露义务的公司已经公开了大量信息，且其证券通常在更发达的市场交易，因此无论证券最初是从《证券法》注册发行中购买还是依据诸如 506 规则之类的豁免购买的，其转售都应不受持有期限制。当前 144 规则对权益证

---

⑲⓪ 参见本书第二章及第四章的讨论。

⑲① 17 C.F.R. § 240.15c2-11. 参见前注⑭—⑰及其随附文本。

⑲② 这类企业的特点就是：资本不够雄厚、公开信息相对有限，且分析师覆盖程度有限（如有）。参见 generally Securities Act Release Nos. 7644（1999），87115（2019）；J. William Hicks, *Exempted Transactions Under the Securities Act* § 7:183（2020）；Jeffrey J. Haas, *Small Issue Public Offerings Conducted Over the Internet：Are They "Suitable" for the Retail Investor*，72 S. Cal. L. Rev. 67（1998）。

⑲③ 参见本书第二章与第四章的讨论。

券转售数量的限制应当上提，规定股东在三个月内的转售数量不得超过：（1）该类别已发行股票的3%；或（2）交易前四周上报交易所"和（或）通过注册证券协会自动报价系统报告的"周平均交易量。⑲对于想要在公开市场出售目标证券且不想造成该证券交易市场大幅波动的主体而言，这种量级的普通股转售更为灵活。⑲若证券持有人选择在三个月内转售更多证券，第4（a）（7）条的私下转售豁免是更为可行的选择。⑲

对于不是《证券交易法》所规定的有披露义务的公司，应适用更严格的转售规定。要公开交易这类公司的证券，应当对15c2-11规则进行修订，要求这类公司完善和更新信息。⑲当前的要求是提供十二个月内的信息，但对这一期限应予以修改，即每三个月更新和提供规则要求的信息。⑲此外，还应要求其提供更为具体的信息，而不仅仅是"发行人业务简介；发行人所提供产品或服务简介；以及发行人设施简介和范围"。⑲事实上，直到2020年修订之前，该规则甚至没有要求对公司首席财务官姓名进行披露。⑳投资者在作出投资决策时，理应获得充分的信息。事实上，只要发行人的资产负债表是"报价发布或提交前十六个月内的"，依据15c2-11规则，该资产负债表就是"最新的"资产负债表。⑳然而，将这种期限的资产负债表定义为"最新的"根本是对现实的轻视。相反，

88

---

⑲　这一提案将144规则规定的1%上提至3%。参见144（e）（1）规则。如此一来，内部人士、机构股东和个人股东在发达市场转售股份时，就能有更大的灵活性，同时也不会对目标证券的市场造成太大的影响。当然，若市场得知交易情况时，或许会作出负面反应。这种反应可能源于市场对目标证券持有人退出企业或处置大笔个人持股的不看好。债务证券的转售应当设置更高的标准。参见144（e）（2）规则。

⑲　参见前注⑲。值得注意的是，如适用，类似的要求可适用于145规则的转售规定，该规则涉及企业重组（包括合并）中的证券转售。参见 generally Rutherford B. Campbell，Jr.，*Rule 145 Mergers*，*Acquisitions and Recapitalizations Under the Securities Act of 1933*，56 Fordham L. Rev. 277（1987）。

⑲　15 U.S.C. § 77d（a）（7）. 参见前注⑳—⑲及其随附文本。

⑲　参见前注⑰—⑰及其随附文本。

⑲　证券交易委员会2020年修订保留了这一十二个月期限的规定。参见15c2-11（b）（5）（i）规则。

⑲　参见15c2-11（b）（5）（i）（H）—（J）规则。

⑳　参见15c2-11（b）（5）（i）（K），（e）（1）规则（要求披露"发行人高管或董事、履行类似职责的主体或直接或间接拥有10%以上发行人任何类别已发行权益证券的受益所有人"）。前15c2-11（a）（5）（xi）规则要求披露"首席执行官和董事会成员的姓名"。

⑳　参见15c2-11（b）（5）（i）（L）规则。

作为在公开市场交易证券的交换条件，目标公司应当遵循有实际意义的标准，以满足投资者和其他市场参与者对其所提供信息应具备充分性和及时性的需求。⑳

假设满足本书提出的 15c2-11 规则的信息要求，则应适用当前 144 规则作出的证券转售数量限制。⑳无论是受限制证券还是非限制证券，都不存在任何持有期。⑳每三个月场外市场转售的限额以目标公司已发行权益证券的 1% 或交易前四周的平均周交易量中较大者为准，这种做法将使大多数投资者在三个月内出售所有持有的证券。⑳对于持有更多份额的持有人来说，想适用安全港存在两条路径：其一，每三个月出售一次，每次都出售该期限内允许的最大数量，直至售完；其二，适用第 4（a）（7）条私下转售豁免。⑳

在评论家们看来，对可出售证券数量的限制或许过于严苛，会阻碍资本募集。⑳但这些观点忽略了一件事：在交易量较小的场外市场，欺诈和操纵行为屡

---

⑳　由于证券交易委员会未能显著提高非《证券交易法》所规定的具有披露义务公司的披露质量，无论证券交易委员会如何巧言粉饰，关于发行人的实质和最新信息的确寥寥无几。因此，涉及这类企业证券的欺诈和操纵行为必定层出不穷。

　　在 15c2-11 规则的修订提案中，委员会给人的印象是要确保投资者获得充分且及时的信息。参见《证券交易法公告》No.87115（2019），在公告中，委员会指出："散户投资者可能无法获得与其他市场参与者（例如与发行人有关系的参与者）相同水平的信息，如果能获得最新信息，必然可以令他们从中受益。"但委员会忽略的问题是，提案中对"最新"信息的定义（随后被采纳）与 15c2-11 规则中的相同，即"在发布或提交报价前十二个月内的信息"。参见 15c2-11（b）（5）（i）规则；《证券交易法公告》Release No.89891（2020）。在证券市场，十一个月零二十九天前的信息并不是"最新"信息。此外，如本书所述，除财务报表等少数例外，要求提供的信息缺乏足够的具体性和实质性。

⑳　参见 144（e）规则，17 C.F.R. § 230.144（e）；前注⑯。

⑳　依据 144 规则，受限制证券设有持有期：对于《证券交易法》的有披露义务公司，持有期为自从发行人或发行人关联方处买入证券之日起的六个月（对于非披露义务公司，持有期为十二个月）。参见 144（d）规则，17 C.F.R. § 230.144（d）。

⑳　然而，一位或几位股东持有一家公司大部分股票的现象屡见不鲜，当然，也包括子公司股票公开交易的情况。参见 generally OECD Capital Market Series, *Owners of the World's Listed Companies*（2019），https://www.oecd.org/corporate/Owners-of-the-Worlds-Listed-Companies. htm; David Peelz and Georgina Murray, *Who Owns the World? Tracing Half the Corporate Giants' Shares to 30 Owners*, The Conversation.com., April 11, 2017, available at https://theconversation.com/who-owns-the-world-tracing-half-the-corporate-giants-shares-to-30-owners-59963。

⑳　第 4（a）（7）条豁免参见后注⑳—⑳及其随附文本。

⑳　参见 Rutherford B. Campbell, *Resales of Securities: The New Rules and the New Approach of the SEC*, 37 Sec. Reg. L. J. 317（2009）。

见不鲜。^[208]事实上，对交易量加以限制在一定程度上能够降低此类不当行为出现的频率。^[209]此外，依照（本书提出的）修订后的第 4（a）（7）条私下转售豁免，潜在卖家可依照该豁免规定的标准转售全部证券。

2. 证券私下转售

2015 年，国会颁布了《证券法》第 4（a）（7）条，规定在特定条件下，向合格投资者转售证券可免于注册。^[210]这一豁免的适用应当扩大，作为私下转售情形中的唯一安全港。^[211]尽管某些豁免条件应当保持不变，^[212]但有两项正在进行关键的修订。 90

其一，对于不属于《证券交易法》规定的负有披露义务的发行人而言，第 4（a）（7）条规定，经卖家要求，公司通常必须提供与 15c2-11 规则规定相同的信息。^[213]如前所述，这些信息是不充分且过时的。^[214]举例而言，有关公司业务及其产品和服务性质的披露，"只要提供的资产负债表是在交易日前十二个月内的，就推定其是最新的信息"。^[215]这种类型的披露不仅信息量过少，而且相当滞后。在日新月异的创业环境中，把十一个月之前的信息视为最新的信息可谓荒谬。

---

⑳ 参见诸如，*Industry Bars and Fines for Microcap Fraudsters*，Fed. Sec. L. Rep.（CCH）No. 2757（2017）；*Prosecutors，SEC Name Individuals，Companies in Alleged Penny Stock Schemes*，45 Sec. Reg. & L. Rep.（BNA）1524（2013）；*SEC Fraud-Fighting Initiative Expels 37 Dormant Shell Companies*，SEC Press Release No. 2012-91（2012）；*SEC Suspends Trading in 17 Companies to Prevent Potential Microcap Stock Fraud*，43 Sec. Reg. & L. Rep.（BNA）1223（2011）。

⑳ 对可出售证券的数量加以限制，这种做法一定程度上能够降低股票操纵和其他欺诈行为发生的概率。当然，这一论断有一个前提，即假设潜在卖方期望通过合法途径出售证券，但实际情况如何还有待商榷。

⑳ 15 U.S.C. §77d（a）（7）. 该法令是作为《快速法案》（《修复美国水陆运输法案》）的一部分而颁布的，Pub. Law 114—194，129 Stat. 1312（2015）。

⑳ 因此，非正式的第 4（1½）条豁免将被撤销。参见前注⑰—⑱及其随附文本。

⑳ 举例而言，在第 4（a）（7）条转售交易中，应继续禁止广告和一般性劝诱，同时继续要求提供财务报表。此外，应披露发行人业务及其所提供产品和服务的性质（增加更多实质性信息），以及发行人董事和高管的姓名。参见《证券法》第 4（d）（2）—（3）条。

⑳ 比较第 4（a）（7）条［以及《证券法》第 4（d）（3）条规定的信息］与 15c2-11 规则。

⑳ 参见前注⑲—⑳及其随附文本。

⑳ 《证券法》第 4（d）（3）（G）条 15 U.S.C. § 77d（d）（3）（G）。值得注意的是，第 4（a）（7）条免除了《证券法》第 5 条关于"交易须满足第（d）款要求"的规定。

因此，应当强制要求目标公司作出更为全面、及时的披露。㉖

其二，在特定条件下，第4（a）（7）条豁免应允许向合格和非合格投资者出售。许多私营企业并没有充足的合格投资者，因此，只要潜在买方（或其代表）具有规定的财务成熟度且能够获得注册人的《证券交易法》定期报告或（若非《证券交易法》规定的披露义务公司）15c2-11规则信息（如本书所述），即应允许对非合格投资者出售。㉗

91　经修订，第4（a）（7）条设立了一种适用广泛的私下转售豁免，极具吸引力。正如所建议的一样，只要满足特定条件，该豁免：包含《证券交易法》披露义务公司和私营企业的证券；适用于受限制和非限制证券；强制目标公司及时披露有意义的信息；且允许向合格和非合格投资者转售证券。㉘因此，无论是想要处置其持有的纽约证券交易所公司4%普通股的机构投资者，还是想要将自己的51%股权出售给非合格投资者的封闭公司控股股东，都可以适用这一灵活的豁免。㉙概言之，本书所建议的豁免适用范围广泛，不仅能够兼顾证券投资者、发行人和转售人的利益，也不会阻碍资本募集。考虑到其具有如此明显的优势，经修订的第4（a）（7）条豁免值得落地实施。

3. 向合格机构买方转售

144A规则为两种情形下的证券转售提供了市场：通过配售代理人向合格机构买方出售债务证券，且配售代理人是自己从目标发行人处购买证券的；以及（依据证券交易委员会S条例）将原本在美国之外出售的外国公司证券转售给合格机构买方。㉚144A规则提出了以下要求：认定合格机构买方的标准；卖家（或其代理）"合理相信"潜在买方具有合格机构买方资格的义务；无法依据

㉖　参见前注⑲—⑳及其随附文本。

㉗　在依据第4（a）（2）条和506规则的首次豁免发行中，可在特定条件下向合格投资者出售。相关讨论参见前注⑦—㉝及其随附文本。只要满足财务成熟度和信息提供（或获取）要求，没有理由不允许转售此类证券。

㉘　参见 generally Taylor Anthony, *Navigating the New Section 4（a）（7）Private Resale Exemption—Compliance，Utilization，and Market Implications*，44 Sec. Reg. L. J. 317（2016）。

㉙　拟议的第4（a）（7）条豁免，其灵活性令其可以广泛适用，同时为潜在买方提供充分的保障。

㉚　参见前注⑱—⑱及其随附文本。

144A 规则出售可互换的证券；以及通知要求，即卖家必须采取合理措施告知合格机构买方其适用 144A 规则豁免。除却一种例外情形，以上要求均合情合理。㉑

令人惊讶的是，针对《证券交易法》所规定的不具有披露义务的公司，144A 规则规定，经要求，目标发行人必须向证券持有人和潜在买方提供自身基本信息和财务报表。㉒这一要求备受诟病，且批评者的理由非常充分。㉓在通过 506 规则的过程中，证券交易委员会提出了一项非常肯定的假设，即个人合格投资者（例如，除主要住所外，拥有 100 万美元净资产）可获得注册类型信息。㉔然而，在 144A 规则的适用情形中，证券交易委员会认为这些更富有的投资者无法自力更生。这一观点明显有误。按照惯例，144A 规则交易中的证券持有人会就发行时有关披露的合同权利与发行人进行谈判。㉕因此，144A 规则关于信息披露的规定应当废除。否则，144A 规则就是为向合格机构投资者转售证券大开方便之门。㉖

92

五、结　论

本章对证券首次发行和转售的豁免框架进行了论述。当前豁免框架仍存在

㉑　参见 144A（d）规则，17 C.F.R. § 230.144A（d）；《证券法公告》No.6862（1990）。

㉒　参见 144A（d）（4）规则，17 C.F.R. § 230.144A（d）（2）。"合理最新"信息的定义与 15c2-11 规则中的定义存在相同的问题，即都将在转售交易前十二个月内的信息视为"合理最新"信息。相关讨论参见前注㉙—㉒、㉓—㉖及其随附文本。

㉓　参见前注⑱—⑲及其随附文本。参见 Floyd Norris, *The SEC and the Death of Disclosure*, N.Y. Times, June 9, 1991, C5 版（提出，依据 144A 规则，"机构投资者可购买私募证券，并在进行最低程度的财务披露后与其他机构自由交易"）。

㉔　参见前注⑱—⑳及其随附文本。

㉕　参见前注⑲及其随附文本。

㉖　在 144 规则、第 4（a）（7）条和 144A 规则的安全港均不适用的情况下，可选择适用转售的法定豁免。这类法规旨在帮助从事证券转售的主体及其经纪人，使其在安全港规则尚未完善的情况下获得注册豁免。与几项其他法定豁免一样，这类豁免的适用也存在一定的不确定性。在对第 4（a）（1）条和第 4（a）（4）条豁免进行修订的过程中，国会应重点关注以下标准：发行人是不是《证券交易法》所规定的有披露义务的公司；证券持有人转售证券的百分比；转售是在公开市场进行还是通过私人交易；转售是否进行一般性劝诱；买方的财务成熟度；以及提供的发行人相关信息质量如何。鉴于这类法定豁免并无安全港，要根据具体事实和情况加以适用。

巨大的缺陷，包括适用标准不一致、不合逻辑以及有损公共政策的健全等问题。如本章所述，应当重构豁免框架，采取更平衡的方式制定豁免规则，以兼顾发行人和投资者的需求。本书提议的豁免框架更为完备，既能让投资者受益和保障证券市场透明度，也不会过度阻碍资本募集。

《证券法》注册框架

一、导　言

一直以来，不少权威人士都主张采用基于公司的注册制度，[①]但证券交易委员会对此并不支持。相反，几十年来，证券交易委员会采用的都是基于交易的《证券法》注册框架，该框架规定了一系列便利条件，在促进资本募集的同时，规避对投资者的不良影响。[②]在很大程度上，委员会基本实现了自己的目标，即设计一个灵活且先进的基于交易的《证券法》注册制度，从而避免采用基于公司的注册制度，这必然会带来不确定性和新的适用问题。[③]《证券法》注册框架总体上是 94

---

① 参见《资本形成和监管程序咨询委员会报告》，证券交易委员会［1996—1997 Transfer Binder］Fed. Sec. L. Rep.（CCH）¶85，834，第88、409页（1996）（指出"首次公开发行后，监管程序的重点应从交易注册转移到公司注册上，侧重于确保持续披露的准确性和完整性，只要公司进行注册并提交了规定的公开报告，则该公司及其关联机构此后出售的所有证券均视为依照《证券法》进行了注册"）；美国法律协会《联邦证券法典》第27条（1980）（"依据本法典，证券无需再进行注册。相反，公司首次达到特定资产数额、拥有特定数量的证券持有人……或其任何证券进行首次'销售'的，公司将进行注册"）。

② 参见后注⑮—㊹及其随附文本。

③ 参见《资本形成和监管程序咨询委员会报告》，前注①，第88、415页（建议证券交易委员会为经验丰富的发行人制定自愿的公司注册"试点计划"，这一计划经后续"适当修改，可适用于更多发行人，并在试点期间充分证明自身优势，通过必要或适当的规则制定和/或立法修改，可以实现监管的简化"）。咨询委员会宣扬公司注册的益处，指出：

> 若监管的重点从交易注册要求转向公司注册模式，这些年来围绕交易注册要求制定的各种冗杂无效的规定和概念就会被剔除，发行人也能从中受益。符合条件的公司将更容易进入资本市场，监管和交易的成本也会大幅降低，这使公司能够更频繁地进入股票市场。同样重要的是，适用公司注册制度能够协助委员会消除现行制度的弊端，实现《证券法》保护投资者的初衷，并对二级市场披露实践和尽职调查责任进行必要的调整，这对投资者而言大有裨益，同时也能更好地为市场提供持续披露。

同上，第88、415页。证券交易委员会通常以援引并入和（自动）储架注册的方式实现这些目标。

比较健全的，但也需根据证券市场的发展进行相应的调整。基于此，委员会提出了多项有建设性的修订，大大提高了注册框架的效用，同时有力地保持了其整体性。④

证券交易委员会坚持以基于交易的《证券法》注册框架为主体，同时辅以必要的调整，这种做法相当明智。通过不断修订，注册框架得以高效运转，为投资者提供了充分的保障。尽管如此，这一框架仍存在重大缺陷。本章将对其不足之处展开讨论。

本章以《证券法》注册框架为重点。首先，对本书第二章所引介的一些基本原则进行回顾。其次，阐释注册上市申请表程序中存在的诸多问题。最后，重点讨论注册发行中存在争议的尽职调查问题。

二、基本原则——修订的需要

（一）强制性披露重大信息

依据本书第二章的讨论，披露制度（包括注册发行中的披露）仍存在许多不足之处，应予以纠正。最重要的是，即便没有正当的商业理由，也应要求披露所有重大信息。⑤投资者在投资企业时，理应有权获取所有重大信息。对于特

95 殊事件，甚至是重大的事件，若仅仅因为 S-K 条例对此没有规定就不要求对其进行披露，这种做法显然不可取。⑥对此，证券交易委员会在 S-K 条例中增加了一项新规定，要求除了该条例规定的披露外，目标披露文件中必须包含所有其他重大信息（即使在没有正当商业理由的情况下），并将其纳入注册上市申请表的法定招股说明书中。这一修订与其他发达市场所采用的方法一致。⑦

---

④ 参见后注⑮—⑲及其随附文本。

⑤ 参见本书第二章的讨论，见后注⑲—⑰及其随附文本。

⑥ 参见 J & R Marketing SEP v. General Motors Corp.，549 F.3d 484，396—397（6th Cir. 2008）（"公司并没有向公众提供所有重大信息的一般义务"）；Cooperman v. Individual，Inc.，171 F.3d 43，49（1st Cir. 1999）（"尽管在公开发行中，证券发行人负有明确的披露义务，但很显然，其并没有披露所有重大信息的绝对义务"）。

⑦ 参见本书第二章讨论，见后注⑱—⑲及其随附文本。正如本书第二章（后注⑱及其随附文本）所述，S-K 条例的这一新项目规定：

除目标文件必须包含的信息之外，还需提供其他重大信息，无论 S-K 条例其他项目是否要求提供该重大信息。不得遗漏此类重大信息，但发行人（或注册人）对此可提出正当商业理由的除外。

（二）统一的重大性标准

无论适用何种监管或法律规定，叙述性披露均应按照相同的重大性标准进行评估。相较于第 10（b）条对重大性的定义，现行第 303 项规定管理层讨论与分析披露中的定义更为宽泛，适用这一定义会产生歧义。[8]从投资者保护的角度来看，这种关键概念的碎片化毫无意义：目标公司的董事会可在管理层讨论与分析中故意作出重大的误导性陈述，但依据这种陈述在注册发行中购买证券的买家，却无法据此对目标公司提起诉讼。因此，当前证券交易委员会和部分法院所持的观点实际上和有效的投资者救济背道而驰。[9]

96

（三）基于有效市场的援引并入

依据有效市场理论，应当以参引的方式将《证券交易法》定期报告纳入目标公司的注册上市申请表中。[10]对于在有效市场交易证券的公司来说，这种方法行之有效。然而，近几十年来，资格认定门槛大幅降低，导致公司在弱型有效市场交易证券时，在其注册发行中使用援引并入。[11]对这类公司而言，定期报告

---

⑧ 参见 In re NVIDIA，768 F.3d 1046，1054—1056（9th Cir. 2014）[指出，相比第 10（b）条，第 303 项关于重大性的标准"非常宽泛"]；Oran v. Stafford，226 F.3d 275，288（3d Cir. 2000）（指出"10b-5 规则的重大性标准和 S-K 规则 303 项的重大性标准相去甚远"）；《证券交易委员会 1989 年解释性公告》，《财务报告公告》No.36，6 Fed. Sec. L. Rep.（CCH）¶ 73, 193, at 62, 842（1989）（指出"关于重大性概率/量级的标准……与第 303 项的披露不符"）。

⑨ 参见本书第二章的讨论，见后注⑦⑤—⑧②及其随附文本。

⑩ 参见《证券法公告》No.6235（1980）（若市场……有效运转且注册人已发行证券的价格能够充分体现《证券交易法》报告中所含的信息，则没必要在招股说明书中二次强调这一信息）；《证券法公告》No.6383（1982）（指出"依据有效市场理论，表 S-3 允许最大范围地使用援引并入《证券交易法》报告"）；正如美国最高法院在 Halliburton Co. v. Erica P. John Fund, Inc.，134 S. Ct. 2398，2408（2014）中所述，"在成熟市场交易的股票，其市场价格就是所有公开信息的最佳写照"。

⑪ 参见《证券法公告》No.8591（2005）；《证券法公告》No.10003（2016）。正如 2016 年公告所述：

若要预先适用参引合并，小型有披露义务的公司必须满足以下条件：（a）已经提交其最近一个财政年度的年度报告；（b）已经在提交表 S-1 之前 12 个月内（或规定此类小型有披露义务公司提交此类报告和材料的更短期限内）提交所有规定的《证券交易法》报告和材料……此外，适用参引合并还有一个条件，即小型有披露义务的公司必须在发行人运营或为其运营的网站上提供其合并的《证券交易法》报告和其他材料，并在招股说明书中注明经要求可提供该材料。《证券法公告》No.10003（2016）。空白支票公司、空壳公司和发行低价股的发行人不得适用参引合并。同上。

中的信息并不能反映市场价格。对于这种异常情况，应当予以纠正：公司须证明其依据《证券交易法》注册的证券（例如普通股）是在强型有效市场交易，此时方可以参引的方式将《证券交易法》报告并入公司的注册上市申请表中。⑫

（四）强制要求增加摘要部分

97　　鉴于普通投资者（尤其是许多个人投资者）并不会浏览通过参引方式并入注册上市申请表中的《证券交易法》定期报告，因此理应要求目标公司在招股说明书中增加一份足够全面的摘要。⑬强制要求在招股说明书中增加摘要的规定能够帮助普通投资者在决定是否购买证券时获得更有意义且可理解的信息。这类（被要求以简洁和对用户友好的方式展示的）信息包括发行的重要条款、风险因素以及公司的具体信息。在所有证券交易委员会注册发行中增加这一摘要能够优化披露程序，为普通投资者提供有用的信息。⑭

（五）小结

　　总而言之，应当作出以下四项重大改变：第一，在没有正当商业理由的情况下，要求目标公司必须披露所有重大信息；第二，针对叙述性披露，适用统一的重大性定义；第三，仅允许实际上在强型有效市场交易自身证券的公司，以参引的方式将证券交易委员会定期报告并入其注册上市申请表；第四，在所有证券交易委员会注册发行的招股说明书中增加摘要部分。这些措施对于投资者而言大有裨益，能够确保美国的做法与其他发达市场同步，同时提升美国证

98　券市场的效率。

---

　　⑫　参见本书第二章的讨论，见后注⑫—⑬及其随附文本。

　　⑬　S-K 条例第 503（a）项允许添加招股说明书摘要，但并未对此进行明确规范。参见 S-K 条例第 503（a）项 17 C.F.R. § 229.503（a）（重点强调）（指出注册人"招股说明书冗长复杂，需要一份摘要辅助理解的，必须以简明的英语……提供一份招股说明书信息摘要，且摘要必须简单扼要"）。第 503（a）项的说明指出，在"简要概述发行的关键方面时"，发行人应当"考虑和确定发行最重要的方面，判断如何以简洁明了的语言突出这些重点"。尽管这种通用表达能够带来一定的助益，但对于普通投资者而言，含有披露规定的招股说明书摘要是非常重要的信息获取渠道。

　　⑭　参见本书第二章的讨论，见后注⑬—⑬及其随附文本。

三、注册申请程序涉及的多方面问题

过去四十年间，证券交易委员会一直致力于兼顾投资者保护的同时优化注册程序。综合披露框架是其中非常重要的一环，它能够帮助符合条件的公司以参引的方式将其《证券交易法》定期报告并入《证券法》注册上市申请表中。[15]针对注册申请各个阶段（预提交、等待期以及生效后[16]）的行为如何监管，委员会在 2005 年的修订中为市场参与者作出了明确的指引。[17]该修订阐明了可以实施的特定行为，使发行人、承销商和其他参与者得以在不严重损害投资者利益的前提下从事有利于资本募集的活动。[18]相关规则数量庞大，本章很难一一列举。[19]因此，摘选出部分规则作为例证。

（一）经验丰富的知名发行人

经验丰富的知名发行人[20]可在任何时候（包括预提交阶段）发出出售要

---

⑮ 参见《证券法公告》No.6383（授权表 S-3 项下发行人进行参引合并，并指出"发行人《证券交易法》报告中有关注册人的信息将以参引的方式并入表 S-3 招股说明书中，但招股说明书不要求提供有关注册人的任何信息，除非注册人的事务出现重大变更且《证券交易法》文件中并未报告该变更"）。

⑯ 《证券法》第 5 条 15 U.S.C. § 77（e）对要约和出售监管的三个不同时期进行了规定。通常情况下，（1）依据第 5（c）条，除非可适用豁免，否则在向证券交易委员会提交注册上市申请表之前（预提交阶段），不得发出出售要约；（2）依据第 5（a）条，在未获得豁免的情况下，在注册上市申请表生效之前（生效期），不得出售；（3）依据第 5（b）条，在未获得豁免的情况下，提交注册上市申请表后，可依据本项规定发出书面要约（等待期）。参见 Marc I. Steinberg, *Understanding Securities Law* 127—146（7th ed. 2018）。

⑰ 参见《证券法公告》No.8591（2005）。

⑱ 参见 Antonio Pena, *The Free-Writing Prospectus: A Six Question Approach for Issuers*, 35Sec. Reg. L. J. 36（2007）。

⑲ 有关更全面的讨论，参见 Steinberg, *supra* note 16, *Understanding Securities Law*, at 127—146。

⑳ 一般而言，经验丰富的知名发行人需满足以下条件：已提交《证券交易法》报告；满足注册人使用表 S-3 的要求，包括履行提交至少 12 个月最新且及时的《证券交易法》报告的义务；不属于不合格发行人（例如申请破产或是空白支票或空壳公司）；以及由非关联方持有价值 7 亿美元或以上的全球普通股（例如普通股），或过去三年中在经注册的首次现金发行中发行了至少 10 亿美元的不可转换证券（不包括普通股）。参见 405 规则，17 C.F.R. § 230.405；《证券法公告》No.8591（2005）。

99 约。㉑在这一规则通过前，预提交阶段的出售要约会违反《证券法》第 5 条的规
定。㉒经验丰富的知名发行人通常具有以下特点：使用自动储架注册、㉓受市场分
析师高度关注㉔以及在有效市场交易自身证券。㉕有鉴于此，应对其放宽第 5 条
关于预提交阶段的标准。然而，这一规定也并非尽善尽美，至少存在两个弊端：
其一，应要求上市公司在没有正当理由隐瞒重大信息的情况下立即披露所有此
类信息，若非如此，发行人就能在不公开充分且准确信息的情况下对潜在投资
者进行一般性劝诱。其二，经验丰富的知名发行人在自身财务状况岌岌可危的
情况下，㉖很可能会利用夸张和错误陈述的方式来推销待发行的证券。尽管这
种情形中可以适用反欺诈条款，但第 5 条的严格责任条款就无用武之地了。㉗
若发行人及其关联主体实施此类不当行为，委员会可以适用《证券法》第 17

100 （a）（2）条和第 17（a）（3）条（证券交易委员会有效的实施依据）。㉘依据这些

㉑ 参见 163 规则，17 C.F.R. § 230.163。

㉒ 2005 年修订之前，无论蓝筹股发行人的资本化程度和合规实践表现如何，第 5（c）条都禁
止其在预提交阶段发出出售要约。参见《证券法公告》No.4697（1964）（指出"《证券法》第 5 条
禁止在提交注册上市申请表之前买卖证券，且在提交注册上市申请表之前宣传发行人、其证券或拟
定的发行都可能构成非法出售要约"）。需要注意的是，《证券法》第 2（a）（3）条 15 U.S.C.
§ 77b（a）（3）规定，发行人"与有合同关系的承销商之间的初步协商和协议"不适用出售和购买
要约的定义。

㉓ 按照自动储架注册的，储架注册上市申请表自提交委员会之后立即生效。参见《证券法公
告》No.8591（2005）（"依照自动储架注册程序，符合条件的、经验丰富的知名发行人可在即刻生
效的表 S-3 或 F-3 注册上市申请表中对不同类型证券进行不指明数量的注册"）。

㉔ 参见《证券法公告》Nos. 6383（1982），6499（1983）。

㉕ 证券交易委员会通过表 S-3 的"依据是有效市场理论"，《证券法公告》No.6383（1982）。

㉖ 造成这些财务困境的原因包括：目标公司具体的财务问题、行业不景气、总体经济条件或
全球性的灾难（例如新冠病毒的影响）。参见 Rebecca Spalding and Joshua Franklin, *Bankers Try to
Keep IPO Party Going Amid Coronavirus Market Jitters*, Reuters（March 5, 2020），https://www.
reuters.com/article/us-health-coronavirus-ipos/bankers-try-to-keepipo-party-going-amid-coronavirus-
market-jitters-idUSKBN20S2YU。

㉗ 举例而言，若能同时证明意图和权力主张的其他必要因素，则可适用第 10（b）条和 10b-5
规则。更多讨论参见后注㉝；也可参见本书第六章。第 5 条则是严格责任条款。参见 Securities and
Exchange Commission v. Manor Nursing Centers, Inc., 458 F.2d 1082（2d Cir. 1972）。

㉘ 15 U.S.C. § 77q（a）（2），（a）（3）. 参见 Aaron v. Securities and Exchange Commission
案，446 U.S. 680（1980）[认定证券交易委员会要想证明存在违反《证券法》第 17（a）（1）条和
《证券交易法》第 10（b）条的行为，就必须证明存在故意，而只要存在疏忽，就足以适用第 17（a）
（2）条和第 17（a）（3）条]。参见 Marc I. Steinberg and Abel Ramirez, Jr., *The SEC's Neglected
Weapon: A Proposed Amendment to Section 17（a）（3）and the Application of Negligent Insider Trading*,
19 U. Pa. J. Bus. L. 239（2017）。

条款，疏忽也属于可起诉的不当行为。㉙谨慎实施这一法规理应能够阻止这类情形中的违规行为，㉚包括在首次公开发行期间所犯的类似行为。

（二）试水

现如今，证券交易委员会允许所有发行人在预提交阶段进行试水，以此来评估投资者的投资意向，方便发行人在这一阶段与合格机构买家（QIBs）㉛以及机构合格投资者接洽。㉜在委员会颁布 2019 年规则之前，依据《促进创业企业融资法案》，这一做法仅适用于新兴成长型公司。㉝考虑到上市的成本以及吸引   101 金融中介机构和投资者的不确定性，㉞这种做法能够合理地平衡这两者。通常，

㉙ 参见 Aaron, 446 U.S. at 696—700。参见 United States v. Naftalin, 441 U.S. 768（1979）[除其他外，认定第 17（a）条包含二级交易市场的不当行为]。参见 Marc I. Steinberg, *Section 17 (a) of the Securities Act of 1933 After Naftalin and Redington*, 68 Geo. L. J. 163（1979）。

㉚ 证券交易委员会在指控存在疏忽行为的执行诉讼中，经常使用第 17（a）（2）条和第 17（a）（3）条。参见 *Securities and Exchange Commission v. Haswell*, 654 F.2d 698（10th Cir. 1981）; *In re Bolan*, 2015 SEC LEXIS 2201（SEC 2015）; *In re Flannery and Hopkins*, 2014 WL 7145625（SEC 2014），rev'd on other grounds, 819 F.3d 1（1st Cir. 2015）。

㉛ 参见 163B 规则，17 C.F.R. § 230.163B;《证券法公告》No.10699（2019）["依据 1933 年《证券法》通过一条新的沟通规则，允许发行人在提交注册上市申请表之前或之后与特定潜在投资者（即合格机构买家和合格机构投资者）进行口头或书面沟通，以此判断投资者是否对拟注册的证券发行感兴趣"]。参见 Michael Zeidel et al., *SEC Expansion of "Testing-the-Waters" Communications to All Issuers*, Harv. Law School Forum on Corp. Gov.（2019 年 10 月 4 日），https://corpgov.law.harvard.edu/2019/10/04/sec-expansion-of-testing-the-waters-communications-to-all-issuers（"允许所有公司进行'试水'沟通，无论其规模或是否具有披露义务，包括商业发展公司和其他注册投资公司"）。

一般而言，合格机构买家是"代表自己或其他合格机构买家……总计持有和投资非关联发行人至少 1 亿美元证券的"实体。144A（a）规则 17 C.F.R. § 230.144A（a）。经纪人、银行以及储蓄和贷款适用机构不同的合格机构买家要求。

㉜ 一般而言，合格机构投资者的总资产超过 500 万美元。参见 D 条例 501（a）规则，17 C.F.R. § 230.501（a）。

㉝ 《促进创业企业融资法案》为《证券法》增添了第 5（d）条 15 U.S.C. § 77e（d），允许新兴成长型公司"在提交注册上市申请表之前或之后，与合格机构买家或属于合格投资者的机构进行口头或书面沟通……以确定该投资者是否对拟议的证券发行感兴趣"。

一般而言，根据法律规定，新兴成长型公司是指上一财政年度年收入低于 10 亿美元（每年调整一次）且在 2011 年 12 月 8 日当日或之前未进行股票首次公开发行的实体。满足某些条件后，一家实体不再是新兴成长型公司，例如首次公开发行五年后，或在三年内发行超过 10 亿美元的不可转换债务证券。参见《证券法》第 2（a）（19）条，15 U.S.C. § 77e（d）。

㉞ 参见 Steinberg, 前注⑯, 第 148—149 页; Carl Schneider et al., Going Public: Practice, Procedure and Consequences, 27 Vill. L. Rev. 1（1981）。

合格机构投资者在收到其认为充分的信息后，是有能力作出明智的投资决策的。所以在和成熟的机构打交道时，鲜少会进行预发行。[35]

（三）合格机构投资者定义过于宽泛

"合格机构投资者"包括总资产超过 500 万美元的商业组织，这一定义属实过于宽泛。[36]以个人合格投资者的定义为例，仅凭个人净资产或年收入达到特定水平就认定其是合格投资者，[37]这种界定明显有漏洞。而"合格机构投资者"的定义也存在相同的问题，不能仅凭"总资产"来判定某一组织是否具有财务成熟度。和个人投资者一样，这些组织很多时候也缺乏必要的财务成熟度。除非以过往的投资经历、高管的专业背景或衡量财务敏锐度的其他指标为依据来判定一个组织是成熟的投资者，否则在获得初步的法定招股说明书之前，不应在首次公开募股（IPO）和相关环节对其进行劝诱。[38]因此，若这类组织并不具备必要的财务成熟度，那么就应当禁止不属于经验丰富的知名发行人在预提交阶段对这类组织进行"试水"或以其他方式发出出售要约。[39]

（四）个人投资者——注册发行与 506 规则发行之对比

讽刺的是，相比豁免发行，国会和证券交易委员会为注册发行的投资者提供了更多的保护。举例而言，如第三章所述，依据 506（c）规则，只要所有的

---

[35]　参见《证券法公告》No.10699（2019）（承认合格机构买家和合格机构投资者具有较高水平的财务成熟度）。参见 Gary M. Lawrence, *Due Diligence in Business Transactions* (2019)。

[36]　参见 D 条例 501（a）（1）—（3）规则 17 C.F.R. § 230.501（a）（1）—（3）。2020 年，证券交易委员会扩大了"符合合格投资者要求的实体名单，将投资额超过 500 万美元的实体和管理资产超过 500 万美元的家族办公室纳入其中"。《证券法公告》No.10824（2020）。

[37]　一般而言，个人及其配偶净资产（不包括主要居所）超过 100 万美元或个人年收入超过 20 万美元（或共同收入超过 30 万美元）的，可认定为合格投资者。参见 D 条例 501（a）（5）—（6）规则 17 C.F.R. § 230.501（a）（5）—（6）；本书第二章及第三章讨论。

[38]　若没有其他指标证明一家商业组织具备相当的金融敏锐性，仅凭资产门槛不足以认定该商业组织是合格投资者。

[39]　因此，应当恢复适用证券交易委员会作出 2005 年修订之前的标准，但也存在两种例外情形：其一，允许有丰富经验的知名发行人在预提交阶段作出出售要约；其二，允许所有其他公司对合格机构买家和合格机构投资者进行"试水"（条件是这些机构具备必要的财务成熟度）。

买家是个人或合格机构投资者，发行人就有权公开进行广告和一般性劝诱。[40]相比于注册发行，506 规则发行基本是不受任何监管的，[41]正因如此，诈骗分子才有了可乘之机。[42]相比之下，注册发行（包括 IPO）通常有更为严格的监管；此外，发行人（经验丰富的知名发行人除外）不得在预提交阶段对个人投资者（无论是否合格）进行劝诱。[43]尽管从逻辑层面出发，豁免发行存在更大的风险，但相对而言，其灵活性也更高。

（五）规则的确定性和调节市场的问题

证券交易委员会作出 2005 年修订之前，[44]对于预提交阶段的某些活动（例如在表 10-Q 作出前瞻性陈述）是否构成出售要约，从而构成对《证券法》第 5（c）条的违反，并没有明确的界定。[45]而委员会所作修订对这些情形作出了明确的解

---

　　[40]　在《促进创业企业融资法案》中，国会指示证券交易委员会，只要证券的购买者均为合格投资者，即可允许发行人在 506 规则发行中进行广告和一般性劝诱。正如本书第三章所述，证券交易委员会 2020 年的修订延续了这一做法。举例而言，241 规则允许发行人在特定条件下"与潜在投资者进行口头或书面沟通，以确定投资者对拟定的、享受《证券法》注册豁免的证券发行是否有兴趣"。241（a）规则，17 C.F.R. § 230.241（a）。参见《证券法公告》No.10884（2020）。

　　[41]　事实上，依据 1996 年《全美证券市场促进法案》（NSMIA）Pub. L. No.104—290, 110 Stat. 3416（1996），国会抢先对 506 规则发行进行了规定。除了向证券交易委员会提交表 D，委员会没有对目标发行进行任何监督。然而，需要注意的是，针对面向非合格和/或合格个人投资者出售的 506 规则发行，金融业监管局（FINRA）要求部分经纪商向其提交私募备忘录和该发行中用于销售目的的其他发行文件的副本。参见金融业监管局 5123 规则。

　　最近，证券交易委员会排除了州对 A 条例第二层级发行的监管权。参见《证券法公告》No.9741（2015）。在 Lindeen v. Securities and Exchange Commission, 825 F.3d 646（D.C. Cir. 2016）中，委员会的诉讼请求得到了法院支持。进一步讨论可参见本书第三章。

　　[42]　比如参见, Luis A. Aguilar, Commissioner, Securities and Exchange Commission, *Increasing the Vulnerability of Investors*（2012）（时任证券交易委员会委员指出，允许发行人在 506 规则发行中进行一般性劝诱"加大了投资者遭遇欺诈的风险"），https://www.sec.gov/news/public-statement/2012-spch082912laahtm；Thomas M. Selman, *Protecting Retail Investors：A New Exemption for Private Securities Offerings*, 14 Va. L. & Bus. Rev. 41, 54（2020）（指出"506 规则很难保证非合格投资者能够获得可靠的信息或具有必要的知识或经验，对私募可能带来的业务和市场风险进行有效的评估"）。

　　[43]　这种劝诱构成预提交阶段的出售要约，因而违反《证券法》第 5（c）条之规定。依据 163 规则，证券交易委员会免除该条规定对经验丰富的知名发行人的适用。参见前注[20]—[25]及其随附文本。

　　[44]　参见《证券法公告》No.8591（2005）。

　　[45]　参见 Guidelines for the Release of Information by Issuers Whose Securities Are in Registration,《证券法公告》No.5180（1971）[指出"发行人必须依据每个案件的所有事实和情况来判断某项信息或宣传内容是否构成违反第 5 条的要约（出售的步骤之一）"]。

释。如前所述，在整个发行阶段，经验丰富的知名发行人可以发出（书面和口头的）出售要约。[46]在满足特定条件的前提下，其他发行人在提交注册上市申请表前三十日以上与投资者进行的沟通不构成出售要约。[47]同样地，在满足特定条件的情况下，有披露义务的公司在遵守反欺诈规定下，可继续披露真实的商业信息和前瞻性陈述。[48]此外，按照几十年来的惯例，公司可根据适用规则的规定就拟定的注册发行进行公告。[49]

104

　　尽管这些规则增强了商业上的确定性，对资本募集有所裨益，但一些小型上市公司可能会倚仗部分条款，对即将进行的注册公开发行市场进行调节。[50]举例而言，凭目标发行人曾公开发布一些信息这一点就能证明该公司在其正常业务过程中"定期"以基本相同的方式发布同样的信息。[51]但将之前仅出现过一次的特定类型的行为定义为发行人的常规行为，这种做法显然与事实不符。[52]相

---

[46]　参见 163 规则，17 C.F.R. § 230.163；相关讨论见前注⑳—㉚及其随附文本。

[47]　参见 163A 规则，17 C.F.R. § 230.163A。就此而言，此类沟通不得提及即将进行的发行，必须由目标发行人或其代表作出（不得由承销商或交易商之类的发行参与者作出），且"发行人需在其控制范围内采取合理措施，防止在提交注册上市申请表之前的三十天内进一步宣传或公开此类沟通信息"。163A（a）规则。

[48]　168 规则，17 C.F.R. § 230.168。依据 168 规则，此类沟通不得提及拟定的发行，且必须由目标发行人或其代表进行（承销商或交易商之类的发行参与者不得进行此类沟通）。因此，168 规则通过之后，发行人可继续在该规则规定范围内提供相关信息，此举不会被视为市场调节行为，不构成预提交阶段禁止的出售要约。

需要注意的是，不具有披露义务的发行人可适用 169 规则 17 C.F.R. § 230.169。在满足该规则条件的前提下，发行人可在预提交阶段和其他阶段继续定期发布事实商业信息。沟通的信息必须"由曾经发布过此类信息的发行人员工或代理人发布，使用信息的主体是发行人的客户和供货商，而非其证券的投资者或潜在投资者"。169（a）（3）规则。

[49]　135 规则，17 C.F.R. § 230.135。135 规则规定，发行人的通知必须陈明该通知不构成证券出售要约，且必须包含但"不超过"规则规定的信息，包括"证券的名称、数量和基本条款；预计发行时间；以及发行方式和目的的简要说明（但不指明承销商）"等信息。除经验丰富的知名发行人之外，若发行人沟通超出 135 规则规定的范围，则很可能构成预提交阶段禁止的出售要约。参见 Chris-Craft Industries, Inc. v. Bangor Punta Corporation, 426 F.2d 569（2d Cir. 1970）（联席审理）。

[50]　参见《证券法公告》No.5180（1971）（指出"在融资之前发布的信息和声明以及进行的宣传活动，具有影响公众心理或引起公众对发行人或其证券兴趣的，构成违反《证券法》的出售要约"）。

[51]　参见《证券法公告》No.8591（2005）（"尽管该规则并未规定定期发布的最短期限是多久，但安全港要求发行人对特定类型信息的发布进行记录。只需记录一次即可满足这一记录要求"）。由于 168 规则包括前瞻性信息，这一解释促使目标公司对未来的业绩作出过分乐观的陈述。

[52]　常规行为指的是"以固定、统一或正常的时间间隔有序且有条理的重复、参与或发挥作用"。Merriam-webster.com，https://www.merriam-webster.com/dictionary/regular.

反，要想构成一种常规做法，目标主体必须持续或以确定的方式实施该行为。[53]因此，为了避免这些公司在注册发行生效日之前对投资者和证券市场夸大其词，应要求其在更长的期限内频繁地发布这类积极信息，例如在过去十二个月内至少发布三次。[54]

105

（六）"按规模"披露和小型有披露义务的公司

就注册发行（和《证券交易法》所规定的披露）中要求的披露，证券交易委员会采取了多项重要措施来剔除重复和非重大信息。[55]这些简化披露要求的举措着力于减轻监管负担，解决信息过载问题。[56]然而，由此产生的问题是，委员会是否矫枉过正，过分放宽了对小型有披露义务的公司的披露要求。根据2018年的修正案，证券委员会大幅降低了对小型有披露义务的公司的认定标准，[57]允

---

[53]　常规行为指的是"以固定、统一或正常的时间间隔有序且有条理的重复、参与或发挥作用"。Merriam-webster.com，https://www.merriam-webster.com/dictionary/regular.

[54]　再如，《促进创业企业融资法案》第105条允许经纪人和交易商在首次公开发行之前和期间发布关于新兴成长型公司的研究报告，即便这些金融机构本身参与了发行。参见《证券法》第2(a)(3)条，15 U.S.C. § 77b(a)(3)［依据《证券法》第2(a)(1)条和第5(c)条，此类研究报告不构成出售要约］。同样地，尽管不那么宽泛，139规则也允许参与符合条件上市公司发行的经纪人和交易商针对特定发行人制备研究报告，从建议"持有"目标证券升级为"购买"目标证券。这些规则过度激励金融机构对即将进行的注册发行进行炒作。正如约瑟夫·莫里西（Joseph Morrissey）教授指出的，"与证券发行存在经济利益的经纪人或交易商似乎能够利用139规则的安全港为自己谋利，他们能够提高目标证券的评级……这种金钱利益能够极大地刺激经纪人或交易商实施市场调节行为，借此提高待发行证券的价格"。Joseph Morrissey, *Rhetoric and Reality：Investor Protection and the Securities Regulation Reform of 2005*, 56 Cath. U. L. Rev. 561, 579 (2007).

[55]　参见《证券法公告》No.10825（2020）（指出对S-K条例第101项、103项和105项的修订"旨在提高披露文件的可读性，并避免不重要信息的重复和披露"）；《证券法公告》No.10618（2019）（"通过修订以实现S-K条例特定披露要求和相关规则和表格的现代化和简化，在降低注册人成本、减轻其负担的同时，继续为投资者提供所有重大信息"）。以上修订是依据《修复美国地面交通运输法案》（FAST Act）Pub. L. No.114—194, 129 Stat. 1312（2015）作出的。

[56]　参见《证券法公告》No.10618（2019）（指出，修订"符合委员会依据《修复美国地面交通运输法案》作出的授权，旨在通过简化和现代化现有要求以及厘定含糊不清的披露要求来提高文件披露信息的质量和可得性，消除冗余，进一步推动技术的使用"）。然而，正如本书第二章所讨论的，在证券交易委员会的披露框架中，投资者接收了过量的非重大信息。参见 Troy A. Parades, *Blinded by the Light：Information Overload and Its Consequences for Securities Regulation*, 81 Wash. U. L.Q. 417, 446（2003）（指出"对投资者信息过载问题的担忧愈发严重"）；参见本书第二章讨论，见后注[96]—[118]及其随附文本。

[57]　参见《证券法公告》No.10513（2018）（通过修订扩大可适用S-K条例和S-X条例中按规模披露要求的注册人数量，将公开发行量低于2.5亿美元以及收入低于1亿美元、公开发行量低于7亿美元的上市公司纳入其中）。

106 许近1 000家上市公司使用"按规模"披露文件。⑧如此一来，这些公司需要满足的披露要求就大大减少了。举例而言，"两年的管理层讨论与分析（原为三年）；无需作出有关市场风险的定性和定量披露；两年的财务报表（原为三年）；高管薪酬披露要求大幅降低（三位被指定的高管即可，原为五位）；两年的薪酬汇总表（原为三年）；且无需对薪酬委员会报告进行披露和分析"。⑨

按规模披露能够有效减少监管成本，缓解投资者信息过载，这一点不无道理。若现在剔除的信息的确是非重大信息，那么可以假设所有公司（无论规模大小）都应有权选择适用按规模披露。但若按规模披露会导致发行人对投资者和证券市场隐瞒重大信息，则不可采取这种方法。提供这类信息所带来的裨益远远大于投资者因不知情可能遭受的损害。国会和证券交易委员会在欠缺严谨分析的情况下，鲁莽作出放宽基本披露项目（例如管理层讨论与分析、财务报表和风险披露）的决定，这令人非常担忧。⑩在没有正当商业理由的情况下，若目标信息是重大信息，则无论目标公司规模大小，都应强制要求其进行披露。⑪

（七）证券交易委员会过分重视资本形成

最后，如前所述，为了减轻监管负担，促进资本募集，证券交易委员会一直致力于放宽《证券法》第5条的要求。⑫其中许多修订是证券交易委员会依据《证券法》第28条作出的，该条赋予委员会广泛的豁免权力，使证券、交易或

---

⑧ 参见《证券交易委员会新闻公告》No.2018-116（2018年6月28日）（指出修订将允许把额外的966名注册人认定为小型有披露义务的公司，准许其适用按规模披露）。

⑨ Hillary H. Holmes and Jordan G. Rex，*Updates to the Public Company Disclosure Rulebook*，52 Rev. Sec. & Comm. Reg. 173，179（2019），interpreting，《证券法公告》No.10513（2018）。

⑩ 除了国会依据《修复美国地面交通运输法案》向证券交易委员会作出的指令外，《促进创业企业融资法案》也大幅减轻了新兴成长型公司的披露义务。举例而言，新兴成长型公司可：提供两年（而非三年）的经审计财务报表；在管理层关于财务状况和经营成果的讨论和分析中选择进行部分披露；拒绝获取关于其财务报告内部控制可靠性和质量的审计师报告；减少关于高管薪酬的披露；以及拒绝向股东提供关于"薪酬话语权"的咨询性投票。参见 Marc I. Steinberg，*Securities Regulation* 269（7th ed. 2017）。

⑪ 相关讨论参见前注⑤—⑦及其随附文本。

⑫ 相关讨论参见前注⑮—⑭及其随附文本。

主体可不受该法条款或该法项下规则或条例规制。[63]为了达到前述目的，委员会 107
放宽了监管。[64]但这种做法有些断章取义，忽略了第 28 条的最后一句话，即行
使本条豁免权力"须对公共利益有必要或适当，且符合投资者保护"。[65]

　　虽然委员会在通过这些规则时会宣扬其好处，[66]但事实上其中许多规则都与
投资者保护相背离。允许对市场进行预先调节或者说允许目标公司"抢跑"，属
于变相否决禁止在预提交阶段发出出售要约的规定，这种做法可能有利于资本
募集，但同时也有损于投资者保护。简而言之，这些规则实施之后，投资者的
处境会愈发艰难。相较于以促进资本募集为首要目标，[67]证券交易委员会应当采
取更为平衡的处理方法。在此过程中，必须优先坚持两个原则：其一，若拟定
的措施实施后会导致投资者处境恶化，则该措施不符合"投资者保护"，[68]不应
通过；其二，若拟定的披露信息削减意味着投资者和证券市场无法获得特定重 108
大信息，则同样应当驳回该提议。

---

　　[63] 15 U.S.C. § 77bb. 第 28 条规定："在对公共利益有必要或适当，且符合投资者保护的前提
下，委员会可通过规则或条例，有条件或无条件地豁免任何主体、证券、交易或某类主体、证券或
交易，使其不受本编任何条款或依据本编发布的规则或条例规制。"

　　[64] 举例而言，2005 年的几项修订（例如 163 规则）以及证券交易委员会近期通过的 163B 规
则允许所有发行人在预提交阶段与合格机构买家以及合格机构投资者进行沟通试水。

　　[65] 参见前注[63]第 28 条的内容。

　　[66] 参见《证券法公告》Nos. 8591（2005），10513（2018），10064（2019）。

　　[67] 参见前注[66]所引资料。

　　[68] 参见莫里西，前注[54]，第 604 页（指出"从表面上来看，2005 年发行改革的许多方面似乎
都与投资者保护背道而驰，其更注重于为发行人进入资本市场提供便利，以及减轻原本适用于发行
参与者的责任"）。

　　针对全国交易的证券，依据《证券法》第 18（b）（1）条，此类证券的注册或资格认定不适用
州监管。依据这一条款，"在纽约证券交易所或美国证券交易所上市或授权上市，或在纳斯达克股
票市场全国市场系统（或其继任者）上市或授权上市的"所有证券，证券交易委员会对其资格认定
和注册享有专属权力。同上。1996 年的《全美证券市场促进法案》也增加了这一先占原则，有效实
现了现有蓝天法豁免的联邦化。参见 Robert G. Bagnell and Kimble Cannon, *The National Securities
Markets Improvement Act of 1996: Summary and Discussion*, 25 Sec. Reg. L. J. 3（1997）。这一做法
无疑是正确的。对于全国交易的证券，其资格认定、上市和披露要求理应受联邦监管，自律组织应
积极发挥作用，并接受证券交易委员会的监督。总体而言，许多州制定了各种各样的州监管要求，
对个别上市活动和市场的效率和运行而言，这种五花八门的要求显然会造成不利影响。然而，这种
先占与国会的做法背道而驰，在并购情形中，国会选择放任对在国家交易所交易证券的公司造成重
大影响的活动。这些并购"交易"通常会造成全国性或全球性的影响，因此，应由联邦法律进行规
制。更多讨论参见本书第八章。参见 Marc I. Steinberg, *The Federalization of Corporate Governance*
（2018）。

四、注册发行的尽职调查

自五十多年前 *BarChris* 案确立以来,[69]《证券法》注册发行中外部董事和承销商尽职调查抗辩是否成立的问题[70]一直备受争议。[71]依据《证券法》第 11
条,[72]注册上市申请表中含有重大错误陈述或遗漏,潜在责任方(不包括发行人,其不可适用尽职调查抗辩)可证明已进行尽职调查的,可免于承担责任。[73]在进行尽职调查时,不得以内部人士提供的信息为唯一依据;[74]相反,调查方必须根据其与发行人的关系、制备注册上市申请表的参与度以及有关发行的类型进行适当的调查。[75]

───────

[69] *Escott v. BarChris Construction Corporation*, 283 F. Supp. 643(S.D.N.Y. 1968).

[70] 外部董事和承销商并没有进行尽职调查的肯定义务。然而,若注册上市申请表存在重大失实陈述或遗漏,则可提出尽职调查抗辩。因此,在实践中,有必要进行尽职调查。然而,需要注意的是,依据第 11 条,发行人不适用尽职调查抗辩。对于非专业人士,包括董事和承销商,第 11
(b)(3)条 15 U.S.C. § 77k(b)(3)对尽职调查抗辩进行了规定:

　　除发行人外的任何主体均无需承担责任……由其承担举证责任

　　……

　　(3)(A)就注册上市申请表中未经专家授权的部分而言……其经合理调查后,在该部分生效之时有理由相信且的确相信其中陈述具有真实性,且没有遗漏任何必须陈述的重大事实或确保陈述不具误导性的重大事实……(C)就注册上市申请表中经专家(并非其本人)授权的部分而言,其在该部分生效之时无理由相信且的确不相信该部分不具有真实性,或遗漏了任何必须陈述的重大事实或确保陈述不具误导性的重大事实。

一般而言,对于注册上市申请表中的非专业部分,专家(例如认证目标公司财务报表的审计师)必须施以与非专业人士一样的勤勉标准。参见第 11(b)(3)条。依据第 11 条,专家仅对注册上市申请表中其负责的专业部分承担责任。

这一法规规定的合理性标准属于严格标准:"在判断尽职调查抗辩是否成立时,合理调查和合理相信的构成要素以及合理性的标准应以审慎主体管理自身财产时必须具有的要素和标准一致。"第 11(c)条。

[71] 参见咨询委员会的报告,见前注①,第 88、483—485 页(及其所引资料)。

[72] 15 U.S.C. § 77k.

[73] 参见前注[70]的讨论。

[74] 参见 *In re Software Toolworks Inc. Securities Litigation*,38 F.3d 1078(9th Cir. 1994);*In re Worldcom, Inc. Securities Litigation*,2005 U.S. Dist. LEXIS 4193(S.D.N.Y. 2005);*Feit v. Leasco Data Processing Equipment Corp.*,332 F. Supp. 544(E.D.N.Y. 1971);*Escott v. BarChris Construction Corporation*,283 F. Supp. 643(S.D.N.Y. 1968).

[75] 参见证券交易委员会 176 规则,17 C.F.R. § 230.176;相关讨论见后注[76]—[116]及其随附文本。

（一）尽职调查和综合披露制度

综合披露框架加剧了人们对尽职调查的担忧。在注册发行中，符合条件的公司先前提交的《证券交易法》报告（包括表 10-K、10-Q 和 8-K）是通过参引的方式纳入其《证券法》注册上市申请表中的。[76]向证券交易委员会提交这些《证券交易法》报告时，承销商与公司可能毫无关系。[77]就外部董事而言，相较于传统的注册发行，这类报告可能并未适用同样的纪律措施。[78]

在这种情况下，综合披露程序大幅缩短了目标注册上市申请表提交和生效的时间。事实上，在储架注册中，[79]尤其是对于经验丰富的知名发行人，[80]面向市

[76] 相关讨论参见前注⑩—⑫、⑮及其随附文本，本书第二章的注释⑲—⑬及其随附文本。

[77] 参见《〈证券法〉第 11 条影响合理调查和合理相信理由构成要素判断的情形》，《证券法公告》No.6336（1981）。在此公告中，关于承销商的问题规定如下：

依据第 11 条，对于合并定期报告重大信息的注册上市申请表，承销商和其他主体负有责任。针对充分履行这一责任，承销商和其他主体对自身履责能力表示担忧。按照以往的经验，传统的表 S-1 注册上市申请表是从拟定发行的几周之前就开始制备，因为收集和验证注册上市申请表和招股说明书规定的信息都需要时间……相比之下，综合的简式注册上市申请表极度依赖之前提交的《证券交易法》报告或向证券持有者提供的年报中包含的信息。简式注册上市申请表中规定的信息主要涉及拟议交易、收益的使用以及合并文件信息的更新。简式申请表只需要很短的时间就可以制备完成，如此一来，从发行人决定进行注册发行到提交注册上市申请表之间的间隔也相应大幅缩短。如今，储架注册使得发行人在极短的时间内（通常是几个小时内）就能启动一次公开发行……

有些承销商还反对利用定期报告中的信息进行注册，因为相关人员在制备定期报告时并未咨询承销商，但承销商却需要对注册上市申请表中的信息承担更严格的民事责任……

随后通过的 415 规则批准进行储架注册，同样引发了一定的问题。评论家们认为，该规则并未充分考虑其项下储架注册相关主体的责任问题。举例而言，在储架注册中，由于发行可能会延迟或持续进行，《证券交易法》报告在很长一段时间内会被自动参引合并至注册上市申请表中。此外，若承销商在注册上市申请表初始生效日期之后进行储架注册，则其需要对其参与交易之后注册上市申请表内容的准确性承担责任。

[78] 委员会认识到这一差异，并要求公司的大部分董事签署表 10-K，希望以此来解决问题。参见《证券法公告》No.6231（1980）（通过强制执行这一签名要求，"委员会认为董事会积极地审核表 10-K，且为了彻底安心，他们还会寻求其他专业人士的帮助"）。

[79] 参见证券交易委员会 415 规则，17 C.F.R. § 230.415。储架注册规则允许符合条件的公司在未来延迟或连续注册证券。另一种适用范围更广的储架注册（自动储架注册）则允许经验丰富的知名发行人在表 S-3 注册上市申请表中注册其证券，该申请表自提交给证券交易委员会后立即生效。参见前注㉓。

[80] 经验丰富的知名发行人的定义见前注⑳。

场发行仅仅需要几个小时就可以实现。㉛在这么短的时间内，承销商显然无法依照惯例进行尽职调查。㉜关于责任风险，问题显而易见：集体诉讼中的原告无需依据《证券交易法》第 10（b）条主张和证明被告存在故意，或提出其他异议要求，㉝只要这些文件被纳入《证券法》注册上市申请表中，原告就可以适用《证券法》第 11 条这一对其有利的规定。㉞在依据第 11 条提起的诉讼中，原告无需证明存在信赖、损失因果关系、精神罪责（例如疏忽）、损害等关键要素。㉟这一做法导致责任风险被放大，尤其是在储架注册发行中。㊱

111

承销商以及外部董事（在一定程度上）认为，第 11 条的严格责任标准并

㉛　参见 Amici Curiae Brief of the Securities Industry Association and the Bond Market Association at pages 3—4, in *In re Worldcom, Inc. Securities Litigation*, 346 F. Supp. 2d 628（S.D.N.Y. 2004）。参见 Barbara Banoff, *Regularity Subsidies, Efficient Markets and Shelf Registration—An Analysis of Rule* 415, 70 Va. L. Rev. 135（1984）。

㉜　参见 *In re Worldcom Inc. Securities Litigation*, 346 F. Supp. 2d 628, 670（S.D.N.Y. 2004）（指出证券交易委员会承认，"由于文件制备的时间被大大压缩，资本市场也瞬息万变，因此需要采用不同的调查方法"）。

㉝　在对违反第 10（b）条的行为提起诉讼时，原告往往面临着各种各样的障碍，包括：证明被告存在故意［Ernst & Ernst v. Hochfelder, 425 U.S. 185（1976）］；主张存在有必要特殊性的欺诈行为［《证券交易法》第 21D（b）（2）条；Tellabs, Inc. v. Makor Issues & Rights, Ltd., 551 U.S. 308（2007）］；证明存在因果关系［《证券交易法》第 21D（b）（4）条；Dura Pharmaceuticals, Inc. v. Broudo, 544 U.S. 336（2005）］；以及证明所遭受的损害［参见 Michael Kaufman, *Securities Litigation: Damages*（2019）］。更多讨论，参见本书第六章。

㉞　要依据第 11 条提起索赔，原告通常必须证明：证券是依据目标注册上市申请表购买的；购买过程中采用了州际商业手段；注册上市申请表中含有重大失实陈述和遗漏；以及其是在适用的诉讼时效范围内提起诉讼的。除此之外，一些下级法院还规定了严格的追溯要求，若目标公司除了依据注册上市申请表出售的证券外，在售后市场仍有流动的证券，则第 11 条规定的诉讼权无效。参见 Krim v. pcOrder.com, Inc., 402 F.3d 489, 495—496（5th Cir. 2005）（目标公司在二级市场交易的股票中，99.85% 都可以追溯到目标注册上市申请表，不满足法院规定的追溯要求，因而驳回第 11 条规定的诉讼权）。更多评论，参见 Marc I. Steinberg and Brent A. Kirby, *The Assault on Section 11 of the Securities Act: A Study in Judicial Activism*, 63 Rutgers L. Rev. 1（2010）。

㉟　除一些例外情况外，第 11（e）条围绕原告"购买证券的费用（不超过证券公开发售时的价格）"与证券在以下三个阶段价格的差额，规定了损害赔偿的框架措施：（1）诉讼提起之时证券的价格；（2）原告在诉讼之前出售证券的价格；或（3）原告在诉讼后判决前出售证券的价格。依据第 11（e）条，被告可以证明目标失实陈述并未造成全部或部分证券价格下跌的，可提起损害因果关系抗辩。参见 Akerman v. Oryx Communications, Inc., 810 F.2d 344（2d Cir. 1987）。在特定情形中，原告在第 11 条诉讼中必须证明存在关联性。第 11 条相关资料，参见前注⑦、㉔、㉞；可参见本书第六章讨论。

㊱　参见 *In re Worldcom, Inc. Securities Litigation*, 346 F. Supp. 2d 628（S.D.N.Y. 2004）；《证券法公告》No.6335（1981）；《证券法公告》No.6499（1983）。

不适用，(87)主张应当适用更为宽松的标准。(88)尽管这种观点得到了一些支持，(89)但大多数情况下，证券交易委员会（在通过 176 规则的同时）和法院都认为有意 112
义的尽职调查是尽职调查抗辩成功的基础和前提。(90)

第 11 条综合披露情形中的责任风险过大，这一论点具有一定的合理性。如前所述，原告必须克服苛刻的要求，证明《证券交易法》报告中存在重大虚假陈述，才能依据第 10（b）条提起可行的诉讼。(91)一旦这些相同的《证券交易法》报告以参引方式并入注册上市申请表中，第 11 条对原告有利的规定就可以适用。那么对于承销商和外部董事而言，尽职调查抗辩的难度就大大增加了。(92)如前所述，联邦证券法项下的责任框架应当按第六章的建议进行修订。然而，假设目前的制度维持不变，那么就会产生新的问题，即尽职调查抗辩应当如何解释?

（二）尽职调查——外部董事

对于外部董事，本书建议的做法是：要求上市公司在董事会中设立一个仅

(87) 参见《资本形成和监管程序咨询委员会报告》，前注①，第 88、485 页（指出“就目前而言，上市公司的外部董事并不能很好地履行全部调查职责，由于储架注册的时间限制，外部董事并没有充足的时间来审核表 10-K 之外的其他披露文件”）。关于承销商的问题，参见前注(77)—(82)相关内容。

(88) 举例而言，证券业协会主张，满足以下条件的，承销商尽职调查抗辩可成立：（1）该承销商阅读了注册上市申请表、其附件及其中包含的材料；（2）与发行人代表及指名的专家就前述材料进行了讨论；以及（3）完成前两步后，未发现注册上市申请表存在重大失实陈述或遗漏。由于这一标准并未包含法规和判例法规定的信息验证措施，因而证券交易委员会驳回了这一标准。参见《证券法公告》No.6335（1981）。

(89) 参见 *Task Force Report on Seller's Due Diligence and Similar Defenses Under the Federal Securities Laws*，48 Bus. Law. 1185，1239（1993）（主张“综合披露制度和储架注册上市申请表的扩大使用引发了这一问题，即承销商还能否在发行中积极发挥作用”）。

(90) 参见前注(86)所引资料。176 规则，17 C.F.R. § 230.176，相关讨论见后注(103)—(104)及其随附文本。

(91) 参见前注(83)。

(92) 在 *In re Worldcom*，*Inc*. *Securities Litigation*，348 F. Supp. 2d 628，670（S.D.N.Y. 2004）一案中，法院指出，“学界和业界一致认为，当前的第 11 条承销商责任制度并无任何意义”。法院引用了以下材料：John C. Coffee，Jr.，*Brave New World? The Impact(s) of the Internet on Modern Securities Regulation*，52 Bus. Law. 1195，1211（1997）（指出“如今承销商是否还能履行传统的把关职能尚未可知”）；Donald C. Langevoort，*Deconstructing Section 11：Public Offering Liability in a Continuous Disclosure Environment*，63 Law & Contemp. Probs. 45，67（2000）（指出“有充分的理由免除承销商除轻率之外的所有调查责任”）；Frank Partnoy，*Barbarians at the Gatekeepers? A Proposal for a Modified Strict Liability Regime*，79 Wash. U. L.Q. 491，522（2001）（指出“对于储架注册，无利害关系的预先尽职调查属于例外情形，而非规定”）。

由独立董事组成的披露委员会，以此作为公司在国家证券交易所上市的条件之
一。㉝鉴于董事自身的责任仍存在争议，要使董事专注于履行自己的委员会义
务，就必须有足够的动力。委员会应当定期与公司人员（包括内部律师和会计
人员，以及公司的外部会计师事务所）会面，对当前关注的披露事项以及近期
和即将提交的证券交易委员会文件进行审查。与审计委员会一样，披露委员会
应有权聘用自己的顾问，包括法律顾问。㉞然而，对于规模较小的上市公司而
言，聘请独立律师成本可能过高，且与其他律师（内部和外部律师）所作的证
券交易委员会文件制备工作重复。㉟实践中，总有各种各样的情况会引发棘手的

㉝ 上市公司通常都设有由公司高管和其他高级人员组成的披露委员会。多数情况下，委员会
向公司首席执行官或首席财务官报告。其关键目标之一就是协助首席执行官、首席财务官和审计委
员会确保公司遵守和维持适当的披露控制和原则。就此而言，披露委员会的任务就包括对信息的重
大性以及公司的披露义务进行评估，以及在维持充分的披露控制和程序方面发挥重要作用。参见毕
马威，*Transparency and Management's Disclosure Committee*（2018），https://boardleadership.
kpmg. us/relevant-topics/articles/2016/transparency-and-managements-disclosure-committee. html。
此外，为了应对网络安全风险，越来越多的披露委员会还会对披露控制和程序本身进行评估。参见
Pamela L. Marcogliese, *Cleary Partner Moderates Panel on Disclosure Committees*（June 26, 2018），
https://www.clearymawatch.com/2018/06/cleary-partner-moderates-panel-disclosure-committees/。
证券交易委员会资本形成和监管程序咨询委员会建议成立一个由外部董事组成的披露委员会，
"对发行人的披露展开调查"。这一委员会的有效运作能够改善披露程序，有助于董事履行其法定义
务。参见《资本形成和监管程序咨询委员会报告》，前注①，第88、427—428 页［主张设立这类披
露委员会有以下益处："确保对披露文件制备程序进行持续的监督，并逐渐提升定期和二级市场报
告和披露的质量和完整性"；"确定发行人首次发行情形中广泛尽职调查的重点，从而确保外部董事
作为监督者能更深入参与其中"；以及"为外部董事与其他守门人（例如承销商）共同参与尽职调
查活动提供切实可行的方法"］。参见 John C. Coffee, Jr., *Company Registration Approach Would
Modernize the 1933 Act*, Nat'l L. J., Sept. 11, 1995, B4 版［指出"其他外部董事可通过一个董事委
员会（暂且称为'披露委员会'）对公司的《证券交易法》文件（例如表 10-K 和表 10-Q）进行审
查，并考虑是否需要针对重大进展进行额外的披露"］。
㉞ 参见《证券交易法》第 10A（m）（5）条，15 U.S.C. § 78j-1（m）（5）（为履行职责之必
要，各审计委员会应有权聘请独立律师和其他顾问）；10A-3（b）（4）规则 17 C.F.R. § 240.10A-3
（b）（4）（规定作为在国家证券交易所上市条件之一，审计委员会有权聘请独立律师和其他顾问）。
㉟ 对于小型上市公司，合规成本很高，这也是阻碍部分公司上市的原因之一。参见《证券法
公告》No.10513（2018）。要求披露委员会聘请独立律师会进一步提高合规成本，加剧这一困境。
尽管如此，在适当的情况下，委员会必须有权聘请独立律师。
除了目标公司的规模之外，独立律师事务所可能会与公司普通的内部和外部法律顾问产生分
歧。由于独立律师精通法律事务且能够保持客观，其与公司内部和外部法律顾问存在冲突时可能更
符合公司的最佳利益。然而，二者若是因技术或自我中心的分歧而产生冲突，那么独立律师的存在
可能适得其反。

披露问题。针对这类情形，披露委员会必须有权聘用独立律师来提出"第二意见"。[96]在这种情形下，委员会不得以以下两类律师的意见为准：其一，内部律师，因为内部律师是以满足管理层利益为己任换取工作和报酬的；其二，现任外部律师，因为与高管关系的好坏决定了外部律师能否留任以及薪酬是否丰厚。[97]实施这一提议能够促使外部董事积极主动地持续进行尽职调查。除了参加董事会会议（以及其作为成员的审计委员会会议），设立健全的披露委员会能够帮助外部董事更好地履行披露职能。通过不断了解披露问题及其发展，外部董事能够更好地掌控局面，进行充分的尽职调查。此外，通过召集不在委员会任职的其他外部董事（以及法律顾问等辅助人员）参加会议，能够就实质性披露事项进行有意义的讨论。因此，一个健全的披露委员会应当不断完善披露程序，使之更为严格，从而提高披露的质量，并（针对依据判例法和 176 规则实施的合理调查）成为外部董事提出尽职调查抗辩的有力依据。[98]

114

115

---

[96] 几十年来，律师—客户关系中适用第二意见的频率大幅提升。四十年前，我曾与我的导师兼挚友，尊敬的斯坦利·斯伯金（Stanley Sporkin）（曾任证券交易委员会执法总监、中央情报局总法律顾问和美国联邦地区法院法官）就此主题合著了一篇文章。参见 Stanley Sporkin and Marc I. Steinberg, *Second Opinion for Lawyers—The "Consultative Attorney*," N.Y. L. J., Jan. 3, 1983, at 1.

[97] 律师事务所与个人律师能从其偏爱的客户那里获得丰厚的报酬时，这种利益冲突就会更明显。对于内部律师而言，冲突意味着失业的风险。在这种情况下，聘请独立律师就变得至关重要。作者相关著作参见 Marc I. Steinberg, *Attorney Liability After Sarbanes-Oxley* (2018)；Marc I. Steinberg, *Lawyering and Ethics for the Business Attorney* (5th ed. 2020)；Marc I. Steinberg and Stephen B. Yeager, *Inside Counsel-Practices, Strategies, and Insights* (2d ed. 2020).

[98] 要提起第 11 条尽职调查抗辩，一条非常重要的标准就是必须建立由外部董事组成的披露委员会，该委员会须勤勉且有效运转。对于不在委员会任职的外部董事而言，176（f）规则能够提供一定的帮助，该规则规定，在判定董事行为"是否构成合理调查或合理相信的理由时"，应当参考的相关情形是"是否可以合理相信高管、员工和其他主体因自身职责应当了解特定事实"。17 C.F.R. § 230.176（f）. 正如证券交易委员会资本形成和监管程序咨询委员会所述：

就像董事会可委任某一委员会进行其他类型的专门调查一样，在满足以下条件的情况下，披露委员会也可开展这项调查：（a）授权的董事（如有必要，在其专业顾问的协助下）合理相信披露委员会的成员具备代表外部董事履行尽职调查义务的知识和能力，同时具有足够的资源进行必要的调查，换言之，授权必须合理；（b）授权的董事对披露委员会进行适当的监督（要求披露委员会定期向董事会报告相关程序，确保披露的完整性），且合理相信披露委员会的程序充分有效，并已切实实施；以及（c）授权的董事合理相信披露不存在重大虚假或错误信息。

《资本形成和监管程序咨询委员会报告》，前注①，第 88、427 页，相关讨论参见前注⑥—⑨及其随附文本。

（三）尽职调查——承销商

承销商要提出尽职调查抗辩，就必须进行核验，[99]不能完全依据公司文件以及与公司人员沟通的信息。[100]虽然这一核验任务在传统的首次公开发行和相关场景中司空见惯，[101]但在储架注册中，其适用仍存在一定的争议。[102]证券交易委员会认为，核验是尽职调查抗辩成立必不可少的一环。与此同时，委员会还颁布了176 规则，以针对综合披露框架适用更为灵活的标准。[103]依据 176 规则，判定目

---

[99] 参见 *Escott v. BarChris Construction Corporation*，283 F. Supp. 643，696（S.D.N.Y. 1968）（认定承销商未能证明自己进行了合理调查，并指出"他们显然没有尝试进行有效的核验"）。

[100] 参见 *In re Software Toolworks Inc. Securities Litigation*，38 F.3d 1078，1088（9th Cir. 1994）（推翻了有利于承销商的建议判决，因为承销商"只凭公司的一面之词就相信交易完全合法"）。

[101] 参见 *In re Facebook, Inc. IPO Securities and Derivative Litigation*，312 F.R.D. 332（S.D.N.Y. 2015）；*Weinberger v. Jackson*，〔1990—1991 Transfer Binder〕Fed. Sec. L. Rep.（CCH）¶ 95，693（N.D. Cal. 1990）；*Feit v. Leasco Data Processing Equipment Corp.*，332 F. Supp. 544（E.D.N.Y. 1971）。参见 Chris-Craft Industries, Inc. v. Piper Aircraft Corp.，480 F.2d 341，380（2d Cir. 1973）（"在我们的自我监管系统中，针对证券的发行，承销商无疑是重中之重"）；《证券交易法公告》No.26100（1988）（指出承销商"在发行中占据至关重要的位置……此外，通过参与发行，承销商相当于作出了关于目标证券的默示陈述"）。

然而，在诸如纽约证券交易所等国家证券交易所直接上市，这种发行方式导致传统的承销商无法有效参与首次公开发行的过程。评论家们指出，这种承销商参与的缺位使得目标公司能够规避这一情形中传统的保护措施，继而损害投资者保护。参见《证券交易法公告》No.89684（2020）（批准纽约证券交易所提出的规则，允许公司通过直接上市募集资金）；Alexander Osipovich, *NYSE's New Alternative to an IPO Wins a Green Light from the SEC*, Wall St. J., Aug. 27, 2020, B1 版（证券交易委员会力排众议，批准纽约证券交易所的计划，而相关团体发出警示，称这一计划会令公司规避首次公开发行程序的保护措施，继而损害投资者的利益）。

[102] 参见 *In re Worldcom, Inc. Securities Litigation*，346 F. Supp. 2d 628（S.D.N.Y. 2004）（及其所引资料）；以及前注[91]、[92]所引资料。

[103] 正如法院在 Worldcom 案中指出的，176 规则与美国法律协会的《联邦证券法典》"第 1704（g）条大体类似"，346 F. Supp. 2d 第 669 页。在判断目标被告（发行人除外，发行人不可提起尽职调查抗辩）是否实施了合理调查（注册上市申请表的非专业部分）或有合理理由相信（专业部分）时，需要考察以下因素：

（a）发行人的类型；

（b）证券的类型；

（c）主体的类型；

（d）高管的职位；

（e）主体担任董事或拟任董事的，其与发行人是否存在其他关系；

（f）合理相信高管、雇员和其他主体因自身职责理应了解特定事实；

（g）主体是承销商的，承销协议的类型、特定主体作为承销商的职责以及能否获取注册人的相关信息；以及

（转下页）

标主体是否进行了必要的尽职调查的因素之一就是，目标主体（如承销商）"在提交文件之时，是否对纳入其中的事实或文件负有责任"。[104]尽管这一标准起到了一定的辅助作用，但176规则并未解决承销商面临的困境。[105]

针对这一情形，证券交易委员会作出了指引，即建议承销商建立"知识库"，以了解可能在未来公开发行时保留承销商的潜在发行人。[106]为此，委员会认为承销商人员应当审查目标公司交给证券交易委员会的文件、参加注册人召开的分析师和经纪人会议、参与公司的《证券交易法》"起草会议"以及公司季

117

─────────────

（接上页）（h）针对参引合并的事实或文件，特定主体在文件合并之时是否对合并的事实或文件负有责任。

1988年，证券交易委员会提议修订176规则。参见《证券法公告》No.7606A（1998）。时至今日，这一提议并未通过。该提议尝试为综合披露制度中的承销商提供额外的指引，提出了六项做法，能够证明承销商履行了第11条项下规定的尽职调查义务。具体内容如下：

- 承销商是否对注册上市申请表进行了审查，对于可能引起理性主体质疑注册上市申请表是否包含不实陈述或重大遗漏的事实或情形，是否进行了合理调查；
- 承销商是否与注册人的相关执行官〔至少包括首席财务官（CFO）或首席会计官（CAO）（或指定人员）〕就注册上市申请表所含信息进行过讨论，且首席财务官或首席会计官（或指定人员）证明其已对注册上市申请表进行了审核，且据其所知，其中不含任何不实陈述或重大遗漏；
- 承销商是否收到了发行人审计人员发出的审计准则声明第72号安慰函；
- 承销商是否收到发行人律师的有利意见，认定并未发现任何异常证明注册上市申请表包含不实陈述或遗漏重大事实；
- 承销商是否聘请了律师，且律师在审核发行人的注册上市申请表、《证券交易法》文件和其他材料后，并未发现任何异常证明注册上市申请表包含不实陈述或遗漏重大事实；以及
- 承销商是否雇用和咨询了研究分析师，该分析师满足以下条件：
  - 在发行开始前至少六个月内持续关注发行人或发行人所在行业；
  - 在发行开始前十二个月内发布了关于发行人或其所在行业的报告。

[104]　176（h）规则，17 C.F.R. § 230.176（h）。

[105]　证券交易委员会在通过储架注册规则时，对相关问题进行了评论。参见《证券法公告》No.6499（1983）：

有关披露质量的问题同样与承销商是否有能力进行尽职调查相关。评论家们将尽职调查的问题归咎于时间不足。依据该规则，可选择任一承销商来负责特定发行。一些评论家指出，在不知自己是否会负责发行之前，没有哪个承销商会投入如此多的时间和金钱来进行尽职调查审核，而在确定自己会负责发行之后，又没有充足的时间来进行尽职调查审核。他们还指出，对于注册人在发行之前花费数月制备的文件，承销商们并没有机会对其进行独立审查和判断。

[106]　《证券法公告》No.6335（1981）（"除非承销商有意在注册上市申请表制备完成后至提交前这一阶段预留一部分时间用于调查，否则对于可能会选择其作为简式注册上市申请表中注册证券分销商的公司，分销商有必要提前了解相关情况"）。

度盈利公布后参加注册人的尽职调查会议。⑩证券交易委员会认为,参加这些会议能够令承销商获得关于目标发行人有价值的信息,对目标发行人有更深入的了解。⑱然而,这些建议并不切实际。即使承销商定期派遣相关人员参加数百场与发行人相关的会议,发行人仍可能在后续的发行中选择保留承销商,这种做法显然费时费力,得不偿失。⑲

118　　　　不幸的是,在许多储架注册发行中,鲜少有承销商会进行尽职调查。在证券上市前很短的期限内,承销商可与发行人的律师和审计师进行沟通,与其他发行参与者进行电话会议,并就诉讼、监管动态以及财务等事项进行互联网搜索。⑩

　　　　证券交易委员会还建议发行人为承销商聘用律师,协助其持续进行尽职调查。⑪这种做法的问题在于发行人变成了承销商律师事务所的雇主,这其中存在一定

---

⑩　参见《证券法公告》No.6335(1981)[指出"对于有丰富经验的公司,获取大量与其相关的信息不费吹灰之力"(例如其《证券交易法》报告),且"通过分析师会议和经纪人会议,承销商或潜在承销商能够询问管理层成员,并对他们的技能和能力进行评估");《证券法公告》No.6499(1983)(建议:为潜在承销商聘请事务所律师进行持续的尽职调查;发行人举行"《证券交易法》'起草会议',方便潜在承销商及其律师在提交定期披露文件之前参与文件的起草和审核;发行人"在公布季度收益后,举行定期尽职调查会议,方便潜在承销商及其律师就最近的财务业绩和该季度其他事项与管理层进行讨论";以及安排与管理层的个别会议)。

　　需要注意的是,前述建议如今可能构成对 FD 条例的违反。参见 17 C.F.R. § 243.100;《证券交易法公告》No.43154(2000)。举例而言,在没有保密协议的情况下,在起草会议期间向潜在承销商披露重大非公开信息将违反 FD 条例。

⑱　参见前注⑩所引资料。

⑲　参见《证券法公告》No.6499(1983)(沙德主席,一致意见)("对于高级管理人员、承销商及其律师而言,每年花费数百或数千小时参加这类会议代价过于沉重,因为单个发行人是否会进行公开发行以及参加会议的承销商能否被选定为最终的承销商,这些都是未知数,因此,随着时间推移,很少会有高级管理人员参加这类会议,投资银行家们也会派遣初级观察员而非合格的参与者来进行这项工作")。

⑩　因此,在自动储架注册框架中,即便目标承销商与发行人之前并无关系,承销商也应谨慎采取以下措施:"与发行人及其主要管理层、发行人的律师以及其他相关人员举行尽职调查电话会议;与公司审计师沟通;联系发行人的内部或外部律师,询问重大进展相关信息,包括正在进行的诉讼;询问自提交最新的表 10-Q 以来重大合同的损失或受益、人员或发行人业务的其他重大变更;与发行人就发行时间表的可行性进行沟通;若公司的审计师愿意接受,获取其出具的'安慰函';以及进行网络搜索,查询有关发行人及其关联方(包括其董事、高管和控制人)的未公开新闻文章和其他信息。"史坦因伯格,前注⑯,第 243 页(以及所引材料)。参见 Joseph K. Leahy, *The Irrepressible Myths of BarChris*, 37 Del. J. Corp. L. 411, 417(2012)(指出"与 BarChris 的观点相反,在许多证券发行中,不应要求承销商独立核验发行人注册上市申请表中的所有重大陈述,因为任何审慎主体都不会这么做")。

⑪　参见《证券法公告》No.6499(1983)("在储架注册情形中,聘用一家独立的律师事务所作为承销商律师的做法已经普及开来,也反映出委员会对这种做法的认同。通过这种做法,承销商得以在储架注册上市申请表的有效期内持续进行尽职调查")。

的利益冲突。[112]尽管如此，这种做法仍是当前的普遍做法。[113]由于现存的其他方案 119 都有这样或那样的弊端，这种做法相对而言最具可行性。

因此，依据证券交易委员会的规定，在储架注册发行中，发行人必须为承销商聘用律师。为了最大程度地避免利益冲突，应由目标公司的审计委员会或披露委员会来为承销商聘用律师。这两个委员会均由独立董事组成，任一委员会都有权决定前述律师事务所的聘用、代理范围、代理费以及（如果需要时的）解聘事宜。在进行储架注册发行后，律师事务所的相关费用由参与的承销商承担。此外，在签订全面保密协议后，选定的承销商将收到邀请，与独立委员会和承销商律师一同出席信息交流会。这些会议应有利于引发承销商对发行人的兴趣，促进公司和潜在承销商之间的有效互动，助力潜在发行承销商的筛选，以及为潜在承销商履行承销商职能提供更多便利。重要的是，这一概念有利于承销商持续进行尽职调查，从而增强披露程序的完整性，为投资者提供更有力的保护。[114]

---

[112]　因此，问题在于，若承销商的律师事务所主张公司提交给证券交易委员会的文件中所作披露存在重大缺陷，或坚持要求公司或其律师进行更具实质性的披露，公司则可选择终止由该承销商代表其进行证券分销。代表承销商的律师事务所能够获得丰厚的报酬，因此会放松对发行人披露准确性的关注，从而使情况变得更为复杂。

要缓和这种冲突，解决方法之一就是：若公司终止为承销商聘请律师事务所或该事务所停止代表，则公司必须向证券交易委员会提交表8-K来披露这一事件，同时解释相应的原因。此外，委员会应要求律师事务所在表8-K中说明其对此事的观点。若能严格执行这些要求，利益冲突就会得到极大的缓和。

[113]　参见《证券法公告》No.6499（1983）。参见 New York City Bar Association's Task Force on the Lawyer's Role in Corporate Governance，Executive Summary 第14页（2007）（指出证券交易委员会期望"符合条件的发行人协同其选定的承销商及其律师，共同通过'持续尽职调查计划'，因为目前推行持续尽职调查计划的公司并不多，对其有效性的看法也大相径庭"）。然而，近期的一项研究发现，这一主张"并无实证数据支撑"。通过分析从全国100多名证券律师处收集的调查数据，作者得出这一结论："实证证据表明，通过聘用独立律师，承销商能够更好地适应储架注册模式和综合披露制度，开展有效的尽职调查。" James A. Bedotto，*If It Ain't Broke，Don't Fix It：The Frequent Use of "Underwriters' Counsel" in Shelf-Registered Offerings Scraps the Need for Underwriter Due Diligence Reforms*，42 Sec. Reg. L. J. 293，294（2014）.

[114]　需要注意的是，在签署保密协议的情况下，即使向潜在承销商披露了重大信息，也不构成对 FD 条例的违反。参见 FD 条例100（b）（2）（ii）规则，17 C.F.R. § 243.100（b）（2）（ii）。但若承销商利用此类信息进行交易，则构成对 10b5-2 规则 17 C.F.R. § 240.10b5-2 的违反。参见 *United States v. O'Hagan*，521 U.S. 642（1997）；参见本书第七章讨论。

承销商律师辞职或目标公司审计或披露委员会终止代表的，将适用前注[112]规定的程序：首先，公司必须提交表8-K，报告律师事务所辞职和终止代表的情况，并解释相应原因；其次，律师事务所必须在公司的表8-K中对此作出解释。若能切实落地，这一程序能够进一步加强承销商律师的独立性，从而帮助承销商持续进行有意义的尽职调查。

120   为进一步完善这一程序，应要求目标发行人公示最终入围的潜在承销商（如五家此类承销商），作为发行人即将进行的储架注册发行的主承销商。通过这一程序，发行人能够就其储架注册发行进行竞争性招标，同时激励这些最终入围的承销商密切关注发行人的动向，包括（在签订保密协议后）与承销商律师和发行人的独立（审计或披露）委员会一起参加信息交流会。通过承销商律师持续地尽职调查以及独立委员会在披露程序中的积极作为，双管齐下，将尽职调查的作用提升到新的水平之上。⑪⑤

上述提出的解决方案仍有不足之处。虽然能够消除部分利益冲突，但由于承销商的律师是由目标发行人的独立委员会筛选的，因此无法杜绝利益冲突。然而，由于证券市场快速转型，窗口期大大缩短，随时可能被关闭，其他方案（例如给予选定的承销商一定的冷静期，使其可以进行尽职调查和聘用自己的律师）也存在一定的问题。⑪⑥相较于其他方案，证券交易委员会提出的建议措施能够

121 切实优化当前的实践，大大提高储架注册登记中承销商履行尽职调查的水平。

五、结　论

本章围绕《证券法》注册框架展开，提出应遵循以下关键原则：其一，在没有充分商业理由的情况下，证券发行应披露所有重大信息；其二，叙述性披

---

⑪⑤　参见 Herb Frerichs, Jr., *Underwriter Due Diligence Within the Integrated Disclosure System—If It Isn't Broke, Don't Fix It*, 16 Sec. Reg. L. J. 386（1989）；Edward F. Greene, *Determining the Responsibilities of Underwriters Distributing Securities Within an Integrated Disclosure System*, 56 Notre Dame Law. 755（1981）；Comment, *Underwriter Due Diligence：It's［Not］a Whole New Ballgame*, 61 SMU L. Rev. 1633（2008）；Note, *The Impact of the SEC's Shelf Registration Rule on Underwriter's Due Diligence Investigations*, 51 Geo. Wash. L. Rev. 767（1983）。

毫无疑问，储架注册加剧了承销商之间的竞争。以往，发行人通常会与承销商保持长期关系。但如今，竞争性投标的出现改变了这一局面，因为"发行人和承销商之间不再有长期稳定的关系"。Greene, *supra*, 56 Notre Dame Law. at 791. 出于竞争压力，在储架注册中，承销商根本没有时间充分核验注册上市申请表的内容，在这种情况下，其必然要承担一定的商业风险。参见 Marc I. Steinberg, *Securities Regulation：Liabilities and Remedies* § 5.04（2020）（指出"综合披露制度是诞生于承销商竞争激烈的背景下的"）；前注㉜所引资料。参见 Charles J. Johnson et al., *Corporate Finance and the Securities Laws*（6ᵗʰ ed. 2019）。

⑪⑥　参见《证券法公告》No.6499（1983）（指出储架注册规则相当灵活，使"注册人能够根据'市场窗口'安排发行时间，从而获得最有利的市场条件"）。

露中关于重大性概念的定义应当具有一致性；其三，援引并入只适用于在有效市场交易证券的公司。此外，尽管证券交易委员会在促进资本募集方面作出了值得称道的调整，并为市场参与者参与证券发行提供了更多便利，但其放宽监管和法定条款的举措损害了投资者的利益。就此而言，委员会在没有充分考察具体措施是否符合投资者保护的情况下，滥用了第 28 条赋予的豁免权力。最后，在援引并入和储架注册情形中，外部董事和承销商履行尽职调查职能过程中面临的困境可通过以下方式得到改善：对于外部董事，设立灵活的披露委员会，委员会所有成员均为外部董事，以委员会为单位积极参与发行人的披露程序；对于承销商，充分地实施本章提出的各项措施，同时由目标公司的审计或披露委员会聘用知名律师事务所代表其进行持续的尽职调查。

第五章

公司治理的联邦化

一、导 言

披露充分且准确的信息，确保投资者和证券市场能够作出知情决策，这一概念是联邦证券法制定的前提条件，[1]公司治理的联邦化如今已然深入人心。[2]尽管各州（尤其是特拉华州）仍旧是监管目标公司、其受托人及股东各方之间关系的主要机构，[3]但联邦法律对公司治理实践的影响仍不容小觑。[4]几十年来，联

---

① 参见 Securities and Exchange Commission v. Zandford，535 U.S. 813，819（2002）（指出"国会尝试以全面披露的理念来替代购者自慎理念"）；Ernst & Ernst v. Hochfelder，425 U.S. 185，195（1976）（指出 1933 年《证券法》"旨在向投资者全面披露有关证券公开发行的重大信息"，而 1934 年《证券交易法》则"主要致力于防止股价操纵行为……以及要求股票在国家证券交易所上市的公司进行定期报告"）。需要注意的是，1964 年的修订进一步扩大了定期报告要求的适用范围，只要目标公司符合［1934 年《证券交易法》第 12（g）条，15 U.S.C. § 78l（g）规定的资产和股东门槛，在场外交易证券的企业也须定期提交报告］。参见 1964 年《证券法修正案》，Pub. L. No.88—467，78 Stat. 565（1964）。

② 参见后注⑧—㊙及其随附文本。

③ 参见 Santa Fe Industries，Inc. v. Green 430 U.S. 462（1977）；American Law Institute，Principles of Corporate Governance：Analysis and Recommendations（1994）；William L. Cary，Federalism and Corporate Law：Reflections Upon Delaware，83 Yale L. J. 663（1974）；Jill E. Fisch，Leave It to Delaware：Why Congress Should Stay Out of Corporate Governance，37 Del. J. Corp. L. 731（2013）；Mark J. Loewenstein，Delaware as Demon：Twenty-Five Years after Professor Cary's Polemic，71 Colo. L. Rev. 497（2000）。

④ 参见后注⑧—㊙及其随附文本。公司治理被定义为"一种涉及法律、监管、组织和契约机制的系统，旨在保护公司所有者（即股东）的利益，同时限制控制公司运营的管理者的投机行为"。国际证监会组织（IOSCO），2009 年 6 月《工作组最终报告——上市发行人小股东的保护》，以及 2005 年 2 月《工作组最终报告——加强资本市场 防范金融诈骗》，https://www.iosco.org/library/pubdocs/pdf/IOSCOPD295.pdf 以及 https://www.iosco.org/library/pubdocs/pdf/IOSCOPD192.pdf。换言之，公司治理是"对代理问题的一种反馈，涉及所有者和管理者的分离"。Andra Beltratti，The Complementarity Between Corporate Governance and Corporate Social Responsibility，The Geneva Papers 373，375（2005），https://ideas.repec.org/a/pal/gpprii/v30y2005i3p373-386.html。

邦公司治理的范围逐渐扩大，且这一趋势还可能延续。⑤

笔者近期在牛津大学出版社出版的专著从历史和当代的视角出发，围绕美国公司治理的联邦化展开论述。⑥该书探讨了州公司法与联邦证券法之间的紧张关系，对联邦层面的历史发展进行了考察，同时对自 21 世纪初以来颁布的主要联邦立法带来的影响进行了分析。⑦本章无意仅简单重述这一早期著作的内容。相反，在简述联邦公司治理发展史后，本章将对其展开批判性分析，并对应当实施的其他补充措施提出建议。

二、公司治理的联邦化——历史回顾

（一）国会和司法层面的举措回顾

在过去的二十年间，国会颁布了两项主要法案，分别是 2002 年的《萨班斯—奥克斯利法案》（SOX）⑧和 2010 年的《多德—弗兰克法案》。⑨这两项法案极大地凸显了联邦公司治理的存在感。尽管这些法案加速了公司治理的联邦化进程，但其基础构成要素早在数十年前就已存在。事实上，早在 20 世纪初期（1903—1914 年），国会就曾提出过二十多项法案，旨在要求实施联邦特许和（或）遵守联邦最低实质性标准。⑩这些法案得到西奥多·罗斯福（Theodore

⑤ 相关讨论参见后注⑧—㊺及其随附文本。

⑥ Marc I. Steinberg, *The Federalization of Corporate Governance*（2018）.

⑦ 同上，第 24 页［指出"本书尝试对这一从根本上影响美国经济福祉的重要议题（即公司治理的联邦化）进行溯源性、历史性和现代性的分析"］。

⑧ 2002 年《萨班斯—奥克斯利法案》Pub. L. No.107—204，116 Stat. 745（2002）［加强联邦监管，特别是通过要求目标公司的首席执行官和首席财务官认证证券交易委员会定期报告的准确性，实现公司治理各个方面（例如审计委员会构成和职能）的联邦化；要求《证券交易法》有披露义务的公司进行实时披露，强化政府执法，强调专业（会计和律师）行为准则］。

⑨ 2010 年《多德—弗兰克法案》Pub. L. No.111—203，124 Stat. 1376（2010）（针对联邦证券法的适用范围，要求对高管薪酬和目标公司治理结构进行更多披露，实施不具约束力的股东薪酬意见投票以及将设立独立薪酬委员会作为在国家证券交易所上市的条件，借此强化联邦层面的公司治理）。

⑩ 有关这类法案的说明，参见 Steinberg，前注⑥，第 28—70 页。事实上，在美国历史上，国会对联邦公司这一概念的讨论从未像 20 世纪前 15 年那样激烈。参见 Martin I. Urofsky, *Proposed Federal Incorporation in the Progressive Era*，26 Am. J. Legal Hist. 160，176（1982）。

Roosevelt）总统和威廉·霍华德·塔夫脱（William Howard Taft）总统的支持。⑪虽然这些法案最终没有通过实施，但它们为未来的联邦化奠定了基础，并促进了后续一系列重大措施的通过。⑫

在过去的几十年里，关于通过立法要求实施联邦特许和（或）遵守联邦最低标准的实践可谓寥寥无几。⑬举例而言，1980 年，参议员霍华德·梅森鲍姆（Howard Metzenbaum）曾发起一项提案，要求（符合特定财务门槛的）上市公司董事会的大多数成员应由独立董事组成。此外，联邦法律还规定了公司董事和高管的注意和忠实义务的最低标准。⑭近期，参议员伊丽莎白·沃伦（Elizabeth Warren）提出了一项《负责任的资本主义法案》（Accountable Capitalism Act），要求对相对大型的上市公司实施联邦特许，对其董事行为、董事会构成、证券交易以及政治支出等事项进行监管。⑮

---

⑪　罗斯福总统在 1905 年向国会发表的一次演讲中断言，"只有管辖权能够全面覆盖公司工作领域的主权，即只有国家政府才能对公司组织进行有效的监管和监督"。联邦贸易委员会，《公用事业公司报告》第 69A 号，第 18 页（1934 年 9 月 15 日）。塔夫脱总统也认为，对企业的联邦政府管控是防止"州管控下滥用行为"的必要手段。同上。

⑫　尽管如此，这些法案中的一些条款仍影响了后来的发展。举例而言，依据其中一些法案：公司内部人士不得在有竞争关系的公司担任董事或高管；要获得联邦特许，必须由独立审计师对目标公司财务状况进行认证；以及对高管薪酬适用联邦标准。相比之下，如今的一系列证券交易委员会文件（例如表 10-K 年度报告）中必须包含上市公司经审计的财务报表；1914 年《克莱顿反托拉斯法案》（15 U.S.C. § 19）禁止相关主体在有竞争关系的公司兼任高管和董事；以及针对高管薪酬，需要进行广泛的披露和咨询性股东投票。参见 Marc I. Steinberg, *The Federalization of Corporate Governance—An Evolving Process*, 50 Loy. U. Chi. L. J. 539, 540—541 (2019)。

⑬　1914 年至 1930 年期间，还出台了几项法案，对联邦公司设立和（或）联邦最低标准作出了规定。相关讨论参见 Steinberg, 前注⑥, 第 71—77 页。

⑭　"这一法案旨在制定与公司董事会构成、公司董事职责、审计和提名委员会、股东权利以及其他目的相关的联邦最低标准。" S. 2567, 96th Cong. (1980). 关于独立董事的资格认定，该法案旨在将与目标公司有重大个人或经济关系的主体排除在外。关于该法案的讨论，参见 Steinberg, 前注⑥, 第 77—79 页。

⑮　S. 3348, 115th Cong. (2018). 该法案适用于年收入超过 10 亿美元的美国公司，涵盖了在纽约证券交易所上市的近 2 800 家公司中的 1 300 多家。法案要求这些公司：

> 从商务部新成立的美国公司办公室获得联邦特许，依据联邦特许，公司董事有义务兼顾所有公司利益相关者（包括员工、客户、股东和公司运营所在社区）的利益；授权美国公司的员工选举至少 40%的董事会成员……禁止美国公司的董事和高管……在取得公司股份后五年之内或在公司回购股份后三年内出售公司股份，以此对董事和高管出售公司股份加以限制……禁止美国公司在未经 75%董事和股东批准的情况下作出任何政治支出；以及在美国公司一再实施严重违法行为的情况下，允许联邦政府撤销其特许。

公司治理的联邦化实践不仅发生在国会层面，司法层面也有迹可循。举例 126
而言，在 *Santa Fe Industries，Inc．v．Green* 案中，⑯受害股东主张，公司提出的
股票价格与其在现金逐出合并中的股票公允价值相去甚远，⑰这一行为构成《证
券交易法》第 10（b）条规定的推定欺诈和欺骗行为。⑱最高法院驳回了原告的
这一主张，认为原告若要依据第 10（b）条提起索赔，则必须证明公司存在披
露不充分的情形。⑲因为依据该法规定，单独违反信义义务并不构成有依据的主
张。⑳法院指出，在这种情况下，州法律可优先适用，并宣称依据联邦法律，实
质公平只是一个无关紧要的问题。㉑同样在随后的一起案件中，针对《证券交易
法》第 14（e）条在要约收购中的适用范围，㉒最高法院认为，只要目标公司依据 127
该法进行了充分披露，其为了抵御恶意竞购者所采取的策略就不具有可诉性。㉓

（二）证券交易委员会在公司治理联邦化中的作用

尽管上述联邦化实践并未达到既定的效果，但在证券交易委员会的要求下，

---

⑯　430 U.S. 462（1977）.

⑰　通常情况下，现金逐出合并指的是目标股东出售股份只能获得现金作为对价的情形。这种
交易通常发生在母子公司和子公司之间。参见 *Weinberger v. UOP，Inc.*，457 A.2d 701（Del.
1983）。

⑱　参见 430 U.S. 第 466—467 页。值得注意的是，原告在美国联邦第二巡回上诉法院的审理
中胜诉，该法院认为："是否作出充分披露并不是问题的关键，因为构成欺诈的是合并和估值过低，
若没有正当的合并理由，即便向小股东披露了所有事实，也无法减轻这种欺诈行为。"*Green v.
Santa Fe Industries，Inc.*，533 F.2d 1283，1292（2d Cir. 1976），*rev'd*，430 U.S. 462（1977）.

⑲　430 U.S. at 477—479.

⑳　同上，第 478 页［指出第 10（b）条和 10b-5 规则不应被扩大到"适用于公司领域"］。

㉑　正如法院指出的，"在没有明确国会的意图之前，法院不愿对证券交易相关公司法律的实
质部分进行联邦化，尤其是在联邦化会推翻既定的州公司监管政策的情形下"。同上，第 479 页。参
见 Ralph C. Ferrara and Marc I. Steinberg，*A Reappraisal of Santa Fe：Rule 10b-5 and the New Fed-
eralism*，129 U. Pa. L. Rev. 263（1980）。在 *Santa Fe* 案之前，许多评论家认为，第 10（b）条是对
联邦信托标准的认可。参见 Richard W. Jennings，*Federalization of Corporate Law：Part Way or All
the Way*，31 Bus. Law. 991（1976）；Donald E. Schwartz，*Federal Chartering of Corporations：An
Introduction*，61 Geo. L. J. 71（1972）。

㉒　15 U.S.C. § 78n（e）. 一般而言，"要约收购"指的是"一种获得公司控制权的惯用手段，
其特征是在有限的时间内主动以高于市场价格的溢价从目标股东手中购买相当大比例的目标公司股
票，具体期限或取决于特定数量股票的出价"。Marc I. Steinberg，*Understanding Securities Law* 500
（7th ed. 2018）.

㉓　*Schreiber v. Burlington Northern，Inc.*案，472 U.S. 1，8（1985）［指出"第 14（e）条中所
列的三种不当行为——即欺诈、欺骗或操纵——都存在不披露的情节"］。

许多其他措施都得到了实施。在此之中，内幕交易的联邦化是重中之重。㉔由于州法律对这一问题的态度一向是听之任之，证券交易委员于 1961 年选择提起一项内幕交易诉讼。㉕作为一项行政诉讼，其可行性一直存在一定的不确定性，直到第二巡回法院在 *Texas Gulf Sulphur* 案中全院庭审所作出的裁决才扭转了这一局面。㉖在该案中，上诉法院明确判定，不被允许的内幕交易构成联邦证券法定义的欺骗。㉗尽管在随后的裁决里，最高法院缩小了内幕交易的禁止范围，㉘但

128

㉔ 《证券交易法》第 16 条 15 U.S.C. § 78p 代表了对内幕交易两个方面的联邦化。其一，第 16（b）条规定，董事、高管以及持有 10% 股权证券的股东在六个月内进行买卖的，必须上缴所有利润。其二，第 16（c）条禁止内部人士卖空公司证券。"卖空"通常指的是"出售不为卖方所有或为其所有但尚未交付的证券"。Ralph S. Janvey, *Short Selling*, 20 Sec. Reg. L. J. 270, 271（1992）. 相比之下，第 16（a）条是报告条款，要求此类内部人士及时向证券交易委员会和相关交易所报告其股权证券的持有和交易情况。参见 Steinberg, 前注⑥, 第 116—119 页。

㉕ *In re Cady*, *Roberts & Company*, 40 S.E.C. 907（1961）. 证券交易委员会主席威廉·盖瑞（William Cary）指出，"令人震惊的是，公司高管会从其管理公司的内幕信息中获利，这种行为很可能会打击公众对市场的信心"，这一论述反映出对州法律不作为的不满。*Fair to All People*, *The SEC and the Regulation of Insider Trading*, *In the Matter of Cady*, *Roberts & Company*, SEC Historical Society（2006）, https://www.sechistorical.org. 参见 Donald C. Langevoort, *Rereading Cady*, *Roberts: The Ideology and Practice of Insider Trading Regulation*, 99 Colum. L. Rev. 1319, 1320（1999）（评论道，"证券交易委员会主席盖瑞在其任职期间和之后发表的演讲和著作中无不清晰指出，州公司法已然日薄西山，甚至可以说是腐朽不堪"）。

㉖ *Securities and Exchange Commission v. Texas Gulf Sulphur*, 401 F.2d 833（2d Cir. 1968）（en-banc）, *cert. denied sub nom.*, *Coates v. Securities and Exchange Commission*, 394 U.S. 976（1964）. Com-memorating this seminal decision on its golden anniversary, the SMU Law Review published a Symposium Issue. 参见 *Texas Gulf Sulphur 50th Anniversary Symposium Issue*, 71 SMU L. Rev. 625（2018）。

㉗ 401 F.2d, 第 848—849 页。从这一裁决来看，很难确定上诉法院是采用了信息平等还是获取规则。参见同上，第 848 页（认为联邦证券法的反欺诈条款旨在确保"所有在非个人交易所交易的投资者都能相对平等地获取重大信息"）。同上，第 849 页（指出"所有拥有重大内幕信息的主体都必须向投资公众披露该等信息，若其为保护公司机密无法披露或选择不披露的，在此类信息披露给投资公众之前，必须放弃交易或放弃推荐该证券"）。

㉘ 针对第 10（b）条和证券交易委员会 10b-5 规则，最高法院规定，只有在目标主体违反信义义务或信托和保密关系的情况下，才需要承担内幕交易（或通风报信）的责任。参见 *United States v. O'Hagan*, 521 U.S. 642（1997）（依据盗用信息理论，目标主体违反了对信息来源者的信义义务或信托和保密关系）；*Dirks v. Securities and Exchange Commission*, 463 U.S. 646（1983）（规定在内幕信息披露者—接收者关系中，判断是否违规的标准是，内幕信息披露者传递目标信息是否违反自身信义义务或信托和保密关系，而判断其是否违反信义义务或信托和保密关系则要看其披露信息是为个人牟利还是作为馈赠）；*Chiarella v. United States*, 445 U.S. 222（1980）（违反信义义务或信任关系是追责的前提条件，获取规则和信息公平均不适用）。相比之下，在要约收购中，内幕交易责任适用的是信息公平方法。参见 14e-3 规则，17 C.F.R. § 240.14e-3. 此外，尽管不属于内幕交易违规，但公平信息披露规则（FD 例）通常禁止发行人和内部人士选择性披露重大非公开信息。参见 17 C.F.R. § 243.100 *et seq*。再者，在刑事领域，第二巡回法院依据 18 U.S.C. § 1348 对内幕交易的违法性进行解释，取消了 *Disks* 案的个人利益测试。参见 *United States v. Blaszczak* 案，947 F.3d 19（2d Cir. 2019），以其他理由撤销并发回重审，2021 WL 78043（U.S. Sup. Ct. 2021）. 作者就此主题与他人合著的论文，参见 Marc I. Steinberg and William K.S. Wang, *Insider Trading*（3d ed. 2010）。

这一问题已经盖棺定论，即被禁止的行为受联邦法律规制。㉙

另一关键例证是证券交易委员会在 1942 年通过的股东提案规则。㉚一个多世纪以来，股东会采取哪种方式以及哪些事项可以列入此类会议议程一直都处于州公司法的"甜点区"之内。㉛然而，在第二次世界大战期间，证券交易委员会通过了股东提案规则，从历史的角度来看，这实属意料之外的重大发展。㉜依据该规则，在满足规定门槛的前提下，㉝符合条件的股东有权将其意向性提案纳入目标公司的委托投票说明书中。㉞尽管现如今这一规则（即 14a-8 规则）㉟包含一

129

㉙ 参见 Steinberg，前注⑥，第 120—125 页（阐述内幕交易的联邦化）；Roberta S. Karmel, *Prosecution of Tippees Affirmed in Salman v. United States*，45 Sec. Reg. L. J. 195, 199（2017）[指出最高法院在 *Salman v. United States*，137 S. Ct. 420（2016）中的重要性，最高法院在该案中"依据《证券交易法》第 10（b）条和 10b-5 规则，一致批准对远程的内幕信息接收者进行内幕交易起诉"]。有关内幕交易的更多信息，参见本书第七章。

㉚ 14a-8 规则，17 C.F.R. § 240.14a-8。参见 General Rules and Regulations，Solicitation of Proxies Under the Act，《证券交易法公告》No.3347（1942）（对股东提案规则展开讨论）；Louis Loss and Joel Seligman，*Securities Regulation* 1939（3d ed. 1990）（指出 1942 年对证券交易委员会代理规则的修订包括"要求注册人必须在其代理材料中加入一份 100 字的声明，作为对其反对的证券持有人提案的证明"）。

㉛ 参见 *Schnell v. Chris-Craft Industries，Inc.*，285 A.2d 437（Del. 1971）；*Dodge v. Ford Motor Co.*，204 Mich. 459，170 N.W. 668（1919）；*American Hardware Corp. v. Savage Arms Corp.*，135 A.2d 725（Del.Ch.），*aff'd*，136 A.2d 690（Del. 1957）；*Mountain Manor Realty，Inc. v. Buccheri*，55 Md. App. 185，461A.2d 45（1983）；William Meade Fletcher，5 *Fletcher Cyclopedia of the Law of Private Corporations* ch.13（1917）。

㉜ 参见前注㉚援引的资料来源。

㉝ 2020 年，证券交易委员会提高了股东资格门槛，并延长了持股的时间要求。参见《证券交易法公告》No.89964（2020）。依据修订后的 14a-8（b）规则，股东必须满足以下三项门槛之一：（1）至少连续三年持有 2 000 美元的公司证券；（2）至少连续两年持有 15 000 美元的公司证券；或（3）至少连续一年持有 25 000 美元的公司证券。《证券交易委员会新闻公告》No.2020-220（2020）。委员会还提高了"提案必须获得股东支持的水平，只有达到规定水平后方可再次提交公司股东大会"。同上。参见 Paul Kiernan，*SEC Adds Hurdles to Investor Proposals*，Wall St. J.，2020 年 9 月 24 日，A1 版（指出证券交易委员会"提高了投资者在公司年会上提交提案进行表决的门槛，这对公司高管来说无疑是一场胜利，因为他们对那些试图影响公司在社会和政治问题上决策的股东十分反感"）。按照之前的门槛，要提交一项股东提案，合格的证券持有人"必须在提交提案之前至少连续一年持有市值 2 000 美元的或 1% 对该提案有投票权的公司证券，且直至会议当日，该证券持有人必须持有上述证券"。修订前的 14a-8（b）（1）规则，17 C.F.R. § 240.14a-8（b）（1）。

㉞ 值得注意的是，若股东不遵守程序要求，或提案的内容存在可排除的实质依据，则目标公司可排除股东提案。参见 George S. Geis，*Ex-Ante Corporate Governance*，41 J. Corp. L. 609，614（2016）（指出"公司必须在代理材料中包含股东提案，但该提案存在程序性缺陷或属于十三种排除情形的除外"）。依据 14a-8 规则，股东提案属于建议，并不具有约束力。

㉟ 17 C.F.R. § 240.14a-8。

些例外情况，使得公司能够将要求的提案从其委托投票说明书中排除，[36]但数十年来，这一规则的拥趸一直利用这一规则来推动其经济、政治和社会事业。[37]14a-8 规则毁誉参半，既有狂热的支持者积极践行，[38]也有激进的批判者不断寻求废除，这一点不足为奇。[39]到 2017 年，这一规则已然确立七十五年之久，废除谈何容易。以此而言，股东提案规则是联邦证券监管初始阶段公司治理联邦化的有力证明。[40]

几十年来，证券交易委员会采取了更多影响公司治理的举措。委员会有时会打着披露的幌子试图影响实质公平。举例而言，在 Santa Fe 案中，最高法院作出裁决，认定要确立第 10（b）条的诉讼权，必须存在披露不充分的情况，[41]委员会对此裁决不满，继而通过了 13e-3 规则，要求目标主体披露其是否有理由相信私有收购对非关联股东是否公平的立场及其背后的原因。[42]因此，通过披

　　㊱　参见 14a-8（i）（1）—（13）规则，17 C.F.R. § 240.14a-8（i）（1）—（13）。十三项除外条款在股东提案中有汇总，证券交易委员会公司财务部，《员工法律公告》No.14（2001）。在近期备受瞩目的案件中，法院合理排除了股东提案，参见 *Trinity Wall Street v. Wal-Mart Stores*，*Inc.*，792 F.3d 323（3d Cir. 2015）[控股股东提案建议公司为其销售的不道德或危险产品（例如装有可容纳 10 发以上弹药弹匣的枪支）制定更为统一的政策，法院依据 14a-8（i）（7）规则，将股东提案合理排除在外，因为该提案涉及公司的一般业务]。

　　㊲　参见 Steinberg，前注⑥，第 163—177 页（讨论过去七十年间股东提案中的措施，如曾建议目标公司在商业实践中废除隔离政策，增强多样性以及避免制造凝固汽油弹等）。参见 Marilyn B. Cane，*The Revised SEC Shareholder Proxy Proposal System：Attitudes，Results and Perspectives*，11 J. Corp. L. 57（1985）；Virginia J. Harnisch，*Rule 14a-8 after Reagan：Does It Protect Social Responsibility Shareholder Proposals？*，6 J.L. & Pol. 415（1990）；Donald E. Schwartz，*The Public-Interest Proxy Contest—Reflections on Campaign GM*，69 Mich. L. Rev. 419（1971）。

　　㊳　参见 discussion in Patrick J. Ryan，*Rule 14a-8，Institutional Shareholder Proposals，and Corporate Democracy*，23 Ga. L. Rev. 97（1988）；资料来源见前注㊲。

　　㊴　参见 Stephen M. Bainbridge，*Revitalizing SEC Rule 14a-8's Ordinary Business Exclusion：Preventing Shareholder Micromanagement by Proposal*，85 Fordham L. Rev. 705（2016）；Susan W. Liebeler，*A Proposal to Rescind the Shareholder Proposal Rule*，18 Ga. L. Rev. 425（1984）；Alan R. Palmiter，*The Shareholder Proposal Rule：A Failed Experiment in Merit Regulation*，45 Ala. L. Rev. 879（1994）。

　　㊵　参见 Steinberg，前注⑥，第 190 页（指出股东提案规则"应被奉为经典——七十五年来，这一规则证明了积极的联邦公司治理是弥补州法律缺陷的有效手段"）。

　　㊶　*Santa Fe Industries，Inc. v. Green*，430 U.S. 462（1977）；前注⑯—㉑及其随附文本。

　　㊷　参见 13e-3（e）规则，17 C.F.R. § 240.13e-3（e）；附录 13E-3 第 8 项，17 C.F.R. § 13e-100；M-A 条例第 1014 项，17 C.F.R. § ~240.1014；《证券交易法公告》No.16075（1979）。简而言之，私有化交易是通过合并或其他收购行为实现的，在此过程中，上市公司成为私有公司，其股东被套现。"现金逐出合并"的定义参见前注⑰。不遵守 13e-3 规则会引发私人和政府执法行动。参见 *Howing Co. v. Nationwide Corp.*，826 F.2d 1470（6th Cir. 1987）；*In the Matter of FSC Corp.*，22 SEC Docket 1374（SEC 1981）。

露，证券交易委员会能够对这类情形中实质信义行为造成影响。[43]再如，委员会要求充分披露管理层薪酬和关联交易。[44]事实上，在五十多年前委员会就认定，目标公司在注册上市申请表中不披露管理层自我交易的行为具备可诉性，理由是这类信息"对管理层诚信的评估至关重要"。[45]因此，通过披露程序，适用的证券交易委员会规则旨在推动公司治理实践的进一步完善和优化。

有些时候，委员会会越过披露的范畴，直接影响交易的实质内容。举例而言，证券交易委员会采纳了全部股东原则（all-holders rule），[46]作为对特拉华州最高法院在 *Unocal v. Mesa Petroleum Co.* 案所作的裁定的回应。[47]在该裁定中，法院认定，目标公司进行选择性招标，排除恶意竞标人，这种做法构成董事会采取的合理防御措施。[48]与此相反，证券交易委员会的全部股东原则禁止排他性招标，要求上市公司必须向所有股东作出此种要约。[49]实际上，委员会的要求

131

43　参见 Steinberg，前注⑥，第 138 页［指出"尽管 *Sante Fe* 案排除了第 10（b）条对私有交易实质公平的适用，但这一结果很大程度上是通过 13e-3 规则严格的披露规定实现的"］。Harold N. Iselin，Note，*Regulating Going-Private Transactions*：SEC Rule 13e-3，80 Colum. L. Rev. 782，787（1980）（认为"13e-3 规则的确通过其第 8 项规定来对实质公平进行监管，该项要求规定发行人必须表明其对交易公平性的合理认知"）。

44　参见 Items 402，404 of Regulation S-K，17 C.F.R. §§ 229.402，229.404。本书第二章也讨论了这个问题。

45　*In re Franchard Corp.*，42 S.E.C. 163，［1964—1966 Transfer Binder］Fed. Sec. L. Rep. (CCH) ¶ 77，113，第 82043 页（1964）（同样指出，对于投资者来说，高管"素质至关重要"）。参见 *Maldonado v. Flynn*，597 F.2d 789，796（2d Cir. 1979）（指出"由于自我交易令滥用公司信托职务的行为有了可趁之机，董事是否对公司相关交易享有个人利益这一情节直接关系到其是否有资格行使公司管理权"）。参见 Ralph C. Ferrara，Richard M. Starr，and Marc I. Steinberg，*Disclosure of Information Bearing on Management Integrity and Competency*，65 Nw. U. L. Rev. 555（1981）。

46　参见 13e-4 规则，14d-10 规则，17 C.F.R. §§ 240. 13e-4，240. 14d-10。在另一种情形中，为了应对公司愈发频繁地使用不同的投票权来抵御恶意收购这一情形。作为应对，证券交易委员会在 1988 年通过了 19c-4 规则。除某些例外情形外，19c-4 规则禁止交易所上市这类有不同投票权的公司证券，旨在借此实现一股一票规则的联邦化。上诉法院宣布这一规则无效，认为证券交易委员会不具有制定这一规则的权力。另外，法院指出，"委员会可以利用进入国家资本市场的权力作为执行机制，借此制定联邦公司法"。*Business Roundtable v. Securities and Exchange Commission* 案，905 F.2d 406，412（D.C. Cir. 1990）。有关 19c-4 规则的更多信息，参见本书第八章。

47　*Unocal v. Mesa Petroleum Co.*，493 A.2d 946（Del. 1985）。

48　同上，第 958 页（认为"董事有权反对 Mesa 的收购要约，并依据自身保护公司的明确义务，在善意和合理调查的基础上有选择性地进行证券交易"）。

49　相关规则规定，股东招标其股份的，向其支付的最优价格也必须支付给所有其他招标股份的股东。参见前注⑥援引资料。

"推翻"了一项在公司法中具有重要地位的州级法院的裁定。有鉴于此，全部股东原则可称得上是证券交易委员会积极促进公司治理联邦化的有力证据之一，且其比 2002 年《萨班斯—奥克斯利法案》的颁布还要早上近二十年。⑩

132　　不应孤立地看待全部股东原则。几十年来，证券交易委员会发起的执法行动切实影响了公司治理。⑪在其中一些诉讼中，委员会成功令目标公司妥协，使其承诺会委任新的董事、⑫律师、⑬顾问⑭以及监督人员，⑮且这些人员都具备自身独立性。证券交易委员会利用承诺影响公司治理实践的做法能够追溯到 20 世纪 70 年代，⑯这可以被视为一种执行策略。⑰一言以蔽之，委员会利用这类承诺

⑩　参见《证券交易法公告》No.23421（1986）[认为"虽然评论家们主张依据本条款规定，委员会的权力仅限于监管披露。但很明显，在通过《威廉姆斯法案》时，国会在第 13（e）条中授予了委员会广泛的规则制定权，包括通过实质性条例，使其可以制定最适合发行人要约收购的监管计划"]。再如，证券交易委员会为了在最高法院对 *Edgar v. MITE Corp.*，457 U.S. 624（1982）作出裁决之前，抢先制定几项州收购法规，还通过了 14d-2（b）规则 17 C.F.R. § 240.14d-2（b）。参见《证券交易法公告》No.16384（1979）。一般而言，许多州收购法规都会要求在要约收购开始之前提前披露特定信息，14d-2（b）规则则不同，该规则规定，要约收购自宣布寻求购买的股份数量和要约价格之后开始。因此，14d-2（b）规则似乎造成了州收购法规与联邦法律之间不可调和的矛盾。参见评论，*The Validity of State Takeover Statutes：SEC Rule 14d-2（b）and Post-Kidwell Federal Decisions*，38 Wash. & Lee L. Rev. 1025（1981）；相关讨论参见本书第八章。

⑪　这些诉讼可以追溯到 20 世纪 70 年代，证券交易委员会通过这种方式争取到了切实的辅助救济。参见 *SEC v. Mattel*，[1974—1975 Transfer Binder] Fed. Sec. L. Rep.（CCH）¶ 94,807（D.D.C. 1974）（要求公司委任独立董事以构成公司董事会，这些独立董事要在董事会中占多数席位且得到公司和证券交易委员会的双重"认可"）。

⑫　同上，参见 *Securities and Exchange Commission v. Occidental Petroleum Corp.*，[1980 Transfer Binder] Fed. Sec. L. Rep.（CCH）¶ 82,622（SEC 1980）（除其他承诺外，要求委任一名证券交易委员会"认可的"新董事）。

⑬　参见 *Securities and Exchange Commission v. Lockheed Aircraft Corp.* 案，[1975—1976 Transfer Binder] Fed. Sec. L. Rep.（CCH）¶ 95,509（D.D.C. 1976）（聘用专门负责调查和报告的独立律师）。参见 Samuel H. Gruenbaum and Martin A.Oppenheimer，*Special Investigative Counsel：Conflicts and Roles*，33 Rutgers L. Rev. 965（1981）。

⑭　*Securities and Exchange Commission v. Occidental Petroleum Corp.* 案，[1980 Transfer Binder] Fed. Sec. L. Rep.（CCH）¶ 82,622（SEC 1980）（就影响公司的环境问题聘用独立的咨询公司）。

⑮　参见 *In re JH Partners，LLC*，[2015—2016 Transfer Binder] Fed. Sec. L. Rep.（CCH）¶ 81,158（SEC 2015）（要求聘用独立的合规监督员）。

⑯　参见前注⑪、⑬所提到的案例。

⑰　参见 *In re The Port Authority of New York and New Jersey*，[2016—2017 Transfer Binder] Fed. Sec. L. Rep.（CCH）¶ 81,573（SEC 2017）（要求任命顾问）；*SEC v. Avon Products，Inc.*，46 Sec. Reg. & L. Rep.（BNA）872（SEC 2014）（要求任命一名监督员）；参见 James Doty and Brad Bennett，*Independent Consultants in SEC Enforcement Actions*，43 Rev. Sec. & Comm. Reg. 259（2010）。

对规范公司治理实践产生了积极影响。㊺

（三）公司治理联邦化的最新立法

从这一角度来看，我们或许忽略了一点，即在 2002 年《萨班斯—奥克斯利法案》颁布之前，国会曾在 1990 年以立法形式对公司治理的一个重要方面进行了联邦化：违反证券法反欺诈条款且被认定为"严重不适合"的个人禁止担任公司高管或董事。㊿值得注意的是，这一禁令可能是永久性的，也可能只禁止某一时间段，并可延伸到禁止在任何上市公司担任此类职务。⑪《萨班斯—奥克斯利法案》对这一禁令的标准进行了修改，将"严重不适合"改为"不适合"。⑪因此，在依据适用的州法律确定任职资格这一重要领域，高管和董事禁令优先于州对公司治理的有关规定。

在 21 世纪，《萨班斯—奥克斯利法案》和《多德—弗兰克法案》加速了公司治理联邦化的进程。举例而言，除其他措施外，⑫这些法案与证券交易委员会

㊺ 通常是通过同意谈判程序来达成这类承诺的。在此程序中，被告在认可承诺的同时，既不承认也不否认证券交易委员会的控告。参见 Marc I. Steinberg and Ralph C. Ferrara, *Securities Practice：Federal and State Enforcement* §§ 3：60—3：66（2d ed. 2001 & ann. supp.）；William B. McLucas et al., *"Neither Admit Nor Deny" Settlements from the Stanley Sporkin Era：Wise Policy or Outdated Enforcement Notion?*，43 Sec. Reg. L. J. 29（2015）。

㊿ 1990 年《证券执法救济和小额股票改革法案》Pub. L. No.101-429, 104 Stat. 931（1990）（加强了证券交易委员会的执行救济，包括征收罚款、禁止令以及高管和董事禁令）。

⑪ 参见《证券法》第 20（e）条，15 U.S.C.《证券交易法》第 77t（e）条、第 21（d）（2）条，15 U.S.C. § 78u（d）（2）。甚至在这项立法通过之前，证券交易委员会就已经成功实施了高管和董事禁令。参见 *Securities and Exchange Commission v. Techni-Culture, Inc.*，[1973—1974 Transfer Binder] Fed. Sec. L. Rep.（CCH）¶ 94, 501（D. Ariz. 1974）。相关著名案例，参见 *Securities and Exchange Commission v. Posner*，16 F.3d 520（2d Cir. 1994）。

⑪ 2002 年《萨班斯—奥克斯利法案》第 305 条，对《证券法》第 20（e）条和《证券交易法》第 21（d）（2）条和第 21C 条进行了修订。近期的例子包括，埃隆·马斯克依据一项同意令，辞去了特斯拉董事会主席的职务，该职务任期最短是三年。此外，除其他承诺外，特斯拉还同意任命两名新的独立董事。参见 *Elon Musk Settles SEC Fraud Charges*；*Tesla Charged With and Resolves Securities Law Charge*，SEC Press Release No.2018-226（2018）。

⑫ 举例而言，其他规定包括：（1）证券交易委员会定期报告的首席执行官和首席财务官认证；（2）高管薪酬追回条款；（3）禁止内部人士交易的"禁售期"；（4）审计师和管理层对内部控制进行评估；（5）"实时"披露；（6）报告内幕交易；（7）成立上市公司会计监督委员会（PCAOB）；（8）金融分析师的利益冲突；（9）披露董事会主席和首席执行官职位的分离；（10）加强证券交易委员会的执行措施；以及（11）加重刑事处罚。参见 John T. Bostelman, Robert E. Buckholz,（转下页）

和证券交易所规则均对上市公司作出了如下规定：（1）大部分董事必须为独立
134 董事；[63]（2）必须设立由独立董事组成的审计委员会，且独立董事将承担特定
职责；[64]（3）必须设立由独立董事组成的薪酬委员会；[65]（4）正常情况下不得向
董事和高管发放公司贷款；[66]（5）制定高管、董事和员工应遵守的道德规范；[67]
（6）授予股东关于高管薪酬的咨询投票权。[68]这些规定凸显了当今联邦证券法对

（接上页）Jr., and Marc R. Trevino, *Public Company Deskbook：Sarbanes-Oxley and Federal Govern-
ment Requirements*（2d ed. 2011）；James Hamilton and Ted Trautmann, *Sarbanes-Oxley Act of
2002—Law and Explanation*（2002）；Steinberg, *supra* note 6, at 191—262；Symposium, 39 Loy. U.
Chi. L. Rev. No.3（2008）；Symposium, 105 Mich. L. Rev. No.8（2007）；Kit Addleman, *The Im-
pact of Dodd-Frank on Public Companies*, 38 Sec. Reg. L. J. 181（2010）；Charles W. Murdock, *The
Dodd-Frank Wall Street Reform and Consumer Protection Act：What Caused the Financial Crisis and
Will Dodd-Frank Prevent Future Crisis？*, 64SMU L. Rev. 1243（2011）。

[63] 参见《纽约证券交易所上市公司手册》第303A条；《纳斯达克股票市场规则》第5605（b）
条；《证券交易法公告》No.48745（2003）（批准了拟议的证券交易规则，该规则要求上市公司董事
会的大部分成员应为独立董事）。

[64] 2002年《萨班斯—奥克斯利法案》第301条；10A-3规则，17C.F.R. § 240.10A-3。上市公
司的审计委员会必须全部是独立董事，这些独立董事只能就这一职务获得报酬，除此之外不从公司
获得任何报酬（包括咨询费）。10A-3规则指出，审计委员会应承担特定职能，包括：" （1）负责公
司外部审计师的任命、薪资制定、聘用以及监督事宜；（2）解决管理层与外部审计师就财务报告事
项可能产生的分歧；（3）接受、保留和处理员工就存疑会计和（或）审计事项提交的投诉；（4）在
适当的情形下，聘请独立律师和其他被认为是履行审计委员会职责所必需的顾问；以及（5）坚持
要求公司为这类顾问提供充足的资金支持。"参见Steinberg，前注[6]，第196—197页。

[65] Section 952 of the Dodd-Frank Act, *adding*, § 10C to the Securities Exchange Act, 15 U.S.C.
§ 78j-3；SEC Rule 10C-1, 17 C.F.R. § 240.10C-1. 参见Steinberg的讨论，前注[6]，第208—210页。

[66] 2002年《萨班斯—奥克斯利法案》第402条，增加《证券交易法》第13（k）条。一般而
言，若是公司在正常业务过程中向内部人士发放的特定类型贷款，且贷款的条款与向公众发放的贷
款条款相同，则此类贷款是允许的。关于对该规定以及2002年《萨班斯—奥克斯利法案》的批评，
参见 Roberta Romano, *The Sarbanes-Oxley Act and the Making of Quack Corporate Governance*, 114
Yale L. J. 1521，1539（2005）（指出"鉴于在很多情形中，高管贷款似乎有助于增加管理层持股，
从而确保管理层与股东利益保持一致，因而2002年《萨班斯—奥克斯利法案》全面禁止向高管发放
贷款很显然是一种公共政策层面的错误规定"）。

[67] 参见2002年《萨班斯—奥克斯利法案》第406条（要求证券交易委员会通过规则，要求目
标公司披露其是否制定了覆盖高级财务官的道德准则）；S-K条例第406项，17 C.F.R. § 229.406
（要求对此进行披露）；《纽约证券交易所上市公司手册》第303A.10条（要求上市公司"通过和披
露董事、高管和员工商业行为和道德准则，并及时披露董事或高管对该准则的豁免情况"）；《纳斯
达克股票市场规则》第5610条（通过类似上市规则）；《证券交易法公告》No.48745（2003）（批准
纽约证券交易所和纳斯达克的规则提案）。

[68] Section 951 of the Dodd-Frank Act, *adding*, § 14A to the Securities Exchange Act, 15 U.S.C.
§ 78n-1.参见《证券交易法公告》No.63768（2011）。相关讨论参见后注[14]—[17]及其随附文本。

公司治理实践领域实质性行为的影响程度，而这类行为以往是归各州管辖的。[69]这提醒我们，当危机来临时，若人们认为州无法或无力约束公司越轨受信行为，那么援引联邦法规进行规制是大势所趋。[70]

（四）符合公司利益的公司治理联邦化　　　135

　　前述讨论指出，公司治理的联邦化倾向于保护投资者利益而不是企业利益。然而，在放松监管、热衷于资本形成且蔑视无理原告诉讼的时代背景之下，情况恰恰相反：公司治理的联邦化会保护公司受信人、金融中介机构和发起人的利益而损害投资者的利益。使用联邦先占原则是这一程序的惯用路径。举例而言，为了扩大资本形成，国会于 1996 年颁布了《全美证券市场促进法案》（NS-MIA），[71]该法案优先于州法律对证券交易委员会 506 规则豁免项下豁免发行进行监管。[72]国会认为，由于联邦法律和州法律之间缺乏统一性，且一些州实施的标准过于严苛，因而制定这一法案恰如其分。[73]这项立法带来的影响就是，尽管潜在投资者受到的保护不如之前全面，但资本募集的可能性的确得到了提升。[74]

---

　　[69]　相关讨论参见 Steinberg，前注[6]，第 191—262 页。

　　[70]　同上，第 292—293 页［指出"假若发生大规模的金融崩溃，且公众认为联邦或州法律标准过于宽松（从而使纠正规范成为必要），国会颁布大量公司治理立法的现象将再次上演"］。

　　[71]　Pub. L. No.104-290, 110 Stat. 3416（1996）（为了将这类证券"涵盖进来"，排除了州对证券注册和豁免的监管）。

　　[72]　《证券法》第 18（b）（4）（F）条，15 U.S.C. § 77r（b）（4）（F）。近期，证券交易委员会排除了各州对 A 条例第二层级豁免发行的监管。参见《证券交易委员会规则》第 251—263 条，7 C.F.R. §§ 230.251—263。证券交易委员会通过了 A 条例第二层级豁免，这一行为也促使许多州欲使其无效，但未能成行。参见 Lindeen v. Securities and Exchange Commission，825 F.3d 646（D.C. Cir. 2016）（支持 A 条例第二层级先占原则的有效性）。相关讨论参见本书第三章。

　　[73]　参见 Mark A. Sargent，The New Regulation D：Deregulation，Federalism and the Dynamics of Regulatory Reform，68 Wash. U.L.Q. 225（1990）（对统一性的不足以及各州坚持更积极的监管进行了讨论）。

　　[74]　另一例证是 2012 年《促进创业企业融资法案》第 201（a）条 Pub. L. No.112-106，126 Stat. 306（2012）。该条款指示证券交易委员会修订 506 规则，在所有购买者都是合格投资者的前提下，允许发行人在 506 规则发行中使用广告和一般性劝诱，借此促进资本形成。参见 506（c）规则，17 C.F.R. § 230.506（c）；《证券法公告》No.9415（2013）（通过公告）；相关讨论参见本书第三章。

　　针对诉讼，1995 年颁布的《私人证券诉讼改革法案》（PSLRA）[75]和 1998 年

136 颁布的《证券诉讼统一标准法案》（SLUSA）[76]有效减少了投资者诉讼。[77]除其他

规定外，[78]《私人证券诉讼改革法案》规定，除非原告阻止驳回动议[79]并承担质

疑上市公司前瞻性声明真实性的重大责任，否则将强制中止证据开示。[80]针对这

项立法，越来越多的原告选择在州法院提起证券集体诉讼，其中加利福尼亚州

最为典型。[81]国会则通过颁布《证券诉讼统一标准法案》来限制这一策略，要求

---

[75]　Pub. L. No.104-67，109 Stat. 737（1995）.

[76]　Pub. L. No.105-353，112 Stat. 3227（1998）.

[77]　因此，在《证券诉讼统一标准法案》规制范围内的集体诉讼中，不得依据州普通法或证券法提出索赔。另一个后果就是，由于《私人证券诉讼改革法案》的辩护要求非常严格，且美国最高法院对第 10（b）条和 10b-5 规则项下的主要责任加以限制，在法院就 *Central Bank of Denver v. First Interstate Bank of Denver*，511 U.S. 164（1994）作出裁决［裁定第 10（b）条和 10b-5 规则项下私人诉讼不存在协助和教唆责任］之后，银行家和律师等附带行为人被起诉的频率大幅降低。随后最高法院的一系列裁决进一步缩小了第 10（b）条的适用范围。参见 *Janus Capital Fund，Inc. v. First Derivative Traders*，131 S. Ct. 2296，2302（2011）（指出若要认定相关主体是 10b-5 规则项下重大虚假陈述的"责任人"，该主体必须"对陈述的内容及其传达方式拥有最终权力"）；*Stoneridge Investment Partners，LLC v. Scientific-Atlanta，Inc.*，552 U.S. 148，159（2008）（驳回欺诈计划理论，因为原告无法证明其中存在必要的关联，且"在相关时间内，所有投资公众均未实际发现或推测到被告有欺诈行为"）。近期，在一起政府执法行动案件中，最高法院将第 10（b）条和 10b-5（a）和（c）规则项下责任范围扩大适用到故意传播重大虚假陈述的主体。参见 *Lorenzo v. Securities and Exchange Commission*，139 S. Ct. 1094（2019）［同样支持《证券法》第 17（a）（1）条项下责任范围］。根据 *Stoneridge* 案的关联性要求，在私人诉讼中，*Lorenzo* 案很难为原告所用。关于《私人证券诉讼改革法案》严格的辩护要求，参见后注[79]。更多讨论参见本书第六章。

[78]　举例而言，《私人证券诉讼改革法案》包含有关以下内容的条款：集体申诉原告资格、"最适格原告"担任首席原告的确定方法、首席原告追偿限制、原告律师费限制、集体诉讼成员和解通知、滥诉中胜诉方律师费以及意外损害的限制。参见 *Private Securities Litigation Reform Act Joint Explanatory Statement of the Committee of Conference*（1995）。

[79]　《证券交易法》第 21D（b）节，15 U.S.C. § 78u-4（b）。参见 *Tellabs，Inc. v. Makor Issues & Rights，Ltd.*，551 U.S. 308，314（2007）（认定"对存在故意的推论，其肯定程度不能仅仅是可信或合理的，必须更具有说服力，至少要像不存在欺诈故意的相反推论一样肯定"）。

[80]　《证券法》第 27A 条，15 U.S.C. § 77aa-1；《证券交易法》第 21E 条，15 U.S.C. § 78u-1。参见 *Slayton v. American Express Company* 案，604 F.3d 769，773（2d Cir. 2010）（指出为了"获得安全港第一方面的保护……必须随前瞻性声明提交有意义的警示声明，对可能导致实际结果与前瞻性声明中所述结果存在巨大差异的重要因素加以确认；为了获得安全港第二方面的保护，若原告无法证明该前瞻性声明是在实际知道该声明是虚假或有误导性的情况下制备或批准的，则必须予以驳回"）。

[81]　参见 Joseph Grundfest et al.，*Securities Class Action Litigation in 1998：A Report to NAS-DAQ from the Stanford Law School Securities Class Action Clearinghouse*，1070 PLI/Corp. 69（1998）（指出"自《私人证券诉讼改革法案》通过以来，很大一部分集体诉讼从联邦法院转移到了州法院审理，这样做的目的显然是规避法案的规定"）。

除特定例外情形外，涉及全国交易证券的证券集体诉讼必须在联邦法院提起，并且仅适用联邦法律。[82]《证券诉讼统一标准法案》的联邦先占原则具有广泛性，规定诉讼必须在联邦法院提起，且禁止附带州法律附属索赔。[83]

137

　　总而言之，公司治理的联邦化是一个不断演进的过程。在过去的一个世纪中，这一进程经历了停滞和激进的曲折发展。在特朗普政府的领导下，上市公司及其受信人从这一联邦化进程中受益。[84]历史的经验告诉我们，随着政府更迭或金融危机爆发，变革浪潮随时都会席卷而来。[85]届时，当亲投资者的需求占了上风，提高联邦公司治理标准就顺理成章。从这一角度来看，本章的下一节建议在联邦层面制定有利于投资者和证券市场的公司治理措施。

三、联邦公司治理标准的建议

　　本部分将对公司治理框架的漏洞进行梳理，并建议在联邦层面实施改进后

---

　　[82]　参见《证券法》第16（f）条，15 U.S.C.《证券交易法》第28（f）条，15 U.S.C. § 78bb（f）。《证券诉讼统一标准法案》的例外情形包括：合并和收购情形中的个人诉讼、衍生诉讼以及集体诉讼。参见 *Merrill Lynch*，*Pierce*，*Fenner & Smith*，*Inc*. *v*. *Dabit*，547 U.S. 71（2006）（对州法律持有人索赔适用《证券诉讼统一标准法案》先占原则）；Richard W. Painter，*Responding to a False Alarm*：*Federal Preemption of State Securities Fraud Causes of Action*，84 Cornell L. Rev. 1（1998）。

　　[83]　参见前注[82]援引资料。涉及全国性上市公司的证券集体诉讼且只主张《证券法》索赔的，可继续在州法院提起。参见 *Cyan*，*Inc*. *v*. *Beaver County Employees Retirement Fund*，138 S. Ct. 1061（2018）。在 *Salzberg v*. *Sciabacucchi*，227 A.3d 102（Del. 2020）案中，特拉华州最高法院维持了目标公司注册证书中的某项条款的有效性，该条款规定，联邦证券法索赔诉讼必须且只能在联邦法院提起。更多内容参见本书第六章。

　　[84]　参见 Binyamin Appelbaum and Jim Tankersley，*The Trump Effect*：*Business*，*Anticipating Less Regulation*，*Loosens Purse Strings*，N.Y. Times，Jan. 1，2018，https://www.nytimes.com/2018/01/01/us/politics/trump-businesses-regulation-economic-growth.html；Greg Ip，*Donald Trump's Pro-Business Stance Inspires*，*But Economic Growth Isn't Assured*，Wall St. J.，Jan. 4，2017，https://www.wsj.com/articles/donald-trumps-pro-business-stance-inspires-but-economic-growth-isnt-assured-1483551580；Ben Protess et al.，*Trump Administration Spares Corporate Wrongdoers Billions in Penalties*，N.Y. Times，Nov. 3，2018，https://www.nytimes.com/2018/11/03/us/trump-sec-doj-corporate-penalties.html. According to one source，the SEC under the Trumpadministration "is slowly taking the shackles off corporations." Katanga Johnson，*Investors Left Exposed as Trump's SEC Gives America Inc*. *a Helping Hand*，Reuters，Nov. 5，2019，https://www.reuters.com/article/us-usa-sec-publiccompanies-analysis/investors-left-exposed-as-trumps-sec-gives-america-inc-helping-hand-idUSKBN1XG0TA.

　　[85]　事实上，由于出现了金融丑闻，2002年《萨班斯—奥克斯利法案》是在乔治·W.布什担任总统期间颁布实施的。参见前注[82]援引资料。

的标准。由于这一部分所涉内容过于庞杂，下面主要围绕优化公司治理的几个关键方面展开讨论。值得注意的是，其中两个方面的改进优化将会在本书后半部分进行讨论：其一，需要针对内幕交易进行全面监管立法；其二，需要确定并购（包括要约收购）中实质行为的联邦化是否适当。

（一）董事会和董事会委员会的构成

按照传统，董事会和董事会委员会的构成属于州公司法管辖范畴。[86]然而，联邦法律和证券交易所的监管却在其中发挥着日益重要的作用。举例而言，自1977年以来，纽约证券交易所（NYSE）的上市公司必须设立完全由独立董事构成的审计委员会。[87]现如今，证券交易所要求上市公司董事会的大部分董事必须是独立董事。[88]再如，依照《多德—弗兰克法案》的规定，薪酬委员会必须完全由独立董事构成。[89]从监管执法的角度来看，几十年来，证券交易委员会成功地获取禁止令，禁止因欺诈行为受到制裁的公司受信人担任任何上市公司的董事或高管。[90]此外，在依据同意谈判程序达成的承诺中，目标公司同意任命"令委员会满意的"新独立董事。[91]最后，依据《多德—弗兰克法案》授权证券交易委员会制定规则，允许特定大股东查阅目标公司的委托投票说明书，提名特定数量的董事。[92]

在某些情况下，尽管传统上属于州公司法的管辖范围，[93]但联邦法律仍旧会

---

[86] 参见 American Bar Association, Model Business Corporation Act §§ 8.01—8.11, 8.20—8.25, 8.30—8.31; 8 Del. Gen. Corp. L. §§ 141, 144。

[87] 参见《证券交易法公告》No.13346（1977）（批准纽约证券交易所规则）；Steinberg, 前注⑥，第141页（指出"相较于直接参与执行审计委员会规则这一有争议的措施，委员会选择'说服'纽约证券交易所代劳"）。关于2002年《萨班斯—奥克斯利法案》之后审计委员会的构成和职能，参见前注❻讨论及其随附文本；后注❾及其随附文本。

[88] 参见 NYSE Listed Company Manual § 303A.01; Nasdaq, Inc. Stock Market Rules § 5605 (b)。

[89] 参见 § 952 of the Dodd-Frank Act, amending, § 10C of the Securities Exchange Act, 15 U.S.C. § 78j-3。

[90] 为了签发这种董事或高管禁令，必须以受信人实施了欺诈行为为前提［例如违反《证券交易法》第10（b）条］，且该行为证明受信人不适合担任这一职务。参见前注❺❾—❻①及其随附文本。

[91] 参见前注❺❷、❻①所引案例。

[92] 参见 § 971 of the Dodd-Frank Act, Amending, § 14 (a) of the Securities Exchange Act, 15 U.S.C. § 78n (a)；相关讨论见后注❶❸❷—❶❸❽及其随附文本。

[93] 参见前注❽❻援引的资料来源。

要求董事会及其委员会履行特定职能。举例而言，对于那些被指控未充分监督公司履行披露和报告义务的董事，证券交易委员会偶尔会采取执法行动。[94]对于董事会委员会，联邦立法则规定了审计和薪酬委员会必须遵守的程序和标准。[95]

前述讨论证明，联邦法律对董事会及其委员会的构成与职责并不陌生。因此，为这一领域的改革提出建议并不是开天辟地式的壮举。由于州法律并未对这些情形作出适当的规定，也没有妥善解决董事会的异常行为，因此提出前述改革建议实有必要。商业判断规则的滥用[96]和对独立董事决策的盲 140

---

[94] 参见 Securities and Exchange Commission v. Krantz 案，《证券交易委员会新闻公告》No.2011-238（2011）（宣布与外部董事达成和解，这些董事被指控"多次无视大规模证券欺诈的危险信号……且拒绝履行其对公司和股东应尽的义务"）；Securities and Exchange Commission v. Marchese 案，《证券交易法公告》No.47732（2003）（证券交易委员会据此认定，在公司审计委员会任职的目标董事"对公司财务报告未进行任何监督，未履行任何注意义务来确保公司有适当的内部控制，同时未确保公司财务记录准确无误"）；In the Matter of W.R. Grace & Co.案，《证券交易法公告》No.39157（1997）［在第21（a）条报告中，强调"公司高管和董事负有积极责任，要确保其服务的股东获得……联邦证券法规定的准确、完整的披露信息"］。

[95] 关于审计委员会必须承担的具体任务，参见前注[94]相关讨论。可以断言，在公司能够负担的前提下，审计委员会应聘请与公司不同的律师。单独聘请的律师，以审计委员会为公司内部的唯一客户，能够为委员会提供独立的法律建议。参见 Marc I. Steinberg, Attorney Liability After Sarbanes-Oxley § 9.02（2018）（指出，在2002年《萨班斯—奥克斯利法案》之后，"如今很多上市公司的审计委员会都会听取独立律师的意见"）。参见 Frederick D. Lipman and Joseph G. Poluka, Audit Committees Need Independent Counsel，Directors & Boards（2016），https://www.blankrome.com/publications/audit-committees-need-independent-counsel。

关于目标公司薪酬委员会成员独立性的评估，应当基于以下因素：（1）发行人董事会成员的薪酬来源，包括发行人向该董事会成员支付的顾问、咨询或其他补偿费；以及（2）发行人董事会成员是否与发行人、发行人子公司或发行人子公司关联方有关联。《证券交易法》第10C条，15 U.S.C. § 78j-3（a）（3）。参见证券交易委员会10C-1规则，17 C.F.R. § 240.10C-1。该法规及10C-1规则规定了薪酬委员在决定是否聘用薪酬顾问时需要评估的标准。此外，委员会可聘请其他顾问，包括独立律师。适用的证券交易所规则能够促进法规和证券交易委员会规则指令的执行，对薪酬委员会的构成、职能和义务进行了说明。参见《纽约证券交易所上市公司手册》第303A.05条；《纳斯达克股票市场规则》第5605（d）条。更多讨论参见 Steinberg，前注[6]，第208—210页、第247—252页。

[96] 一般而言，商业判断规则能够规避诉讼，前提是目标董事会：（1）作出了审慎的决策，（2）作决策时充分知情，（3）不存在使决策无效的利益冲突，且（4）有合理依据。参见 Smith v. Van Gorkom，488 A.2d 858（Del. 1985）；Aronson v. Lewis，473 A.2d 805（Del. 1984）；Gimbal v. Signal Companies，316 A.2d 599（Del. Ch.），aff'd 案，316 A.2d 619（Del. 1974）。目标董事会作出的这类审慎决策还须合法，方可受商业判断规则的保护。参见 Miller v. American Telephone & Telegraph Co.，507 F.2d 759（3d Cir. 1974）。

从⑨问题层出不穷。例如，商业判断规则适用的前提是存在重大过失，⑱若违反重大过失标准，相关主体在其他情形中可能需要承担惩罚性赔偿责任；⑲对于董事未进行充分监督的行为，认定缺乏善意是基于"（a）董事完全没有执行任何报告或信息制度或控制，或（b）董事执行了制度或控制，但有意未能监督系统或控制的运行，因此使其无法发觉所需要注意的风险或问题"；以及对于关联交易，⑩在明知外部董事明显偏向于内部利益的情况下仍过度尊重其决定。⑩意识到州监管存在的明显缺陷，国会采取了一系列措施，例如禁止向董事和高管发放公司贷款。⑩因此，针对独立董事身份制定联邦标准理应能够优化公司治理实践，对公司及其利益相关者而言大有裨益。⑩

141　　依据《多德—弗兰克法案》和证券交易委员会执行该指令的措施，目标公司必须披露是否存在由同一人兼任首席执行官和董事会主席的情况。⑩如果存在这一情况，目标公司须披露是否指定了首席独立董事，"以及该首席独立董事在董事会领导中具体承担什么职能"。⑩公司还须对"这种特殊领导结构的合理性"作出解释。⑩

　　幸运的是，越来越多的公司选择拆分首席执行官和董事会主席这两个职

---

⑨　　参见 Marciano v. Nakash，535 A.2d 400（Del. 1987）（有利害关系的董事交易获得独立董事批准的，适用商业判断规则）。有些法规规定甚至更为宽泛。举例而言，依据得克萨斯州法律，只要无利害关系董事是在了解法规规定的重大事实后善意批准了目标交易，该交易即有效且可执行。Texas Bus. Org. Code § 21.418.

⑱　　参见 Aronson v. Lewis，473 A.2d 805，812（Del. 1984）（认定"依据商业判断规则，董事责任的前提是存在重大过失"）；《布莱克法律大辞典》第 1246 页（2019 年第 11 版）（将重大过失定义为"缺乏最基本的勤勉或注意"）。

⑲　　参见《布莱克法律大辞典》，前注⑱，第 1246 页（将重大过失定义为"无视法律义务和对另一方造成一定后果的有意识的、自愿的作为或不作为，且另一方通常可获得典型的损害赔偿"）。

⑩　　Stone ex rel. AmSouth Bancorporation v. Ritter，911 A.2d 362，368—369（Del. 2006）.

⑩　　参见 Zapata Corp. v. Maldonado，430 A.2d 779，787（Del. 1981）（指出"必须注意的一点是，董事也在评判同一公司的其他董事"）。

⑩　　参见前注⑯及其随附文本。

⑩　　相关讨论参见后注⑩—⑩及其随附文本。

⑩　　Section 14B of the Securities Exchange Act，15 U.S.C. § 78n-2；Item 407 of Regulation S-K，17 C.F.R. § 229.407.

⑩　　Item 407（h）of Regulation S-K，17 C.F.R. § 229.407（h）.

⑩　　同上。再如，公司必须明确股东与董事会沟通时必须遵守的程序。若没有制定这类程序，则公司必须对此作出解释。

位。[107]这样做的好处显而易见：首席执行官无需再自我监督，而是受到更强的独立监督；首席执行官和董事会以及其他内外部成员的制衡关系能够有效避免首席执行官一家独大；董事会会议议程的控制权在首席执行官和董事会主席之间得到了更合理的分配；公司内部信息（包括不利的发展情况）向外部董事的流动得到了改善；重大决策能够受到更严格的审查，且在某些情况下还会受到质疑；以及即便存在仅由独立董事构成的委员会（例如审计、薪酬和提名/公司治理委员会），独立董事的权力也可能得到一定的增强。[108]尽管在某些公司，高瞻远瞩的首席执行官同时兼任董事会主席，带领公司取得了傲人的成绩，[109]但身兼二职通常弊大于利。[110]因此，国会应当通过立法规定：公司必须由一名独立董事担任董事会主席以作为其在国家证券交易所进行证券上市的条件。鉴于此类公司董事会成员大多是独立董事（只存在少数例外），[111]这一规定对于绝大多数上

142

---

    [107] 参见 Jeanne Sahadi，*Should CEOs Double as Board Chairs？Increasingly S&P Companies Are Saying No*，CNN Bus.（Oct.31，2019），https://www.cnn.com/2019/10/31/success/ceo-board-chair-split-role/index.html（指出 53% 的标准普尔 500 指数公司都设有独立的首席执行官和董事会主席）。然而，正如史宾沙报告（Spencer Stuart Report）所述，独立的董事会主席通常和公司有很深的渊源，例如曾经担任公司的首席执行官。Spencer Stuart，*The Non-Executive Chairman——Offering New Solutions* 1（2007），https://www.spencerstuart.com/~/media/pdf% 20files/research% 20and% 20insight%20pdfs/cornerstone-of-the-board-the-nonexecutive-chairman_21jan2008.pdf.

    [108] 参见 Thomas Grytaand Theo Francis，*When Things Get Tough，Companies Split Chairman，CEO Roles*，Wall St. J.，2019 年 11 月 3 日，https://www.wsj.com/articles/when-things-get-tough-companies-split-chairman-ceo-roles-11572778801?mod = searchresults&page = 1&pos = 2（指出"绝大多数的美国大公司都会在危机之后选择分割领导职权"）；Joseph Mandato and William Devine，*Why the CEO Shouldn't Also Be the Board Chair*，Harv. Bus. Rev.（2020），https://hbr.org/2020/03/why-the-ceo-shouldnt-also-be-the-board-chair（指出上市公司"应当谨慎选择让同一人兼任担任首席执行官和董事会主席两个职位"，将首席执行官和董事会主席职位分离"已经成为股东提交的最常见的治理方案"）；Mengqi Sun，*More U.S. Companies Separating Chief Executive and Chairman Roles*，Wall St. J.，2019 年 1 月 23 日，https://www.wsj.com/articles/more-u-s-companies-separating-chief-executive-and-chairman-roles-11548288502（指出"首席执行官和董事会主席职位分离的举措是基于独立的董事会主席能够与独立的首席执行官互相牵制的理念"）。

    [109] 参见 Michael Stockham，*Split Decisions：The Pros and Cons of Separating CEO and Chairman Roles*，Corp. Compliance Insights（2013），https://www.corporatecomplianceinsights.com/split-decisions-the-pros-and-cons-of-separating-ceo-and-chairman-roles/。

    [110] 相关讨论参见前注[108]（Mandato 和 Devine）。

    [111] 参见前注[63]及其随附文本。一个关键的例外是，由另一实体、集团或个人持有 50% 以上投票权的受控公司，其董事会不需要由大多数独立董事组成。参见《纽约证券交易所上市公司手册》第 303A 条；《纳斯达克股票市场规则》第 5605（b）条。

市公司而言根本无关痛痒。⑫

143   一般而言，研究发现，健全的公司治理实践能够提升股东价值。⑬有能力、勤奋、正直且熟悉目标公司的独立董事是公司财务状况良好的关键因素。⑭尽管董事会共同掌权有一定的益处，⑮但上市公司普遍存在多样性匮乏的问题，这一

---

⑫   对于在聘用合格独立董事方面有困难的小型上市公司而言，这一规定存在一定的问题。同意在这样一家公司担任董事会主席与担任没有主席职责的外部董事需要考量的事项大相径庭。毕竟董事会主席需要承担的责任和承担责任的风险都更大。经进一步研究，若小型上市公司无法聘用独立董事会主席，则联邦法规可以为这类资产和股东数量未达特定数额的公司破例。替代方案之一就是要求这类公司任命一名首席独立董事，由其来：除其他职能外，担任管理层和外部董事的重要沟通者，主持管理层惯例被排除在外的执行会议，主导首席执行官的绩效评估，以及联络有问题需要解决的主要股东。参见 Marion Plouhinec, *The Role of the Lead Independent Director*，Harv. Law School Forum on Corp. Gov.（2018 年 11 月 25 日），https://corpgov.law.harvard.edu/2018/11/25/the-role-of-the-lead-independent-director/。假设首席执行官都兼任董事会主席，几乎所有标准普尔 500 指数公司都会任命一名首席董事。参见 Spencer Stuart, *A Closer Look at Lead and Presiding Directors* 1（2005）（指出截至 2005 年中，94%的标准普尔 500 指数公司的董事会都任命了首席或主持董事），https://www.spencerstuart.com/~/media/pdf% 20files/re-search% 20and% 20insight% 20pdfs/cornerstone-of-the-board_29mar2006.pdf。

首席执行官和董事会主席职位的分离也是美国之外其他国家和地区面临的紧迫问题。参见 Zabihollah Rezaee, *Business Sustainability*, *Corporate Governance*, *and Organizational Ethics* 511（Timothy Fogarty ed., 2019）（指出"欧洲公司治理最佳实践证明，董事会主席和首席执行官职责的分离是大势所趋"）。

⑬   参见 Paul Gompers, et al., *Corporate Governance and Equity Prices*, 118 Q.J. Econ. 107（2003）（摘要：发现"股东权利更强的公司具有更高的公司价值、利润、销售增长，更低的资本支出以及更少的公司收购"）；R. Christopher Small, *The Vote Is Cast：The Effect of Corporate Governance on Shareholder Value*, Harv. Law School Forum on Corp. Gov.（2010 年 5 月 5 日），https://corpgov.law.harvard.edu/2010/05/05/the-vote-is-cast-the-effect-of-corporate-governance-on-shareholder-value/（指出"我们的结果描绘的是这样一番景象，良好的公司治理得到了正向的市场反馈，同时能够长久地提高业绩表现"）。

⑭   参见 American Bar Association, Corporate Law Committee, *Corporate Director's Guidebook*（7th ed. 2020）；American Law Institute, *Corporate Governance：Analysis and Recommendations*（1994）. Nicola Faith Sharpe, *The Cosmetic Independence of Corporate Boards*, 34 Seattle U. L. Rev. 1435（2011）。

⑮   参见 Arleen Jacobius, *For an Efficient Board*, *Mutual Respect and a Collegial Culture Are Mandatory*, Pension & Investments, Jan. 12, 2020, https://www.pionline.com/governance/efficient-board-mutual-respect-and-collegial-culture-are-mandatory；也参见 Paula Loop, *Is Collegiality Clouding Your Boardroom*, NACD Board Talk, 2019 年 10 月 17 日, https://blog.nacdonline.org/posts/colle-giality-clouding-boardroom（指出"董事会应当考虑通过让更多持不同意见者参与进来平衡合议，因为过多的合议会妨碍合理的讨论和分歧"）。

点令人难以接受。[116]依据如今的证券交易所规则，通常情况下，只要董事与目标公司不存在"实质关系"，就能被认定为"独立董事"。[117]如此一来就会使得外部董事和内部人士同质化程度相当高。这些外部董事本身就是其他上市公司的高管，与内部人士有着类似的生活经历，很容易产生"结构性偏见"。[118]董事会多样性的缺失往往会导致首席执行官占据绝对主导地位，董事会难以实施关键监督，继而影响公司的财务表现。[119]

144

尽管许多公司已经采取措施来提高董事会的多样性，[120]但要实现这一目标仍

---

[116]　参见 Elizabeth Olson，*Slow Gains for Women and Minorities on Boards of Big U.S. Firms*，*Study Says*，N.Y. Times，2019 年 1 月 15 日，https://www.nytimes.com/2019/01/15/business/women-mi-norities-corporate-boards.html（董事会多元化联盟的研究表明，尽管"过去两年，美国最大上市公司的董事会中少数族裔和女性的比例略有上升，但其中大部分公司的董事仍是白人男性"）。

[117]　参见《纽约证券交易所上市公司手册》第 303A.02（a）（i）条（指出董事的独立性必须"由目标公司董事会确定"，这意味着该董事"和上市公司不存在实质性关系"）；《纳斯达克股票市场规则》第 5605（a）（2）条（对"独立董事"作出类似定义）。

这些规则还适用于董事的直系亲属［包括配偶、子女、父母、兄弟姐妹或与该董事共同居住的其他主体（家庭雇员除外）］。参见《纽约证券交易所上市公司手册》第 303A.02 条注释。

对董事不独立的情形，《纽约证券交易所上市公司手册》和《纳斯达克股票市场规则》都作出了类似的规定。依据纽约证券交易所的框架，有以下情形的，认定董事不具有独立性：

（1）过去三年内曾担任上市公司员工或高管；

（2）过去三年中任何十二个月内，收到上市公司超过 12 万美元的直接报酬（不包括董事和委员费用或延期的服务费）；

（3）是上市公司内部或外部审计师的现任员工或合伙人；

（4）过去三年内担任或曾任另一家公司的高管，且该上市公司现任高管在或曾在该公司薪酬委员会"任职"；

（5）企业任职在过去三个财政年度内"曾因财产或服务与上市公司有钱款往来"，且金额"超过 100 万美元或该企业合并总收入的 2%（以二者中较大者为准）"。

Steinberg，前注⑥，第 235 页，对《纽约证券交易所上市公司手册》第 303A.02（b）条的总结。参见《纳斯达克股票市场规则》第 5605（a）（2）条。

[118]　一般而言，结构性偏见指的是"董事倾向于偏袒相同社会或经济阶层的人，例如董事或公司高管们"。Douglas M. Branson et al.，*Business Enterprises：Legal Structures，Governance，and Policy—Cases，Materials，and Problems* 608（4th ed.2020）. 参见后注⑫。

[119]　参见 Neil Amato，*What to Do if Your Board Is Too Friendly*，*Financial Management*，2019 年 11 月 4 日，https://www.fm-magazine.com/news/2019/nov/corporate-board-refreshment-201922350.html（报告称，"43%的董事表示，很难在董事会内部表达不同意见"，而 18%的董事则认为，"董事会成员之间的合议关系或私交"往往会让事情变得棘手）。

[120]　参见 Lena Eisenstein，*The Importance of Diversity on Boards*，*Board Effect*，2019 年 8 月 7 日，https://www.boardeffect.com/blog/importance-diversity-boards/（讨论进一步承认公司董事会中性别和种族多样的益处）；Kathy Gurchiek，*Report：Diversity on Boards Growing Slowly*（转下页）

任重道远。如果缺乏明确的国会指令，必要的行动很难真正落地。因此，国会应
当制定立法，通过以下指令来提高董事会的多样性。其一，进一步廓清"独立董
事"的定义，不仅要排除与公司有实质关系的主体，还要排除与公司有任何财务
关系（证券所有权除外）或与高管有任何亲属或其他私人关系（例如友情）（或
过去有此关系）的主体。[120]这一措施能够大大提升董事会成员的独立性，减少结构
性偏见。事实上，鉴于性别和种族的多样性同样大有裨益，故而必须确保有足够
145   数量的具备不同背景和经验的董事。[121]此外，对于在目标公司担任多年董事的主

（接上页）*But Steadily*，SHRM，2019 年 6 月 13 日，https://www.shrm.org/resourcesandtools/hr-topics/behavioral-competencies/global-and-cultural-effectiveness/pages/report-diversity-on-boards-growing-slowly-but-steadily.aspx（指出财富 500 强公司董事会中性别和种族多样性的增加）；Subodh Mishra，*U.S. Board Diversity Trends in 2019*，Harv. Law School Forum on Corp. Gov.，2019 年 6 月 18 日，https://corpgov.law.harvard.edu/2019/06/18/u-s-board-diversity-trends-in-2019/（调查罗素 3000 指数公司，指出董事会中女性和少数族裔的占比有所提升）。

[120]   因此，所有独立董事（不仅仅是在审计委员会任职的独立董事）都只能单纯因担任董事和委员获得报酬。参见 Theo Francis and Joan S. Lubin，*Boards Get More Independent*，*But Ties Endure*，Wall St. J.，2016 年 1 月 19 日，https://www.wsj.com/articles/boards-get-more-independent-but-ties-endure-1453234607（指出"外部董事与其监督的公司和高管有联系"）。当然，独立董事必须具备实现实质性独立的条件。正如知情人所述，"前述手段包括时间、信息和知识，这同时也是有效决策程序的关键所在"。Sharpe，前注[114]，第 1435 页。

[121]   参见前注[118]。关于公司董事会性别和种族多样性的讨论，参见后注[125]—[130]及其随附文本。一位知情人士曾尖锐地指出，"事实上，被任命为公司董事会成员的女性，其价值观、经验和知识与男性相比可能并无太大区别"。Katherine Klein，*Does Gender Diversity on Boards Really Boost Company Performance？*，K@W，（Wharton），2017 年 5 月 18 日，https://knowledge.wharton.upenn.edu/article/will-gender-diversity-boards-really-boost-company-performance/。以 IBM 2020 年度会议的委托投票说明书为例（https://www.ibm.com/annualreport/2019/proxy.html.），IBM 董事会建议股东投票选举以下候选人，其工作履历如下：Thomas Bubert（"跨国保险公司 AXA 首席执行官"）、Michael L. Eskew（"专业运输和物流服务供应商 United Parcel Service，Inc.的退休董事会主席兼首席执行官"）、David N. Farr（"多元化制造和科技公司 Emerson Electric Co.，董事会主席兼首席执行官"）、Alex Gorsky（"全球医疗保健品公司强生集团董事会主席兼首席执行官"）、Michelle Howard（"美国海军退役上将"）、Arvind Krisha（"IBM 首席执行官，2020 年 4 月 6 日生效"）、Andrew N. Liveris（"材料、聚合物、化学品和生物科学公司 The Dow Chemical Company 退休董事会主席兼首席执行官"）、Frederick William McNabb III（"世界最大投资管理公司之一 The Vanguard Group，Inc.，退休董事会主席兼首席执行官"）、Martha E. Pollack（"康奈尔大学校长，康奈尔大学是一所世界领先的研究型大学，在探索和改善人类生活方面创造了许多新技术，并取得了根本性突破"）、Virginia M. Rometty（"IBM 董事会主席、总裁兼首席执行官、IBM 执行主席，自 2020 年 4 月 6 日起生效"）、Joseph R. Swedish（"领先的健康福利提供商 Anthem，Inc.，高级顾问、退休董事会主席、总裁兼首席执行官"）、Sidney Taurel（"制药公司 Eli Lilly and Company 名誉主席"）、Peter R. Voser（"全球能源和石化公司集团 Royal Dutch Shell plc 退休首席执行官"）以及 Frederick H. Waddell（"金融服务公司 Northern Trust Corporation 退休董事会主席兼首席执行官"）。随后入选了 IBM 董事会的候选人中，绝大多数都存在结构性偏见。十四名董事中，除三名董事外（Howard 女士、McNabb 先生和 Pollack 女士），其他董事都有相似的工作经历。

体而言，（因为能够获得丰厚的报酬，包括可观的股票溢价）董事怠工和增选的风险的确存在。[123]为了解决这一问题，独立董事的任期应采用交错制，例如每个董事的任期应按安排有序过渡且不得超过五年，从而实现在每次选举之后，都有足够数量的现任独立董事，以确保集体公司的知识基础能够得到完整充分的延续。[124]

其二，效仿加利福尼亚州[125]和其他国家的做法，[126]董事会中必须有一定数量 146

---

[123] 参见 PwC，*PwC's 2019 Annual Corporate Directors Survey*（2019），https://www.pwc.com/us/en/services/governance-insights-center/library/annual-corporate-directors-survey.html（指出"对其他董事的不满达到了历史新高，但董事会并不一定要更换那些不合格的董事"）；Diane Lerner，*Board of Directors Compensation：Past，Present and Future*，Harv. Law School Forum on Corp. Gov.，2017 年 3 月 14 日，https://corpgov.law.harvard.edu/2017/03/14/board-of-directors-compensation-past-present-and-future/（报告称，标准普尔 500 指数公司的常见薪酬构成要素包括年度股权授予和现金薪酬，2015 董事薪酬的中值为 26 万美元）。

[124] 参见 Jon Lukomnik，*Board Refreshment Trends at S&P 1500 Firms*，Harv. Law School Forum on Corp. Gov.，2017 年 2 月 9 日，https://corpgov.law.harvard.edu/2017/02/09/board-refreshment-trends-at-sp-1500-firms/（指出"观察发现，标准普尔 500 指数公司董事的平均任期为 8.7 年，投资者对董事/董事会任期的延长深感忧虑"）。

[125] Calif. Sen. Bill 826（2018）（适用于在加利福尼亚州设立或设置总部的国家证券交易的公司）。参见 Associated Press，*California Sued Again for Requiring Women on Corporate Boards*，L.A. Times，Nov. 13，2019，https://www.latimes.com/business/story/2019-11-13/california-sued-for-requiring-women-corporate-boards；Rachel Feintzeig，*California Law Spurs Companies to Add Female Directors*，Wall St. J.，Dec. 18，2019，https://www.wsj.com/articles/california-law-spurs-companies-to-add-female-directors-11576665000；Richard Vernon Smith，*California Mandates Female Representation on Public Company Boards*，Forbes，Oct.1，2018，https://www.forbes.com/sites/allbusiness/2018/10/01/california-mandates-female-representation-public-company-boards/#22c56a521775. 截至 2021 年底，（1）若董事会成员为六名或六名以上，则必须至少有三名女性董事；（2）若董事会成员为五名，则必须至少有两名女性董事；以及（3）若董事会成员为四名或四名以下，则必须至少有一名女性董事。有人主张，根据第十四修正案的平等保护条款和加利福尼亚州宪法，该法令违宪，但该主张迄今未得到支持。参见 *Meland v. Padilla*，2020 WL 1911545（E.D. Cal. 2020）（法院以不具备诉讼资格为由予以驳回）。

[126] 要求董事会有一定比例女性董事的国家包括：比利时、芬兰、法国、冰岛、以色列、意大利、肯尼亚、挪威、魁北克（加拿大）和西班牙。参见 Siri Terjesen et al.，*Legislating a Woman's Seat on the Board：Institutional Factors Driving Gender Quotas for Boards of Directors*，Northeastern Univ.（online）（2014），https://www.academia.edu/23285395/Legislating_a_Woman_s_Seat_on_the_Board_Institutional_Factors_Driving_Gender_Quotas_for_Boards_of_Directors. 2008 年，挪威要求上市公司董事会的女性董事占比不得低于 40%，若不遵守这一规定，公司可能会被解散。参见 *Ten Years On From Norway's Quota for Women on Corporate Boards*，The Economist，2018 年 2 月 17 日，https://www.economist.com/business/2018/02/17/ten-years-on-from-norways-quota-for-women-on-corporate-boards. 2011 年，法国颁布了类似的法案。参见 Claire Zillman，*Need Proof that Companies Can Have Gender Diverse Boards？Look to France*，Fortune，2018 年 12 月 3 日，https://fortune.com/2018/12/03/board-diversity-france/（指出，在 200 家最大型的欧洲公司中，法国公司董事会中女性董事的占比最高，达到 44.2%）。

的女性董事。举例而言，根据加利福尼亚州的法律要求，由六名或六名以上成员构成的董事会应至少包含三名女性董事。[127]具备性别多样性的董事会视野更加广阔，能够提升审议和决策的质量。[128]具备种族多样性的董事会亦是如此。[129]多项研究表明，拥有女性董事的董事会，其平均财务表现更为优异。[130]为了确保上市

147

---

[127]　参见 Diana C. Nicholls Mutter，*The Morals of the Women on Corporate Boards Story：Global Board Gender Diversity Efforts Still Need Fairness-Based Arguments to Move Regulation to the Next Chapter*，53 Int'l Law. 235（2020）（对几个国家增加公司董事会女性董事占比的举措展开讨论）；相关讨论参见前注[125]。

[128]　参见 Erica Hersh，*Why Diversity Matters：Women on Boards of Directors*，Harvard Univ. T.H. Chan School of Public Health（2015），https：//www.hsph.harvard.edu/ecpe/why-diversity-matters-women-on-boards-of-directors/（指出"为组织引入多元化视角的方法之一就是提升董事会的性别多样性"）。参见 Douglas M. Branson，*No Seat at the Table：How Corporate Governance and Law Keep Women Out of the Boardroom*（2008）；Avivah Wittenberg-Cox，*What Do Countries with the Best Coronavirus Responses Have in Common？Women Leaders*，Forbes，April 13，2020，available at https：//www.forbes.com/sites/avivahwittenbergcox/2020/04/13/what-do-countries-with-the-best-coronavirus-responses-have-in-common-women-leaders/?sh＝3914447e3dec。

[129]　参见前注[127]中 Eisenstein 的讨论；Matt Palmquist，*The Advantages of a Diverse Board*，strategy-business.com，2015 年 6 月 18 日，https：//www.strategy-business.com/blog/The-Advantages-of-a-Diverse-Board?gko＝bf646（指出"董事会多样性的拥趸们认为，少数族裔领导人能够提出独到的见解，拓宽公司的知识网络，为应对董事会层面复杂的决策程序带来更丰富的视角"）。2020 年，加利福尼亚州通过了一项立法，要求所有主要营业地位于加利福尼亚州的上市公司，其董事会必须有特定数量的来自"边缘社群"的董事。Assembly Bill 979（2020）. 该立法将来自边缘社群的董事定义为"自我认同为黑人、非裔美国人、西班牙裔、拉丁裔、亚裔、太平洋岛民、原住民、夏威夷原住民、阿拉斯加原住民、男同性恋、女同性恋、双性恋或跨性别者的个体"。同上，第 301.4（e）（1）条，修订《加利福尼亚州公司法》第 301，2115.6 条。参见 Anne Steele，*California Sets Diversity Quotas for Boards*，Wall St. J.，2020 年 10 月 1 日，B1 版。

[130]　参见 Stephanie J. Creary et al.，*When and Why Diversity Improves Your Board's Performance*，Harv. Bus. Rev.，2019 年 3 月 27 日，https：//hbr.org/2019/03/when-and-why-diversity-improves-your-boards-performance（对董事会中性别多样性的益处展开讨论）；Jena McGregor，*More Women at the Top，Higher Returns*，Wash. Post，2014 年 9 月 24 日，https：//www.washingtonpost.com/news/on-leadership/wp/2014/09/24/more-women-at-the-top-higher-returns（指出"研究者很早之前就发现，公司董事会拥有女性成员与更优秀的财务表现之间存在正相关"）；Nancy Sheppard，*The Benefits of Gender Diversity on the Board：The Key Research*，Directors & Boards（2015），https：//www.directorsandboards.com/articles/singlebenefits-gender-diversity-board-key-research（指出具备性别多样性的董事会表现优于单一性别董事会）。但参见 Klein，前注[122]（指出"严谨的、经同行评议的学术研究表明，尽管表面上看来增加董事会性别多样性能够提升公司业绩表现，但研究结果却与之截然相反"）。参见 Daniel J. Morrissey，*George Floyd Protests Show Corporations Must Support Racial and Economic Equality*，The Hill，2020 年 6 月 4 日，https：//thehill.com/opinion/civil-rights/501259-protests-show-corporations-must-support-racial-and-economic-equality?rnd＝1591313467（指出公司董事会和最高管理层中少数族裔占比"极低"）。

公司董事会保有合理数量的女性成员，联邦立法势在必行。[131]

其三，与其授权证券交易委员会制定规则（该规则随后被联邦上诉法院宣布无效），[132]不如直接制定法规，规定实益拥有[133]至少3%有表决权股份并持有该股份至少十二个月的最大股东（或股东团体）有权查阅公司的委托投票说明书，148 对多达25%的董事会候选席位进行提名。[134]若该股东拒绝提名，则实益拥有签署有表决权股份且满足一年持有期条件的第二大股东可进行提名。[135]由于该股东可查阅公司委托投票说明书，因此不允许其借此变更公司控制权。[136]尽管有些激进股东被指控过于短视——以牺牲目标公司长期最佳利益为代价来增加自己的收益[137]——

---

[131] 值得注意的是，其他几个发达国家都颁布了立法，要求上市公司董事会中女性董事必须达到特定比例。参见前注[126]及其随附文本。

[132] 参见《多德—弗兰克法案》第971条（授权证券交易委员会通过规则，允许股东查阅目标公司委托投票说明书并投票提名董事会董事候选人）；证券交易委员会14a-11规则，17 C.F.R. § 240.14a-11。哥伦比亚特区巡回法院在 Business Roundtable v. Securities and Exchange Commission，647 F.3d 1144，1148—1149（D.C. Cir. 2011）中宣布14a-11规则无效（认定"委员会对规则成本和收益的界定缺乏一致性，有投机取巧的成分，未能充分量化特定成本且没有说明原因，未能就自己的预判提出有力的支撑，存在自相矛盾之处，同时没有对评论家们提出的实质性问题进行有效回应"）。

[133] 一般而言，实益所有权包括投票权和（或）投资权。参见证券交易委员会13d-3规则，17 C.F.R. § 240.13d-3；《证券交易法公告》No.13291（1977）；Wellman v. Dickinson，682 F.2d 355，365—366（2d Cir. 1982）。

[134] 依据14a-11规则，"目标公司的最大股东（或最大的股东群体）（最少持有3%有投票权股份且持有时间不低于三年）有权提名一名董事候选人或公司董事会25%的董事（以二者中较大者为准）"。Marc I. Steinberg, Understanding Securities Law 188（7th ed. 2018）。该建议规定了十二个月的持有期。这一期间足够证明目标主体具备投资意图，证券交易委员会也将这一规定适用于多种情形。参见证券交易委员会14a-8（b）规则，17 C.F.R. § 240.14a-8（要求目标主体若想提出股东提案，必须满足一年持有期的要求）；证券交易委员会144（d）（1）（ii）规则，17 C.F.R. § 230.144（D）（1）（ll）（规定，非关联方持有不具有披露义务发行人的限制性证券的，持有期为十二个月）。

[135] 换言之，若其他大股东拒绝，则符合股权持有份额和持有期标准的股东都有权查阅目标公司的委托投票说明书。这一方法使得大股东在其他大股东弃权的情况下可启动这一程序。若从相反的角度理解，这一方法会激励对管理层友好的投资者获取最大百分比的股权，同时不启动这一程序，从而令第二大合格股东无法获取公司委托投票说明书。

[136] 对于想要变更公司控制权的股东来说，代理投票权争夺不失为可行途径之一。参见 Randall S. Thomas and Catherine T. Dixon, Aranow & Einhorn on Proxy Contests for Corporate Control（1988）。

[137] 参见 Harvard Kennedy School, The Hauser Institute for Civil Society，Initiative for Responsible Investment, A Note on Short-Termism（2015），https://iri.hks.harvard.edu/files/iri/files/tlf-note-on-long-term-investing.pdf（指出"短期投资策略会提供即时回报，但并非长久之计，因为追求即时的高回报而不考虑长期影响可能会影响长期投资者的业绩表现，进而影响整体经济"）。参见 Frank Zarb, When Passive Hedge Funds Decide to Become Activist，52 Reg.Sec.&Comm. Reg. 247（2019）。

但该股东在作决定的时候，仍应从实际出发。通过公司民主程序，在判断被提名人和现任董事会候选人谁应当选时，股东应当行使"话语权"。毕竟股东选举董事的权利是上市公司所有权和控制权分离合法性的根本。⑬⑧

149   其四，员工代表理应占据至少一个董事会席位。这一举措能够大大增强董事会的多样性，拓宽视角，并提振员工士气。⑬⑨事实上，许多经济合作与发展组织国家⑭⑩都要求上市公司董事会中必须有员工代表。⑭⑪这一做法说明，员工代表能够对优化董事会审议和决策作出重要贡献。此外，有人曾指出，"我们确信，在民主社会中，当权者应当对权力行使的对象负责，包括所有社会机构，公司也不例外"。⑭⑫

---

⑬⑧   参见 *Blasius Industries*，*Inc*. *v*. *Atlas Corp*.案，564 A.2d 651，659（Del. Ch. 1988）（指出"股东投票权是董事权力合法性的意识形态基础，是董事和高管合法对非其所有的大量财产行使权力的重要理论支撑"）；Adolphe Berle and Gardiner Means，*The Modern Corporation and Private Property*（1932）（对上市公司所有权和控制权的分离展开论述）。参见 *Kurz v*. *Holbrook*，989 A.2d 140，178（Del. Ch. 2010），*aff'd in part*，*rev'd in part on other grounds*，992 A.2d 377（Del. 2010）（"要使股东投票成为一种合法的决策机制，前提是拥有经济所有权的股东集体认为，特定行动方案符合股东利益最大化的公司目标"）。

⑬⑨   参议员伊丽莎白·沃伦（Elizabeth Warren）提出的《问责资本主义法案》［S. 3348，115th Cong.（2018）］要求近50%的纽约证券交易所的上市公司在组织董事会时，确保至少40%的成员是员工。参见前注⑮的讨论。本节提出的建议相对更为温和，要求董事会至少分配给员工代表一个董事会席位。在许多国家，员工在监事会或董事会中均有代表。参见 Andrea Garnero，*What We Do and Don't Know About Worker Representation on Boards*，Harv. Bus. Rev.，2018年9月6日，https://hbr.org/2018/09/what-we-do-and-dont-know-about-worker-representation-on-boards（对董事会员工代表展开讨论，并指出"员工进入公司董事会或监事会能够提高其话语权，更重要的是，能够改善与管理层的合作"）。

⑭⑩   经济合作与发展组织国家包括澳大利亚、奥地利、比利时、加拿大、智利、捷克共和国、丹麦、爱沙尼亚、法国、德国、希腊、匈牙利、冰岛、爱尔兰、以色列、意大利、日本、韩国、拉脱维亚、立陶宛、卢森堡、墨西哥、荷兰、新西兰、挪威、波兰、葡萄牙、斯洛伐克共和国、斯洛文尼亚、西班牙、瑞典、瑞士、土耳其、英国和美国。OECD，*List of OECD Member Countries—Ratification of the Convention on the OECD*（2019）.

⑭⑪   参见 Garnero，前注⑬⑨；Evan McGauchey，*Corporate Law Should Embrace Putting Workers on Boards：The Evidence Is Behind Them*，Harv. Law School Forum on Corp. Gov.（2018年9月17日），https://corpgov.law.harvard.edu/2018/09/17/corporate-law-should-embrace-putting-workers-on-boards-the-evidence-is-behind-them/［指出"大多数欧盟国家和（包括挪威在内的）经济合作与发展组织国家都针对董事会人员构成制定了法律"］。

⑭⑫   McGauchey，前注⑭⑪（同样对员工担任美国上市公司董事会成员的情况进行了讨论）。
另一种给予利益相关者更大话语权的方法是成立利益相关者咨询委员会。据报道，许多知名公司已经成立了类似的委员会，包括英国石油公司、汉堡王、可口可乐、雀巢、联合利华以及富国银行。参见 Rajesh Chhabara，*Stakeholder Panels—Reaching a Critical Mass*，2009年6月7日，（转下页）

　　然而，有些人认为，这些举措是对州公司治理的无端侵犯。结合具体情形，150
这种看法失之偏颇。毕竟，如前所述，国会和证券交易委员会已经采取了影响
董事会及其委员会的重大措施。[143]其他建议则是对之前通过条款的优化，[144]或是对
发达国家法律所规定原则的实践。[145]此外，有些建议将惯例性的公司治理实践升
华提炼为立法性指引。[146]这些建议的落地实施对投资者、利益相关者以及证券市　151

（接上页）https://www.ethicalcorp.com/business-strategy/stakeholder-panels-reaching-critical-mass。
富国银行之所以会成立利益相关者委员会，是因为银行实施了不当销售行为，相关主体提起了股东
派生诉讼，继而引发了公司治理改革，最终成立该委员会。参见 *In re Wells Fargo Derivative Cases*，
CJC-18-0044966（Super. Ct. Cal.）；Ben Eisen，*Wells Fargo Settles U.S. Probes*，Wall St. J.，2020 年
2 月 22—23 日，A1 版（报道称富国银行支付了 30 亿美元的罚款）；Wells Fargo，*Wells Fargo Laun-
ches Stakeholder Advisory Council*，2017 年 12 月 21 日，https://newsroom.wf.com/press-release/
corporate-and-financial/wells-fargo-launches-stakeholder-advisory-council（指出委员会将"从利益
相关者的角度出发，兼顾多样性、社会包容性和经济可持续性，为公司董事会和高级管理层提供洞
见和反馈"）。只要这些利益相关者委员会的成员保持勤勉客观，具备充分的多样性，能够与董事
会和管理层进行有意义的对话，这种方法就大有裨益。

[143]　相关讨论参见前注[24]—[83]、[87]—[106]及其随附文本。就此而言，投资公司中独立董事的存在
和义务是公司治理联邦化的又一例证。《证券交易委员会解释：投资公司独立董事相关事宜》，《投
资公司公告》No.24083（1999）对投资公司独立董事的重要性和职能进行了阐述：

　　投资公司独特的组织架构一定程度上决定了独立董事的重要作用。不同于一般公司，基金
通常没有自己的员工。其高管由基金的投资顾问雇佣并支付薪酬，而基金的投资顾问则是单独
所有和运营的实体。基金往往依赖投资顾问和其他关联方（通常是基金的赞助方）为其提供基
础服务，包括投资建议、管理和分销。

　　由于这种独特的组织架构，基金和基金的投资顾问之间可能会出现利益冲突，因为两者利
益并不会永远一致。投资顾问为其所有者的利益而选择最大化自身收益时，就可能与其仅为基
金及其股东最佳利益行事的首要职责冲突。

　　为了控制基金与其投资顾问之间的利益冲突，国会要求基金的董事会成员中，至少有40%
应为独立董事。国会有意令独立董事成为"独立监督机构"，对资金的管理进行独立审查，并
在基金事务中充当股东利益的代表。

　　在监督基金与其投资顾问之间潜在利益冲突方面，独立董事发挥着至关重要的作用。该法
案要求基金的大多数独立董事履行以下职责：批准基金与其投资顾问和主要承销商之间的合
同；筛选基金的独立会计师；以及在咨询合同转让导致独立董事出现空缺时，筛选和提名新的
独立董事补位。此外，依据该法案制定的规则还要求独立董事履行以下职责：批准依据该法案
项下 12b-1 规则支付的分销费；批准和监督关联证券交易；设定基金的忠实保险金额；以及确
定加入联合保险合同是否符合基金的最佳利益。上述每一项职责对于任何一家基金的正常运营
以及基金股东的保护都是至关重要的。

[144]　独立董事的定义就是很好的例子。参见前注[120]—[141]及其随附文本相关讨论。

[145]　举例而言，很多国家都要求上市公司董事会中女性董事的数量达到规定的百分比。参见前
注[126]—[131]及其随附文本。

[146]　举例而言，如今大多数标准普尔 500 指数公司都选择由不同的人担任首席执行官和董事会
主席。本文提出的建议能够从法律层面将这一做法确定下来。参见前注[104]—[112]及其随附文本。

场来说大有裨益。

(二)股东对薪酬及相关问题的话语权

依据《多德—弗兰克法案》，股东对高管薪酬享有咨询投票权。[147]此外，该法案还规定了证券交易委员会要求目标公司披露首席执行官的总年薪与所有员工的中位薪酬的比率。[148]经过几年的拉锯战，这一规定最终于 2017 年生效。[149]

152　首席执行官的薪酬由工资、奖金、股权激励以及额外津贴等组成。2019 年

---

[147]　《多德—弗兰克法案》第 951 条，增加了《证券交易法》第 14A 条 15 U.S.C. § 78n-1。对于黄金降落伞薪酬安排，必须举行股东咨询投票。本书第八章对这一问题进行了讨论。依据第 14A 条，上市公司必须：

> 在批准依据 S-K 条例第 402 项或其后续规定披露的高管薪酬时，进行单独的咨询性股东投票。第 14A 条同样要求公司进行单独的咨询性股东投票，以确定发行人对高管薪酬进行咨询性股东投票的频率。除此之外，第 14A 条还要求，公司若为批准合并或收购交易进行投票的，必须披露特定的"黄金降落伞"薪酬安排，并在特定情形中，进行单独的咨询性股东投票，以确定是否批准该黄金降落伞薪酬安排。

《股东批准高管薪酬和黄金降落伞薪酬》，《证券交易法公告》No.63768（2011）。

安·耶格尔（Ann Yerger）代表机构投资者顾问给出了证明，阐明了支持这一条款的理由：

> 每年对高管薪酬进行咨询性股东投票，能够有效地为董事会提供有用信息，使其了解投资者对公司薪酬安排的意见，确定该薪酬安排是否符合股东的最佳利益。不具约束力的股东薪酬投票将作为对薪酬委员会决定的直接公投，相比拒绝委员会成员投票，这种方式能够更有针对性地表达股东的不满。再者，这能提醒薪酬委员会更加谨慎地发放丰厚报酬，以免被股东投票拒绝而颜面扫地。此外，希望积极控制高管薪酬的薪酬委员会也可利用咨询性股东投票的结果来拒绝要求过高的高管或薪酬顾问。

S. Rep. No.111-176，第 134 页（2010）。

[148]　《多德—弗兰克法案》第 953（b）条（要求披露除首席执行官之外所有公司员工的年度总薪酬、首席执行官的年度总薪酬以及两者的比率）。参见 S-K 条例第 402（u）项，17 C.F.R. § 229.402（u）（要求作出此类披露）。参见 Deniz Anginer et al., *Should the CEO Pay Ratio Be Regulated*？，45 J. Corp. L. 451（2020）。值得注意的是，薪酬比率规则不适用于特定类型的上市公司，包括新兴成长型公司、有披露义务的小型公司以及外国私人发行人。参见《多德—弗兰克法案》第 953（b）条。

[149]　薪酬比率规则以三票对两票获得通过。参见《证券交易法公告》No.75610（2015）（"在所有依据 S-K 条例第 402 项要求披露高管薪酬的年度报告、委托投票说明书或信息声明或注册上市申请表中"，必须披露薪酬比率）；《证券交易委员会新闻公告》No.2015-60，*SEC Adopts Rule for Pay Ratio Disclosure*（2015 年 8 月 5 日）（宣布通过一项"最终规则"，要求上市公司披露其首席执行官薪酬与员工中位薪酬的比率"）。自该法案颁布以来，一直致力于废除价格比率规则，但至今未能成功。参见 Steven A. Bank and George S. Georgiev, *Securities Disclosure as Soundbite：The Case of CEO Pay Ratios*，60 B.C.L. Rev. 1123，1138—1139（2019）。

美国大型上市公司首席执行官的中位薪酬约为 1 300 万美元。[150]工资在其总薪酬中所占比例相对较小，[151]股权激励占比最大。[152]根据首席执行官—员工薪酬比率报告，首席执行官的薪酬约是其公司[153]授薪员工薪酬的 287 倍，而在 1978 年仅为 30 倍。[154]换言之，在过去的四十年中，首席执行官的薪酬增长了近 10 倍。[155]

　　许多拥有最丰厚薪酬安排的首席执行官引起了大众的广泛关注。举例而言，153在 2018 年，薪酬最高的首席执行官是特斯拉的埃隆·马斯克（Elon Musk），其薪酬为 5.13 亿美元。[156]华特迪士尼公司的首席执行官鲍勃·艾格（Bob Iger）的

　　[150]　参见 Inti Pacheco, *Coronavirus Caps Years of Rich Pay for Most CEOs*，Wall St. J.，2020 年 3 月 23 日，https://www.wsj.com/articles/coronavirus-caps-years-of-rich-pay-for-many-ceos-11584960573（同样指出，新冠病毒的肆虐"可能导致高管薪酬大幅缩水，并促使重新调整首席执行官薪酬的设定方式"）。其他消息来源也报告了更高的薪酬数额。参见 Lawrence Mishel and Julia Wolfe, *CEO Compensation Has Grown 940% Since 1978*，Economic Policy Institute，2019 年 8 月 14 日，https://www.epi.org/publication/ceo-compensation-2018/（指出"2018 年，排名前 350 的公司，其首席执行官的平均薪酬为 1 720 万美元，保守估计为 1 400 万美元"）。据《华尔街日报》报道，首席执行官们实际获得的薪酬往往会超过披露的数额。参见 Theo Francis, *CEO's Take-Home Pay Exceeds Disclosure*，Wall St. J. 2019 年 8 月 26 日，A1 版。

　　[151]　参见 Chip Cutter and Theo Francis, *CEO Salaries Decline, Stock Awards Remain*，Wall St. J.，2020 年 6 月 4 日，B1 版（报道称，尽管受新冠疫情影响，数百家美国公司都削减了首席执行官的薪酬，"但迄今为止，很少有公司变动占高管薪酬大头的股权奖励"）；Craig Karmin, *Hyatt Bosses Took Pay Cut But Stand to Gain on Awards*，Wall St. J.，2020 年 4 月 1 日，B1 版（指出，虽然凯悦的首席执行官因新冠疫情的影响放弃了近 20 万美元的薪酬，但"根据公开文件"，当月授予他的限制性股票奖励"价值约 270 万美元"）；Pacheco，前注[150]（举例而言，三家上市公司首席执行官的薪酬分别占公司年度薪酬总额的 10%、12%和 16%）。

　　[152]　参见 John Roe and Kosmas Papadopoulos, *2019 U.S. Executive Compensation Trends*，Harv. Law School Forum on Corp. Gov.，April 16, 2019，https://corpgov.law.harvard.edu/2019/04/16/2019-u-s-executive-compensation-trends/。

　　[153]　参见 Alexia Fernandez, *CEOs Made 287 Times More Money Last Year Than Their Workers Did*，Vox，2018 年 6 月 26 日，https://www.vox.com/policy-and-politics/2019/6/26/18744304/ceo-pay-ratio-disclosure-2018（指出"2018 年，美国首席执行官的平均收入达到了惊人的 1 450 万美元，而普通员工的平均收入则只有 39 888 美元，这一差距简直骇人听闻"）。美国的这一薪酬差距远超其他发达国家，包括日本（67∶1）、英国（84∶1）、澳大利亚（93∶1）、德国（147∶1）和瑞士（148∶1）。参见 Bank and Georgiev，前注[149]，第 1133 页。

　　[154]　参见 Mishel and Wolfe，前注[150]（报道称，该比率"在 1995 年为 121∶1，1989 年为 58∶1，1978 年为 30∶1，而 1965 年为 20∶1"）。

　　[155]　同上（报道称，相较于 1978 年、2018 年，首席执行官薪酬高出了 9.4 倍，若按照授予的期权来衡量，则高出了 10 倍以上）。

　　[156]　参见 Anders Melin et al., *A 300% Surge Makes Pot CEO No.2 in Pay Ranking After Elon Musk*，Bloomberg，2019 年 5 月 17 日，https://www.bloomberg.com/graphics/2019-highest-paid-ceos/［报道称，2018 年埃隆·马斯克（Elon Musk）的薪酬为 5.133 亿美元，Tilray, Inc.（转下页）

薪酬为 6 400 万美元（是迪士尼员工中位收入的 1 424 倍），迪士尼公司联合创始人罗伊·迪士尼（Roy Disney）的孙女阿比盖尔·迪士尼（Abigail Disney）称这一薪资是"天价"。[157]沃尔玛的首席执行官道格·麦克米隆（Doug McMillon）的薪酬接近 2 300 万美元，而该公司员工工资中位数约为 1.9 万美元，[158]这使得沃尔玛成为首席执行官与员工薪酬差距最大的公司之一。[159]

这些巨大的收入差距和高管丰厚的薪酬待遇给公司带来了一些负面影响，包括影响员工士气、削弱组织凝聚力以及引发对薪酬不公平的不满。[160]国会尝试通过赋予股东薪酬意见投票权以及设定内部薪酬公平披露制度，[161]来探索这一困境的合理解决方案。[162]然而，在实际操作层面，这种薪酬意见投票往往会顺利通

154

（接上页）布兰登·肯尼迪（Brendan Kennedy）的薪酬为 2.56 亿美元，华特迪士尼公司鲍勃·艾格（Bob Iger）的薪酬为 1.466 亿美元，苹果公司蒂姆·库克（Tim Cook）的薪酬为 1.416 亿美元，派拓网络尼克什·阿罗拉（Nikesh Arora）的薪酬为 1.307 亿美元，探索公司戴维·扎斯拉夫（David Zaslav）的薪酬为 1.22 亿美元，美国参数技术公司詹姆斯·赫佩尔曼（James Heppelmann）的薪酬为 0.715 亿美元，黑石集团斯蒂芬·施瓦茨曼（Stephen Schwarzman）的薪酬为 0.691 亿美元，黑石集团托尼·詹姆斯（Tony James）的薪酬为 0.662 亿美元，林德公司斯蒂芬·安吉尔（Stephen Angel）的薪酬为 0.662 亿美元]。

[157] 参见 Ainsley Harris, *Disney CEO Bob Iger's Compensation Is "Insane," Says Abigail Disney*, Fast Company，April 19，2019，https://www.fastcompany.com/90333082/disney-ceo-bob-igers-compensation-is-insane-says-abigail-disney。

[158] 参见 Matthew Heller, *Walmart CEO's Pay Rises 2% to $22.8 Million*，CFO.com，2018 年 4 月 20 日，https://www.cfo.com/compansation/2018/04/walmart-ceos-pay-rises-2-to-22-8-million/（指出 2017 年沃尔玛首席执行官的薪酬几乎是员工中位薪酬的 1 200 倍，换言之，沃尔玛员工的中位薪酬仅仅是首席执行官年薪的 0.015%）。

[159] 参见 Sarah Nassauer, *At Walmart, the CEO Makes 1, 188 Times as Much as the Median Worker*，Wall St. J.，2018 年 4 月 20 日，https://www.wsj.com/articles/at-walmart-the-ceo-makes-1-188-times-as-much-as-the-median-worker-1524261608（报道称，沃尔玛在全球拥有超过 230 万名员工，其中美国员工约占 150 万）。

[160] 参见前注[14]引用的 Bank and Georgiev 的资料，第 1138—1141 页。

[161] 参见 Letter from Representative Keith Ellison et al. to Michael Piwowar, Acting Chairman, U.S. Securities and Exchange Commission（2017 年 3 月 14 日），https://www.sec.gov/comments/pay-ratio-statement/cll3-1660758-148835.pdf（这一薪酬比率信息对投资者而言非常有用，该比率能够有效帮助投资者判断公司员工薪酬是否公平，以及决定如何就高管薪酬进行"薪酬意见投票"）。

[162] 很显然，过去几十年来，各州一直拒绝解决这一问题，在这方面适用了相对宽松的原则。参见 *Seinfeld v. Verizon Communications*, *Inc.*, 909 A.2d 117（Del. 2006）（驳回了股东审查三年内相关公司账目和记录的要求，其中涉及向三名高管支付了总额为 2.05 亿美元的薪酬，理由是并没有可信依据证明存在不法行为）；*In re The Walt Disney Company Derivative Litigation*, 906 A.2d 27（Del. 2006）（适用商业判断规则，认定董事虽然批准了慷慨的雇佣合同，但随后又无故解雇高级管理人员，因而产生了 1.3 亿美元的遣散费，但在这一过程中，董事履行了受信义务）；*Brehm v. Eisner*, 746 A.2d 244, 262（Del. 2000）[认为"董事会决定特定主体是否值得支付大笔资金（无论是工资还是遣散费），这本质上是一种商业判断"]；*Zupnick v. Goizueta*, 698 A.2d 384（Del. 1997）（适用商业判断规则，支持向首席执行官支付 500 万股份，作为对其过去服务的回报）。

过。举例而言，在 2018 年，只有 49 家罗素 3000 指数公司薪酬意见投票没有通过。[163]若未能成功通过表决，目标公司通常会选择对高管薪酬进行一定的调整。[164]尽管如此，若董事未能在表决失败后进行充分调整，相关方因此对董事提起诉讼的，胜诉的概率也是微乎其微。[165]

鉴于首席执行官薪酬与中位员工薪酬差距极大，并且这一差距还在进一步拉大，以及薪酬意见投票形同虚设，应继续采取更有力的措施来挽救这一局面。本文对此提出三项举措：其一，国会应当制定法规，设定首席执行官薪酬与中位员工薪酬百分比差距的上限。按照一般的基准，四十年前首席执行官薪酬与中位员工薪酬的比率大约是 30∶1，三十年前大约是 60∶1。[166]这些数据为控制过高的高管薪酬奠定了良好基础。通过限制可授予高管的股权激励（占高管薪酬的大头）的数额，可以实现有效的控制。[167]

155

---

[163]　*The Effects of Say on Pay Failures*，*Equilar Institute*，2019 年 10 月 3 日，https://www.equilar.com/blogs/428-the-effects-of-say-on-pay-failures.html. 同样地，2017 年，七家标准普尔 500 指数公司的薪酬意见投票未能获得通过。参见 *Say on Pay Vote Results*（S&P 500），Compensation Advisory Partners，2018 年 1 月 25 日，https://www.capartners.com/cap-thinking/say-on-pay-vote-results-in-the-sp-500/. 总体而言，咨询性薪酬意见投票平均能获得 92% 的股东支持。各项报道显示，这一结果证明"股东对高管薪酬方案极为满意"。Thomas A. Hemphill，*Say-On-Pay Voting：A Five-Year Retrospective*，Wiley Online Library，2019 年 2 月 14 日，https://onlinelibrary.wiley.com/doi/abs/10.1111/basr.12163.

[164]　这些变化包括降低整体的高管薪酬，提高长期激励计划的比例，并且长期激励计划应当更严格地取决于公司的财务业绩。参见 Equilar Institute Report，前注[163]。

[165]　需要注意的是，该法规规定，"不得依据"股东的咨询性薪酬意见投票"创制或暗示变动相关发行人或董事会的信义义务"。《证券交易法》第 14A（c）（2）条，15 U.S.C. § 78n-1（c）（2）。绝大多数人认为，反对的薪酬意见投票并不会阻碍商业判断规则的适用。在驳回股东派生诉讼时，法院指出，"董事会没有依据反对的薪酬意见投票改变原本的计划，这很大程度上不会引发个人责任，也无法证明董事会无法客观地评估提起诉讼的要求，故而不能以此为由提起诉讼"。*Raul v. Rand*，929 F. Supp. 2d 333, 346（D. Del. 2013）。沿袭这一做法的案件包括：*Laborers' Local v. Intersil*，868 F. Supp. 2d 838（N.D. Cal. 2012）；*Swanson v. Weil*，2012 WL 4442795（D. Colo. 2012）；*Weinberg ex. rel. BioMed Realty Trust，Inc. v. Gold*，838 F. Supp. 2d 355（D. Md. 2012）。但参见 *NECA-IBEW Pension Fund ex. rel. Cincinnati Bell，Inc. v. Cox*，2011 WL 4383368（S.D. Ohio 2011）（否决了驳回动议，并指出"由于被告董事制定、批准并建议该薪酬，且股东对该薪酬投了反对票，原告已证明了充分的事实，证明有理由对董事提出这一质疑，即对股东能否以其授予有争议的薪酬的行为违反信义义务为由对其提起诉讼，董事能否作出独立的商业判断"）。

[166]　参见前注[154]。

[167]　参见前注[155]—[154]及其随附文本。1977 年，管理专家彼德·德鲁克认为，30∶1 的薪酬比率恰如其分，而到了 1984 年，这一比率降到了 20∶1，参见 Peter F. Drucker，*Is Executive*（转下页）

其二，正如本章前文所述，[168]应由一名员工代表在目标公司董事会任职，同时担任薪酬委员会成员。在决定首席执行官和其他高管薪酬时，薪酬委员会的董事（其中很多都拥有数百万美元的净资产）应听取员工代表的意见，从而作出合理决策。从员工的角度出发，其作为代表参与高管薪酬决定过程也能打开沟通渠道，令其对这一棘手的问题有更深的了解，有效提高员工的接受度。[169]

其三，国会应将股东薪酬意见投票上升为具有约束力的投票。投票要获得批准，必须有持有大多数股份的股东出席会议，且目标高管持有的有利益关系的股份无权参与投票。[170]希望这项措施的实施能够为这一程序确立必要的准则。156 股东目前投票表决的事项包括批准任命独立审计师以及根据证券交易委员会16b-3 规则豁免特定内幕交易的短期交易责任等。[171]与这两个议程事项相比，对高管薪酬有约束力的股东投票显然更为有利。[172]将股东的薪酬意见投票上升为具有约束力的投票，会促使机构股东、激进股东以及普通股东加强对目标公司高管薪酬政策和实践的监督。公司也会为避免股东投出有约束力的反对票而制定更好的薪酬政策。因此，有约束力的股东薪酬意见投票理应制定出更优的准则，

（接上页）*Pay Excessive*?，Wall St. J.，1977 年 5 月 23 日，第 20 页（指出薪酬比率应在 25：1 到 30：1之间）；Peter F. Drucker，*Reform Executive Pay or Congress Will*，Wall St. J.，1984 年 4 月 24 日，第 34 页（指出薪酬比率应在 15：1 到 20：1 之间）。过去有些公司（例如 Ben & Jerry's 和 Whole Foods）的薪酬比率低于 20：1。参见 Bank and Georgiev，前注[149]，第 1134 页（及其所引资料）。

[168]　参见前注[139]—[142]及其随附文本。

[169]　参见 Lenore Palladino，*Worker Representation on U. S. Corporate Boards*，Harv. Law School Forum on Corp. Gov.，2019 年 12 月 30 日，https://corpgov.law.harvard.edu/2019/12/30/worker-representation-on-u-s-corporate-boards/（指出"在公司董事会任职的员工能够参与商业决策，更能预见和权衡这些决策对员工的影响，同时能更有效地将董事会信息传达给员工，降低监控成本，提升员工积极性，促进股东和员工之间的利益趋同"）。

[170]　鉴于目标执行官是能够从同意表决中获得经济利益的主体，其应当被视为利益相关者，理应回避对自身实益拥有的股份进行投票。*Cf. Remillard Brick Co. v. Remillard-Dandini Co.*，241 P.2d 66（Cal. App. 1952）（利益相关董事交易）。

目前，咨询性薪酬意见投票主要针对的是前一年的高管薪酬方案。有了具有约束力的股东投票，高管薪酬安排将参考股东投票择期重新制定。

[171]　证券交易委员会 16b-3 规则，17 C.F.R. § 240.16b-3［豁免公司与其董事和高管之间的交易，使其免于承担第 16（b）条的短期交易责任，条件是这类交易事先经公司董事会、由外部董事组成的委员会或公司股东批准］。本书第七章对 16b-3 规则进行了讨论。

[172]　举例而言，对于许多股东来说，审计师是来自德勤、安永、毕马威还是普华永道根本无关紧要。

将高管薪酬与公司业绩更紧密地联系起来，同时有效提升整体公司薪酬结构的公平性。(173)

（三）过度依赖州法律

本节讨论的最后一个主题涉及司法指导。几十年来，在判断联邦证券法在公司治理领域的适用范围时，联邦法院一直以州法律原则为依据。(174)这一做法在五十年前无可厚非，但如今已然难以为继。过去的三十年间，美国国会已陆续 157
颁布了一些能够直接影响公司治理的联邦法规。(175)此外，几十年来，证券交易委员会采取了多项执法行动，对董事会和管理层实践产生了深远的影响。(176)依据联

---

(173) 咨询性股东薪酬意见投票促使管理层和机构股东之间就高管薪酬问题进行有意义的对话。参见 Randall S. Thomas et al.，*Dodd-Frank's Say on Pay：Will It Lead to a Greater Role for Shareholders in Corporate Governance*？，97 Cornell L. Rev. 1213，1256—1257（2012）。有人指出，集体诉讼问题、代理顾问资源受限以及股东不知情这些问题都极大地限制了股东投票权的效用。参见 Lucian A Bebchuk et al.，*The Agency Problems of Institutional Investors*，31 J. Econ. Persp. 89（2017）；Lucian A. Bebchuk and Scott Hirst，*Index Funds and the Future of Corporate Governance：Theory，Evidence，and Policy*，119 Colum.L. Rev. 2029（2019）；Jill E. Fisch et al.，*The New Titans of Wall Street—A Theoretical Framework for Passive Investors*，168 U. Pa. L. Rev. 17（2020）；Sean J. Griffith，*Opt-In Stewardship：Toward an Optimal Delegation of Mutual Fund Voting Authority*，98 Tex. L. Rev. 983（2020）。尽管如此，仍可以得出这样一个结论，股东投票能够促使目标董事会从股东利益的“角度”审视自身决策，从而对董事会治理程序和决定产生重大影响。参见 Bernard S. Sharfman，*Enhancing the Value of Shareholder Voting Recommendations*，86 Tenn. L. Rev. 691，706（2019）；Leo E. Strine，Jr.，*Can We Do Better for Ordinary Investors？A Pragmatic Reaction to the Dueling Ideological Mythologists of Corporate Law*，114 Colum.L. Rev. 448，453—455（2014）。更多讨论参见本书第八章脚注(140)。

(174) 参见后注(178)—(193)引用的案例及其随附文本。

(175) 这些法案包括：1990 年《证券执法救济和小额股票改革法案》Pub. L. No.101-429，104 Stat. 931（1990）（除其他条款外，授权证券交易委员会申请禁令，禁止参与欺诈或被认定为不合格的董事和高管担任上市公司的董事或高管）；1996 年《全美证券市场促进法案》Pub. L. No.104-290，110 Stat. 3416（1996）（为了将这类证券“涵盖进来”，排除了州对证券注册和豁免的监管）；1998 年《证券诉讼统一标准法案》Pub. L. No.105-353，112 Stat. 3227（1998）（除特定例外情形外，针对全国上市公司提起的证券集体诉讼必须在联邦地区法院提起，仅适用联邦法律）；2002 年《萨班斯—奥克斯利法案》Pub. L. No.107-204，116 Stat. 745（2002）[除其他条款外，对联邦方面的公司治理予以加强（例如审计委员会的构成和职责，一般情况下禁止向董事和高管发放贷款，将董事和高管的禁令门槛从“严重不合格”放宽到“不合格”，以及重视高级财务官的道德规范）]；《多德—弗兰克法案》Pub. L. No.111-203，124 Stat. 1376（2010）（除其他条款外，将设立独立薪酬委员会作为在全国证券交易所上市的先决条件，同时要求进行咨询性股东薪酬意见投票，从而实现公司治理的联邦化）。相关讨论参见前注⑧—(83)及其随附文本。

(176) 本章此前对这些诉讼进行了阐述。参见前注(51)—(58)及其随附文本。

邦证券法以及证券交易委员会的规则和条例，联邦法院有责任将联邦法律原则视为公司治理领域的首要原则。[⑰]

1975 年，美国最高法院对 *Cort v. Ash* 案[⑱]作出的裁决反映了联邦司法在判定公司治理实践适当性时对州法律的依赖。在该案中，法院指出，"公司是州法律的产物，投资者是基于这一理解将其资金交予公司董事的，即除非联邦法律明确要求董事对股东负有特定责任，否则公司内部事务属于州法律管辖"。[⑲]五年之后，在 *Burks v. Lasker* 案中，[⑳]最高法院在确定《投资公司法》[㉑]规定的四名法定无利害关系董事是否有权终止因被控违反《投资顾问法》而提起的股东派生诉讼时，[㉒]认定此事很大程度上取决于目标公司设立州的法律规定。[㉓]这一标准实质上是要求联邦法院通过阐释州法律来确定联邦法律的适用范围。无独有偶，在之后的 *Kamen v. Kemper Financial Services，Inc.* 案[㉔]中，法院裁定，对以涉嫌违反联邦证券法为由提起的股东派生诉讼，应依据目标公司设立州的法律[㉕]来确定对董事会的要求，这一裁定再次证明，依据联邦证券法提出的索赔，其胜诉与否取决于是否适用州法律。

---

⑰　参见后注[㉔]—[⑲]的讨论及其随附文本。

⑱　422 U.S. 66（1975）.

⑲　同上，第 80 页。法院在 *Santa Fe Industries，Inc.v. Green* 案，430 U.S. 462，479（1977）案中引用了这一表述［认为《证券交易法》第 10（b）条以及据其颁布的证券交易委员会 10b-5 规则不适用于在不存在披露不足的情况下涉嫌违反信义义务的行为］。参见 Ralph C. Ferrara and Marc I. Steinberg，*A Reappraisal of Santa Fe：Rule 10b-5 and the New Federalism*，129 U. Pa. L. Rev. 263（1980）。

⑳　441 U.S. 471（1979）.

㉑　14 U.S.C. §§ 80a-1 et seq. 关于独立董事在投资公司中的重要性和职能的讨论，参见前注[⑭]。

㉒　15 U.S.C. §§ 80b-1 et. seq.

㉓　441 U.S.第 480 页、第 486 页［在这一评估中采用了双叉测试：首先，适用的州法律（即目标公司设立州的法律）是否允许无利害关系的董事终止派生诉讼；其次，若适用的州法律允许，那么州规则是否与联邦证券法政策一致］。参见 Marc I. Steinberg，*The Use of Special Litigation Committees to Terminate Shareholder Derivative Suits*，35 U. Miami L. Rev. 1（1980）。

㉔　500 U.S. 90（1991）.

㉕　同上，第 108 页（原文强调）（指出"若联邦证券法存在缺陷，必须通过与公司内部管理权力分配相关的规则来补足，则联邦法院应当将州法律纳入联邦普通法，但相关州法律与联邦法规政策不一致的除外"）。下级联邦法院已经适用了这一指令。参见 *Cottrell v. Duke*，829 F.3d 983，990 n.5（8th Cir. 2016）（"尽管一些股东的索赔依据是联邦法律"，仍适用了 *Kamen* 案的指令）。

重要的是，在股东代表诉讼中，对董事会提出的要求是必要的还是可免除的，通常决定了诉讼是否会继续进行，最后是达成和解，抑或是在被告被免除责任的情况下驳回其诉讼请求。参见 *Zapata Corp. v. Maldonado*，430 A.2d 779（Del. 1981）。

美国最高法院对州法律原则的错误依赖在内幕交易中更为突出。在确定《证券交易法》第 10（b）条[186]和依据该条颁布的证券交易委员会 10b-5 规则项下内幕交易的禁止范围时，[187]法院援引了州关于普通法欺诈的概念。[188]按照这一规定，只有存在信义义务或信托和保密关系的情况下，目标主体才有披露义务。[189]法院的裁定实际上推翻了联邦上诉法院的决定，而联邦上诉法院的决定适用了信息平等和获取的原则，[190]这也是其他发达市场目前奉行的方法。[191]正如本书第七章所述，最高法院的这类裁决引发了一系列不利后果，造成了美国内幕交易监管的模糊、失调和不公。[192]这一框架的不适用可归咎于最高法院对州法

159

---

⑱⑥   15 U.S.C. § 78j（b）.

⑱⑦   15 C.F.R. § 240.10b-5.

⑱⑧   参见 *Chiarella v. United States*，445 U.S. 222，228（1980）（聚焦普通法，指出"未能在交易完成前披露重大信息的主体，只有在自身有披露该重大信息的义务的前提下才构成欺诈，而当一方拥有另一方因'信义义务或其他类似信托和保密关系'而有权知道的信息，其本身才有披露义务"），引用美国法律协会，《侵权法重述（二）》第 551（2）（a）条（1976）。

⑱⑨   *Chiarella v. United States*，445 U.S. 222（1980）首次提出了内幕交易情形中的这一原则〔认定若目标主体因存在信义义务或信托和保密关系而具有披露义务，保持沉默可能要承担第 10（b）条项下的责任〕。美国最高法院随后的裁定遵循了这一原则。参见 *Salman v. United States*，137 S. Ct. 420（2016）；*United States v. O'Hagan*，521 U.S. 642（1997）；*Dirks v. Securities and Exchange Commission*，463 U.S. 646（1983）。

⑲⓪   参见 *Securities and Exchange Commission v. Texas Gulf Sulphur Co.*，401 F.2d 833（2d Cir. 1968）（en banc）。在 *Texas Gulf Sulphur Co.*案中，第二巡回法院明确阐述了信息获取和公平两种方法。关于拥有理论（possession rationale），法院指出："任何拥有重大内幕信息的主体都必须向投资公众进行披露，若为保护公司机密无法披露或自身选择不披露的，则在未披露该信息之前，必须放弃交易或放弃推荐相关证券。"同上，第848页。在同一段中，法院也阐述了获取标准，指出披露/放弃规则"政策基础是证券市场的合理期望，即在非个人交易所交易的投资者都能相对平等地获取重大信息。"同上。*Texas Gulf Sulphur Co.*案的裁定被视为联邦证券法历史上最重要的裁定之一。参见 *Texas Gulf Sulphur 50th Anniversary Symposium Issue*，71 SMUL. Rev. No.3（2018）。

⑲①   举例而言，澳大利亚和欧盟都已经采用了信息公平标准。参见《2001 年公司法》第 1043A 条（澳大利亚）；《欧洲议会和理事会 2014 年 4 月 16 日关于市场滥用监管的理事会条例（EU）No.596/2014》第 7、8、10、14、17 条。举例而言，加拿大（安大略省）和中国采用了信息获取标准。参见《安大略省证券法》R.S.O. 1990, c. S. 5, § 76；《中华人民共和国证券法（2014 年修订）》（全国人民代表大会常务委员会 1988 年 12 月 29 日颁布，2014 年 8 月 31 日修订，2014 年 8 月 31 日生效）第 76 条。

⑲②   举例而言，利用重大非公开信息进行交易的主体是能够合法保留自身利益还是锒铛入狱，取决于这一交易是合并还是要约收购。在要约收购中，除了第 10（b）条的潜在责任，14e-3 规则 17 C.F.R. § 240.14e-3 同样适用。和第 10（b）条不同，14e-3 规则将责任主体扩大到在明知拥有重大非公开信息的情况下进行交易或提供线索的主体。本书第七章对同一类人不同的处理方法进行了阐述。

律的盲从。⑱

160 依照州法律原则来确定联邦证券法在公司治理领域的适用范围非常荒谬。联邦公司治理有很深的历史渊源。早在五十多年前,联邦政府就已经实施了多项重大联邦举措,对公司治理产生了重大影响。⑲21 世纪通过的《萨班斯—奥克斯利法案》和《多德—弗兰克法案》进一步推动了公司治理的联邦化,⑲因此无需再依赖州法律原则。尽管这一做法在过去有一定的合理性,但考虑到联邦公司治理是大势所趋,在这一领域理应统一适用联邦法律。⑲

四、结 论

  从历史和当代的角度审视了公司治理联邦化之后,本章指出了公司治理框架的缺陷,并建议从联邦层面实施改进后的标准。其一,这些建议聚焦董事会的构成,主张首席执行官和董事会主席职位的分离,对"独立董事"进行更具

---

⑱ 布莱克门法官(Justice Blackmun)在 *Chiarella* 案中的不同意见支持了这一观点:

  沿袭近期一些裁决划定的路线,法院继续尝试将第 10(b)条从特意制定的灵活的"万金油"条款变成仅适用于部分不当行为的条款,且这类不当行为往往会使不熟悉证券的投资者在投资证券过程中承担不必要的风险。现在要实现这种限制,需要在法规规定披露义务或放弃重大非公开信息交易的义务之前,强加一项要求,要求当事人必须具有类似于信托义务的"特殊关系"。法院承认,这一结论无论是在法规还是过往的立法历史中都没有任何支持。然而,法院甚至没有尝试从证券法的目的出发来为自己的裁决正名,也没有从长久存在但如今被滥用的原则(即应灵活解读联邦证券法,而非狭隘刻板)寻根溯源。

  同上,第 246—247 页(Blackmun, J.,反对)。

  作者关于这一主题的两本著作,参见 Marc I. Steinberg and William K.S. Wang, *Insider Trading* (3d ed. 2010); Marc I. Steinberg, *Securities and Exchange Commission v. Cuban—A Trial of Insider Trading* (2019).

 ⑲ 举例而言,1964 年,证券交易委员会曾试图以披露为幌子,间接监督管理层自我交易,而按照传统,管理层自我交易属于州法律管辖。参见 *In re Franchard Corp.*, 42 S.E.C. 163, 172(1964)(指出对于投资者而言,未披露的自我交易至关重要,因为它"关系到对管理层诚信的评估")。

 ⑲ 参见前注㉒—⑰的讨论及其随附文本。关于进一步讨论,见 Steinberg,前注⑥。

 ⑲ 在适当的情形下,州法律和外国法律可作为判断联邦证券法适当标准的权威依据。举例而言,在 *Morrison v. National Australia Bank Ltd.*, 561 U.S. 247(2010)中,法院在确定第 10(b)条的适用范围时参考了外国法律:"和美国一样,其他国家也会对国内的证券交易以及在其领土管辖范围内发生的证券交易进行监管……且他们也会对适用第 10(b)条对其证券监管造成的干扰提出异议,并敦促通过明确的测试来规避这种情况的发生。"同上,第 269—270 页。参见 Marc I. Steinberg and Kelly Flanagan, *Transactional Dealings—Morrison Continues to Make Waves*, 46 Int'l Law. 829(2012)。

现实意义的定义，提升董事会性别和种族的多样性，确保董事会有员工代表，赋予股东查阅公司委托投票说明书并任命特定数量董事的权利，以及采用董事任期限制；其二，提出方案解决高管薪酬过高这一棘手的问题。指出当前高管薪酬与员工薪酬差距过大，应当采取补救措施，包括规定对高管薪酬有约束力的薪酬意见投票，要求目标公司薪酬委员会中必须有一名员工代表担任董事，以及对首席执行官薪酬与中位员工薪酬的百分比差距设定强制性的法定上限。 161 鉴于美国的这一百分比差距是世界之最，且没有任何缩小的迹象，[⑲]因此应当采取适当的措施加以限制；其三，考虑到公司治理联邦化有深厚的历史根基，联邦法院援引州法律原则来确定联邦证券法在公司治理领域的适用范围可谓本末倒置，理应及时叫停，在此情况下优先统一适用联邦法律。

---

⑲　参见 Bank and Georgiev，前注⑭，第 1133 页［指出"在 20 世纪 50 年代，美国高管的收入是普通员工的 20 倍；20 世纪 90 年代初，高管的收入是普通员工的 120 至 150 倍；而到了 21 世纪中期，这一数字已经上升到 350（2018 年的预测是 361：1）……与澳大利亚（93：1）、德国（147：1）、日本（67：1）、瑞士（148：1）、英国（84：1）等国家相比，美国可谓是鹤立鸡群"］。

第六章

私人证券诉讼

一、导　言

美国的私人证券诉讼框架尚不稳定，难以服众。联邦证券法所包含的诉讼结构是基于旧时代的产物，已然不适应今天的证券市场。为解决这一问题，国会分阶段进行了相关立法，但未能提供一个较为连贯的责任框架。①同样地，联邦政府已颁布的立法多是"见招拆招"地解决实践中所感知到的缺失，仍有空白和争议之处。②而在司法层面，由于法定制度分布零散，联邦法院对联邦证券法补救条款的解释往往过于死板或添加了诸多限制。③国会、联邦政府和联邦法院各行其是，导致联邦证券法的责任框架缺乏逻辑性和一致性，亦缺乏对原告和被告的公平对待。④可以说，联邦证券法下的私人诉讼宛如一团乱麻，亟须明确界定、增强统一性以及更好地评估其公共政策影响。

---

①　例如，国会在两年内先颁布了《多德—弗兰克法案》，用以加强联邦公司治理，又颁布了《创业公司法》，用以促进相对较小企业的资本筹集。

②　例如，《威廉姆斯法案》确定了私有化和要约收购环境中的要求；《私人证券诉讼改革法案》侧重于集体诉讼改革，实施更为严格的辩护要求，在加强对上市公司前瞻性陈述保护的同时，颁布了相适配的责任框架；《萨班斯—奥克斯利法案》将公司治理的各个方面联邦化，加强披露要求和政府执法。

③　例如，在 *Janus Capital Fund，Inc．v．First Derivative Traders* 案中，以限制性的方式定义"make"一词，从而缩小了《证券交易法》第 10（b）条的主要责任范围；在 *Gustafson v．Alloyd Company* 案中，将《证券法》第 12（a）（2）条中的"招股说明书"一词限于公开发行；在 *Central Bank of Denver，N．A．v．First Interstate Bank of Denver，N．A.* 案中，驳回下级联邦法院一致认为的观点，适用严格的法定解释，声称根据《证券交易法》第 10（b）条提起的私人诉讼中不承担协助和教唆责任。

④　参见后注⑥—㉔的讨论及其随附文本。

实践中，联邦证券法普遍存在意见不一或差别对待的情况（本章后文将举 164
例说明）。⑤比起对当前私人诉讼制度进行全方位的批判，本章更倾向于讨论实
践过程中更值得商榷的情况，并就此提出改革联邦证券诉讼框架的建议。这些
建议旨在提供明确和统一的标准，使投资者得到公平的待遇，如果被采纳并
得到有效实施，将大大增强联邦证券诉讼的确定性、一致性和公平性。相应
地，无论潜在被告人是证券实体、受托人还是担保行为人，都将减轻不必要
的负担。

二、现行联邦证券法框架之必要修订

下文将阐释联邦证券法下私人诉讼的不确定、不一致和不公平的状况，并
就此提出补救建议，以期实现一个实质性的改进过程。

（一）上市公司注册发行与二级市场交易

现行框架下，一家普通股票在国家证券交易所上市的公众持股公司，会因
为其是向证券交易委员会提交《证券法》注册声明还是根据《证券交易法》提
交定期报告，适用截然不同的责任制度约束。注册发行引发了《证券法》第11
条的适用，⑥该条适用了严格的责任标准。对于原告需要出示某些抗辩理由和证
明条件的情况，⑦一般而言，如果注册声明中包含重大虚假陈述或遗漏，⑧发行 165

---

⑤ 参见后注⑥—⑪的讨论及其随附文本。

⑥ 《美国法典》第15卷第77k节。

⑦ 例如，原告必须证明：购买的证券是在该注册发行中出售的；披露不足的信息具有重大
性；诉讼是在适用的诉讼时效范围内提起的（自发现之日起一年内，且在任何情况下都不得超过发
行之日三年）。《证券法》第11条下的主要抗辩是尽职调查抗辩和缺乏损失因果关系抗辩。

⑧ 一般而言，重大性意味着理性投资者在作出投资决策时会认为错报或遗漏的信息很重要，
参见 *TSC Industries, Inc. v. Northway, Inc.* 案；换言之，即"理性投资者认为，准确披露错误陈述
或遗漏的事实极有可能大大改变了所提供的信息的总合"，参见 *Matrixx Initiatives, Inc. v. Sir-
acusano* 案；关于不确定事件（如在合并环境中），适用概率/幅度标准，根据该标准，重大性取决
于"在任何给定时间，根据公司活动的总体情况，事件发生的指示概率和预期幅度之间的平衡"，
参见 *Securities and Exchange Commission v. Texas Gulf Sulphur Co.* 案。本书第二章对实质性问题进
行了广泛论述。

人、其董事、高级执行官、发行承销商和专家应根据特定的损害赔偿公式对公开发行中证券的购买者承担责任。⑨除发行人外，所有被告都可以通过尽职调查抗辩来规避第 11 条所规定的责任。⑩此外，所有被告都可以援引损失因果关系抗辩，证明标的物的披露信息不足并非导致证券价格全部或部分下跌的原因。⑪最后，与适用更高欺诈辩护标准的《证券交易法》第 10（b）条索赔相比，原告在第 11 条诉讼中必须承担的诉讼要求更为宽松。⑫由此显而易见，第 11 条的诉讼权对原告更为有利。⑬

　　尽管如此，一些法院采取了司法能动主义，使原告更难获得救济。最明显的限制是繁琐的追溯要求，根据该要求，原告必须百分百地确定其是根据有缺陷的注册声明购买的证券。⑭例如，当二级交易市场上 99.85% 的标的证券可以追溯到适用的注册发行时，联邦上诉法院可以驳回原告根据《证券法》第 11 条

---

　　⑨　参见《证券法》第 11（a）条。根据第 11 条，专家仅对其"提供专业意见"的注册声明部分承担责任。根据《证券法》第 6（a）条，签署注册声明的人将承担第 11 条所规定的责任，这些人包括"发行人、其主要执行官、其主要财务官、其总会计师或主要会计官，以及其董事会的大多数成员或履行类似职能的人员"。有关损害赔偿公式，参见《证券法》第 11（e）条，该条规定损害赔偿的计算公式为赔偿金额等于购买证券的金额（不超过其公开发行价）减去以下三者中的最大值：（1）提起诉讼时该证券的价值；（2）提起诉讼前该证券在市场上的出售的价格；（3）如果提起诉讼后至判决前出售该证券的赔偿金额小于购买金额与提起诉讼时证券价值之差，则取此时出售的价格。

　　⑩　有关尽职调查抗辩，参见《证券法》第 11（b）条。关于"注册声明的未过期部分，被告必须证明，经过合理调查，其有理由相信并且在注册声明生效时确实相信，不存在重大错报或遗漏"。Marc I. Steinberg, *Understanding Securities Law*（7th ed.），LEXISNEXIS Press，2018，p.227. 同样的标准适用于注册声明中专家所负责的部分。关于注册声明的专业部分，非专家没有义务进行调查，但必须证明其没有合理理由相信并且确实不相信注册声明的此类专业部分包含重大错报或遗漏。关于尽职调查抗辩的进一步讨论，参见本书第四章。

　　⑪　参见《证券法》第 11（e）条。关于被告人成功确立损失因果关系抗辩的案件，参见 *Akerman v. Oryx Communications，Inc.* 案。

　　⑫　参见《联邦民事诉讼规则》第 8（a）（2）条、第 9（b）条和《证券交易法》第 21D（b）条。需要注意的是，《证券法》第 11 条声称"欺诈中的合理诉求"受到更高的欺诈辩护要求约束。例如，参见 *Rombach v. Chang* 案。

　　⑬　例如，在 *Herman & MacLean v. Huddleston* 案，声明了《证券法》第 11 条"旨在通过对在注册发行中发挥直接作用的各方施加严格的责任标准，确保遵守《证券法》的披露规定"。

　　⑭　例如，在 *Krim v. pcOrder.com* 案和 *Hertzberg v. Dignity Partners，Inc* 案，允许追溯二级市场 100% 的股票在首次公开募股中的发行情况。

提出索赔的资格。[15]相比之下，如果被告根据法规提出抗辩，如损失因果关系抗辩，则正确适用了优势证据标准。[16]又例如，尽管在第 11 条诉讼中，通常不需要证明信赖要素，[17]但一些法院在认为缺乏这一要素时仍可以下令驳回诉讼。[18]此类司法裁决意味着一种不合理的越权行为，在一定程度上限缩了国会授权的这一明确法定救济措施的范围。[19]

167

较之于《证券法》第 11 条的诉讼权，指控违反《证券交易法》第 10（b）条和第 18（a）条的诉讼，则对原告提出了更大的挑战。[20]援引第 18（a）条，原

---

⑮ 《联邦判例汇编》第 3 辑第 402 例，第 495—496 页。参见 Marc I. Steinberg and Brent A. Kirby，*The Assault on Section 11 of the Securities Act*：*A Study in Judicial Activism*，63 Rutgers L. Rev. 1，27（2010）。该文引用案例并表示"随着越来越多的法院拒绝使用统计证据来证明追溯，证明追溯这项本已严格的任务变得更加严格"。在直接上市的情况下，追溯要求可能会带来特别严格的负担。参见《证券交易法公告》No.89684 号（2020）。该法案驳回了这一说法，并表示"每当一家公司以低于其全部股份的价格进行注册发行时，注册发行中的购买者可能很难将其股份追溯到注册声明中"。

⑯ 参见 *Halliburton Co. v. Erica John Fund，Inc.*案和 *Cf. Herman & MacLean v. Huddleston* 案。

⑰ 参见《证券法》第 11 条。判例 *In re Constar International Inc. Securities Litigation*，声明在《证券法》第 11 条诉讼中"信赖无关紧要"；*Stark Trading v. Falconbridge Ltd.*案，声明在《证券法》第 11 条诉讼中"不需要信赖证明"；判例 *In re Initial Public Offering Securities Litigation*，指出原告在第 11 条诉讼中无需主张信赖。需要说明的是，如果原告在注册声明生效日期之后超过 12 个月购买证券，并且目标公司普遍提供了关于这 12 个月期间的"收益报表"，则根据《证券法》第 11 条规定，则为必须证明信赖的例外情况。需要注意的是，原告"可以在没有阅读注册声明的证明的情况下确立这种信赖"。《证券法》第 11（a）条。参见《联邦法规》第 17 卷第 230.158 条（就《证券法》第 11 条信赖要求而言，定义了"收益报表""向其证券持有人普遍提供"和"注册声明生效日期"等术语）。

⑱ 例如，在 *APA Excelsior III L.P. v. Premiere Technologies，Inc.*案，根据《证券法》第 11 条的规定持有该信赖是推定的，并且可以被反驳，比如"如果可以确定证券购买是由注册声明以外的因素驱动的"；判例 *In re Health South Corp. Securities Litigation*，声明可在《证券法》第 11 条诉讼中反驳信赖；判例 *In re Countrywide Financial Corp. Securities Litigation*，声明在《证券法》第 11 条诉讼中，如果"从表面来看，原告实际上不可能信赖注册声明"，则可能需要证明该信赖。

⑲ 参见前注⑮，Steinberg & Kirby 文，第 26 页。"根据第 11 条的法定语言、联邦法院对第 11 条进行的传统解释以及详细的国会历史记录情况，可以清晰地发现，第十一巡回法院以及其他效仿法院认为信赖被视为第 11 条索赔的一个要素是不正确的。"

⑳ 例如，《证券交易法》第 10（b）条要求，除其他要求外，私人诉讼中的原告必须证明故意、信赖、损失因果关系和损害赔偿。参见 *Dura Pharmaceuticals，Inc. v. Broudo* 案。《证券交易法》第 18（a）条是一项明确的私人救济措施，要求原告证明直接信赖和损失因果关系。参见 *Deep-haven Private Placement & Trading Ltd. v. Grant Thornton & Co.*案。此外，根据《证券交易法》第 21D（b）（4）条所述："在根据《证券交易法》提起的任何私人诉讼中，原告有责任证明被告被指控违反本法的行为或遗漏造成了原告寻求赔偿的损失。"

告必须证明信赖和损失因果关系。[21]由于每位原告都必须表现出"亲眼所见"的信赖,[22]市场欺诈理论[23]在第 10(b)条相关的案件中被认为有助于集体诉讼的认证,[24]但在第 18(a)条的案件中却无济于事。其结果是,第 18(a)条仅在私人诉讼中被援引,并且直到最近才被频繁使用。[25]由于机构投资者在私人诉讼中指控违反第 18(a)条规定的选择退出诉讼数量增加,这种情况很可能正在发生改变。[26]尽管如此,即使得到更广泛的使用,援引第 18(a)条对原告构成的障碍远比援引《证券法》第 11 条更具挑战。[27]

此外,与《证券法》第 11 条相比,指控违反《证券交易法》第 10(b)条的私人诉讼对原告而言更为艰巨。尽管市场欺诈理论减轻了证明信赖关系的举证责任,从而有利于集体诉讼的认证,[28]但同时也适用了其他苛刻的要求。最重要的是,如果无权进行取证(包括检查文件、提出质询和听取证词),[29]就会适

㉑　例如,参见 *Deep Private Placement & Trading Ltd . v. Grant Thornton & Co .*案;判例 *In re Supreme Specialists,Inc . Securities Litigation*;*LLDVF,L .P . v. Dinicola* 案。

㉒　例如,参见判例 *In re Supreme Specialists,Inc . Securities Litigation*,声明《证券交易法》第 18(a)条要求原告"根据证券交易委员会文件中的具体陈述进行辩护"。值得注意的是,正如许多法院所认为的那样,这种信赖可以通过原告对经纪人或其他代表所声称的实质性虚假或误导性陈述的直接依赖来确立。参见 *Gould v. Winstar Communications,Inc .*案。

㉓　出于这个原因,通常《证券交易法》第 18(a)条的索赔不会在证券集体诉讼中被提起,参见 *Beebe v. Pacific Trust* 案。《证券交易法》第 18(a)条声称的证明类别,参见 *Simpson v. Specialty Retail Concepts* 案。市场欺诈理论行为,参见后注㉑—㉘的讨论及其随附文本;Stuart M. Grant and Megan D. McIntyre,*Class Certification and Section 18 of the Exchange Act*,35 Rev. Sec. & Comm. Reg. 255(2002)。

㉔　例如,参见 *Halliburton Co . v. Erica P. John Fund,Inc .*案;*Basic,Inc . v. Levinson* 案;后注㉑—㉘的讨论及其随附文本。

㉕　例如,参见 Edward F. Greene,*Determining the Responsibilities of Underwriters Distributing Securities Within an Integrated Disclosure System*,56 Notre Dame Law. 755,758(1981)。该文表明"没有报告任何案件根据该条承担责任"。

㉖　参见 Tammie Beassie Banko,*The Val(e)ant Section 18(a)*,48 Sec. Reg. L. J. 5,5(2020)。该文引用案例并表示"机构投资者,特别是那些选择退出涉及欺诈行为且备受关注的集体诉讼的机构投资者,通过在正确的巡回法庭上对正确的被告提出正确的事实陈述,唤醒了沉睡的第 18 条巨人"。

㉗　与《证券法》第 11 条诉讼不同,根据《证券交易法》第 18(a)条提起的诉讼中的原告必须证明信赖、损失因果关系和损害赔偿。参见前注⑳。

㉘　参见前注㉔引用的案例;参见后注㉑—㉘的讨论及其随附文本。

㉙　因此,在没有特殊情况下,"在任何撤案动议悬而未决期间,应中止所有证据调查程序和其他诉讼程序"。《证券交易法》第 21D(b)(3)(b)条。

用繁琐的申辩标准，[30]这导致很大一部分案件在诉状阶段就被驳回。[31]需要说明的是，原告律师采用的是胜诉酬金制度，实践中，鉴于起草申诉过程中产生的时间成本，即使在诉讼的最初阶段，缺乏实质内容的案件通常也不会被受理。事实上，根据联邦证券法，可以对提交轻率诉状的行为进行制裁。[32]因此，从逻辑上讲，许多有一定合理性的诉状，由于撤案动议的批准，从来没有进行到诉讼阶段。[33]这一责任，以及在较轻但重要的损失因果关系要求上，[34]对原告根据第10（b）条和10b-5规则进行索赔构成了严重阻碍。[35]

就本讨论而言，公司向证券交易委员会提交定期报告会引发《证券交易法》第10（b）条和第18（a）条规定的责任风险，这些条款对原告提出了严苛的要求。[36]然而，当这些相同的报告被纳入提交的注册声明中时，[37]《证券法》第11条的投资者友好条款也得以适用。[38]由此，我们可以提出一个合理的论点，即这种

169

---

    ⑳ 参见《证券交易法》第21D（b）（2）（A）条。声明除特定例外情况外，"在根据《证券交易法》提起的任何私人诉讼中，原告只有在证明被告以特定主观状态行事的情况下才能获得金钱损害赔偿金，因此，对于被指控违反本法的每一项作为或遗漏，申诉应特别说明事实，从而有力地推断被告以所需主观状态行事"。参见 *Tellabs*，*Inc.* v. *Makor Issues & Rights*，*Ltd.*案，该案认为第21D（b）（2）（A）条要求原告对产生合理推论的事实进行辩护，该推论"至少与任何非欺诈意图的相反推论一样令人信服"。

    ㉛ 例如，参见 Stefan Boettrich & Svetlana Starykh，*Recent Trends in Securities Class Action Litigation*：*2018 Full-Year Review* at 19（2019），https://www.nera.com/content/dam/nera/publications/2018/PUB_Year_End_Trends_Report_0118_final.pdf。该文提到，"在法院作出裁决的撤案动议中，以下三种结果对所有裁决进行了分类：有偏见或无偏见的批准（45%）、部分批准和部分拒绝（30%）以及拒绝（25%）"。

    ㉜ 参见《证券交易法》第21D（c）条。规定"在根据本法案产生的任何私人诉讼中，在诉讼最终裁决时，法院应在记录中载入各方和代表任何一方的每名律师是否遵守《联邦民事诉讼规则》第11（b）条的每项要求的具体调查结果，包括关于任何申诉、回应性答辩或决定性动议的规定。根据法院裁定不遵守规则第11（b）条的……应对该方或律师实施制裁"。在基于一方或律师未能遵守第11（b）条的规定而实施此类制裁时，"法院应推定适当的制裁……是因此类违规行为而判给对方当事人合理的律师费和其他费用"。同上注。

    ㉝ 参见 Marc I. Steinberg，*Pleading Securities Fraud Claims—Only Part of the Story*，45 Loy. U. Chi. L. J. 603（2014）。

    ㉞ 参见《证券交易法》第21D（b）（4）条。

    ㉟ 参见 Douglas M. Branson，*Running the Gauntlet*：*A Description of the Arduous and Now Often Fatal Journey for Plaintiffs in Federal Securities Class Actions*，65 U. Cin. L. Rev. 3（1996）。

    ㊱ 参见前注⑳—㉟的讨论及其随附文本。

    ㊲ 本书第二章和第四章讨论了通过引用合并的主题。

    ㊳ 参见前注⑥—⑬的讨论及其随附文本。

区分是合理的，因为在后一种情况下，发行人正在寻求从投资公众处筹集资金，但这种理由忽略了定期披露文件在维持正常和透明的证券市场方面所发挥的至关重要的作用。[39]对一家成熟公司而言，将《证券法》注册声明的重要性提升至其表 10-K 年度报告之上并不现实。[40]因此，对于一家成熟的公司来说，无论是在《证券法》注册声明（和招股说明书）中，还是在《证券交易法》定期申报文件中，都应该适用相同的责任框架来解决披露信息不足问题。[41]本文所提到的公司"提供"而不是"提交"《证券交易法》报告（或部分报告）的现行选择，应予取消。[42]本章后面将介绍针对此类错误陈述和遗漏应实施的拟议责任框架。[43]

170

对于进行首次公开募股（IPO）的公司或尚未成熟的公司（如空白支票公司和处于财务困境的发行人、在《证券交易法》报告系统中注册不足 12 个月的公司以及公开发行量低于 7 500 万美元的发行人等），[44]《证券法》第 11 条的规定应继续适用（除此之外，正如本章后文所讨论的情况，发行人和其他第 11 条规定的被告一样应享有尽职调查抗辩权）。[45]通过注册发行的方式进入公开证券市场，为发行人带来了一系列好处，包括增加融资机会、提高股票流动性和提升市场关注度。鉴于这些好处以及当发行人缺乏经验时不当行为的风险增加，第 11 条的责任风险应优先考虑。[46]

---

[39] 证券交易委员会要求目标公司的大多数董事签署表 10-K，这一立场得到了支持。参见《证券法公告》No.6231（1980）。该委员会认为，正如其规则和公司财务部的行政重点正在重新调整以反映重点转向依赖《证券交易法》的定期披露一样，如果要在系统中灌输足够程度的纪律，使其发挥作用，私营部门（包括管理层、董事、会计师和律师）的注意力也必须重新集中到《证券交易法》的申报要求上。

[40] 表 10-K 的签名要求董事提供了"对联邦证券法的披露目标至关重要的额外纪律措施"。

[41] 这一赔偿责任框架将在本章后面讨论。参见后注[49]—[204]的讨论及其随附文本。

[42] 提供而不是提交《证券交易法》报告的责任后果，在本书第二、四、九章中进行了阐述。

[43] 参见后注[49]—[204]的讨论及其随附文本。

[44] 有关发行人不同分类的讨论，参见本书第四章。

[45] 根据现行法律，除发行人外，所有《证券法》第 11 条被告都享有尽职调查抗辩的权利。参见《证券法》第 11（b）条。需要注意的是，违反第 11 条的被告的控制人应根据该法案第 15（a）条承担责任（如果"控制人不知道或有合理理由相信被控制人的责任所依据的事实的存在"，则提供辩护）。

[46] 参见 Charles J. Johnson et al., *Corporate Finance and the Securities Laws*（6th ed. 2019）；Carl Schneider et al., *Going Public：Practice，Procedure and Consequences*，27 Vill. L. Rev. 1（1981）。

此外，严格的追溯要求应被解释为体现公平对待：原告只有在能够证明其是通过优势证据获得据称披露不足的注册声明的股份时，才能援引《证券法》第 11 条。然而，根据第 11 条进行的任何集体追偿，将受到二级市场已发行股票在注册发行中出售的百分比的限制（例如，在集体诉讼期间，该群体购买了 1 000 万股普通股，而该证券的二级市场由 80% 的首次公开发行股票和 20% 的非首次公开发行股票组成，这就意味着只有其中的 800 万股将被视为通过所谓的有缺陷的注册声明出售的）。[47]本章所述的第 11 条责任风险的适用应保持不变，从而在《证券法》的注册过程中为缺乏经验的发行人和相关参与者树立实质性的纪律。[48]

（二）统一的主观过失程度

现行联邦证券法责任框架要求从事特定行为的人可能根据某项条款承担责任，但根据其他条款不一定承担责任。例如，在首席执行官因疏忽而对与合并交易有关的委托书中的重大虚假陈述这一情形中，根据《证券交易法》第 14（a）条，其有可能承担责任，但根据《证券交易法》第 10（b）条，却没有责任，因为后者需要证明存在知情不当行为。[49]正如一些法院所裁决的，根据《证券交易法》第 14（e）条，要约收购可能因疏忽行为而承担责任。[50]同样地，如

[47] 参见前注⑮，Steinberg and Kirby 文，第 31—37 页。同前注㊻，Johnson 等文，第 35 页。该文提到："虽然统计证据尚未被广泛接受为建立追溯的手段，但本文提供的统计模型有助于实现《证券法》的目标，而不会将可疑被告的责任扩大到该法的意图之外。"

[48] 因此，对于这些尚未成熟的发行人和在此类注册发行中被起诉的其他依据《证券法》第 11 条被告而言，BarChris 案的原则仍然完全适用。参见 Escott v. BarChris Construction Corporation 案；本书第四章。

[49] 参见 Ernst & Ernst v. Hochfelder 案，要求在第 10（b）条私人损害赔偿诉讼中证明知情行为或知情不当行为；Gould v. American Hawaiian Steamship Co.案，在第 14（a）条私人诉讼中适用过失标准。需要注意的是，一些法院采用灵活的责任分析，要求在指控违反第 14（a）条的情况下，对外部董事和会计师采取的诉讼中必须有知情证明。参见 Adams v. Standard Knitting Mills 案。

[50] 参见 Varjabedian v. Emulex Corp.案，在第 14（e）条诉讼中适用过失标准。这一决定代表了少数人的观点，而多数人的做法是，在因涉嫌违反第 14（e）条而提起的诉讼中，需要有知情证明。参见 Flaherty & Crumrine Preferred Income Fund，Inc. v. TXU Corp.案；Securities and Exchange Commission v. Ginsburg 案；判例 In re Digital Island Securities Litigation；Katlyn M. Bay，Comment，Corporate Dualism：Applying a Dual-Standard of Liability Under Section 14（e）'s Tender Offer Antifraud Provisions，45 J. Corp. L. 205（2019）。

前所述，公司的表 10-K 中所包含的过失性重大虚假陈述或遗漏被纳入其《证券法》履行的注册声明中，将使大多参与者承担《证券法》第 11 条规定的责任，而不是第 10（b）条规定的责任。[51]如果没有合理的理由（例如，如前面讨论的注册声明背景下的缺乏经验的发行人），[52]在私人联邦证券诉讼中，无论原告寻求援引何种补救条款，都应基于相同的行为适用统一的过失标准。尽管如此，当原告请求法院作出要求进行更正性披露的命令时，应在不调查主观过失的情况下，评估披露的客观充分性和准确性。[53]

作为其执法手段的一个组成部分，证券交易委员会有理由采用一系列不同程度的执法条款，从严格责任到知情不当行为等。毕竟，在传统意义上，注册违规行为是建立在严格责任的基础上的，类似于公益犯罪。[54]同样地，证券交易委员会应有能力以疏忽行为为前提采取执法行动，从而为该委员会提供更大的灵活性来处理问题，以避免目标受到欺诈指控。证券交易委员会以疏忽为前提的行动，如果得到有效实施，将在阻止不法行为的同时促进合规行为。[55]为解决知情不当行为，该委员会可采用联邦证券法的反欺诈条款，如第 10（b）条。[56]

就私人联邦证券诉讼而言，并无类似辩护。当一个人根据联邦证券法的一项条款而不是基于相同行为的其他条款承担金钱责任时，这就显得非常随意。

---

[51] 参见前注⑥—㊸的讨论及其随附文本。

[52] 参见前注㊹—㊻的讨论及其随附文本。

[53] 参见 Ash v. LFE Corp.案；Beck v. Dobrowski 案，该案认为"违反第 14（a）条不需要特定的主观状态，并且认为包含重大虚假陈述或遗漏的委托书征集同样违反了该条，即使发行人完全善意地相信委托书材料中没有误导性内容"。

[54] 显然这一立场至今仍得到许多州法院的支持。参见 Cox v. Gorvin 案；State v. Puckett 案；Mark A. Sargent，A Blue Sky State of Mind：The Meaning of "Willfully" in Blue Sky Criminal Cases，20 Sec. Reg. L. J. 96（2002），该文讨论了几个州法院的解释，即根据适用法规，"故意"意味着主体在不需要证明意图、动机或疏忽的情况下自愿行事。

[55] 证券交易委员会可能会采取执法行动，指控违反了许多法规，这些法规要求证明存在疏忽，而不是故意或知情不当行为。参见《证券法》第 17（a）（2）条、第 17（a）（3）条；《证券交易法》第 13（a）条、第 14（a）条。参见 Aaron v. Securities and Exchange Commission 案，该案认为，除其他外，证券交易委员会只需证明存在疏忽，即可确定违反第 17（a）（2）条、第 17（a）（3）条。

[56] 一般来说，知情行为包括轻率行为，这种行为被定义为"极度偏离普通谨慎标准，以至于被告知道危险，或者被告已经识别到了危险"。这一表述已被多家联邦上诉法院认可并引用。参见判例 In re Ikon Office Solutions，Inc. Securities Litigation；Hollinger v. Titan Capital Corporation 案；Sanders v. John Nuveen & Co.，Inc.案。

解决方案是，除某些必要例外，应适用统一的私人责任标准，不管据称违反了 173
何种法律或监管规定。本章后文将就该拟议标准进行阐述。⑦

（三）私人证券诉讼中的抗辩要求

《证券法》第 11 条和其他非欺诈索赔的抗辩要求，基于美国最高法院在解释《联邦民事诉讼规则》第 8（a）（2）条时阐明的合理性辩护标准。⑧这些相对较新的裁决，实际上摒弃了 50 多年来一直得到认可的通知请求标准。⑨尽管面临更大的挑战，但在联邦证券诉讼中的原告通常已经成功地跨越了这一 174
障碍。⑩

然而，当在诉状中指控欺诈时，适用《联邦民事诉讼规则》第 9（b）条的

---

⑦　参见后注⑭—⑱的讨论及其随附文本。关于《证券交易法》第 10（b）条的域外效力，美国最高法院在 *Morrison v. National Australia Bank Ltd .* 案中裁定，为了适用该法规，"证券交易必须在美国进行，或必须涉及在国内交易所上市的证券"。同前注⑯。一些评论家批评这种做法限制性太强。参见 Marc I. Steinberg and Kelly Flanagan, *Transnational Dealings—Morrison Continues to Make Waves*，46 Int'l Law. 829, 865（2012），该文声明"该决定（1）改变了长期以来将域外效力视为管辖权问题的处理方式；（2）使克服联邦法律对域外效力的推定变得更加困难；（3）大幅缩小了第 10（b）条关于跨国欺诈的适用范围"。更好的方法是遵守莫里森之前联邦上诉法院接受的"行为"和"影响"测试。行为分析的重点是"不法行为是否发生在美国"。判例 *In re CP Ships Limited Securities Litigation*．影响分析则探究"不法行为是否在美国产生了实质性影响"。*Morrison v. National Australia Bank Ltd .* 案。根据该法案，行为和影响测试适用于政府的执法行动。作为《多德—弗兰克法案》的一部分，该法案为联邦地区法院提供了对指控违反证券法反欺诈条款的政府行为的主体管辖权，涉及"（1）即使证券交易发生在美国境外且仅涉及外国投资者，在美国境内构成重大违规行为的行为；或（2）发生在美国境外且美国境内具有可预见的实质性影响的行为"。参见 *Securities and Exchange Commission v. Scoville* 案，适用第 929P 条，裁定在美国境外销售的证券属于第 10（b）条的管辖范围内。该法规的可行性存在疑问，因为它侧重于主体管辖权，而不是第 10（b）条和其他证券反欺诈法规的适用范围。为此，拟对行为和影响测试进行修订以阐明第 929P 条，该测试应扩展到私人诉讼领域，以涵盖主体管辖权和适用反欺诈法规的范围。

⑧　参见 *Ashcroft v. Iqbal* 案，该案将合理性辩护标准扩展到所有联邦民事诉讼；*Bell Atlantic Corp. v. Twombly* 案，该案根据《谢尔曼法案》第 1 条提出的共谋索赔的合理抗辩标准。

⑨　参见 *Conley v. Gibson* 案，该案坚持通知请求标准。例如，在 *Swierkiewicz v. Sorema*，N. A.案中，在适用康利标准时，最高法院声明，原告"只需通知被告其的主张是什么，以及该主张所依据的理由"。托姆布雷法院（Twombly Court）推翻了 *Conley v. Gibson* 案辩护标准，认为申诉必须提供"足够的事实来陈述表面上合理的救济要求"。

⑩　参见 Marc I. Steinberg and Diego E. Gomez-Cornejo, *Blurring the Lines Between Pleading Doctrines：The Enhanced Rule 8（a）（2）Plausibility Pleading Standard Converges With the Heightened Fraud Standards Under Rule 9（b）and the PSLRA*，30 Rev. Litig. 1（2010）。

强化抗辩要求，即"一方必须具体说明构成欺诈的情况"。[61]《私人证券诉讼改革法案》（PSLRA）对此辩护要求进行了加强。[62]据此，原告必须对引起知情推断的事实进行证明，表明该推断应是"令人信服的"并且"至少与非欺诈意图的推断一样令人信服"。[63]由于绝大多数法院不接受集体诉讼和集体知情原则，[64]原告的抗辩过程极其艰巨。实践中，除非原告驳回被告的撤案动议（前提是提出了这一动议），否则不允许进行证据调查，这也严重加剧了抗辩的困难。[65]

　　这些严格的抗辩要求意味着，相当大比例（在某些年份，大约为50%）的证券诉讼未能通过撤案动议阶段。[66]事实上，由于这些严格的抗辩要求，与PSLRA通过之前相比，现在被起诉的被告类别更少，更不用说这些数字还存在175　实际偏差。[67]由于证据调查的重点是每个被告的主观状态，原告通常会发现，在没有提供证据的情况下，很难充分指控针对担保行为人的欺诈意图的"令人信

---

　　[61]　第9（b）条规定："在指控欺诈或错误时，一方必须证明构成欺诈或错误的情况。恶意、意图、知情和其他主观状况通常可以被指控。"

　　[62]　参见《证券交易法》第21D（b）（2）（A）条；前注[30]所引用的资料。

　　[63]　*Tellabs*，*Inc*.*v*.*Makor Issues & Rights*，*Ltd*.案。

　　[64]　一般而言，集体诉讼原则认为，出于辩护目的，证券交易委员会文件中包含的声明是目标公司董事和高管的声明。参见 *Wool v. Tanden Computers*，*Inc*.案。绝大多数联邦法院驳回了集体诉讼原则，认为其不符合 PSLRA 的辩护要求。参见 *Winer Family Trust v. Queen* 案；*Phillips v. Southland-Atlanta*，*Inc*.案；*Southland Securities Corp. v. INSpire Insurance Solutions*，*Inc*.案。同样，联邦法院几乎一致拒绝了集体知情理论。参见 *Pugh v. Tribune Co*.案，声明"公司知情调查必须关注作出或发表声明的一名或多名公司官员的主观状态……而不是一般性地关注公司所有高管和员工在受雇过程中获得的集体知识"。

　　[65]　参见《证券交易法》第21D（b）（3）（B）条。在根据《证券交易法》提起的任何私人诉讼中，除非法院根据任何一方的动议认为，为了保全证据或防止对该方造成不当损害，否则在任何撤案动议未决期间，所有证据调查程序及其他诉讼程序均应中止。参见前注[29]的讨论及其随附文本。

　　[66]　参见前注[31]，Boettrich & Starykh 文。Renzo Comolli 等人的分析与之一致，2012 年，超过 50%的联邦证券集体诉讼投诉在撤案动议阶段被驳回。参见 Renzo Comolli et al.，*NERA Economic Consulting Report*，*Recent Trends in Securities Class Action Litigation*：*2012 Full-Year Review* at 16（2013），https://www.nera.com/content/dam/nera/publications/archive2/PUB_Year_End_Trends_2012_1113.pdf。

　　[67]　参见前注[33]，Steinberg 文，第 607 页。该文指出在撤案动议阶段被驳回的案件百分比的统计数据"被人为地降低了，因为与 PSLRA 颁布之前相比，原告提起联邦集体诉讼中的被告类型更少了"。最近的例子，参见 Cornerstone Research，*Securities Class Action Settlements*：*2019 Review and Analysis at 9*（2020），https://www.cornerstone.com/Publications/Reports/SecuritiesClass-Action-Settlements-2019-Review-and-Analysis。该文指出，在 2019 年结案的涉及会计相关指控的案件中，"只有 6%涉及明确指名的审计共同被告"。

服的"推论。[68]由于在私人诉讼中不存在协助和教唆责任,[69]结果往往是这些人通常能够避免承担责任。[70]

因此,在不能获得相关文件和材料、使用质询书以及通过证词询问关键证人的情况下,原告充分证明欺诈行为的程序过于严格。相应地,应降低抗辩责任以反映《联邦民事诉讼规则》第 9(b)条的标准,遗憾的是,PSLRA 的强化要求并未对此进行完善。鉴于此,正如许多 PSLRA 通过之前的案件所表明的一样,第 9(b)条的标准对受害原告而言是一项具有挑战性的任务。[71]在没有不当干预的情况下,在法院对撤案动议作出裁决之前,初审法院可酌情决定是否下令进行有限的证据调查。在提供有限的调查结果后,如果法院认为诉讼是轻率的,则应该制裁原告及其律师,包括向被告支付适当的律师费。[72]这种均衡的方法既为原告提供了一个更可行的机会,又可以在不给被告造成不当负担的情况下提起有意义的诉讼。如果原告及其律师提出轻率诉讼,应下令给予适当的制裁。

176

---

[68] 参见前注㉙、㉛、⑥①—⑥⑥的讨论及其随附文本。

[69] 参见 *Central Bank of Denver v. First Interstate Bank of Denver* 案;参见前注⑦③—⑨⑧的讨论及其随附文本。

[70] 尽管这些担保行为人可能会在州法院被起诉,但《证券诉讼统一标准法案》(SLUSA)在很大程度上限制了这种责任风险。如本章稍后所述,在某些例外情况下,SLUSA 要求涉及全国交易证券的证券集体诉讼必须在仅适用联邦法律的情况下向联邦地区法院提起。因此,对于此类涵盖的证券,通常只有私人和派生诉讼可以在州法院提起。参见后注⑬③—⑬⑩的讨论及其随附文本。此外,尽管在《证券交易法》向证券交易委员会提交的文件中"造成"重大错误陈述的担保行为人可能会因涉嫌违反该法第 18(a)条而被起诉,但该法规要求证明信赖因素,从而不利于集体诉讼的认证。参见前注㉑—㉗的讨论及其随附文本。

[71] 参见 *Wexner v. First Manhattan Co.*案,维持了驳回起诉,因为原告没有提供充分的事实依据,无法有力地推断被告的行为具有欺诈意图。许多其他上诉法院没有遵循 PSLRA 之前的这一严格裁决标准。参见 *Shapiro v. UBS Financial Corp.*案,声明"法院应该……对以下事实'敏感',即在证据调查之前适用《联邦民事诉讼规则》第 9(b)条可能会允许老练的欺诈者成功隐瞒其欺诈细节"。在 PSLRA 制定之前,关于第 9(b)条诉讼标准的文献,参见 William Richmond et al., *The Pleading of Fraud:Rhymes Without Reason*,60 So. Cal. L. Rev. 959(1987);Richard G. Himelrick, *Pleading Securities Fraud*,43 Md. L. Rev. 342(1984)。

[72] 现行的《联邦民事诉讼规则》第 11(b)条提供了充分的指导。因此,根据拟议标准,如果法院发现诉状、动议或其他书面文件:"(1)出于任何不正当目的而提出,如骚扰、造成不必要的延误或无谓地增加诉讼成本;(2)未得到现有法律或关于扩展、修改或推翻现有法律或确立新法律的非轻率论点的支持;(3)就事实主张而言没有证据支持;(4)就事实主张的否认而言在证据上未得到支持。"同上注。

（四）私人证券诉讼中次要责任的正当性

几十年来，下级联邦法院一致承认《证券交易法》第 10（b）条和 10b-5 规则所规定的协助和教唆责任的适当性。[73]这种做法使原告能够向据称知情且实质上协助实施所指控的侵权行为的次要行为人寻求赔偿损失。[74]通过这种方式，包括律师和金融中介机构在内的担保行为人，都要承担责任。[75]这一次要责任原则的适用是激励看门人向其客户提供建议，亦是看门人让客户坚持从事合规行为的关键机制。[76]

177

需要说明的是，在 1994 年出现了一项令人大跌眼镜的裁决，即美国最高法院裁定私人诉讼中不允许根据第 10（b）条承担协助和教唆责任。[77]法院采用了"严格的法定解释"，重点关注第 10（b）条所禁止的"行为范围"，理由是"1934 年法案的文本本身并没有涉及那些协助和教唆违反第 10（b）条的人……我们认为这一结论解决了此案"。[78]因此，正如法院得出的结论，"由于第 10（b）条的文本并不禁止协助和教唆，我们认为私人诉讼中的原告不得根据第 10（b）条提起协助和教唆诉讼"。[79]

---

[73]　参见 *Levine v. Diamanthuset*，*Inc.*案；*Fine v. American Solar King Corp.*案；*ITT v. Cornfeld* 案。这一点是布莱克门法官（Justice Blackmun）提出的，他在 *Central Bank of Denver v. First Interstate Bank of Denver* 案中提到，在联邦系统各巡回法院的数百起司法和行政诉讼中，法院和证券交易委员会得出结论，根据第 10（b）条和 10b-5 规则，协助者和教唆者应承担责任。

[74]　正如下级联邦法院所适用的那样，在追究协助者和教唆者责任方面存在三个条件：（1）他人犯有主要违法行为；（2）被指控的协助者和教唆者在实施主要违法行为时提供了实质性协助；（3）被指控的协助者和教唆者对其不当行为有必要的了解。参见前注[73]引用的案例。

[75]　参见 *Molecular Technology v. Valentine* 案；*Moore v. Kayport Package Express*，*Inc.*案；*Edwards & Hanly v. Wells Fargo Securities Clearance Corp.*案；*Andreo v. Friedlander*，*Gaines*，*Cohen*，*Rosenthal & Rosenberg* 案。

[76]　参见 Marc I. Steinberg，*Attorney Liability for Client Fraud*，1991 Colum. Bus. L. Rev. 1，7—11（1991）。

[77]　*Central Bank of Denver v. First Interstate Bank of Denver* 案。

[78]　同上注。

[79]　同上注。4 名持不同意见的法官强烈反对多数派的裁决。正如布莱克门法官总结的那样："法院今天主张的原则——不得将责任强加给不符合第 10（b）条明文规定的当事人——与长期成立的证券交易委员会和司法先例不符。"参见前注[73]；Marc I. Steinberg，*The Ramifications of Recent U.S. Supreme Court Decisions on Federal and State Securities Regulation*，70 Notre Dame L. Rev. 489（1995）。

随之而来的是，原告对担保行为人提起诉讼，声称其涉嫌不当行为属于第 10（b）条的主要责任范围内。[80]这一努力在很大程度上并未取得成功，因为最高法院通常将主要责任的范围限制在一些知情者当中，这些知情者要么作出了重大虚假或误导性陈述，[81]要么散布了实质性虚假或误导性陈述，[82]又或者从事了原告所信赖的欺骗性或操纵性行为。[83]此外，当存在信义义务或信托与保密关系时，第 10（b）条规定的主要责任可以以未向负有该义务的人披露重要信息为前提。[84]这一原则适用于内幕交易环境（本书第七章将对此进行详细讨论）。[85]

因此，在私人诉讼中，除非担保行为人自己作出投资者所信赖的声明，例

178

---

⑧⓪ 参见 *Pacific Investment Management Company v. Mayer Brown LLP* 案；*Affco Investments 2001，LLC v. Proskauer Rose，LLP* 案；*Ziemba v. Cascade International，Inc.*案；判例 *In re Software Toolworks Incorporated Securities Litigation*。原告部分基于最高法院中央银行裁决中的以下措辞，对担保行为人的主要责任的适当性提出了前提：

> 第 10（b）条未规定协助和教唆责任并不意味着证券市场中的次要行为人始终不承担《证券法》规定的责任。任何个人或实体，包括律师、会计师或银行，如果采用操纵手段或作出证券买卖方所信赖的重大虚假陈述（或遗漏），在满足 10b-5 规则规定的主要责任的所有要求的情况下，都可能作为 10b-5 规则规定的主要违法者承担责任。

Central Bank of Denver，511 U.S. at 191.

⑧① 参见 *Janus Capital Fund，Inc. v. First Derivative Traders* 案，将 10b-5（b）规则的责任限制在那些"作出"重大虚假陈述或半真半假陈述的人，即那些"对陈述拥有最终决定权，包括其内容和是否以及如何传达"的人。参见 Andrew Gilman，*Scope of Primary Liability Under Section 10（b）of the Securities Exchange Act and Rule 10b-5 Following Janus Capital Group*，40 Sec. Reg. L. J. 269（2012）；Norman Poser，*Janus Revisited：The Lower Courts Wrestle with a Troubling Supreme Court Decision*，45 Rev. Sec. & Comm. Reg. 211（2012）。

⑧② 参见 *Lorenzo v. Securities and Exchange Commission* 案，在证券交易委员会的执法行动中，认定那些故意向公众传播实质性重大虚假陈述的人应根据第 10（b）条和 10b-5（a）和（c）规则承担责任。*Lorenzo* 案对私人诉讼当事人的帮助程度尚不确定。

⑧③ 参见 *Stoneridge Investment Partners，LLC v. Scientific-Atlanta，Inc.*案，驳回了第 10（b）条下关于私人诉讼中对那些指挥或策划欺诈计划的人的"计划"责任理论，因为无法证明信赖要素，并指出"原告对被告欺诈行为的信赖是第 10（b）条私人诉讼理由的基本要素"。这种信赖要求可能会在很大程度上限制洛伦佐在第 10（b）条私人诉讼中的适用性。参见 Kyle Mason，*Life After Lorenzo—The Strained Re-Emergence of Scheme Liability*，48 Sec. Reg. L. J. 45，59—60（2020），该文声称"任何试图利用计划责任指控主要违反 10b-5 规则以提起私人诉讼的原告都将面临证明信赖的'巨大障碍'"。

⑧④ 参见 *Chiarella v. United States* 案；*Affiliated Ute Citizens v. United States* 案。

⑧⑤ 参见 Marc I. Steinberg and William K.S. Wang，*Insider Trading*（3d ed. 2010）；本书第七章的讨论。

如，发布投资银行家的公平意见，否则往往不在第 10（b）条的主要责任范围之内。[86]除此之外，1998 年的《证券诉讼统一标准法案》（SLUSA）还规定，[87]除某些例外情况外，涉及国内交易证券的集体诉讼必须提交至联邦法院，且仅适用联邦法律。[88]由于州法律通常在此类集体诉讼中认可先占原则，原告的追索权的实现往往仅限于向联邦或州法院提起个人诉讼。对于无力承担个人诉讼费用的普通投资者而言，寻求担保显然不切实际。[89]

179   当然，也有一些例外，比如本章所讨论的，根据《证券法》第 11 条，包括承销商在内的特定参与者会因注册声明中的披露信息不足而承担责任。[90]此外，就个人诉讼而言，可援引《证券交易法》第 18（a）条，根据该条，可以成功追究"导致"向证券交易委员会提交的 1934 年法案文件中包含重大虚假或误导性陈述的人的责任。[91]

        尽管如此，《证券法》和《证券交易法》承认的其他担保责任原则，如控制人条款，通常对希望追究担保行为人责任的原告没有帮助。[92]现实中，控制人条款经常被寻求追究公司内部人士责任的私人原告所使用，用以追究包括首席执行官和首席财务官、董事会主席和董事会委员会主席（如审计委员会主席）在内的人的责任。[93]这导致的直接后果是，除了某些例外，我们正在目睹联邦证券

---

        [86] 在这种情况下，投资银行家的公平意见、审计师对目标公司财务报表的意见和律师意见书是投资者信赖的第 10（b）条下的主要责任风险的例子。参见 *Kline v. First Western Government Services，Inc.*案。

        [87] 《证券诉讼统一标准法案》，Securities Litigation Uniform Standards Act。

        [88] 参见《证券法》第 16（f）（2）（A）条；《证券交易法》第 28（f）条。

        [89] 越来越多的机构投资者选择退出集体诉讼，转而根据联邦和州法律提起个人诉讼以寻求补救。参见前注[67]，Cornerstone Research 文，第 2 页。指出"公共养老金计划原告选择退出集体诉讼的倾向，包括在更大的案件中"。

        [90] 参见《证券法》第 11（a）（5）条；参见前注[6]—[13]的讨论及其随附文本。

        [91] 参见《证券交易法》第 18（a）条。在《证券交易法》向证券交易委员会提交的文件中，对"任何应作出或促使作出"任何重大虚假或误导性陈述的人规定相关责任。参见前注[21]—[27]的讨论及其随附文本。

        [92] 参见《证券法》第 15（a）条；《证券交易法》第 20（a）条。在这方面，担保行为人很少被视为控制人。有时，陈述足够的事实可以使索赔得以继续。参见判例 *In re Rospatch Securities Litigation*，足以陈述控制人对目标公司外部总法律顾问的索赔的事实。

        [93] 参见 Loftus C. Carson II，*The Liability of Control Persons Under the Federal Securities Acts*，72 Notre Dame L. Rev. 263（1997）；Louis D. Lowenfels and Alan R. Bromberg，*Controlling Person Liability Under Section 20（a）of the Securities Exchange Act and Section 15 of the Securities Act*，53 Bus. Law. 1（1998）；Alexander Poor and Michelle Reed，*The "Control" Quagmire：The Cumbersome Concept of "Control" for the Corporate Attorney*，44 Sec. Reg. L. J. 101（2016）；本书第九章的讨论。

法规定的担保行为人责任的消失。当这一结果适用于看门人时，异常行为的发生频率可能会增加。这种可能性将会对法律遵守、投资者保护和美国证券市场的完整性产生不利影响。[94]

解决办法是明确的，即根据第10（b）条和10b-5规则，从法律层面恢复协助者和教唆者的责任。这一规定的颁布将再次为受害原告提供追索途径，以追究那些明知故犯却在很大程度上协助主要违法者实施不法行为的担保行为人。提出可行索赔的前提是，原告必须充分具体地指控构成协助者欺诈行为的情况。[95]在初审法官的自由裁量权下，可以下令进行有限的披露，使原告有机会发掘足够的信息，从而抵御这一索赔的撤案动议。如果原告未能做到这点，法院应评估索赔的实质内容，以确定其是否轻率，并在认为适当的时候实施相应制裁，包括律师费。[96]这一条款非但没有引发滥诉，[97]反而为投资者提供了一条可行的途径来追究担保行为人，同时对参与滥用诉讼的原告及其律师实施制裁，从而平衡了相互冲突各方的利益。因此，大力执行拟议法规的授权对受害投资者来说是有益的，同时对恶意原告律师而言也存在着实质性制裁的明显风险。[98]

180

---

[94] 这一点是作者在最近的一篇文章中提出的。参见 Marc I. Steinberg，*Corporate Lawyers*：*Ethical and Practical Lawyering with Vanishing Gatekeeper Liability*，88 Fordham L. Rev. 1575，1596（2020）。该文提到，"尽管公司律师有很多道德准则，但相对而言，几乎没有什么有意义的强制性执行"。

[95] 第三巡回法院在 *Shapiro v. UBS Financial Corp.*案中表达了 PSLRA 颁布之前的立场，指出"法院应该……对以下事实'敏感'，即在证据调查之前适用《联邦民事诉讼规则》第9（b）条可能会允许老练的欺诈者成功隐瞒其欺诈行为的细节"，应予以注意。

[96] 公平适用《联邦民事诉讼规则》第11条应符合诉讼当事人、律师和司法系统的利益。参见前注[72]。

[97] 国会和美国最高法院对滥用诉讼的激增表示不满。参见 *Private Securities Litigation Reform Act*，*Joint Explanatory Statement of the Committee on Conference*（1995），https://www.congress.gov/104/crpt/hrpt369/CRPT-104hrpt369.pdf，指出，"在各种上市公司中持有少量股份的专业原告允许律师随时提起滥用证券的集体诉讼"。*Blue Chip Stamps v. Manor Drug Stores* 案，该案论证了，证券诉讼中"可能滥用自由披露条款的可能性"，包括"被告的高级职员和合伙人的大量证词以及随之而来的大量发现商业文件的机会"的"常见情况"。

[98] 有趣的是，人们对滥用诉讼和律师费的裁决非常反感，而对律师事务所律师收取的巨额费用却相对较少关注，这些费用有时会损害其他利益。一个很好的例子是律师在破产环境中收取的费用。例如，关于 Windstream Holdings 股份有限公司破产程序，柯克兰律师事务所（Kirkland & Ellis LLP）2020 年4月的费用总额为 2 122 090.60 美元。多名律师助理的收费标准为每小时 445 美元，初级律师为 1 085 美元，高级合伙人为 1 635 美元。参见 In re: Windstream Holdings，（转下页）

181 （五）对夸大宣传、信念声明和前瞻性陈述的过度保护

公司高管和董事对公司及其股东负有信托责任。[99]根据《布莱克法律大辞典》的定义，所谓"受托人"，是指"在其关系范围内的所有事务上，须为他人利益行事，并对他人负有诚信、忠诚、应有的谨慎和披露义务的个人，例如作为受托人的公司高管"。[100]随着这一原则的确立，我们不难得出这样的结论：当公司董事和高管根据联邦证券法承担披露义务时，必须谨慎行事并保持诚信。若非如此，人们可能会假设，受影响的受托人将对因涉嫌不当行为而受到损害的股东承担责任。然而，事实并非如此。根据现行法律，这些受托人可能会夸大宣传、疏忽履行其披露义务，甚至在前瞻性陈述方面公然撒谎，但却不会对股东承担责任。[101]

正如美国最高法院所认为的那样，公司受托人可依据《证券交易法》第10（b）条（证券集体诉讼原告的主要救济措施）不承担责任，除非他们存在知情不当行为。[102]根据该条，不谨慎履行披露义务是不可起诉的。[103]第10（b）条关于受托责任的广泛豁免得到了其他几种理论的支持。例如，根据"夸大宣传"原则，

（接上页）Inc., et al., *Fourteenth Monthly Fee Statement of Kirkland & Ellis International LLP and Kirkland & Ellis International LLP for Compensation for Services and Reimbursement of Expenses as Counsel to the Debtors and Debtors in Possession for the Period From April 1, 2020 Through April 30, 2020* (*Exhibit B*), filed July 6, 2020 (U.S. Bkrtcy Ct. S.D.N.Y. 2020), https://www.kccllc.net/windstream/document/1922312200706000000000007。关于底特律市（Detroit）的破产，众达律师事务所（Jones Day）在"削减"了近1 800万美元的费用后，仍获得了5 800万美元的专业费用。参见 Martha Neil, *Judge Oks ＄178M in Detroit Bankruptcy Professional Fees; Jones Day Gets ＄58M*, ABA Journal (Feb. 12, 2015), https://www.abajournal.com/news/article/judge_oks_178m_in_detroit_bankruptcy_professional_fees_jones_day_gets_58m_f。

　[99]　参见 *Mills Acquisition Co. v. MacMillan, Inc.*案，董事对公司及其股东负有谨慎和忠诚的信托责任。

　[100]　Bryan A. Garner (editor-in-chief), *Black's Law Dictionary* (11th ed.), Thomson Reuters press, 2019, p.770.

　[101]　参见后注[102]—[122]的讨论及其随附文本。

　[102]　参见 *Ernst & Ernst v. Hochfelder* 案，根据该案的措词及其立法历史，判定存在知情不当行为是必要的。尽管最高法院尚未就此问题作出裁决，但下级联邦法院认为，根据第10（b）条，轻率行为可提起诉讼。参见前注[56]。在指控违反第10（b）条的执法行动中，证券交易委员会同样必须证明其存在主观故意。参见 *Aaron v. Securities and Exchange Commission* 案；本书第九章的讨论。

　[103]　在 *Hochfelder* 案中，布莱克门法官认为："在我看来……投资者因疏忽行为和积极欺骗行为而受害的可能性一样大，关于国会对二者区别看待的说法，逻辑难以自洽。"425 U.S. at 216.

公司受托人的待遇类似于"二手车"销售员。[104]法院认为，笼统的乐观陈述是不可起诉的，因为这种陈述缺乏实质性，也不能被理性的投资者所信赖。[105]通常而言，这些笼统的陈述侧重于公司业务的重要方面，包括其文化和声誉、近期收购、合规情况、临床试验数据、产品价格策略以及尽职调查实践等。[106]与此同时，公司受托人发表的意见或信念声明通常也是不可起诉的，除非发言人事实上知道自己并不持有这种意见或信念。[107]此外，根据 PSLRA 和联邦证券法，进行

182

---

[104] 参见 Sarah Lee，*The Puffery Defense：From Used Car Salesman to CEO*，30 Sec. Reg. L. J. 440（2002）。

[105] 100 多年前，第六巡回法院的一项判决就体现了销售人员在向消费者推销商品时使用的夸大宣传的手法。参见 *Harrison v. United States* 案，该案询问"在什么情况下，不常见的广告夸张会成为欺诈意图的充分证据？一个商人以合理的价格出售一件有价值的物品，会因为他的广告夸大了物品的容量和用途而根据邮件欺诈法规被判诈骗吗？"关于在证券法背景下适用夸大宣传原则的案件，参见后注[106]。

[106] 参见 *Indiana Public Retirement System v. SAIC, Inc.*案，该案认为对公司文化和声誉的赞美是夸大宣传；*Lloyd v. CVB Financial Corp.*案，该案认为吹捧该公司"良好的信用文化和承保诚信"的声明是夸大宣传；*IBEW Local Union No.58 Pension Trust Fund & Annuity Fund v. Royal Bank of Scotland Group，PLC* 案，该案认为专注于企业收购是夸大宣传；*City of Edinburgh Council v. Pfizer, Inc.*案，该案认为制药公司对临床试验数据所作的乐观陈述是夸大宣传；*In re Aetna, Inc. Securities Litigation* 案，该案认为公司对被视为虚假保单的严格定价的声明是夸大宣传；*Veal v. Lending Club Corporation* 案，该案认为有关公司承诺遵守监管要求的声明是夸大宣传。一些判决限制了夸大宣传的影响范围。参见 *Zaghian v. Farrell* 案，该案认为控股公司声明其某一产品将"产生显著增长、盈利能力和现金"从而创造历史上"经济增长最快的季度"是可行的，因为这些声明"没有模糊地描述公司的财务状况，而是针对特定产品和该产品的预期盈利能力"；*In re Level 3 Communications, Inc. Securities Litigation* 案，该案认为公司关于合并"完成了 85%、90%"的声明是可行的；*Beavers City Employees Retirement Fund v. The Shop Hold, Inc.*案，该案认为首席执行官关于公司"直接采购模式是一项重大竞争优势"的声明是可行的。对于夸大宣传的评论，参见前注[104]；Jennifer O'Hare，*The Resurrection of the Dodo：The Unfortunate Re-Emergence of the Puffery Defense in Private Securities Fraud Actions*，59 Ohio St. L. J. 1697（1998）；Stefan Padfield，*Is Puffery Material to Investors? Maybe We Should Ask Them*，10 U. Pa. Bus. & Emp. Law 339（2008）。

[107] 参见 *Omnicare, Inc. v. Laborers District Council Construction Industry Pension Fund* 案，该案规定的意见陈述如果遗漏了与公司（或其他发言人）对该意见陈述的调查或了解有关的重要事实，并且如果这些事实与理性投资者对该意见陈述的看法相冲突，则针对该意见陈述可以提起诉讼。同上注。参见 *Virginia Bankshares, Inc. v. Sandberg* 案，该案承认《证券交易法》第 14（a）条和 14a-9 规则中存在重大虚假或误导性的信念或意见陈述及其事实依据的主张。尽管根据《证券法》第 11 条规定，*Omnicare* 案的法理已扩展到《证券交易法》第 10（b）条的诉讼中，以解决责任目的的信念或意见陈述。参见 *City of Dearborn Heights v. Align Technology, Inc.*案；Allison Cook，"*I Believe*" Omnicare Falls Short：An Analysis of the Supreme Court's Latest Attempt to Clarify Opinion-Statement Liability，46 Sec. Reg. L. J. 19（2018）；James D. Cox，"*We're Cool*" Statements After Omnicare：Securities Fraud Suits for Failures to Comply with the Law，68 SMU L. Rev. 715（2015）；Hilary A. Sale and Donald C. Langevoort，"*We Believe*"：Omnicare，Legal Risk Disclosure and Corporate Governance，66 Duke L. J. 763（2016）。

183　基于《证券交易法》报告的公司的前瞻性陈述即使是故意作出的虚假陈述，只要这些前瞻性陈述附有有意义的警示性披露，即可免于私人责任。[108]

随着这些宽泛的原则得到承认，上市公司的披露实践中充斥着乐观信念和乐观表达也就不足为奇。[109]然而，这些说法往往掩盖了一些真相。对于涉及诸如收益、收入、合同承诺和收购等核心事项的过于乐观的前瞻性陈述，如果专家律师能熟练地起草附带的警示性披露，往往可以在私人诉讼中提请免责。[110]政府执法行动的前景以及来自机构投资者、金融分析师的不满情绪，在一定程度上可以抑制这种肆无忌惮的乐观局面，[111]但股东们仍无法获得救济。

公司高管和董事以这种方式行事而不用对股东负责，这简直是对信托责任原则的嘲弄。根据目前相关法律，就第 10（b）条私人责任审查而言，这些人只是徒有其表的受托人。为了纠正这种情况，正如本章稍后所讨论的，过失通常应以疏忽不当行为

184　为前提，而不是以主观故意为前提。[112]对于前瞻性陈述，由于准确预测的不确定性，加上原告采用的后见之明，应该提供更大程度的保护。[113]解决方案是修改在 PSLRA 颁布之前适用于上市公司的证券交易委员会规则。[114]根据这一拟议的标准，前瞻性

---

[108]　参见《美国法典》第 77aa（c）（1）条、《证券交易法》第 21E（c）（1）条。作为 PSLRA 的一部分，该条款规定，除某些例外情况外，如果前瞻性陈述"被确定为前瞻性陈述，并附有有意义的警示性陈述，确定可能成为导致实际结果与前瞻性陈述中存在重大差异的重要因素"，则可以在私人诉讼中免于承担责任。同上注。如果警示性陈述被认为是不充分的，那么对重大虚假或误导性的前瞻性陈述的责任是基于实际知情的证据来证明。参见 *Slayton v. American Express Company* 案；*Asher v. Baxter International，Inc.* 案；*Harris v. Ivax Corporation* 案。

[109]　参见前注[106]引用的案例。

[110]　参见前注[108]。

[111]　参见 Donal Byard and Kenneth W. Shaw, *Corporate Disclosure Quality and Properties of Analysts' Information Environment*, 18 J. Acc., Aud. & Fin. 355（2003），https://doi.org/10.1177/0148558X0301800304；Hua Cheng et al., *Corporate Disclosure Quality and Institutional Investors' Holdings During Market Downturns*, 60 J. Corp. Fin. 1（Feb. 2020），https://www. sciencedirect. com/science/article/pii/S0929119919301828。

[112]　参见后注[174]—[185]的讨论及其随附文本。

[113]　因此，证券法并非投资保险，以事后判断为前提的欺诈结论性指控必然无法成立。参见 *DiLeo v. Ernst & Young* 案，该案表示"这起诉讼中的情节在证券诉讼中很常见。这家公司一度处于有利地位。后来该公司披露，情况并不乐观。原告辩称，这些差异必须归因于欺诈"。

[114]　这些规则在某种程度上仍适用，例如在证券交易委员会的执法行动和不适用 PSLRA 前瞻性陈述安全港的私人诉讼中，包括涉及公司的首次公开发行。参见《联邦法规》第 17 卷第 230. 175 条和第 240.3b-6 条规则。根据这些规则，前瞻性陈述不可提起诉讼，"除非证明该陈述是在没有合理依据的情况下作出或重申的，或者是出于善意而披露的"。同上注。在这方面，由于最高法院对 *Omnicare* 案的裁决，对信念或意见陈述的责任已大大放宽。参见前注[107]引用的案例。

陈述将免于承担责任，除非原告证明该陈述是在重大过失或不诚信的情况下作出的。[115]在发布前瞻性陈述方面扩大对纯粹过失行为的保护，应该足以让潜在被告安心。在此基础上对公司盈利、收入和其他可能发生的事态发展进行极其疏忽或恶意的预测，应该受到起诉。毕竟有了这种程度的保护，在这种情况下，受托人的行为仍将得到比各方在商业环境中公平交易更有利的待遇。[116]

同样的原则也应适用于信念声明和夸大宣传。公司受托人往往未被赋予肆意行事的全权，有时甚至是故意行事，但由于虚假和误导性的陈述被视为乐观的概括或被限定为信念声明而免于承担责任。[117]如果适用的陈述是面向未来的，或者无法以其他方式加以核实，那么应以原告证明存在的严重疏忽或恶意为前提的责任将适用。否则，对于容易受到事实证实的披露，过失标准将是疏忽。[118]在评估公司受托人的证券法披露义务时，应该摒弃夸大宣传的原则，走上"渡渡鸟"的道路。[119]

过失标准在私人诉讼中的适用对联邦证券法而言并不罕见。毕竟，《证券法》第 11 条和第 12（a）（2）条都有着更为严格的过失标准，这实际上要求被告证明其确实尽职调查和合理谨慎。[120]再者，依据《代理法》第 14（a）条和据此颁布的 14a-9 规则，公司管理人员和董事在基于过失不当行为的私人损害赔

185

---

⑪ 因此，此处的提案为合格的发行人提供了比 175 规则、3b-6 规则更大的保护，因为它将责任（部分）建立在显示重大过失而不是缺乏合理依据的基础上。参见前注⑭。

⑯ 例如，在公平的商业环境中，过失失实陈述的行为是被承认的。参见 American Law Institute，*Restatement（Second）of Torts*，§ 552（1977）。相比之下，重大过失被定义为"缺乏哪怕一点点的勤勉或注意"。Bryan A. Garner（editor-in-chief），*Black's Law Dictionary*（11th ed.），Thomson Reuters press，2019，p.1246.

⑰ 事实上，在 *Virginia Bankshares，Inc . v . Sandberg* 案中，最高法院认为，如果满足特定要求，公司委托书中所包含的描述拟议合并为少数股东提供"高"价值和"公平"限价的陈述是可起诉的。

⑱ 参见 *In re Integrated Resources Real Estate Limited Partnership Securities Litigation* 案，该案声明"世界上所有的警示性语言，都不能取代对理性投资者而言重要的真实的真正重大遗漏或虚假陈述"。

⑲ 参见前注⑯，指出"法院已经大大扩大了有力抗辩的范围，即在很少或根本没有分析或考虑其决定的影响的情况下，驳回可能有价值的证券欺诈行为的夸大抗辩"。

⑳ 在第 11 条诉讼中，指定被告（发行人除外）有尽职调查抗辩。在第 12（a）（2）条诉讼中，被告卖方有责任证明"他不知道，并且在合理谨慎的情况下不可能知道"材料"不实或遗漏"。《证券法》第 l（a）（2）条。参见前注⑥—⑬的讨论及其随附文本。

偿诉讼中应承担责任。⑫此外，正如本章关于协助者和教唆者责任所讨论的那样，必要的主观过失级别将是知情不当行为。因此，本文提出的建议可视为符合现行法律的某些关键原则。⑫

(六)联邦证券集体诉讼先占原则

正如本章前面所讨论的，在某些例外情况下，SLUSA 要求涉及全国交易证券的证券集体诉讼必须提交联邦法院且仅适用联邦法律。⑫该法案是国会对原告的回应，在此之前，原告往往积极提起州法院集体诉讼以规避 PSLRA 的严格规定。⑫国会认为这些州诉讼破坏了 PSLRA 的目标，因此制定了更为宽泛的先占原则立法。⑫

186　　　总体而言，SLUSA 旨在促进联邦利益以执行 PSLRA 的集体诉讼改革。⑫否则，原告可能选择在对自己更有利的州法院（如加利福尼亚州法院）提起集体诉讼，从而使这些授权无效。⑫尽管如此，SLUSA 应在两个重要方面进行修改。

其一，只有在联邦集体诉讼这一备选方案是可行的情况下，投资者寻求州法院救济的权利才应被排除。根据美国最高法院的现行法律，只要有人购买或出售与涉嫌欺诈有关的标的证券，就可以适用 SLUSA 先占原则。⑫此规定的结果是，原告不能满足第 10（b）条的买方—卖方要求（因此缺乏根据涉嫌违反该法规提起诉讼的资格），但仍被优先提起州法院集体诉讼。⑫实际上，在没有

---

⑫　参见前注㊾的讨论及其随附文本。

⑫　参见前注㊊—㊌、后注⑳—㉑的讨论及其随附文本。

⑫　参见前注㊲—㊴的讨论及其随附文本。

⑫　"证券集体诉讼从联邦法院到州法院的显著转变。"参见《证券诉讼统一标准法案》；第 105 届国会关于参议院银行、住房和城市事务委员会报告。

⑫　Pub. L. No.105-353，112 Stat. 3227（1998）.

⑫　参见前注⑫。"州法院集体诉讼风险的增加对使用'安全港'和 1995 年 PSLRA 法案的其他重要条款产生了寒蝉效应。"

⑫　参见 David M. Levine and Adam C. Pritchard，*The Securities Litigation Uniform Standards Act of 1998：The Sun Sets on California's Blue Sky Laws*，54 Bus. Law.1（1998）。

⑫　参见 *Merrill Lynch*，*Pierce*，*Fenner & Smith*，*Inc. v. Dabit* 案，该案认为"只要欺诈行为与证券交易同时发生就足够了——无论是原告还是其他人"。

⑫　在 *Dabit* 案中，原告是标的证券的持有人，因此不具备依据《证券交易法》第 10（b）条提起损害赔偿诉讼的原告资格。参见 *Blue Chip Stamps v. Manor Drug Stores* 案。正如达比特最高法院（Supreme Court in Dabit）所指出，第二巡回法院在下一判决中认为，"SLUSA 只优先于原告根据联邦法律享有私人救济的州法律集体诉讼索赔"。同上注。最高法院推翻了这一判决。

联邦利益证明这种否认是正当的情况下，受害原告被剥夺了在其他方面可行的州法院救济途径。需要说明的是，尽管私人诉讼可以在州法院提起，但如果没有集体诉讼工具，普通投资者仍然无力寻求补救。[130]

其二，虽然涉及的集体诉讼必须在联邦法院提起，但州法律索赔不应被排除。在SLUSA颁布之前，原告通常会用与集体诉讼的认证一致的据称有价值的州索赔来补充他们的联邦索赔。[131]这一策略使原告能够保留有价值的州救济措施，并确保有关集体诉讼规定的联邦法律得以适用。[132]以这种方式，联邦利益得到了恰当维护，又没有实质性地损害投资者的救济措施。[133]为避免投资者通过排除在涵盖的联邦证券集体诉讼中提起州法律索赔，SLUSA终止了此种做法。这一决定在实际上剥夺了投资者获得重要救济的权利，并且由于缺乏充分理由而难以服众。为此，联邦制的原则应该提出不同建议。[134]通过要求所涵盖的集体诉讼必须仅在联邦法院提起，联邦政府确保了PSLRA各项规定得到充分执行，原告也得以保留其行使州救济措施的权利。与机构投资者选择退出集体诉讼以追求其联邦和州的个人索赔不同，[135]普通投资者必须保留其集体诉讼成员的身份。在切实可行的情况下，应向他们提供与机构投资者和其他财力雄厚的投资者类似的机会，令其享有同样的全套救济措施。[136]鉴于此，国会应采取纠正措施，允

---

[130] SLUSA的例外情况是在联邦和州法院提起个人诉讼。此外，可以在州法院就私下转售、合并、要约收购和行使评估权提起集体诉讼。参见《证券法》第16（d）（1）条和第16（f）（2）条；《证券交易法》第28（f）（3）条和第28（f）（5）条。此外，还有其他SLUSA豁免条款，包括派生诉讼。

[131] 参见 Sandberg v. Virginia Bankshares, Inc.案，虽然在联邦证券法的索赔中败诉，但原告在一些州的索赔诉讼中判处了被告损害赔偿。需要注意的是，市场欺诈理论可能不适用于许多州索赔，例如普通法欺诈，因此不利于此类索赔的集体诉讼的认证。参见 Peil v. Speiser 案，虽然市场欺诈理论是证券法方面的好法，但没有州法院采用该理论，因此直接信赖仍然是普通法证券欺诈索赔的要求。

[132] 在这方面，一些州的证券法并不要求证明信赖是某些索赔的一个要素。参见《统一证券法》（1956）第410（b）条；Joseph C. Long, Michael J. Kaufman, and John M. Wunderlich, Blue Sky Law（2020）。

[133] 参见前注[124]。部分议员在补充意见中对SLUSA表示反对，因为它将使PSLRA成为"全国交易证券的唯一统一标准"。

[134] 参见前注[124]。部分议员在补充意见中声明，SLUSA的颁布将导致投资者"他们的州法院救济措施被取消……这样的结果只会伤害无辜的投资者，破坏公众对证券市场的信心，最终会提高美国企业的资金成本"。

[135] 机构投资者越来越多地选择退出集体诉讼以追求个人索赔。参见前注[89]。

[136] 参见前注[124]。部分议员在补充意见中表示，"我们担心，如果SLUSA通过，投资者将根本没有任何有效的救济措施"。

许涉及证券集体诉讼的原告提起州法律索赔。⑬⑦

(七) 经纪交易商和投资顾问

188　　　有关经纪交易商和投资顾问的诸多问题，众多著作已有论述。⑬⑧以下讨论聚焦于一些重要的议题。首先是美国最高法院对经纪公司与其客户之间争议前仲裁协议的支持。⑬⑨从历史角度来看，索赔人认为仲裁庭对该行业有利。⑭⓪幸运的是，该仲裁程序的监管机构金融业监管局（FINRA）采取了值得称赞的措施来应对这种看法。⑭①其中最重要的行动是实施全公开仲裁小组，同时更广泛地将有先前行业关系的仲裁员排除在公开仲裁员之外。⑭②最近的统计数据显示，大约75%的 FINRA 仲裁听证会都有公开小组，其中 53% 的听证会裁定客户获得损害赔偿。⑭③

由此观之，相关问题已取得很大进展。尽管如此，还应采取一些额外措施。

---

⑬⑦　参见前注⑫④。部分议员在补充意见中表示，"由于我们认为 PSLRA 的条款不足以保护投资者，不足以成为合适的联邦证券反欺诈标准，我们不能支持将该法案作为全国交易证券的唯一一统一标准"。

⑬⑧　参见 James A. Fanto，Jill I. Gross，and Norman S. Poser，*Broker-Dealer Law and Regulation*（5th ed. 2020）；Tamar Frankel and Arthur B. Laby，*The Regulation of Money Managers*（3d ed. 2020）。

⑬⑨　参见 *Shearson/American Express，Inc. v. McMahon* 案，该案维护经纪公司及其客户之间关于《证券交易法》第 10（b）条和《受诈骗影响和腐败组织法》（RICO）索赔的争议前仲裁协议的可执行性。参见 *Rodriguez De Quijas v. Shearson/American Express，Inc.*案，该案维护了涉及证券法索赔的争议前仲裁协议的可执行性。

⑭⓪　参见 Public Investor Arbitration Bar Association，*Other Groups Seek Data on Mandatory Arbitration*，47 Sec. Reg. & L. Rep.（BNA）164（2015），该文表示"只要经纪公司和投资顾问保留要求投资者通过仲裁解决纠纷的能力，FINRA 的仲裁就可能本身对投资者存在偏见"。参见 Perry Wallace，*Securities Arbitration After McMahon，Rodriguez and the New Rules：Can Investors' Rights Really Be Protected?*，43 Vand. L. Rev. 1199（1990）。

⑭①　参见 Ralph S. Janvey and Hayden M. Baker，*Investor Fairness in Securities Arbitration：A Perceptional Issue?*，45 Sec. Reg. L. J. 259，286（2017），该文称，美国金融业监管局已采取了"值得赞扬的措施来解决投资者和投资者权益倡导者的所强烈关注的问题"。

⑭②　参见《证券交易法》中批准有关修订非公开仲裁员和公开仲裁员定义的拟议规则变更的命令（第 74383 号）、批准关于修订客户争议仲裁程序守则的拟议规则变更的命令（第 70442 号）。

⑭③　参见 FINRA，*2019 Dispute Resolution Statistics（Results of All-Public and Majority Public Panels in Customer Cases）*，https://www.finra.org/arbitration-mediation/disputeresolution-statistics/2019#resultsallpublic，相比之下，在 2018 年，全公开小组的比例大致相同，在 42% 的听证会上，客户获得了赔偿。同上注。

第一，FINRA 应专注于提高其仲裁小组包含年龄、性别和种族等方面的多样性上，[14]因为当仲裁小组多样性不足时，仲裁过程中的公平性可能会受到损害。[15] 189
第二，行业仲裁员身份的分类应扩大到包括在过去五年任何一年中直接或间接（例如通过其律师事务所）从金融行业实体获得超过 25 000 美元的费用或收入的个人，因为在这种情况下，限定专业水平是合理的。[16]第三，为了吸引合格和多样化的仲裁员，理应大幅增加向仲裁员支付的酬金，因为担任 FINRA 仲裁员是一项艰巨的任务，应获得适当的酬劳。[17]第四，应实施更深入的培训，使仲裁员能够更好地了解 FINRA 客户—经纪仲裁中涉及的程序和实质性问题。[18]第五，FINRA 仲裁员应承担强制性定期披露义务，重点关注利益冲突，包括直接或间接从经纪或其他金融行业实体收取费用、收入或其他利益。[19]

此外，实践中应侧重于争议前仲裁协议。如今，除非客户账户异常庞大，

---

[14]　参见 FINRA, *Our Commitment to Achieving Arbitrator and Mediator Diversity at FINRA*, https://www.finra.org/arbitration-mediation/our-commitment-achieving-arbitrator-andmediator-diversity-finra，该文称，FINRA "加强了" 其 "聘任工作，无论是在人数上还是在年龄、性别、种族和职业上都增加了多样性"。

[15]　参见 *Survey Shows Some Clients See Process as Tilted Against Them*，40 Sec. Reg. & L. Rep. (BNA) 198（2008），在芭芭拉·布莱克教授（Professors Barbara Black）和吉尔·格罗斯教授（Professors Jill Gross）进行的一项研究中发现，对经纪人与经纪交易商之间的纠纷进行仲裁的投资者 "在很大程度上相信仲裁员是有能力的，了解问题，但不太确定仲裁员是开明的、公正的，以及正确适用法律的"。

[16]　尽管 FINRA 已经大幅改善了行业和公共仲裁之间的界限，但仍有 "抱怨称，目前的FINRA 规则允许公共仲裁员与行业的联系减弱"。前注[14]。在承认当个人与金融服务行业有任何金融联系（除了极小的联系）时专业水平偏见的持续存在方面，本文提出的建议比当前的 FINRA 规则更进一步。

[17]　参见 FINRA, *Final Report and Recommendations of the FINRA Dispute Resolution Task Force 5*（2015），https://www.finra.org/sites/default/files/Final-DR-task-force-report.pdf，该报告声明 FINRA 的 "低于市场水平的补偿对聘任仲裁员和仲裁员承诺投入大量时间履行其职责起到了抑制作用"。目前，FINRA 仲裁员通常每天可获得 600 美元（主席 725 美元）。参见 FINRA, *Become a FINRA Arbitrator*，https://www.finra.org/arbitration-mediation/become-finra-arbitrator。

[18]　参见前注[14]，该文评论说，在个人完成基本培训计划后，不需要继续培训。

[19]　参见前注[14]，该报告假定应强制要求仲裁员及时更新其披露，以报告 "重大新信息或状态的重大变化"，并且每位仲裁员应 "至少每年审查其仲裁员披露报告，并确认其准确性或根据新信息对其进行更新"。

190　否则仲裁是强制性的，而不是可选的。⑮⁰对于普通账户，经纪公司在没有签署包含强制性仲裁条款的协议的情况下，通常拒绝为其开立账户。⑮¹实际上，对于几乎所有客户而言，争议前仲裁协议都是强加给他们的。这种情况通常难以被接受。如果仲裁实际上被视为一个公平的程序，并且比州法院诉讼的成本更低，⑮²客户会欣然签署协议。毕竟，诉讼当事人在法庭诉讼中承担的财务费用通常比在仲裁庭上承担的费用要高得多。⑮³附条件的律师费安排不会对本分析产生实质性影响。在开立账户时，受影响的客户通常会相信经纪人及其公司会从事合法行为并按照自身经济利益行事。很少有客户开设经纪账户是以随后起诉他们的经纪人为目的。因此，客户可能会在争议前阶段选择仲裁庭，因为仲裁庭的成本更低，解决速度更快。⑮⁴尽管如此，为了促使 FINRA 和经纪行业在现实和观念上提高仲裁程序的公正性，应根据争议前仲裁协议允许客户选择法院。坚持这种方法可以促进诉讼事项的公平解决，从而更好地服务于美国司法程序的完整性。⑮⁵

191　　关于经纪人对客户的义务，"招牌理论"（shingle theory）已经被认可了 75

---

⑮⁰　参见 *De Kwiatkowski v. Bear, Stearns & Co., Inc.*案，该案推翻了有利于原告的 1.115 亿美元的陪审团裁决。

⑮¹　参见 Linda A. Fienberg and Matthew S. Yeo, *The NASD Securities Arbitration Report: View from the Inside*, 10 Insights No.4, at 7, 8（April 1996），该文称"自从最高法院 1987 年 McMahon 案判决以来，经纪交易商要求几乎所有开设保证金或期权账户的个人投资者签署争议前仲裁协议，而且大多数经纪交易商要求所有客户账户都签署争议前仲裁协议"。

⑮²　参见 Norman S. Poser, *When ADR Eclipses Litigation: The Brave New World of Securities Arbitration*, 59 Brook. L. Rev. 1095, 1111（1993），该文声称"将仲裁描述为对经纪公司有利的局面"。

⑮³　参见 Marc I. Steinberg, *Securities Arbitration: Better for Investors than the Courts?*, 62 Brook. L. Rev. 1503, 1512—1514（1996），该文提到：

今天的仲裁……仍然是一个相当非正式的过程。而不需要繁琐的诉讼要求……在美国，原告在仲裁中"只需要说明相关事实和所寻求的救济"。尽管越来越多的调查取证被允许，包括书面信息请求和文件请求，但在联邦和州法院诉讼中发现的一些成本更高、耗时更长的调查取证方面通常不存在。因此，很少允许进行证据宣誓，也不鼓励在正式听证之前提出决定动议。

⑮⁴　尽管如此，在没有争议前仲裁协议的情况下，大多数原告在出现争议时很可能会选择在有利的州法院提起诉讼，并由陪审团而不是仲裁员小组决定案件的实质问题。

⑮⁵　一般来说，除非当事人共同请求，否则通常不需要作出解释性裁决。FINRA 第 12514（d）条和第 12904（g）条。正如第 12904（g）（2）条指出："解释性裁决书是基于事实的裁决书，说明仲裁员作出裁决的一般理由。不需要包括法律权威和损害赔偿计算。"统计数据表明，当事人不愿要求作出解释性裁决。在六年期间，在大约 5 000 件符合条件的案件中，只有 37 件要求作出解释性裁决。参见前注⑭。

年之久。⑮在其他组成部分中，该原则认为，经纪人向客户提出的任何建议都必须有合理依据且适合该客户。⑮最近，证券交易委员会颁布了《最佳利益监管条例》，用以提高经纪交易商的行为标准，该条例超越了现有的适当性义务。⑯正如该委员会所述，《最佳利益监管条例》要求经纪交易商除其他职责外，"在提出建议时，以零售客户的最佳利益行事，不得将经纪交易商的财务或其他利益置于零售客户的利益之上；并通过建立、维护和执行合理设计的政策和程序来解决利益冲突，以识别并充分、公平地披露有关利益冲突的重要事实"。⑲此外，在信息披露不足以合理解决冲突的情况下，经纪交易商必须依据具体情况，采取措施来减轻或消除这种冲突。⑯

《最佳利益监管条例》未能协调适用于经纪交易商和投资顾问的行为规范，以及未能要求经纪交易商不管其自身的经济利益如何都必须为零售客户的最佳利益服务，因此饱受批评。⑯尽管证券交易委员会拒绝采用投资顾问必须遵　192

---

⑮　参见 *Charles Hughes Co . v . Securities and Exchange Commission* 案。

⑯　参见 *Hanly v . Securities and Exchange Commission* 案，该案称"证券交易商与零售客户有着一种特殊的关系，因其所处位置意味着其对所发表意见有充分的依据"。在单一定价理论下被认可的其他默示表述包括：（1）公平定价，包括任何加价或降价；（2）仅代表客户进行经授权的交易；（3）披露影响其推荐的特殊考虑；（4）客户订单的及时执行。参见 Marc I. Steinberg and Ralph C. Ferrara, *Securities Practice*：*Federal and State Enforcement* § 2：17（2d ed. 2001 & 2020—2021 supp.）。

⑯　参见《证券交易法》No.86031（2019）。有关《最佳利益监管条例》的规定，参见《联邦法规》第 17 卷第 240.151-1 条。证券交易委员会还采用了 CRS 表格（客户关系摘要表），要求投资顾问和经纪交易商用通俗易懂的语言向其零售客户提供关系摘要。参见《证券交易法》No.86032（2019）。

⑲　《证券交易法》No.86031（2019）。

⑯　根据《最佳利益监管条例》，经纪交易商及其有关人员的一般义务是在不将自己的利益置于客户的最佳利益之上的情况下为零售客户的最佳利益行事，具体包含遵守四项特定组成义务，即：

　（1）在推荐之前或推荐之时提供关于推荐内容以及零售客户和经纪交易商之间关系的某些规定披露（"披露义务"）；（2）在提出建议时尽到合理的勤勉、谨慎和技巧（"谨慎义务"）；（3）制定、维护和执行合理设计以解决利益冲突的政策和程序（"利益冲突义务"）；以及（4）建立、维护和执行合理设计的政策和程序，以实现对法规最佳利益的遵守（"合规义务"）。

⑯　参见 *8 Attorneys General Sue SEC Over Regulation Best Interest*，Fed. Sec. L. Rep.（CCH）No.2889, at 1（2019）。迄今为止，废除《最佳利益监管条例》的努力一直没有收到成效。参见 *XY Planning Network*，*LLC v . Securities and Exchange Commission* 案，该案认为某些原告缺乏挑战《最佳利益监管条例》有效性的诉讼资格，而对于有资格的原告来说，法院以该条例的采用"并非武断和反复无常"为由维持了该条例。

守的现有信托标准,[162]但它仍选择加强经纪交易商对零售客户所负的义务。[163]重要的是,这些义务将产生实质性影响,并应构成对经纪交易商及其代表的过失索赔的基础。这种影响显然不应该被低估。由于未能遵守强制性监管标准,而且行为违反了行业惯例,基于疏忽的索赔应被证明是受害投资者的一个有吸引力的救济渠道(通常在仲裁庭上提出)。[164]然而,一个必要的修订应优先执行。《最佳利益监管条例》并未规定经纪交易商有义务监控零售客户的账户,除非该经纪交易商同意这样做。[165]这一规定忽视了经纪人与客户的关系,因为许多支付大量佣金的零售客户认为经纪人将监控他们的账户。适当的解决方案是,经纪交易商被视为有责任监控零售客户的账户,除非客户以书面形式承认经纪交易商没有这种义务。[166]

193　　此外,投资顾问对客户的信托责任也被过分强调了。与本章前面提到的涉及公司董事和高管的情况类似,[167]确定投资顾问的行为是否构成违反信托义务的法律标准有时过于宽松。一个例子是,对注册投资公司的投资顾问"就其服务的报酬收取"施加信托义务。[168]为了证成所谓的过度赔偿,原告必须证明这些

---

⑯　参见《证券交易法》No.86031（2019），声明称:"委员会已选择不制定适用于经纪交易商和投资顾问的统一标准。"Dave Michaels, *SEC Increases Client Obligations for Stockbrokers*, Wall St. J., June 6, 2019, 该文表示经纪交易商和投资顾问"将继续受到两个标准的约束"。

⑯　参见《证券交易法》No.86031（2019），声明称:"当经纪交易商向零售客户提出建议时，委员会选择加强既有义务。"

⑯　在经纪人—客户仲裁程序中，未能按照监管要求行事以及未能遵守惯例习俗都是可以接受的，并可构成成功提出的过失索赔的依据。参见 *De Kwiatkowski v. Bear, Stearns & Co., Inc.* 案; *Vintila v. Drassen* 案; *Lovett v. Estate of Lovett* 案。

⑯　参见《证券交易法》No.86031（2019），声明称:"虽然经纪交易商不需要监控账户，但在经纪交易商同意向零售客户提供指定的账户监控服务的情况下，我们认为这样的协议将导致只有遵守最佳利益监管才能提出买入、卖出或持有建议，即使建议是默示的。"

⑯　通常情况下，客户在委托或非委托账户中支付大量佣金，希望其经纪人监控这些账户。事实上，如果经纪人没有做到这一点，明智的投资者就会终止自己的账户，并将自己的证券投资组合转移到另一家经纪公司，由新的经纪人承担这项任务。证券交易委员会未能认识到这一现实令人费解。解决办法很简单:经纪交易商如果希望其代表不承担监督标的客户账户的义务，可以在客户必须签署的新账户表格中以粗体文字插入相关条款，作为开立账户的条件。

⑯　参见前注⑨—⑩的讨论及其随附文本。

⑯　《投资公司法》第 36（b）条。就本条而言，注册投资公司的投资顾问应被视为对该等注册投资公司或其证券持有人向该等投资顾问或其任何关联方支付的服务费或实质性付款的接收负有信托义务。

费用"数额过大，与所提供的服务没有合理关系"。[169]对原告而言，这种"严格的标准"使成功质疑成为一项艰巨的任务，而且与共同基金股东的财务利益背道而驰。因此，称这一标准适合于评估受托人的行为是不切实际的。为使这项义务具有实质意义，适用的标准应是合理性标准，并由标的投资顾问承担举证责任，以确定其对所提供服务的补偿是否合理。[170]

194

因此，在确定评估经纪交易商、投资顾问及其相关人员行为的适当标准时，重点应放在实质内容上。评估此类行为的关键决定因素在于金融中介机构是否进行尽职调查、是否遵守披露标准，同时，应要求披露所有重大信息（不包括商业理由），比如影响客户财务利益的任何交易或其他事件的公平性，以及所收取的任何费用或其他补偿安排具备合理性。合理有序地应用这一标准，可以为更好的分析框架奠定基础。[171]

---

⑯ 参见 *Jones v. Harris Associates L.P.*案，该案认为"要判定投资顾问依据第 36（b）条承担责任，必须证明其收取了不成比例的费用，与其所提供的服务没有合理的对应关系，并且不可能是公平交易的结果"，在此判决中，最高法院认可了第二巡回法院在 *Gartenberg v. Merrill Lynch Asset Management* 案中提出的表述。在确定某项费用是否过高时，加藤伯格法院列出了几个非排他性的相关因素，包括"顾问—经理提供服务的成本、服务的性质和质量、顾问—经理在基金规模扩大时实现规模经济的程度以及必须由经理处理的订单数量"。其他相关因素包括投资公司独立董事在决定是否批准投资顾问薪酬时的独立性、谨慎性和专业性；以及与其他基金收费结构的比较。尽管坚持 *Gartenberg* 案的定义，但最高法院在 *Harris* 案中可能对第 36（b）条的诉讼采取了更为宽容的态度。参见 Daniel J. Morrissey，*Are Mutual Funds Robbing Retirement Savings？*，14 N.Y.U. J. Law & Bus. 143，167（2017）。尽管如此，*Harris* 案之后的第 36（b）条过度收费诉讼对据称受到侵害的共同基金股东来说仍然是个问题。参见 Daniel J. Morrissey，*Reforming Wall Street's Biggest Gravy Train：Making Mutual Funds Fiduciaries for Retirement Savers*，47 Sec. Reg. L. J. 5，13（2019），该文引用了一些案例，并指出"*Harris* 案之后的费用过高的诉讼成败参半，许多法院仍然不愿意认为明显过高的顾问报酬是不合理的"。参见 Tamar Frankel and Kenneth E. Burdon，*Investment Management Regulation*（5th ed. 2015）。

⑰ 事实上，这些费用被视为"金融史上最赚钱的钱之一"。Landon Thomas, Jr.，*Why Are Mutual Fund Fees So High？ This Billionaire Knows*，N.Y. Times（Dec. 30, 2017），https://www.nytimes.com/2017/12/30/business/why-are-mutual-fundfees-so-high-this-billionaire-knows.html. 同样，一位美国参议员断言："共同基金行业是世界上最大的剥削性行业。"*Oversight Hearing on Mutual Funds：Hidden Fees，Misgovernance and Other Practices that Harm Investors*，Hearing Before the Subcomm. On Fin. Mgmt.，108th Cong.，at 3（2004）。考虑到投资顾问以牺牲共同基金投资者的利益为代价收取巨额费用，制定更严格的标准是合适的。

⑰ 参见前注⑬—⑰的讨论及其随附文本。

（八）总结

联邦证券法框架确有不同，以不同方式对待类似事件显然无济于事。前述讨论确定了该框架所存在缺陷的关键之处，并对应采取的救济措施提出了建议。这些措施如果得以采纳和忠实应用，可以提供一个更加连贯和公平的私人证券诉讼制度。

三、现行私人证券诉讼框架的替代

鉴于美国私人证券诉讼框架存在根本性缺陷，有充分的理由将其废除。本章提出的建议方法部分基于其他监管制度，包括澳大利亚、加拿大（安大略省）的监管制度，以及《统一证券法》所反映的州证券法。[172]下文将阐述该建议方法的主要组成部分。

（一）修订框架的建议条文

联邦证券法中的私人救济条款应以连贯和公平的方式进行修订。所采取的方法应为据称受到不当行为伤害的投资者提供有意义的保护，同时不让被告承担不应有的责任。尽管并非修订制度的所有特征都能在本文中得到解决，但本章早些时候已经讨论了关键方面，[173]其中一些也是以下讨论的重点。

1. 统一的主观过失标准

正如本章前文所讨论，除非有充分的理由另行规定，否则无论原告试图援

---

[172]　参见前注[133]；Olivia Dixon and Jennifer G. Hill, *Australia*：*The Protection of Investors and the Compensation for Their Losses*，in *Global Securities Litigation and Enforcement* 1063（Pierre-Henri Conac and Martin Gelter eds.，2019）；Stephane Rousseau, *Canada*：*The Protection of Minority Investors and the Compensation for Their Losses*，in *Securities Litigation and Enforcement*，supra，at 143；Marc I. Steinberg and Alex Prescott, *The Emergence of a New Battleground*：*Liability for Secondary Market Violations in Ontario*，48 Int'l Law. 17（2014）；Robin Hui Huang, *The Anatomy of Securities Class Actions in China*：*Functional and Comparative Approach with the United States*，46 Sec. Reg. L. J. 365（2018）。

[173]　例如，本章前面的议题讨论了几个关键的问题，包括主要和次要责任原则、统一的主观过失标准、抗辩要求和联邦证券集体诉讼先占原则。

引何种补救条款，在私人联邦证券诉讼中都应适用统一的主观过失标准。⑭换言之，无论在《证券法》注册声明、《证券交易法》报告、委托书、新闻稿、口头声明或其他通讯中，对于是否包含所称的重大披露信息不足，都应适用相同级别的意图标准。当被质疑的披露是基于历史信息或以其他方式进行核实时，关于主要参与者的适用标准通常应为过失标准，原告应承担这一问题的举证责任。⑮在这方面，几十年来，联邦证券法和州蓝天法的各种补救条款都采用了过失标准（或更严格的版本）。⑯

196

关于违反注册规定的行为，同样应适用过失标准。鉴于豁免注册许多问题的复杂性，以及公司注册时某些行为的适当性，即使被告谨慎行事，⑰也可能招致严格责任。⑱撤销协议通常是原告在交易失败时选择的救济措施，如果在谨慎行事的情况下违反规定，⑲可能会致使整个交易落空。鉴于这些严重后果，在这种情况下适用过失标准是恰当的。

正如本章前文所讨论的，现行《证券法》第 11 条责任方案应适用于特定的注册发行，并相应修改为发行人也应享有尽职调查抗辩权。⑳根据联邦证券法，私人诉讼中的严格责任标准不应再存在。当标的发行人已为其自身进行

---

⑭　参见前注㊾—㊼的讨论及其随附文本。

⑮　当信息有待核实时，宜采用疏忽标准。毕竟，在许多情况下，负责适用披露的人是受托人。这一标准也与州法律规定的过失虚假陈述的主张一致。参见前注㊾—⑩、⑯的讨论及其随附文本。联邦证券法的许多条款，如《证券交易法》第 14（a）条，都规定了过失责任的标准。参见前注㊾的讨论及其随附文本。

⑯　参见《证券法》第 11、12（a）（2）条；《证券交易法》第 14（a）条；《统一证券法》第 410（b）条；前注⑥—⑬、㊾—㊼的讨论及其随附文本。此外，过失可根据众多外国证券法（包括澳大利亚和加拿大安大略省）在私人诉讼中提起诉讼。参见前注⑫所引用的资料来源。

⑰　例如，在私募发行中，如根据《联邦法规》第 17 卷第 230.506（b）条的规定，一般招标使豁免无效。该规定用以确定某些行动是否构成一般性招标，可能存在问题。参见 Marc I. Steinberg, *Understanding Securities Law* § 3.08 (7th ed. 2018)。

⑱　参见 *Securities and Exchange Commission v. Ralston Purina Co.*案。在解释法定非公开发行豁免的严格责任范围时，最高法院声称，"发行人的动机，尽管可能值得赞扬，但逐渐变得无关紧要"。同上注。

⑲　参见《证券法》第 12（a）（1）条。规定了一年的诉讼时效，对任何"违反第 5 条提供或出售证券"的人施加责任。参见 *Wigand v. Flo-Tek, Inc.*案，该案称"如果原告拥有该股票，则有权撤销合同，但无权获得损害赔偿。如果原告不再拥有股票，则有权获得损害赔偿，但无权撤销合同"。

⑳　参见前注㊱—㊻的讨论及其随附文本。

了必要的尽职调查时，强加金钱责任是一个过于苛刻的标准，将限缩融资激励。[180]因此，对于进行首次公开募股或尚未成熟的企业（包括公开发行量低于7 500 万美元、在《证券交易法》报告系统中存在不足 12 个月、财务困境或空白支票的公司），第 11 条的规定（发行人享有尽职调查抗辩权）应继续适用。在这种情况下，第 11 条责任的延续应该在证券法注册过程中为缺乏经验的发行人明确必要的纪律。[181]

对于前瞻性陈述或不需经事实核查的陈述，应适用更宽松的标准，但此类标准不应像现行法律规定得那样宽松。[182]如前所述，"软性"陈述应免于承担责任，除非原告证明任何此类陈述是出于重大过失或不诚信作出的。[183]该标准可以扩展到无法验证的信念声明和夸大宣传，[184]关于未来公司盈利、收入和其他关键公司相关信息的极其草率或恶意的陈述，则不应予以容忍。

2. 主要责任原则

应简化主要责任原则。这种方法将减轻辩护负担，在提供更多确定性的同时，缩小责任差距。例如，当一家公司在证券交易委员会的备案文件或传播给投资者的其他通讯中作出据称重大虚假的陈述时，特定个人应承担主要责任，

---

[180] 取消严格责任与旨在促进资本筹资的其他立法和监管行动一致。参见 1996 年《全美证券市场促进法案》，"修改联邦证券法，以提高金融市场的效率和资本形成"；2012 年《创业公司法》，"通过改善新兴成长型公司进入公共资本市场的渠道，增加美国的就业机会和经济增长"；《证券法公告》No.8591（2005），指出《证券法》注册发行设置中采取的监管改革措施，以加强资本形成，放宽监管障碍，并在证券发行过程中注入更大的确定性。

根据联邦证券法取消严格责任将适用于所有情况，例如，包括《证券交易法》第 16（b）条中短期内幕交易禁令的责任。如果本文建议的改革适用于内幕交易，则可以免除严格责任。事实上，正如本书第七章所述，只要该章中的建议得到执行，第 16（b）条就应被废除。参见本书第七章中的讨论。

[181] 参见 *Herman & MacLean v. Huddleston* 案，该案声明第 11 条"旨在通过对在注册发行中发挥直接作用的各方施加严格的责任标准，以确保遵守证券法的披露规定"；前注⑥—⑬、44—48的讨论及其随附文本。

[182] 参见前注99—112的讨论及其随附文本。

[183] 参见前注113—116的讨论及其随附文本。

[184] 参见前注117—119的讨论及其随附文本。在这方面，如果夸大宣传和/或信念声明没有直接造成投资者损失，证券交易委员会仍将有权采取执法行动并寻求适当的制裁。参见本书第九章的讨论。

包括其高级管理人员（例如其首席执行官、首席财务官和首席运营官）。[186] 外部 198
董事不应承担主要责任，除非他们签署主体文件或以其他方式明确批准口头或
书面信息。[187] 更严格的标准可能会阻止有能力的个人担任外部董事。[188]

在《证券法》的注册环境中，无论公司作为一家未上市或成熟的知名发行
人的地位如何，[189] 发行的承销商都应承担主要责任。毕竟，承销商是注册声明真 199
实性的看门人，[190] 并且为其出资收取了巨额费用。[191] 尽管在储架登记框架中已试图
最小化这一作用，[192] 但承销商仍对注册声明准确性负责。[193] 这种方法激励参与承销

---

[186]　参见《统一证券法》第 410（b）条。除被告"卖方"外，将控制人、"该卖方的每一位合
伙人、管理人员或董事以及具有类似地位或履行类似职能的每一个人"置于责任风险之下，而不需
要证明该等人对销售提供了实质性帮助。《安大略省证券法》第 138.3（1）条和第 138.3（3）条。有关
载有重大错报的文件，使发行人及其他指定人员（包括其董事及某些高管）面临责任风险。

[187]　尽管其他监管框架，包括《统一证券法》和安大略省的监管框架，会使董事面临主要责任
风险，但除本文所述的例外情况外，鼓励有能力的个人担任外部董事的更好政策是采用次要责任
方法，即如果这些人存在轻率不当行为或知情不当行为，才可能会被追究责任。参见后注[200]—[210]的
讨论及其随附文本。

[188]　参见 Smith v. Van Gorkum 案，该案要求董事因违反注意义务而承担金钱赔偿。这一判决
震惊了企业界，引发了人们的担忧，即该判决预示着股东行动的诉讼的泛滥，可能导致外部董事等
面临巨额赔偿。在作出这一判决后，董事和高管的保险变得越来越难获得，成本也越来越高，外部
董事拒绝进入公司董事会任职的现象也愈发明显。针对这种情况，特拉华州和其他州制定了法规，
允许公司采取条款，消除董事违反注意义务的金钱责任。参见《特拉华州普通公司法》第 102（b）（7）
条。更深入的讨论，参见 Symposium, *Van Gorkum and the Corporate Board: Problem, Solution or
Placebo?*, 96 Nw. U. L. Rev. No.2（2002）; Bayless Manning, *Reflections and Practical Tips on Life
in the Boardroom After Van Gorkum*, 41 Bus. Law. 1（1985）; Marc I. Steinberg, *The Evisceration of
the Duty of Care*, 42 Sw. L. J. 919（1988）。

[189]　有关资深发行人和知名发行人的内容，在本书第二章和第四章中有所讨论。

[190]　参见 *In re Worldcom, Inc. Securities Litigation* 案，该案指出证券交易委员会"有意维持
承销商尽职调查的高标准"; *Feit v. Leasco Data Processing Equipment Corp*.案，该案称"承销商应
该对管理层采取相反立场"，鉴于"这种不利地位……必须警惕夸大宣传和信念声明的情形，谨慎
对待作给发行人的保证"; *Escott v. BarChris Construction Corporation* 案，该案声明"承销商必须
作出合理尝试，以核实向其提交的数据"; 《证券交易法公告》No.26100（1988），"承销商在发行中
扮演着至关重要的角色……承销商处于发行人和公众购买者之间"。

[191]　参见 M. Szmigiera, *Underwriter Fees in U.S. IPO*, 2014—2017, *by Deal Size*（Dec. 12,
2019）, https://www.statista.com/statistics/533357/underwriter-fees-in-usa-ipo-by-deal-size/，该文
指出，在 2017 年，进行首次公开募股的公司的承销费用占发行总收入的 5.4%，该交易的价值在 5
亿美元至 10 亿美元之间。

[192]　参见 *In re Worldcom, Inc. Securities Litigation* 案; 本书第二章和第四章的讨论。

[193]　正如证券交易委员会在通过《美国联邦法规》第 176 条所述，综合披露程序旨在"简化披
露，减少不必要的信息重复和重新提交"，而不是"修改承销商和其他人进行合理调查的责任"。
《证券法》No.6355（1981）; 本书第二章和第四章的讨论。

商以合理谨慎行事，从而提高准确披露的可能性。

同现行法律一样，主要责任风险也应扩大到那些作出涉嫌重大虚假或误导性陈述[194]以及从事欺诈或操纵行为的人。[195]因此，核证《证券法》注册声明或表10-K年度报告中所载公司财务报表的审计师，以及对目标公司的委托书中包含的公平性意见进行认证的投资银行家，都将作为主要违规者承担责任。[196]当然，从事内幕交易或股票操纵的人，也将承担主要责任。[197]

诚然，可能还存在其他适用主要责任的情况。[198]尽管如此，关键点是主要责任是基于两个不同的类别：其一，那些自己向投资公众作出重大虚假或误导性陈述或以其他方式从事可追诉的不当行为的人；其二，具有适用法规规定的特定身份的人（如公司的执行官或成熟的知名发行人注册发行的承销商）。[199]这种双重结构提供了更大的确定性，增强了对投资者的保护，并且不会过度扩大主要参与者责任的范围。

200

3. 次要责任原则

1994年美国最高法院针对丹佛中央银行（Central Bank of Denver）作出裁决之前，[200]私人关于第10（b）条诉讼中的协助和教唆责任已根深蒂固。[201]这种形式的次要责任形式应再次成为私人证券救济领域的重要组成部分。其必要性体现在，可以确保知情和实质性协助主要违规者的担保行为人在私人诉讼中被追

---

[194]　参见 *Janus Capital Group*，*Inc*.*v*.*First Derivative Traders* 案；前注[81]。

[195]　参见 *Lorenzo v. Securities and Exchange Commission* 案；*Stoneridge Investment Partners LLC v. Scientific-Atlanta*，*Inc*.案；前注[82]—[83]的讨论及其随附文本。

[196]　参见 *Hershkowitz v. Nutri/System*，*Inc*.案；*Cooper v. Pickett* 案。

[197]　参见《证券交易法》第9条；*United States v. O'Hagan* 案；*ATSI Communications*，*Inc*.*v. The Shaar Fund*，*Ltd*.案；本书第七章的讨论。

[198]　例如，在美国最高法院对 *Janus Capital* 案作出裁决之前，参见前注[81]、[194]。一些下级法院认为，全面参与策划欺诈计划或故意起草对标的交易至关重要的披露文件的人须依据第10（b）条承担主要责任。参见 *Molecular Technology v. Valentine* 案；前注[81]—[83]的讨论及其随附文本。

[199]　参见前注[196]—[198]的讨论及其随附文本。

[200]　*Central Bank of Denver v. First Interstate Bank of Denver* 案。参见前注[73]—[98]的讨论及其随附文本。

[201]　参见前注[73]。

究责任。

如今，根据联邦证券法，担保行为人的一系列不当行为并不会引发集体诉讼中的私人责任风险。[202]例如，安然丑闻中的银行家涉嫌策划虚假交易，却并未受到第 10（b）条规定私人责任的追究。[203]同样，在投资者不知情的情况下，律师故意代表其客户起草实质性虚假内容的发行或披露文件，在私人诉讼中也不受第 10（b）条责任的约束。[204]这种法律状态是不可接受的，等于公然允许不良行为人逃避私人证券法责任，破坏了看门人职能的有效性，损害了市场透明度，同时剥夺了受损投资者向有过错的人员寻求赔偿的机会。[205]

因此，那些知情且实质上协助主要违规者的人应在私人诉讼中被追究责任。[206]与本文中提出的通常以过失为前提的主要违规行为不同，协助责任应要求证明被告的行为具有知情不当行为或轻率的不当行为。[207]由于被指控欺诈，应适用更高的抗辩标准。[208]如本章前面所述，根据地区法院的自由裁量权，在法院对撤案   201

——————————

[202]　参见前注⑧⓪—⑨④的讨论及其随附文本。

[203]　联邦地区法院在安然案中批准了对投资银行家和其他相关人员更灵活的责任判定标准。参见 *In re Enron Securities，Derivative & ERISA Litigation* 案。这一做法随后被第五巡回法院驳回。参见 *Affco Investments 2001，LLC v. Proskauer Rose，LLP* 案；*Regents of University of California v. Credit Suisse First Boston* 案。与安然案中的地方法院类似，第九巡回法院表示，"即便参与行为可能并未导致行为人实际发表陈述，在财务报表编制过程中进行实质性参与或深度介入，仍是承担主要责任的理由"。*Howard v. Everex Systems，Inc.* 案。最高法院在 *Stoneridge* 案裁决驳回了一些下级联邦法院采纳的计划责任版本。参见前注⑧②—⑧③、⑨⑤的讨论及其随附文本。

[204]　参见 *Janus Capital Group，Inc. v. First Derivative Traders* 案；*Affco Investments 2001，LLC v. Proskauer Rose，LLP* 案；*Pacific Investment Management Co. v. Mayer Brown LLP* 案。

[205]　在这方面，史蒂文·拉米雷斯教授（Professor Steven Ramirez）阐述了私人证券诉讼的以下"优点"，包括：

第一，私人诉讼是在非政治化的背景下运作的。参议员甚至总统都无法通过拨款、对政府官员的非正式影响或职业发展承诺来影响私人证券诉讼。第二，除了法院系统的日常运作外，证券欺诈的私人原告不需要政府官僚机构或其他政府资金支持。第三，只有私人诉讼才能剥夺欺诈者的不法行为利益，并补偿受害者。第四，私人救济措施可以减少对事前政府监管的依赖。

Steven A. Ramirez，*The Virtues of Private Securities Litigation：An Historic and Macroeconomic Perspective*，45 Loy. U. Chi. L. Rev. 669，722—25（2014）；同上注，声称"整个私人证券诉讼之战建立在一个薄弱的基础上"。

[206]　参见前注④⑨—⑤⑦、⑰④—⑱⑤的讨论及其随附文本。

[207]　参见前注⑦③—⑨⑧的讨论及其随附文本。

[208]　参见前注⑤⑧—⑦②的讨论及其随附文本。

动议作出裁决之前，原告可以获得有限的调查取证权限。[209]对于轻率地针对担保方提起的诉讼，实施制裁（包括支付被告的法律费用）是恰当的。[210]

当然，根据1933年和1934年法案的控制人条款，相关控制人也可以被追究次要责任。[211]该条款仅限于控制主要违规者，在私人证券诉讼中，该条款有助于将高级管理人员纳入责任网当中。[212]就此而言，根据《证券交易法》第20（a）条的规定，控制人应承担责任，除非证明其"本着诚信行事，并没有直接或间接诱导构成违规或诉因的行为"。[213]这种模糊标准导致一些法院作出较为宽容的解释，使控制人能够在没有充分理由的情况下逃避责任。[214]因此，应该拒绝该标准，转而支持《统一证券法》所采取的方法，为控制人提供一种肯定的辩护，即其"不知道，在合理谨慎行事的情况下，也不可能知道"产生责任的事实。[215]该标准与诱导控制人进行积极审慎监管的政策目标一致。[216]尽管并非受控人行为的担保人，但受控人遵守合理谨慎标准应能促使企业内部更高程度的法律合规。[217]

同样，一个实体，如经纪交易商公司或上市公司，将受到控制人条款规定

---

[209]　参见前注71—72的讨论及其随附文本。

[210]　参见前注72。

[211]　参见前注92—94的讨论及其随附文本。关于控制人责任将在本书第九章证券交易委员会执法行动中有所讨论。

[212]　参见 Marc I. Steinberg and Forrest C. Roberts，*Laxity at the Gates：The SEC's Neglect to Enforce Control Person Liability*，11 U. Va. L. & Bus. Rev. 201，211（2017），该文提到，法院经常允许控制权人在私人诉讼中对行政人员（包括首席执行官、首席财务官、首席运营官）提起诉讼。*Maverick Fund v. Converse Technology* 案；*Puskala v. Koss Corp.*案；*In re Tronox，Inc. Securities Litigation* 案。参见本书第九章的讨论。

[213]　《美国法典》第15卷第78t（a）条。

[214]　少数法院坚持"有责参与者"测试，要求原告在指控控制人时陈述其"存在知情不当行为或轻率行为的事实"。*In re Vivendi Universal，S.A.*案。参见 *In re Lehman Brothers Mortgage-Backed Litigation* 案。

[215]　《统一证券法》第410（b）条。

[216]　在这种方式下，该法规类似于《证券法》第11条的尽职调查抗辩和第12（a）（2）条的合理谨慎抗辩这两项法规，如《统一证券法》第410（c）条，都要求被告证明法定辩护。为了满足这一标准，控制者必须采取积极行动（直接或间接）来监督受控人的行为，就像一个理性的人在类似情况下会采取的行动一样。参见 *Connecticut National Bank v. Giacomi* 案。

[217]　这是由于州法律规定，"公司董事、高管或控制人根据其职位对违反《印第安纳州证券法》出售的零售客户承担绝对责任……除非其证成了法定辩护"。*Kirchoff v. Selby* 案。

的合理谨慎抗辩的约束。⑱该标准的实施应意味着根据联邦证券法，雇主责任原则原则应被放弃。⑲在已经尽到应尽的注意义务的情况下，让企业为其高管和员工的过失承担严格责任是不合理的。此外，如果所产生的损害超过保险赔偿，即使目标公司谨慎行事，现行股东仍将承担成本。因此，可采取的措施是：将控制人辩护提升到合理谨慎的水平，并根据证券法的规定，免除应诉人的雇主责任。⑳

4.取消信赖要求

证券法上应取消私法损害赔偿诉讼中的信赖因素。事实证明，市场欺诈理论㉑的出现及其随后被美国最高法院接受，㉒已被证明对集体诉讼的认证至关重要。㉓虽

---

⑱　参见 *Hines v. Data Systems，Inc*.案，该案声明一旦原告证明其主要违反了华盛顿证券法，并且被告"控制了实施主要违规行为的个人或实体……被告就有责任证明其行为是出于善意的，并且没有直接或间接诱导构成违法行为或诉因的行为"。*Haynes v. Anderson & Strudwick，Inc*.案，该案认为原告对被告经纪公司提出的控制人指控已足够充分，并指出"法院普遍同意，对经纪商—交易商应施加比高级管理人员或董事更严格的监督义务。因此，在实践中，经纪商—交易商使用善意抗辩来免责将比高管或董事更加困难"。

⑲　根据雇主责任原则，"雇主或委托人对雇员或代理人在雇佣或代理范围内的不法行为负有责任"。前注⑩。许多法院驳回了证券法规定的雇主责任原则，理由是其适用将否定控制人条款。参见 *Carpenter v. Harris，Upham & Co.，Inc*.案。一些法院在证券法的设定中坚持雇主责任原则，其基础是控制人条款的设计是为了补充而不是取代这一普通法原则。例如，在 *Hollinger v. Titan Capital Corp*.案中，法院认为，《证券交易法》第 20（a）条中的控制人条款"旨在将责任强加给控制人，如控股股东和公司高管，因为他们不是实际的雇主，所以在雇主责任原则下不承担责任"。

⑳　这种方法应该能够加强合规行为，并限制商业企业的金钱风险，无论其是公司、金融中介公司还是其他商业实体。此外，本文提议的损害赔偿上限应该能够在很大程度上限制那些疏忽而非明知行为不端的人的金钱风险。参见后注㉓—㉔的讨论及其随附文本。

㉑　正如美国最高法院所说，市场欺诈理论"认为在发达市场交易的股票的市场价格反映了所有公开的信息，因此也反映了任何重大的虚假陈述"。*Basic，Inc. v. Levinson* 案；*Halliburton Co. v. Erica P. John Fund Inc*.案。正如联邦上诉法院简明扼要地指出：

市场欺诈理论是基于这样一种假设，即在一个开放和发达的证券市场中，一家公司的股票价格是由有关该公司及其业务的可用重大信息决定的。因此，即使购买者不直接信赖虚假陈述，虚假陈述也会欺骗购买者进行交易。

Peil v. Speiser 案。

㉒　参见 *Halliburton Co. v. Erica P. John Fund Inc*.案；*Amgen v. Connecticut Retirement Plans and Trust Funds* 案；*Erica P. John Fund，Inc. v. Halliburton Co*.案；*Basic，Inc. v. Levinson* 案。

㉓　参见 *Halliburton Co. v. Erica P. John Fund Inc*.案，该案指出"要求提供信赖的证据"以证明在实际效果上会阻止原告"依据 10b-5 规则提起集体诉讼"，如果每个原告都被要求证明直接信赖据称具有重大误导性的陈述，则个人问题将比共同问题更重要，"因此，根据《联邦民事诉讼规则》第 23（b）（3）条作出的证明不恰当"。

然承认该理论在建立信赖推定方面是合理的，但法院在 *Halliburton* 案中认为，在类别认证之前，可以"通过证据证明所谓的虚假陈述实际上没有影响股票的市场价格"来反驳这一推定。[24]在 *Halliburton* 案之后，公司花费了大量的时间和金钱，通过事件研究和律师争论来确定这一假设是否已经被推翻。[25]

就逻辑上来说，应该取消信赖要求。在此背景下，市场欺诈理论可以被描述为一种虚构学说，即使投资者没有阅读甚至没有收到包含所谓披露缺陷的通信，也能满足信赖要求。[26]这是一种必要的虚构，因为否则将需要个性化的依赖，从而不利于集体诉讼的认证。[27]然而，现在是时候取消这种依赖要求了。这一改革将与其他发达市场采用的方法以及州证券法不谋而合。[28]

取消信赖要求不会给投资者带来意外之财。值得注意的是，原告仍需证明可起诉的不当行为造成了经济损失（损失因果关系）[29]并说明由此遭受的损害金额。[30]此外，正如后文将讨论的，在非知情不当行为的情况下，将适用损害赔

---

[24]　参见 *Halliburton Co. v. Erica P. John Fund Inc*.案。将对价格影响的考虑从实体审理阶段提前到认证阶段，可能会扩大在认证时可获得的取证范围。但法院亦承认，被告有责任证明不存在价格影响。

[25]　参见 Alon Bray and J.B. Heaton，*Event Studies in Securities Litigation*，*Low Power*，*Confounding Effects*，*and Bias*，93 Wash. U. L. Rev. 583（2015），该文指出，事件研究是一种统计方法，用于确定某些事件（如盈利公告或拟议合并的公告）是否与公司股票价格在统计上的显著变化有关；Jill E. Fisch et al.，*The Logic and Limits of Event Studies in Securities Fraud Litigation*，96 Tex. L. Rev. 553（2018），该文观察到"事件研究在证券欺诈诉讼中变得越来越重要"，并认为"法院和诉讼人普遍误解了事件研究方法"；Michael J. Kaufman and John M. Wunderlich，*Regressing*：*The Troubling Dispositive Role of Event Studies in Securities Fraud Litigation*，15 Stan. J.L. Bus. & Fin. 183，184（2010），该文声称"事件研究现在发挥的决定性作用……不符合第七修正案和联邦证券法，从而对有根据的证券欺诈诉讼构成违宪和不合理的障碍"。

[26]　参见 *Halliburton Co. v. Erica P. John Fund Inc*.案，该案声称，法院在采用市场欺诈理论时解决了"政策问题"，即投资者在非个人市场中如何通过转向"新兴经济理论和关于投资行为的直观判断，试图创造一种新的、更容易满足信赖要求的方式"，解决了在非人情化市场中信赖的"政策问题"，并认为"应当适用实际的信赖标准，而非虚构的'市场欺诈'版本"。

[27]　参见前注[23]。

[28]　参见《安大略省证券法》第 138.3（1）—（4）条；《统一证券法》第 410 条；前注[112]。需要注意的是，现行法律下的许多补救条款不要求原告证明其信赖，包括《证券法》第 11 条和第 12（a）（2）条。

[29]　因此，根据现行法律，如《证券交易法》第 21D（b）（4）条。参见 *Dura Pharmaceuticals，Inc. v. Broudo* 案，该案认为原告必须"证明近因和经济损失"。

[30]　在第 10（b）条诉讼中，法院最常使用的是实际损失赔偿措施。参见 *Estate Counseling Service，Inc. v. Merrill Lynch，Pierce，Fenner & Smith，Inc*.案，该案将实际损失定义为"合同价格或支付的价格与销售之日的真实或实际价值之间的差额，以及可归因于被告行为的支出"。参见 Michael J. Kaufman，*Securities Litigation：Damages*（2019）。

偿上限。[231]

5. 损害赔偿上限

除非证明被告有知情不当行为，否则应适用公司诉讼中的损害赔偿上限。过失行为的金钱责任应以该个人的以下金额中的较大者为上限：（1）年度薪酬总额（包括股权薪酬福利），（2）从业务中获得的费用和其他收入，或（3）10万美元。[232]关于目标公司的损害赔偿，[233]无论诉讼是在审判前解决，还是知情不当行为被指控和证明，该金额的上限都不应过高。如果包括母公司在内的其他不法分子在该公司拥有实质性所有权利益，则视为例外。[234]否则，一家上市公司的负债上限应为：100万美元或其市值的2%，以较大者为准。[235]在没有保险的情况下，现任股东将遭受这些损害的影响。[236]为尽可能减少这种后果，需要对损害设定上述上限。[237]

---

[231] 参见后注[232]—[240]的讨论及其随附文本。

[232] 参见《安大略省证券法》第138.3（b）条和第138.3（d）条。对高管、董事和其他内部人士的损害赔偿金额设定上限，以该人员年度赔偿总额的50%或25 000美元中的较大者为准。同前注。就专家而言，损害赔偿上限是100万美元或"专家及其关联方……在虚假陈述之前的12个月内从责任发行人及其附属公司获得的收入"中的较大者。对于非个人的"有影响力的人"，如母公司，损害赔偿上限为"其市值的5%……和100万美元中的较大者"。需要注意的是，如果违规行为是在知情不当行为的情况下实施的，则不适用这些上限。

[233] 司法部和证券交易委员会对涉嫌违反证券法和相关法律的上市公司处以巨额罚款。这种方法经常损害股东利益，对此本书第九章将进行相关讨论。

[234] 在这种情况下，损害赔偿的上限应更高。例如，在非知情不当行为的情况下，《安大略省证券法》将损害赔偿上限定为"母公司市值的5%……和100万美元中的较大者"。类似的上限应适用于疏忽行事的担保企业参与者，如会计师事务所和金融中介机构。如果企业或公司是私人持有的，则应采用净资产价值，而不是市值。参见前注[232]。

[235] 尽管这一数额可能看似过低，但至少有两个考虑因素支持这种做法：第一，公司的现任股东将承担超出保险金额的此类损害赔偿费用；第二，2019年的和解金额中值为1 150万美元，这意味着，例如，市值为10亿美元的公司将支付不超过2 000万美元的款项，这大大超过了2019年和解金额中值。参见前注[57]。

[236] 参见本书第九章的讨论。

[237] 《证券交易法》第21D（e）条。在原告试图参照标的证券的市场价格证明损害赔偿时，对根据该法案提起的诉讼的损害赔偿设定了上限。在此类诉讼中，该法令通过参考"原告为标的证券支付或收取的购买或销售价格（视情况而定）与该证券在90天内的平均交易价格之间的差额来设定损害赔偿的上限，该90天期限自作为诉讼基础的纠正错报或遗漏的信息传播到市场之日起"。同上。这一上限"不起预期的作用"。Julia Pashin, *The PSLRA Cap on Securities Fraud Damages: An Empirical Evaluation of the 90-Day "Bounce-Back"*, 41 Sec. Reg. L. J. 169, 188—89 (2013)，该文声明"在90天内发布的一系列特定于公司的披露可能会导致股价上涨或下跌，即便这些披露与所谓的欺诈行为毫无关联"。

206 　　当然，私人证券诉讼很少会进行到审判阶段。[238]如果不被驳回，此后几乎所有的诉讼都会得到和解。在这方面，其中许多和解的金额将超过建议的法定上限。[239]在没有发现欺诈或知情不当行为的情况下，被告将被要求赔偿超过保险范围的和解金额。[240]鉴于各州灵活的赔偿法规，[241]加上非被告董事的专业水平偏见，[242]
207 赔偿通常会被批准。[243]事实上，公司及其股东因此将承担这些和解费用的成本。

[238]　参见 Alexander "Sasha" Aganin, Cornerstone Research, *Securities Class Action Filings—2019 Year in Review*, Harv. Law School Forum Corp. Gov.（Feb. 14, 2020），https://corpgov.law.harvard.edu/2020/02/14/securities-class-action-filings-2019-year-in-review/，该文指出从 1997 年到 2019 年，"只有不到 1% 的核心联邦（证券）文件作出了审判裁决"；Kevin M. LaCroix, *Rare Securities Class Action Lawsuit Trial Results in Partial Verdict for Plaintiffs*, The D&O Diary（Feb. 2, 2019），https://www.dandodiary.com/2019/02/articles/securities-litigation/rare-securities-class-saction-lawsuit-trial-results-partial-verdict-plaintiffs/，该文提到，自 1996 年以来，已经有 5 200 多起证券集体诉讼被提起，但在此期间，只有不到 25 起案件进入审判。

[239]　例如，2018 年的平均和解金额超过 6 900 万美元，由于巴西国家石油公司达成了 30 亿美元的和解，和解金额有所上升。参见前注[31]。2019 年，平均和解金额为 2 740 万美元。参见前注[67]。

[240]　参见《特拉华州普通公司法》第 145 条；*Waltuch v. Conti Commodity Services, Inc.* 案；*Senior Tour Players 207 Management Co. v. Golftown, 207 Holding Co.* 案；*Merritt-Chapman & Scott Corp. v. Wolfson* 案；Paul J. Lockwood, *Legal and Practical Limits on Indemnification and Advancement in Delaware Corporate Entities*, Harv. Law School Forum Corp. Gov.（July 2, 2018），https://corpgov.law.harvard.edu/2018/07/02/legaland-practical-limits-on-indemnification-and-advancement-in-delaware-corporate-entities/。

[241]　参见 E. Norman Veasey et al., *Delaware Supports Directors with a Three-Legged Stool of Limited Liability, Indemnification, and Insurance*, 42 Bus. Law. 399（1987）；Kurt A. Mayr II, *Indemnification of Directors and Officers: The Double Whammy of Mandatory Indemnification in Waltuch v. Conticommodity Services, Inc.*, 42 Vill. L. Rev. 223（1997）。

[242]　非被告董事的文化或结构偏见在股东诉讼（包括派生诉讼）中被起诉时会更加突出。在某种程度上，一些法院已经认识到这种偏见。参见 *Zapata v. Maldonado* 案，该案提到，"尽管我们坚信特拉华州法律将公司权力委托给由独立董事组成的适当授权委员会，但我们必须注意，董事们正在对同一公司的其他董事进行评判"；*Einhorn v. Culea* 案，该案认为法院"应确定，在考虑到全部情况后，处于特别诉讼委员会成员地位的合理人员是否可根据问题的是非曲直而不是根据外来的考虑或影响作出其决定"。法律期刊评论家关注的是诉讼背景下非被告董事的文化或结构偏见。参见 Kenneth Davis, *Structural Bias, Special Litigation Committees, and the Vagaries of Director Independence*, 90 Iowa L. Rev. 1305（2005）；Marc I. Steinberg, *The Use of Special Litigation Committees to Terminate Shareholder Derivative Suits*, 35 U. Miami L. Rev. 1（1980）；Julian Velasco, *Structural Bias and the Need for Substantive Review*, 82 Wash. U. L.Q. 821（2004）；Note, *The Business Judgment Rule in Derivative Suits Against Directors*, 65 Cornell L. Rev. 600（1980）。

[243]　参见前注[240]；同上注。根据《特拉华州普通公司法》第 145（f）条，"有关赔偿的法定权利和程序不是排他性的，因此允许公司在法规未定义的情况下，根据公司内部政策赔偿诉讼当事人，例如被告董事或高管"。

在这种情况下，可以根据适用的州法律提供预付款和赔偿费用，[244]但只有当公司的无利害关系股东在正式召开的会议上授权支付此类赔偿时，才可以进行赔偿。[245]这种方法的例外情况是，外部董事可以根据州法律获得赔偿。否则，未来可能缺乏足够的保险金额，再加上可能无法获得无利害关系股东对赔偿的批准，将阻止大量有能力的个人担任公司董事会的外部董事。[246]对于公司高管、金融中介机构（如承销商）和其他寻求赔偿的人，同样需要获得无利害关系股东的批准。无利害关系股东的批准为赔偿程序提供了实质内容。这也有助于确保股东诉讼不是一场零和（甚至更糟）的"游戏"，即投资者原告从诉讼中获得的经济利益不会超过他们因公司资金支出和股票价值下跌而间接承担的成本。[247]因此，在这些情况下，与目前的做法相比，设立损害赔偿上限，并要求无利害关系的股东批准向特定被告支付预期赔偿费用，无疑是一种更好的方法。

208

---

[244] 参见《特拉华州普通公司法》第 145（e）条。允许在被告董事或高管或由代表此类董事或高管作出承诺，承诺如最终确定此类人员无权根据本节规定获得公司赔偿，则应偿还该等款项后，预付包括律师费在内的费用。正如首席大法官 Veasey 及其合著者所述，该条款的基本政策是鼓励董事和高级职员"接受责任职位，并在不担心不当处罚的情况下作出善意的决定"。前注[24]。

[245] 根据特拉华州法律，股东批准是授权赔偿的一种方式。但这种方式并不受业内人士的欢迎。参见前注[24]，该文指出"大多数公司不愿意向股东提交问题，这是可以理解的，因此这种方法很少使用"。根据《特拉华州普通公司法》第 145（d）条，是否授权对相关董事或高管进行赔偿的决定可由法院作出，或"由非此类诉讼、起诉或程序当事人的董事的多数投票决定，即使该多数投票人数少于法定人数；或由此类董事以多数投票指定的此类董事委员会决定，即使该委员会人数少于法定人数；或者在无此类董事，或此类董事如此指示的情况下，由独立法律顾问以书面意见决定；或由股东决定"。

[246] 参见前注[24]，该文指出支持获得赔偿的一项关键政策是吸引合格的个人担任公司董事。

[247] 参见 Susan Beck，*Summary Judgment：Until Directors and Officers Start Paying Some of Their Legal Fees，Corporate Accountability Is a Myth*，The Amer. Law.，Feb. 3，2010，https://www.law.com/americanlawyer/almID/1202441941788/summary-judgment-until-directors-andofficers-start-paying-some-of-their-legal-fees-corporate-accountability-is-a-myth/，该文认为"公司董事会和高管存在道德风险，即……荒谬而宽松的赔偿合同，使董事和高管免于对自己的行为负责"。显然，有价值的证券集体诉讼是公司治理框架的重要组成部分。参见 Daniel Morrissey，*Private Lawsuits Are Essential for Defrauded Shareholders*，The Hill（Aug. 11，2020），https://thehill.com/opinion/finance/511530-private-lawsuits-essential-for-defrauded-shareholders，该文表示"虽然证券交易委员会可以有效地制裁欺诈者，但投资者真正的经济利益来自代表他们提起的集体诉讼"；前注[20]，该文认为强有力的私人执行联邦证券法应作为健全法律基础设施的基本要素。

（二）总结

现行私人证券法制度的更替已迫在眉睫。本文所推荐的方法可以带来更适用的一致性和确定性。在为据称受损的投资者提供了大幅加强保护的同时，又并未对被告施加不必要的责任风险。除了本节中提出的建议外，本书还提供了其他建议（本章前面部分）。[248]本节重点讨论了应进行的几项改革：其一，实施统一的主观过失标准，不管据称违反了什么规定；其二，适用更公平、少武断的主要赔偿责任原则；其三，承认次要责任标准，促进守法行为，并适当地将应受谴责的担保行为人纳入责任网；其四，取消信赖要求，从而免除了与集体诉讼认证有关的耗时且昂贵的诉讼；其五，采用适当的损害赔偿上限，以此保护相关企业的资产并减少外部董事的责任风险。这些建议若得以实施，将极大地改善我国的证券诉讼框架。

四、结　论

正如本章多次强调，应当对私人证券诉讼框架进行有意义和实质性的修订。为此，本章列举了几个例子，说明现行制度的不确定、不一致和不公平的政策后果。在处理这些普遍存在的关键问题时，本章侧重于提供纠正这些问题的具体建议。如果这些建议得以采纳并得到实施，将会带来比目前更高的确定性、一致性和公平性。基于此，本章试图锚定明确和统一的标准，在不给潜在被告施加不必要的责任风险的情况下，给予据称受到损害的投资者以公平待遇。

---

[248] 本章提出的建议侧重于持续披露框架、综合披露过程中的尽职调查、实质性概念、内幕交易修订、联邦化公司治理增强、并购背景下的实质性行为以及证券交易委员会的执法和监管实践。关于本章早些时候提出的建议的讨论，参见前注⑥—⑩的讨论及其随附文本。

第七章

内幕交易

一、导　言

　　美国证券法在监管内幕交易方面的框架可谓非常糟糕。不确定和不一致的普遍存在其中，这也导致处境相似的各方受到的待遇却迥然不同。正因如此，其他发达国家在将美国证券法原则应用于其证券市场的同时，①摒弃了美国在内幕交易方面的做法。②为了改变这种情况，国会应制定全面的立法，明确而有意义地界定内幕交易禁令的范围。③

　　几十年来，证券交易委员会一直致力于打击内幕交易。④指控非法内幕交易的执法行动，每年都包含在证券交易委员会案件清单之中。⑤美国司法部也经常

---

　　①　美国联邦证券法强调披露是美国以外发达市场适用的最突出原则。参见 Marc I. Steinberg, *International Securities Law—A Contemporary and Comparative Analysis* 1—51（1999）。

　　②　参见后注㉒的讨论及其随附文本。

　　③　多年来，美国一直致力于制定全面的内幕交易立法。例如，美国众议院于 2019 年 12 月 5 日通过了《禁止内幕交易法》。2019 年 12 月 9 日，该法案已提交给美国参议院银行、住房和城市事务委员会。关于该法案的进一步讨论，参见后注⑬的讨论及其随附文本。

　　④　近四十年前，证券交易委员会主席约翰·沙德表示："为了遏制和阻止内幕交易，委员会大幅增加了针对此类行为的执法行动数量。" Honorable John S.R. Shad, Chairman, *Securities and Exchange Commission*, *Before the Subcommittee on Telecommunications*, *Consumer Protection and Finance of the Energy and Commerce Committee Concerning the Insider Trading Sanctions Act*, *U.S. House of Representatives*, at 3（April 13, 1983）. 证券交易委员会的执法重点仍然是打击非法内幕交易。参见 *SEC Division of Enforcement 2019 Annual Report*, at 24—25（2019），available at https://www.sec.gov/files/enforcement-annual-report-2019.pdf，该报告描述了 2019 财年因涉嫌内幕交易违规而采取的执法行动；David A. Vise and Steve Coll, *Eagle on the Street 49*（1991），该文讨论了"证券交易委员会对内幕交易的战争"。

　　⑤　2019 年，内幕交易案件占证券交易委员会独立执法行动的 6%，占其总执法行动的 4%。同上注。

212 对非法内幕交易提起刑事诉讼，⑥使这种犯罪成为众矢之的。⑦尽管政府的警惕性在一定程度上值得称赞，但不幸的是，其在实践中不免制造了许多漏洞，反而为内幕不法行为提供了便利。⑧

美国内幕交易监管令人不可接受，在很大程度上要归咎于美国最高法院。在 40 年前的两项裁决（即 *Chiarella v. United State* 案⑨和 *Dirks v. Securities and Exchange Commission* 案）中，⑩最高法院驳回了下级联邦法院所采纳的信息平等原则和准入原则⑪（如今美国以外的发达证券市场遵守着这些规则），⑫选择采用以州法律信托义务原则为前提的限制性方法。这两项裁决为这个国家存在的不协调的内幕交易框架埋下了伏笔。

本章将探讨美国内幕交易制度的缺陷，即在大多数情况下，模棱两可、前后矛盾和差别对待盛行，并就此提出改革建议，以期为美国内幕交易监管框架寻求合理改进。

二、当前不可接受的内幕交易框架

（一）制定程序/框架

根据证券交易委员会在 *Cady，Roberts* 案⑬中的裁决以及美国上诉法院随后

---

⑥ 参见 Marc I. Steinberg and Ralph C. Ferrara，*Securities Practice：Federal and State Enforcement* § 7：11（2d ed. 2001 & 2020—2021 supp.），该文引用案例并提到，"大量因违反第 10（b）条而提起的刑事诉讼涉及内幕交易"。

⑦ 大量以内幕交易为主题的电影为这一说法提供了支持，例如，*Equity*（2016），*The Price*（2017），*Trading Places*（1983），*Wall Street*（1987）。

⑧ 参见后注㉒、㊂—㊏的讨论及其随附文本。

⑨ *Chiarella v. United State* 案。

⑩ *Dirks v. Securities and Exchange Commission* 案。关于内幕交易的专著，参见 Marc. I. Steinberg and William K.S. Wang，*Insider Trading*（3d ed. 2010）。

⑪ 参见 *Securities and Exchange Commission v. Texas Gulf Sulphur Co.* 案。

⑫ 参见后注㉒的讨论及其随附文本。

⑬ *In re Cady，Roberts & Company* 案，该案应用准入理论，声明"内部人士必须披露他们因其职位而知悉的重大事实"。需要注意的是，《证券交易法》第 16 条明确规定了内幕交易的报告、内幕人士短线交易利润的吐出以及禁止内部人士进行卖空交易。参见后注㊀—㊒的讨论及其随附文本。

在 *Texas Gulf Sulphur* 案中的裁决,[14]内幕交易在反欺诈条款下被联邦化。许多资料认为 *Texas Gulf Sulphur* 案的裁决是联邦证券法历史上最重要的一项裁 213 决,[15]它阐述了关于内幕交易禁令的两项广泛原则:首先,信息平等原则,"任何拥有重大内幕信息的人都必须向投资公众披露有关信息,如果他为了保护公司机密而不能披露信息,或者选择不披露信息,则必须在这些信息仍然未披露的情况下避免交易或推荐有关证券"。[16]其次,准入原则,"任何直接或间接地获取仅用于公司目的而非个人利益的信息的个人,不得利用这些信息,因为与其打交道的人,即投资公众无法获得这些信息"。[17]

最终,准入原则成为下级联邦法院的首选依据。[18]关于"泄露信息"责任,一般的做法是将受密者置于泄密者的相同地位。[19]在知悉从内部人士或其他接触该等机密信息的人获得重大非公开信息后,[20]泄密者同样受到禁止交易的限制,直到该信息充分传播给投资公众。[21]

---

⑭ *S.E.C. v. Texas Gulf Sulphur Co.* 案。在作者最近由牛津大学出版社出版的书中,谈到了内幕交易的联邦化问题,Marc. I. Steinberg, *The Federalization of Corporate Governance* 120—25 (2018)。

⑮ 除了关注内幕交易外,*Texas Gulf Sulphur* 案的裁决还涉及实质性概念、披露信息对标的证券市场价格的影响、内幕交易的时间、公司主动披露义务以及基于二级证券市场误导性披露的公司责任。为纪念这一历史性决定作出五十周年,《南卫理工大学法律评论》出版了一期专题讨论会,有 20 多位著名院士撰写文章。参见 *Texas Gulf Sulphur 50th Anniversary Symposium Issue*,71 SMU L. Rev. No.3(2018)。

⑯ *S.E.C. v. Texas Gulf Sulphur Co.* 案。

⑰ 同上注。该案声明披露或回避规则"是基于证券市场的合理预期,即所有在非个人交易所交易的投资者都有相对平等的机会获得重大信息的政策"。

⑱ 参见 *United States v. Chiarella* 案,该案提到,任何定期收到重大非公开信息的公司内部人士或非公司内部人士,在没有明确披露义务的情况下,不得使用该信息进行证券交易。

⑲ 参见 *Elkind v. Liggett & Myers, Inc.* 案;*Securities and Exchange Commission v. Geon Industries, Inc.* 案;*Shapiro v. Merrill Lynch, Pierce, Fenner & Smith, Inc.* 案。

⑳ 知情行为应该包括故意行为和轻率行为。根据联邦证券法,对轻率行为的广泛接受定义是"极不合理"的行为,代表"极端偏离普通谨慎标准,以至于被告知道危险,或被告必然意识到危险"。*In re Ikon Office Solutions, Inc. Securities Litigation* 案。

㉑ 这一原则已经充分确立,一本法学院教科书的作者得出结论,"这一禁令几乎可以肯定地延伸到内部人士的直接'受密者',他们通过利用此类信息进行交易,参与了泄露信息的错误行为"。Lewis Solomon, Russell Stevenson, and Donald Schwartz, *Corporations:Law and Policy* 908 (1982)。

214 （二）最高法院裁决

前文所述信息平等原则和准入原则，代表了美国以外发达证券市场所坚持的普遍做法。㉒

㉒ 例如，欧盟和澳大利亚坚持信息平等原则，而加拿大（安大略省）和中国则遵循准入原则。参见澳大利亚《公司法》第 1043A 条，为任何拥有重大非公开信息的人规定被禁止的行为；《安大略省证券法》第 76 条，规定准入标准；《中华人民共和国证券法（2014 年修正）》第 76 条，规定准入标准；欧盟《市场滥用条例》第 8 条，规定占有标准。在这方面，《市场滥用条例》规定：

1. 就本条例而言，如果一个人拥有内幕信息，并通过为自己或第三方直接或间接获取或处置与该信息相关的金融工具来使用该信息，则会产生内幕交易。

2. 就本条例而言，推荐他人从事内幕交易或诱导他人从事内幕交易所产生于该人拥有内幕信息且：

（a）根据该信息，推荐另一人收购或处置与该信息相关的金融工具，或诱导该人进行此类收购或处置，或

（b）根据该信息，推荐另一人取消或修改与该信息相关的金融工具的订单，或诱导该人作出此类取消或修改。

3. 使用第 2 款所述推荐或诱导的行为相当于本条所指的内幕交易，使用推荐或诱导行为的人知道或应该知道这是基于内幕信息。

4. 本条适用于因以下原因而掌握内幕信息的任何人：

（a）是发行人或排放配额市场参与者的行政、管理或监督机构的成员；

（b）持有发行人或排放配额市场参与者的资本；

（c）通过工作、专业或职责获得信息；或

（d）参与犯罪活动。本条也适用于在第 1 款所述情况以外的情况下掌握内幕信息的任何人，该人知悉或应该知悉这是内幕信息。

5. 如果该人是法人，则本条还应适用于根据国家法律参与为有关法人的利益进行命令的获取、处置、取消或修改的订单决定的自然人。

欧盟《市场滥用条例》第 8 条规定，除其他外，当一个人通过自己的职业、工作或职责或其他方式获得重大非公开信息时，视为从事了非法内幕交易，"在其他情况下，其知悉这是内幕信息"。参见 Marco Ventoruzzo & Sebastian Mocks eds., *Market Abuse Regulation—Commentaries and Annotated Guide* (2017)，为欧盟《市场滥用条例》提供精彩评论；Franklin A. Gevurtz, *The Road Not Taken：A Comparison of the E.U. and U.S. Insider Trading Prohibitions*, 56 Wash. U. J.L. & Pol'y 31, 36 (2018)，提供比较并解释"欧盟法律下的法规是直接具有约束力的法律，而指令是对欧盟成员国的国家法律必须包含哪些内容的指示"；Marc I. Steinberg, *Insider Trading Regulations—A Comparative Analysis*, 37 Int'l Law. 153 (2003)，解决美国及其他发达市场的内幕交易监管问题。

尽管一些国家的内幕交易条款比美国更严格，但执法和私人救济的水平却相对较低。新西兰就是一个例子，它坚持信息平等原则。参见 George R. Walker and Andrew F. Simpson, *Insider Conduct Regulation in New Zealand：Exploring the Enforcement Deficit*, 2013 New Zealand L. Rev. 521, 536 (2013)，该文称几年来没有对内幕交易提起诉讼，也很少提起民事诉讼，这表明"缺乏针对内幕行为的成功执法行动"。

然而，美国最高法院在 *Chiarella* 案中否定了这些原则。[23]本案法院适用州 215
法概念，认为只有在基于信托或保密关系而存在义务披露的情况下，[24]才可能产
生《证券交易法》第 10（b）条规定的责任。[25]这种逻辑被认为是一种"经典"
方法，其目的是禁止公司受托人和临时内部人士[26]在知悉重大非公开信息的情
况下进行交易，因为这些人与目标公司的股东存在信托或保密关系。[27]

在随后的 *O'Hagan* 案裁决中，[28]法院采用挪用理论，从而扩展了这种逻辑。 216
根据该办法，个人通过挪用机密信息进行证券交易，破坏了与信息来源的信任
关系，构成了证券欺诈。[29]因此，该理论关注的是相关企业的外部人士，他们对
相关企业的重大非公开信息知情，但对其股东不负有信托义务。这可能看起来
很奇怪，因为这一义务是由信息来源承担的，相关人士可以通过向信息来源披

---

[23] *Chiarella v. United State* 案。

[24] 同上注，该案声明以被告沉默为前提的此类责任应"以交易各方之间的信任关系产生的披
露义务为前提"。

[25] 《美国法典》第 15 卷第 78j（b）条。

[26] *In Dirks v. Securities and Exchange Commission* 案，该案法院承认临时内部人士原则。法
院指出：

> 在某些情况下，例如公司信息被合法披露给为公司工作的承销商、会计师、律师或顾问等
> 外部人士可能会成为股东的受托人。这一信托义务的确立不仅仅是因为这些人获得了非公开的
> 公司信息，更重要的是他们在企业经营过程中建立了特殊的保密关系，并被允许仅为公司目的
> 而获取这些信息。当这样的人违反了信托义务时，他可能会被视为一个泄密者而不是一个受密
> 者。然而，为了施加这样的义务，公司必须期望外部人士对披露的非公开信息保密，而且这种
> 关系至少必须默示此类义务。

[27] *Chiarella v. United State* 案。根据公司法原则，董事和高管通常对公司及其股东整体负有
信托义务，而不是对任何特定股东负有信托义务。参见 *Mills Acquisition Co. v. Macmillan*，*Inc.*
案，该案称"根据我们的法律，董事会对管理公司的业务和事务负有最终责任。在履行这一职能
时，董事对公司及其股东负有谨慎和忠诚的受托责任"。此外，许多州的立场是，受托人的义务是
对公司的，而不是对股东的。参见 *Ritchie v. Rupe*，443 *S. W. 3d 856*（*Tex. 2014*）案。关于
Chiarella 案及其后果的评论，参见 Donald C. Langevoort，*Insider Trading and the Fiduciary Princi-
ple*：*A Post-Chiarella Restatement*，70 Cal. L. Rev. 1（1982）；Donna M. Nagy，*Insider Trading and
the General Demise of Fiduciary Principles*，94 Iowa L. Rev. 1315（2009）；William K.S. Wang，*In-
sider Trading on Material Nonpublic Information on Impersonal Stock Markets*：*Who Is Harmed and
Who Can Sue Whom Under SEC Rule 10b-5*，54 So. Cal. L. Rev. 1217（1981）。

[28] *United States v. O'Hagan* 案。

[29] 同上注。挪用理论认为，一个人为证券交易目的挪用机密信息，违反了应向信息来源
负有的义务，即构成与证券交易相关的欺诈行为，从而违反了第 10（b）条和 10b-5 规则。

露其计划交易证券来避免第 10（b）条的责任。㉚在这种情况下，第 10（b）条所指的欺骗行为不复存在。㉛

这种令人费解的判决在一定程度上反映了美国内幕交易法的现状。例如，在合并交易中代表潜在收购方的律师从其客户处获得重大机密信息，可以通过向其律师事务所和客户披露其计划在交易公开宣布之前购买目标公司的普通股来避免第 10（b）条规定的责任。㉜因此，不法分子事先披露其不法行为符合第 10（b）

217　条的规定。㉝很难理解一个公共政策为何能为这种做法提供合理依据。㉞

关于泄露信息的责任，美国最高法院同样驳回了下级法院坚持的观点，即受密者应被视为泄密者处于同等地位，㉟转而选择了以违反信托义务为前提的方法。在 *Dirks* 案中，㊱法院认为只有在向接收方传达重大非公开信息而违反其信托义务的情况下，第 10（b）条规定的责任才存在。这种违规行为表现在，泄密者为了个人利益或为了向受密者赠送礼物的目的而传递这些信息。㊲通过将泄露信息的责任建立在违反受托人义务的基础上，并附加动机要求，法院进一步

㉚　同前注㉙。声明"对信息来源的充分披露免除了挪用理论下的责任"。

㉛　同上注。推理"当一个基于非公开信息进行交易的人向委托人披露了他的交易计划或获得了委托人的许可时，文本中对于欺骗的要求免除了责任——即使这种行为可能会以与挪用理论所达成的行为相同的方式影响证券市场，而且，一旦不忠的代理人披露了自己即将发生的违约行为，其委托人可根据州法律寻求适当的衡平法救济"。

㉜　参见 Kimberly D. Krawiec et al., *Don't Ask，Just Tell：Insider Trading After United States v. O'Hagan*，84 Va. L. Rev. 153（1998）。

㉝　根据其他民事和刑事条款，提前通知其计划交易的挪用者可能负有责任，这缓解了这种方法的宽松性。尽管如此，这种行为不在联邦证券法首要反欺诈条款第 10（b）条的范围内。

㉞　参见前注㉜，该文指出，鉴于法院坚持认为挪用理论所涵盖的交易会损害投资公众利益，很难理解法院为何会将这种对投资公众具有相同影响的行为排除在该理论的适用范围之外。

㉟　参见前注⑲引用的案例。

㊱　*Dirks v. Securities and Exchange Commission* 案。

㊲　同上注。最近，法院在 *Dirks in Salman v. United States* 案重申了这一点。法院采用了 *Dirks* 案中的"馈赠"理论，法院表示："梅耶尔向其兄弟透露机密信息作为礼物，并期望他能利用这些信息进行交易，这违反了他对雇主花旗集团及其客户的信托或保密义务——被告人萨勒曼在完全知道这些信息被不当披露的情况下，通过这些信息交易，也违反了这一义务。"同前注。因此，*Salman* 案裁决"是法院错失的机会……因为内幕交易法仍然……模糊不清"。Marc I. Steinberg, *From the Editor-in-Chief*, 45 Sec. Reg. L. J. 5，6（2017）.参见 Eric C. Chaffee, *The Supreme Court as Museum Curator：Securities Regulation and the Roberts Court*，67 Case W. Res. L. Rev. 847，863（2018），该文评论称，*Salman* 案提供了"一个重塑内幕交易领域联邦证券监管的机会，法院再次选择维持现有先例所创造的现状"。

混淆了内幕交易法，使其有效执行变得更加艰巨。㊳

（三）证券交易委员会对法院裁决的回应

面对限制内幕交易责任范围的司法裁决，证券交易委员会制定了减轻其影响的规则和法规。尽管该委员会的努力在很大程度上取得了成功，但这些行政决定的后果是在这一领域进一步增加了不确定性和随意性。本文将列举三个示例。 218

1. 要约收购中的内幕交易 14e-3 规则的采纳

由于对最高法院在 *Chiarella* 案的裁决感到不满，㊴证券交易委员会通过采用 14e-3 规则减轻了其影响。㊵该规则仅限于要约收购，遵循广泛的信息平等原则，以及广泛的反泄露条款。㊶因此，根据 14e-3 规则，除某些例外情况外，任何掌握重大信息的人——知悉或有理由知悉这些信息是非公开的，并且知悉或有理由知悉这些信息已直接或间接地从要约人、标的公司或金融中介那里获得——购买或出售与要约有关的证券是非法的。㊷14e-3 规则采用了广泛的信息平等原则，并结合了广泛的反内幕交易条款，几乎与内幕交易背景下的《证券交易法》第 10（b）条相反，即不以信义义务原则为条件的信息平等原则。㊸

㊳ 参见 *Dirks v. Securities and Exchange Commission* 案，该案声称多数意见 "在信托责任原则上植入了一个特殊的动机要求，并为内部人士出于个人利益动机而不采取行动时明知且故意违反其对股东的义务提供了借口"。馈赠行为也满足了 *Dirks* 案的检测标准。同前注㊲。声明 "泄密和交易的行为类似于内部人士自己的交易，然后将利润赠与接受者"。

㊴ *Chiarella v. United States* 案。

㊵ 《联邦法规》第 17 卷第 240.14e-3 条。参见《证券交易法公告》No.17120（1980）。

㊶ 《证券交易法》14e-3 规则，适用于 "开始……要约收购的一个或多个实质性步骤"——即使最终没有发生要约收购。参见 *Securities and Exchange Commission v. Mayhew* 案。

㊷ 参见《证券交易法》14e-3 规则。为包括券商在内的多服务金融公司提供了一个例外，这可以证明 "代表他人作出购买或出售任何证券的投资决定的个人……不知悉重大非公开信息，金融公司已经实施了在这种情况下合理的政策和程序……以确保其作出投资决定的人员不会违反规则"。关于金融机构为阻止相关人员获取或使用重大非公开信息而采取的措施，参见 Division of Market Regulation，*Securities and Exchange Commission*，*Broker-Dealer Policies and Procedures Designed to Segment the Flow and Prevent the Misuse of Material Nonpublic Information*，［1989—1990 Transfer Binder］Fed. Sec. L. Rep.（CCH）at 84，520（1990）。

㊸ 奥哈根法院将其判决限制在当前情况下，维持了 14e-3 规则的有效性。法院认为：
公平的假设是，基于重大非公开信息的交易通常会违反对投资人或目标公司或其代表的保密义务。证券交易委员会认识到可能使老练的交易人员利用证据问题逃避责任，在 14e-3（a）规则中规定了 "披露或避免交易" 命令，该命令不需要具体的违反信托义务的证据。我们确信，该规定适用于本案，是一种 "合理设计的手段"，"旨在防止" 在投标报价背景下对重大非公开信息进行欺诈性交易。
United States v. O'Hagan 案。

由于第 10（b）条和 14e-3 规则之间存在关键区别，处境相似的人不免受到差别对待。如果一项交易是以合并的形式进行的，则 14e-3 规则不适用，从而
219 表明第10（b）条信托关系的基本原理是适用标准。㊹然而，如果交易方选择要约收购路线，则更适用 14e-3 规则。㊺在某些情况下，参与交易或提供内幕消息的知情人士对交易的形式一无所知。其结果是，在某些情况下，如果交易是以合并的形式进行的，则从事交易或泄密的个人行为是合法的，但如果交易是作为要约收购进行的，则需要承担责任。正因如此，同样的行为可能会导致截然不同的后果：与要约收购相比，合并交易中的利润合法留存，同时保留因政府执法行动产生的责任可能，包括刑事责任。这种待遇上的差异缺乏充分的合理性，也不符合投资者保护、市场诚信和公平原则。㊻

2. 挪用理论对 10b5-2 规则的采纳

如前所述，奥哈根最高法院以违反对信息来源的信托或保密关系为前提，批准了挪用理论。㊼在随后的一项令人惊讶的裁决中，美国上诉法院援引 *O'Hagan* 案，认为单纯的婚姻关系不构成信托关系。㊽作为对这一决定的回应，证券交易委员会通过了 10b5-2 规则。㊾根据挪用理论，除了规定具有特定关系
220 （如婚姻关系）的个人被推定具有信托或保密义务外，该委员会还将"同意保密

㊹　参见 *Securities and Exchange Commission v. Switzer* 案，该案声称俄克拉荷马大学足球教练和他的朋友利用有关合并交易的重大非公开信息进行交易——根据第 10（b）条的规定，他们不承担责任。

㊺　参见前注㊵—㊸的讨论及其随附文本。

㊻　我已经多次提及这点。参见前注⑭。需要注意的是，证券交易委员会偶尔会在其内幕交易执法行动中援引《证券法》第 17（a）（3）条。参见 *In re Bolan* 案。与第 10（b）条和第 17（a）（1）条不同，第 17（a）（3）条的过失级别为疏忽。参见 *Aaron v. Securities and Exchange Commission* 案。更深入的讨论，参见 Marc I. Steinberg and Abel Ramirez, Jr., *The SEC's Neglected Weapon：A Proposed Amendment to Section 17（a）（3）and the Application of Negligent Insider Trading*, 19 U. Pa. J. Bus. L. 239（2017）。

㊼　参见前注㉘—㉞的讨论及其随附文本。

㊽　*United States v. Chestman* 案。其他法院持不同意见。参见 *Securities and Exchange Commission v. Yun* 案，该案指出，鉴于丈夫和妻子有分享和保持商业机密的习惯，合理的保密期望是以信托或保密关系为前提的。

㊾　《联邦法规》第 17 卷第 240.10b5-2 条。参见《证券交易法公告》No.43154（2000）。

信息的人"列入该规定范围。⑩在这样做的过程中，证券交易委员会不恰当地将合同协议转变为信托关系：签订禁止披露协议（Non-Disclosure Agreement，NDA）或保密协议（Confidentiality Agreement，CA）构成了信托或保密关系，这违背了商业现实。㉛通常情况下，这些协议的当事人以公平的方式进行交易，目的是为自己或委托人的最大利益服务。㉜在没有特殊情况时，这些当事人既没有密切关系，也不信任对方。按照惯例，他们会严格执行书面协议，以保护其专有信息的机密性。㉝如果违反了协议，很可能会引发违约行为。然而，合同违约与以破坏信托或保密关系为前提的违约性质截然不同。因此，根据惯例和实践，NDA 和 CA 不应被定性为信托性质。证券交易委员会在 10b5-2 规则中作出这样的决定，以及一些法院对此的应用，违反了最高法院的先例。㉞

从另一个角度来看，证券交易委员会的积极行动说明了当前内幕交易框架 221 的另一个缺陷。显然，应要求保密协议各方遵守内幕交易合规，无论是采用信息平等原则还是准入原则，都能实现这一目标。然而，最高法院支持的信托关

<hr/>

⑩　根据 10b5-2 规则，"以下情况存在信托或保密义务：（1）任何人同意对信息保密；（2）每当传递重大非公开信息的人和被传递信息的人有共享机密的历史、模式或惯例时，信息接收方知悉或合理地应该知悉传递重大非公开信息的人希望接收方保持其机密性；或（3）当一个人从其配偶、父母、子女或兄弟姐妹处接收或获得重大非公开信息时；但前提是，接收或获得信息的人可以证明对信息不存在信托或保密义务"。

㉛　如 5 位著名法学教授在 *Securities and Exchange Commission v. Cuban* 案中提交的法庭之友简报所述：

在商业关系中，仅凭保密协议不足以在双方之间建立信托或类似的信托或保密关系。根据州和联邦普通法，保密协议本身只规定了维护信息保密的义务，而不是忠实于信息来源的受托人或类似受托人的义务。在没有任何其他事实或情况表明存在信托或类似的信托或保密关系时，根据第 10（b）条，不可能存在基于挪用理论的内幕交易责任。

本简报收录于，参见 Marc I. Steinberg, *Securities and Exchange Commission v. Cuban—A Trial of Insider Trading* 49（2019）。

㉜　参见前注㉛，作者指出，将保密协议提升到构成缔约方之间信托或保密关系的地位，违背了经济现实。

㉝　参见 Richard Harroch, *The Key Elements of Non-Disclosure Agreements*, Forbes, March 10, 2016, https://www.forbes.com/sites/allbusiness/2016/03/10/the-key-elements-of-nondisclosure-agreements/#29addf3b627d；Gary Lawrence, *Due Diligence in Business Transactions*（2019）。

㉞　参见 *Securities and Exchange Commission v. Cuban* 案；*Securities and Exchange Commission v. Cooperman* 案；前注⑩。*Cuban* 案的重点是马克·库班（Mark Cuban）涉嫌违反口头保密协议，以及随后在公开披露涉嫌重大非公开信息之前出售目标公司的证券。作者以库班先生专家证人的身份参与了此案。陪审团裁定库班没有责任。关于这场诉讼，参见前注㉛。

系理由并不包括这些协议。尽管如此，证券交易委员会利用以结果为导向的视角，将这些关系定义为构成信托或保密关系。证券交易委员会这样做表明，它试图将其行政规则和执行行动置于最高法院判例的范围内。通过扩大信托关系理由的适用范围，证券交易委员会多次试图大力执行内幕交易禁令，同时宣称其行为符合最高法院的先例。[55]

3. 选择性披露对 FD 条例的采纳

最高法院在 *Dirks* 案中的裁决允许知情人士根据《证券交易法》第 10（b）条向金融分析师和其他受青睐的人传递重大非公开信息，只要这些沟通不是为了个人利益或进行馈赠。[56]因此，*Dirks* 案在第 10（b）条下的不当泄露信息方面留下了巨大的空白，包括涉及"口风不严"高管的情况，[57]以及公司发言人故意向金融分析师进行选择性披露，而目的是让他们各自的公司从这些分析师那里获得更有利的评价。[58]在 *Dirks* 案之前，向金融分析师泄露重大非公开信息违反了第10（b）条的内幕交易禁令，基于该信息的交易也是如此。[59]

根据第 10（b）条，这种选择性披露不再是可诉的，因此证券交易委员会选择另辟蹊径。证券交易委员会认为这种普遍的做法是以牺牲普通投资者为代

---

⑤⑤　参见前注⑤。证券交易委员会在反对被告撤案动议的法律备忘录中表示："本案涉及将既定的内幕交易原则应用于直接的欺诈指控，并提供了非法挪用的典型例证。"尽管如此，在特朗普政府时期，内幕交易执法行动的数量有所减少。参见 Tom Dreisbach, *Under Trump, SEC Enforce-ment of Insider Trading Dropped to Lowest Point in Decades*, NPR, All Things Considered（Aug. 14, 2020）, https://www. npr. org/2020/08/14/901862355/under-trump-sec-enforcement-of-insider-trading-dropped-to-lowest-point-in-decade。

⑤⑥　*Dirks v. Securities and Exchange Commission* 案；前注㉟—㊳的讨论及其随附文本。

⑤⑦　参见 *Elkind v. Liggett & Myers, Inc* .案，该案在 *Dirks* 案之前作出判决，因公司高管"口风不严"，向财务分析师传递重大非公开信息，应根据第 10（b）条承担责任。

⑤⑧　参见 Fred Barbash, *Companies, Analysts a Little Too Cozy*, Wash. Post, Oct.31, 1999, at H1; Susan Pulliam, *Abercrombie & Fitch Ignites Controversy over Possible Leak of Sluggish Sales Data*, Wall St. J., Oct.14, 1999, at C1。在这种情况下，证券交易委员会确实启动了一项执法行动，指控情况达到了 *Dirks* 案标准。案件随后得到和解。参见 *Securities and Exchange Commission v. Stevens* 案；《证券交易委员会公告》No.12813（1991）。根据该和解协议，证券交易委员会声称，目标公司的董事会主席和首席执行官通过选择性地向分析师传递重大非公开信息，"以公司经理的身份获得了直接的实质性利益"。

⑤⑨　参见前注⑲引用的案例。

价来使市场专业人士受益，违反了"诚信和公平原则"，[60]因此通过了《公平披露条例》（Commission adopted Regulation Fair Disclosure，FD 条例）。[61]该条例试图填补 *Dirks* 案留下的大部分空白。其主要前提是"当发行人或代表其行事的人向某些人披露重大的非公开信息时……其必须公开披露这些信息"。[62]通过在第 10（b）条禁止内幕交易的范围之外颁布《公平披露条例》，证券交易委员会巧妙地在不挑战最高法院权威的情况下，很大程度上解决了有争议的问题。[63]

尽管如此，内幕交易和《公平披露条例》并不是一回事。与第 10（b）条不同，《公平披露条例》不是一项反欺诈条款，也没有为据称受害的投资者提供私人诉讼权限。[64]此外，与内幕交易执法行动相比，证券交易委员会对《公平披露条例》监管的利用可以说是偶尔为之，且制裁相对较轻。[65]然而，总体而言，

223

---

[60] 参见 Michael Schroeder and Randall Smith，*Disclosure Rule Cleared by the SEC*，Wall St. J.，Aug. 11，2000，at C1，该文引用了证券交易委员会主席 Arthur Levitt 的话。

[61] 参见《证券交易法公告》No.43154（2000）。

[62] 同前注。如证券交易委员会在该新闻稿中所述：

> 《公平披露条例》是一项针对选择性披露的新发行人披露规则。该条例规定，当发行人或其代表向某些特定人员（通常是证券市场专业人士和发行人证券持有人，他们很可能会根据这些信息进行交易）披露重大非公开信息时，发行人必须公开披露这些信息。所需公开披露的时间取决于选择性披露是有意的还是无意的；对于有意选择性披露，发行人必须同时进行公开披露；对于无意披露，发行人必须及时公开披露。根据该条例，所需的公开披露可以通过提交或提供表 8-K，或通过其他合理设计的方法或方法组合，向公众广泛、非排他性地传递信息。

[63] 关于《公平披露条例》覆盖范围的讨论，参见 Michael D. Guttentag，*Selective Disclosure and Insider Trading*，69 Fla. L. Rev. 519（2019）；Marc I. Steinberg and Jason B. Myers，*Lurking in the Shadows：The Hidden Issues of the Securities and Exchange Commission's Regulation FD*，27 J. Corp. L. 173（2002）。

[64] 参见《证券交易法公告》No.43154（2000）。声明《公平披露条例》"并非旨在根据联邦证券法的反欺诈条款或私人诉讼权规定新的义务"。

[65] 参见 *In re Therapeutics MD, Inc.*案，和解涉及公司高管向研究分析师提供重大非公开信息的指控，公司同意停止并终止该行为，并支付 20 万美元的民事处罚；*In re Polizzotto* 案，该公司前投资者关系发言人同意停止并终止该行为，并支付 5 万美元罚款；*Securities and Exchange Commission v. Flowserve Corp.*案，公司及其首席执行官同意停止并终止该行为，并支付罚款（公司 35 万美元，首席执行官 5 万美元）；*In re Schering-Plough Corp.*案，根据该协议，公司及其前首席执行官同意停止并终止该行为，并支付罚款（公司 100 万美元，首席执行官 5 万美元）。在 *Securities and Exchange Commission v. Siebel Systems, Inc.*案，根据该案的事实，证券交易委员会因过度使用《公平披露条例》而受到批评：

> 证券交易委员会……对陈述中使用的每一个特定单词，包括动词的时态和每一句话的一般语法，都进行了极其严格的审查。在《公平披露条例》中找不到支持这种做法的依据。这种做法给公司的管理层和发言人带来了不合理的负担，使他们必须成为语言专家，否则，如果他们后来使用的词语被证券交易委员会解释为与公司的公开声明有哪怕是最细微的差异，就可能被指控违反了《公平披露条例》。

该委员会恰当地实现了《公平披露条例》的关键目标，该条例为选择性地向金融分析师、市场专业人士和现任股东传递重大非公开信息的公司及其发言人提供了执法资源。[66]

4. 总结

上述例子说明了证券交易委员会积极抵制最高法院在内幕交易领域的限制性裁决，并且在实际上取得了重大成功。然而，其结果是对处境相似的人实行差别对待，将合同关系转变为信托关系，并在这一法律领域造成了进一步的模糊。

224 （四）刑事案件中不当利益测试的排除

最近，司法部援引了国会根据 2002 年《萨班斯—奥克斯利法案》颁布的电信欺诈法规和一般刑事证券欺诈法规。[67]该法案是"以更一般、更非技术性的规定补充现有违反技术证券法的拼凑之作"。[68]通过解释该法规以及联邦电信欺诈法规（这也是《美国法典》第 18 卷的规定），许多法院已经作出相应判决，显著扩大了内幕交易的刑事责任范围。[69]

第二巡回法院在 *Blaszczak* 案中的裁决，[70]为联邦检察官对受密者和泄密者采取行动开辟了新领域。对于本案，上诉法院裁定，根据第 18 卷，*Dirks* 案中个人利益测试已不适用。法院认为，第 18 卷有关证券和电信欺诈法规的适用范围比《证券交易法》第 10 (b) 条的规定更广，因此，政府可以在证券欺诈起诉中援引这些更广泛的法规，包括指控非法内幕交易的法规。[71]更具体地说，上诉法院拒绝"将 *Dirks* 案中个人利益测试移植到第 18 卷证券欺诈的要素上"。[72]因此，在这些与第 18 卷相关的案件中，涉及泄密者和受密者的案件可以在没有

---

⑥⑥　参见前注⑥③，该文辩称"该法规确实填补了联邦证券法规定的发行人披露义务的空白，至少在某种程度上，使美国法律与国外其他成熟市场保持一致"。

⑥⑦　《美国法典》第 18 卷 1343、1348 条。参见 *United States v. Blaszczak* 案；*United States v. Melvin* 案。

⑥⑧　2002 年《公司和刑事欺诈责任法案》。

⑥⑨　参见前注⑥⑦引用的案例。

⑦⓪　*United States v. Blaszczak* 案，该裁决因其他理由被撤销和还押。

⑦①　*United States v. Blaszczak* 案。

⑦②　同上注。

显示任何个人利益的情况下而被定罪。正如第二巡回法院所认为的那样，"政府可以通过根据第 18 卷欺诈法规，特别是证券欺诈法规，以较小的难度起诉非法内幕交易，从而完全避免个人利益测试"。[73]

这一裁决结果说明了内幕交易框架的荒谬性：除了证据标准外，根据第 18 卷欺诈法规提起的刑事诉讼比在内幕交易背景下提起民事诉讼更容易，[74]因为与第 10（b）条不同，内幕交易的个人利益并不需要证明。因此，现在私人原告或证券交易委员会要想赢得民事案件更加困难，而政府更容易获得刑事定罪。尽管如此，考虑到证券交易委员会向司法部提起刑事诉讼，这种前景可能会促使被指控的违规者迅速与证券交易委员会谈判和解，且在和解中既不承认也不否认有不当行为。[75]迅速而相对友好地解决证券交易委员会的执法问题通常会降低刑事起诉的风险。[76]关键问题仍然是，在今天的美国，或者至少在第二巡回法院（大部分联邦证券刑事诉讼都是在第二巡回法院提起的），对非法内幕交易定罪比证券交易委员会赢得民事诉讼更容易。这种情况确实令人困惑，但这却是美国内幕交易法的现状。

225

（五）证券交易委员会制造的漏洞

此部分讨论的重点是证券交易委员会制造的两个主要漏洞，这两个漏洞为公司受托人的内幕交易提供了便利。第一种情况涉及证券交易委员会根据《证券交易法》第 16（b）条放宽内幕责任。[77]第二种情况审查了证券交易委员会对 10b5-1 规则交易计划的批准，该交易计划为第 10（b）条内幕交易责任提供了一

---

[73]　*United States v. Blaszczak* 案，该案认为个人利益测试不适用于电信欺诈和第 18 卷证券欺诈法规。

[74]　当然，刑事标准需要达到"排除合理怀疑"的程度，而证券交易委员会和私人诉讼的标准则是优势证据标准。参见 *Herman & MacLean v. Huddleston* 案，该案认为优势证据标准适用于第 10（b）条私人损害赔偿诉讼；*Steadman v. Securities and Exchange Commission* 案，该案认为优势证据标准适用于证券交易委员会指控违反联邦证券法反欺诈条款的诉讼。

[75]　参见 Marc I. Steinberg and Ralph C. Ferrara, *Securities Practice: Federal and State Enforcement* § 7.18（2d ed. 2001 & 2020—2021 supp.），该文提出一种用来降低刑事起诉可能性的策略是尽快与证券交易委员会达成和解。

[76]　然而，根据具体情况，目标对象可能有必要与证券交易委员会进行诉讼"持久战"，包括抵制工作人员的广泛调查要求，并主张第五修正案所赋予的反对自我归罪特权。同上注。

[77]　参见《证券交易法公告》No.28869（1991）；后注[79]—[89]的讨论及其随附文本。

个安全港。⑱

226 　　1. 放宽第 16（b）条规定的知情人责任

　　《证券交易法》第 16 条可以被视为将内幕交易的一个方面联邦化的推动者。⑲除了披露之外，该法条还试图阻止公司受托人从事内幕交易。⑳第 16 条由三部分构成：首先，要求拥有公司 10% 以上股权证券的高管、董事和股东，向证券交易委员会报告他们对这些证券的持有和交易情况；㉑其次，规定这些知情人必须交出在 6 个月内从事此类证券的出售或买卖（"短期"交易）所实现的所有利润；㉒再者，禁止这些内部人士参与其公司权益证券的卖空交易。㉓

---

　　⑱　参见《证券交易法公告》No.43154（2000）；后注⑩—㉖的讨论及其随附文本。

　　⑲　《美国法典》第 15 卷第 78p 节。参见前注⑭，该文指出，尽管披露而非实质公平是《证券交易法》的一个重点，但"国会选择通过该法第 16 条将公司治理的一个方面联邦化"。

　　⑳　正如第 16（b）条所规定的那样，其目标是"防止……此类公司权益证券的受益所有人、董事或高管因与发行人的关系而获得的信息被不公平使用"。《美国法典》第 15 卷第 78p（b）条。

　　㉑　《美国法典》第 15 卷第 78p（a）条。此类报告通常必须在两个工作日内提交。除高管和董事外，第 16 条还涵盖受益拥有《证券交易法》公司一类股权证券 10% 以上的人。参见《证券交易法公告》No.18114（1981），规定根据《证券交易法》第 12 条登记的任何类别股权证券（豁免证券除外）的 10% 以上的直接或间接受益所有人，或身为该等证券发行人的高管或董事，须向证监会提交一份初始报告，披露其为实益拥有人的该等发行人的所有权益证券的数额；《证券交易法公告》No.28869（1991），涵盖内部人士随后提交的关于该内部人士在发行人证券中交易的所有权报告。"受益所有人"一词在第 16a-1（a）（2）条中定义为"通过任何合同、安排、谅解、关系或其他方式直接或间接在权益证券中拥有或分享直接或间接金钱利益的任何人"。确定该术语范围的法院判决，参见 *CBI Industries，Inc. v. Horton* 案；*Whiting v. Dow Chemical Co.* 案。

　　㉒　就第 16（b）条目的而言，实现的利润被扩展解释为"从股票交易中挤出所有可能的利润，从而确立一个高标准，以防止受托管理人员、董事或股东的私利与忠实履行其职责之间的任何冲突"。*Smolowe v. Delendo Corp.* 案。严格的责任是这一标准的核心。参见 *Bershad v. McDonough* 案，声明内部人士"被认为有能力构建其交易以避免任何可能的污点，因此必须承担任何误判的风险"。该法令引发了大量诉讼和法律评论。第 16（b）条下的诉讼可以由相关发行人提起，如果相关发行人拒绝提起，则由代表该发行人的股东提起。用于讨论最高法院和其他适用的判例法以及证券交易委员会在这一领域的规则和案例，参见 Peter J. Romeo and Alan L. Dye，*Section 16 Treatise*（2019）。

　　㉓　《美国法典》第 15 卷第 78p（c）条。卖空通常可以被描述为"出售卖方不拥有或卖方拥有但未交付的证券"。Ralph Janvey，*Short-Selling*，20 Sec. Reg. L. J. 270，271（1992）.参见 *Short-Selling in the Stock Market*，H.R. Rep. No.102—414，at 8（1991），该文称，有关卖空的投诉"指控卖空者在做空某只股票后，积极散布有关公司财务状况、产品问题以及高管健康状况或诚信度的虚假谣言，以压低股价"。

在 1991 年证券交易委员会规则修订之前，行使期权后出售相关证券被视为 227
根据第 16（b）条进行匹配的买卖。⑧与司法先例相悖，⑧该委员会驳回了这一原
则，认定购买期权或其他衍生证券（而不是行使期权或其他衍生证券），应被定
义为第 16（b）条目的下的购买。⑧因此，在获得期权 6 个月后，内部人士可行
使购股权，并于其后立即出售有关证券。换言之，根据 1991 年的修正案，内
部人士只要持有相关期权或其他衍生证券满 6 个月，就可以在遵守反欺诈条款
的前提下自由出售其股权证券。⑧随后，在 1996 年，欧盟委员会进一步修订了
16b-3 规则，通过一个额外的途径提供了广泛的豁免救济：交易的事先批准须
"经董事会、一个仅由不少于两名非雇员董事或股东组成的委员会，或股东稍
后批准……根据第 16（b）条，就授予本身及任何其后收购标的股份提供直接
豁免"。⑧因此，在获悉有关目标公司的负面财务信息后，根据第 16（b）条，其
交易已根据 16b-3 规则获得必要批准或持有标的期权 6 个月的内部人士可以行 228
使该期权，并在公开披露此类信息之前立即出售其证券。证券交易委员会制造
的这些漏洞，使这类行为游离了第 16（b）条的规定之外，这与该法规的立法

---

⑧ 参见 Marc I. Steinberg, *Securities Regulation：Liabilities and Remedies* § 4.06［3］
（2020），该文提出，这种方法推翻了证券交易委员会以前的监管方法，与根据第 16（b）条认为期
权的行使（而非收购）是购买股权证券的情况不同；*Colan v. Monumental Corp.*案；*Morales v.
Mapco* 案；*Silverman v. Landa* 案。

⑧ 同上注。

⑧ 证券交易委员会显然试图限制第 16 条内部人士在涉及衍生证券的交易中使用重大非公开信
息。参见《证券交易法公告》No.28869（1991），正如内部人士在购买或出售发行人的普通股时开
始有机会获利一样，当内部人士从事期权或其他衍生证券交易，从而提供以固定价格获得或处置股
票的机会时，同样有机会开始获利。

⑧ 正如一位美国参议员在回应这一变化时所哀叹的那样，"当首席财务官有资格行使期权时，
6 个月的时间已经过去了，首席财务官可以立即进行买卖"。U.S. Senator Carl Levin, Fed. Sec. L.
Rep.（CCH）No.1485, at 7（1992）.参见 Marc I. Steinberg, and Daryl L. Landsdale, Jr., *The Judi-
cial and Regulatory Constriction of Section 16（b）of the Securities Exchange Act*, 68 Notre Dame L.
Rev. 33, 65（1992），该文提到，根据新的监管计划，滥用行为的可能性增加，这源于内部人士只
要持有期权至少 6 个月，就可以行使权并立即出售标的股票。

⑧ Frederic W. Cook & Co., Inc., *SEC Adopts a Radically Different Rule 16b-3*（Aug. 2,
1996），https：//www. fwcook. com/content/documents/publications/8-2-96 _ SEC _ Adopts _ a _
Radically_Different_Rule_16b-3.pdf，需要注意的是，自由裁量交易被排除在 16b-3 规则的豁免范围
之外。参见《联邦法规》第 17 卷第 240.16b-3 条；《证券交易法公告》No.37261（1996）。

宗旨背道而驰。[89]

2. 10b5-1 规则下的内幕交易计划

根据 10b5-1 规则，如果相关人员在交易时"知悉"重大非公开信息，则证券的购买或出售被视为"基于"此类信息。[90]根据该规则，如果相关人员根据预先存在的特定且具有约束力的合同、计划或指令参与交易，则认定为积极抗辩。[91]从表面上看，该规则加上积极抗辩，可以使公司受托人能够在没有不当行为的情况下从事合法的证券交易。[92]

不幸的是，证券交易委员会没有就此制定一项无懈可击的条款，从而留下了被滥用的漏洞。[93]例如，10b5-1 规则下的内幕交易计划，并无规定必须公开披露，由此缺乏必要的核查。又例如，由于不存在外部检查，也就难以查证在执行这些计划时，高管是否利用了有关公司股票证券未来走势的重大非公开信息。

---

⑧⑨ 另一个例子是，根据 1991 年的修正案，证券交易委员会不再要求根据第 16（a）条或第 16（b）条的短期责任条款披露董事和高管任职前的交易。参见 16a-2（a）规则；《证券交易法公告》No.28869（1991）。当被采纳时，下级法院认为，如果目标董事或高管在购买或出售时具有该身份，则适用第 16 条。参见 *Arrow Distributing Corp. v. Baumgartner* 案；*Feder v. Martin Marietta Corp.* 案。关于批判性评估，参见前注⑧⑦，主张"董事和高管对内幕信息的固有获取渠道，以及该法规阻止受托人不当利用以其代表身份获得的信息的政策，要求将该法规解释为使此类内部人士的任职前交易受制于第 16 条"。

⑨⓪ 10b5-1（b）规则；参见《证券交易法公告》No.43154（2000）。

⑨① 根据 10b5-1（c）规则，预先存在的合同、计划或指示通常有三个方面：

首先，一个人（如高管）必须证明，在知悉内幕信息之前，其已经签订了购买或出售证券的有约束力的合同，已经向另一个人提供了为指示人的账户执行交易的指示，或者已经制定了证券交易的书面计划。其次，此人必须证明，就购买或销售而言，合同、指示或计划：明确规定了金额、价格和日期；提供用于确定金额、价格和日期的书面公式、算法或计算机程序；或不允许该人对如何、何时或是否执行交易施加任何影响（如果任何其他人施加了此类影响，则还需证明该人不知悉重大非公开信息）。最后，此人必须证明所发生的交易是根据先前制定的合同、指示或计划进行的。

Marc I. Steinberg, *Understanding Securities Law* 390（7th ed. 2018）. 就实体而言，10b5-1 规则提供了肯定性辩护，如果确定代表主体实体作出投资决策的个人不知悉重大非公开信息，并且该实体"实施了合理的政策和程序……以确保作出投资决策的个人不会违反禁止基于重大非公开信息进行交易的法律规定"。10b5-1（c）（2）规则。

⑨② 参见 Daniel J. Morrissey, *Taming Rule 10b5-1：The Unfinished Business of Texas Gulf Sulphur*, 71 SMU L. Rev. 883, 886（2018），该文指出，"这些计划……即使高管在知道可能使其承担责任的特权信息的情况下买卖其股份，也可作为内幕交易的安全港"。

⑨③ 参见后注⑨④—⑨⑥的讨论及其随附文本。

再者，内部人士可以在不向证券交易委员会或投资者披露且有利于其财务利益的情况下修改或取消现有计划。此外，在知道其证券将被购买或出售的具体日期后，高管可以在一段时间内不披露重大动态，以此来提高他们从这些交易中获得的利润。[94]多个研究表明，内部人士往往在实行各自公司的内幕交易计划时援引 10b5-1 规则，以保护自己免受不当行为的指控，这种援引已经达到了滥用的状态。[95]为应对这一状况，国会和证券交易委员会已提出多项建议，以矫正在这些计划下发生的不当行为。[96]但迄今为止，尚未采取任何纠正行动。

（六）结论

230

前文讨论聚焦于美国现存的不可接受的内幕交易框架。联邦法院的裁决以及证券交易委员会的行动，导致了一种含糊不清、大相径庭和不一致的制度，其中存在的漏洞又加剧了这种情况。后文将就此提出几项措施，这些措施应能大大改善国家的内幕交易监管。

---

[94] 事实上，一个公司可能有多个关涉 10b5-1 规则的计划同时生效。参见 Alan D. Jagolinzer, *SEC Rule 10b-1 and Insiders' Strategic Trade*，55 Mgmt. Sci. 224，226—27（2009）；Taylan Mavruk and H. Nejat Seyhun, *Do SEC's Rule 10b5-1 Safe Harbor Rules Need to Be Rewritten?*，2016 Colum. Bus. L. Rev. 133（2016）；前注[92]。

[95] 参见 M. Todd Henderson et al., *Hiding in Plain Sight：Can Disclosure Enhance Insiders' Trade Returns?*，at 2—3，Coarse-Sandor Working Paper Series in Law & Econ. No.411（2012），https://chicagounbound.uchicago.edu/cgi/viewcontent.cgi?article = 1646&context = law_and_economics；前注[94]。Morrissey 教授在报告这两项研究时表示：Jagolinzer 的研究发现，"46%的涉及预定销售的计划在收到利好消息之前就被终止了，这样官员们就可以保留自己的股份，并享受信息发布带来的收益"；Henderson 等人的研究发现，"有 10b5-1 规则计划的个人获得了异常利润……内部人士……利用他们的计划作为对自身非法活动指控的掩护，战略性地进行购买和销售……这种策略也就是我们所说的'掩人耳目'"。前注[92]；参见 See generally Allan Horwich, *The Legality of Opportunistically Timing Public Company Disclosures in the Context of SEC Rule 10b5-1*，71 Bus. Law. 1113（2016）。

[96] 例如，2019 年，美国众议院通过了《促进企业内部人士透明标准法案》。该法案将要求证券交易委员会根据目前的交易计划实践对 10b5-1 规则进行研究，以确定其覆盖范围的空白。该委员会将被要求"考虑是否将交易限制在发行人采用的交易窗口，以限制多重交易……交易计划规定了计划通过和首次执行的延迟期，限制内部人士修改或取消交易计划的能力，要求公司和内部人士向该委员会提交某些文件，并要求公司董事会都采取相关政策并监督合规情况"。《联邦公报》No.2860（2019）。关于证券交易委员会，该委员会已经提出但拒绝采纳 10b5-1 规则计划中必须公开报告的要求。参见《证券交易法公告》No.45742（2002）。

三、关于改进内幕交易监管的建议

为给美国提供一个更加连贯和有效的内幕交易框架，可采取以下改革措施。

（一）要求公司披露所有重大信息

如本书第二章所述，证券交易委员会拒绝要求上市公司披露已知的所有重大信息。[97]未能强制披露此类信息（缺乏正当的商业理由）意味着，即使是主要的证券交易所上市公司的证券，其交易价格也经常不能准确反映其价值。这对证券市场的完整性产生了不利影响——虽然一家公司股票在有效市场上的市场价格会反映所有公开的重大信息，但该价格无法反映未披露的重大信息，[98]这些信息完全可能产生影响价格。针对这一缺陷的适当解决方案是，要求上市公司（若无正当商业理由）在意识到此类信息的重大性后的一个工作日内，通过证券交易委员会的文件和新闻稿（或其他适当的沟通形式）披露所有重大信息。为了在内幕交易背景下加强这一规定，在发生可报告事件和向证券交易委员会提交文件（如表 8-K）之间的间隔期间，相关公司的董事、高管和其他有权获取此类信息的人将被禁止交易。[99]

执行这项规定将大大减少非法内幕交易的机会。通过大幅缩短合法不披露重大信息的窗口期，非法内幕交易（和泄密）事件应该大幅减少。除因公认的商业理由而允许保密的情况外，[100]所有其他重大信息将通过发布新闻稿和向证券

---

[97]　参见本书第二章的讨论；后注[140]—[170]的讨论及其随附文本。

[98]　参见 *Halliburton Co. v. Erica P. John Fund, Inc.* 案；*Basic, Inc. v. Levinson* 案，该案声明"在发达市场交易的股票的市场价格反映了所有公开可用的信息"。

[99]　参见《8-K 贸易缺口法案》。美国众议院于 2019 年通过的这项法案将禁止公司高管和董事在向证券交易委员会提交或提供表 8-K 之前的窗口期内交易目标公司的股票。该法案旨在遏制公司受托人在这一窗口期内的内幕交易。参见《联邦公报》No.2905（2020）。该法案的发起人、众议员卡罗琳·马洛尼称，"哥伦比亚法学院和哈佛法学院的学者们的研究表明，高管们确实在这 4 天的窗口期进行了交易，并从中获利颇丰"。为此，本文进一步建议在一个工作日内公开披露所有重大非公开信息（除非另有正当的商业理由），并禁止内部人士在此期间进行交易。

[100]　这种正当的商业理由例外应该是狭义的，例如当"立即披露可能损害发行人的合法利益"时。《市场滥用条例》第 17（4）条。参见 European Securities and Markets Authority, *MAR Guide-lines Delay in the Disclosure of Inside Information*（2016），https://www.esma.europa.eu/sites/default/files/library/2016-1478_mar_guidelines_-_legitimate_interests.pdf。欧洲证券和市场（转下页）

交易委员会提交表8-K的方式及时披露。简言之，随着几乎所有重大信息更快地进入证券市场，价格效率也将得到提高，相应地，非法内幕交易的机会将随之减少。当然，这一建议的前提是，证券交易委员会将对《证券交易法》报告公司及其内部人士进行有效执法，无论其资产和声誉如何。鉴于此，这是一个可能无法保障的假设。[101]

（二）内幕交易预先通知、内幕交易计划修订、废除第16（b）条

根据现行法律，受《证券交易法》第16（a）条约束的内部人士必须在标的交易执行后的第2个工作日结束前向证券交易委员会报告其证券交易情况。[102]这项根据2002年《萨班斯—奥克斯利法案》制定的规定，[103]大幅缩短了之前规定的内幕交易的申报截止日期。[104]这一修订有效地减少了内部人士从事股票期权回溯操作的机会，[105]并能更及时地向证券市场提供内幕交易通知。[106]

毋庸置疑，需要一种更全面的方法来有效打击公司受托人的内幕交易。有时，证券交易委员会的立场是，在内幕交易被公开之前，对内幕交易的了解本

（接上页）管理局（European Securities and Markets Authority，ESMA）发布了一份非详尽列表列出可能的情况，包括专注于重大交易（如合并）的谈判，收购另一家企业大量股权的计划，以及要求无关第三方在需要保密的情况下批准拟签订的合同。Timothy J. Johnson, *Is Real-Time Disclosure Really Mandatory? A Comparison of Real-Time Disclosure Frameworks and Enforcement*，47 Sec. Reg. L. J. 49, 58（2019），该文讨论了根据欧盟《市场滥用条例》可能延迟披露重大信息的情况。

[101] 证券交易委员会未能采取有力行动，说明了内部人士滥用10b5-1规则，以及高管在表8-K窗口期间交易的频率。美国众议院已通过法案，以期解决这一不当行为。参见前注[95]、[99]。

[102] 参见《证券交易法公告》No.46421（2002），除某些例外情况外，表4必须在"标的交易执行后的第2个工作日结束前"提交；《证券交易法公告》No.47809（2003），要求对这些关涉第16（a）条的报告进行电子备案并于网站发布。《联邦法规》第17卷第S-K节第405条，要求公司披露违反第16（a）条的报告，以确定未能及时提交这些报告的内部人士。

[103] 参见2002年《萨班斯—奥克斯利法案》第403条，《证券交易法》修正案第16（a）（2）（C）条。

[104] 在《证券交易法》修正案之前，受调查的内部人士必须在交易后的第10天之前向证券交易委员会提交所需文件。参见16a-3规则。

[105] 参见 *Ryan v. Gifford* 案，该案声明股票期权回溯的做法"涉及一家公司在某一天向高管发行股票期权，同时提供虚假文件，声称期权实际上是提前发行的"。股票期权回溯的做法为高管们带来了意外之财，"与市场低点重合……从而提高了管理层的薪酬"。同上注。

[106] 参见前注[102]—[103]的讨论及其随附文本。参见 Comment, *The Hidden Contradiction Within Insider Trading Regulation*，53 UCLA L. Rev. 1275（2006），该文指出，内部人士提交的基于第16（a）条的文件提高了市场效率。

232

233　身存在这一事实知情也构成了重大信息。[107]这一立场并不意味着所有此类交易都是实质性的，但显然的是，证券市场认为这些信息是相关的。[108]进一步而言，本章建议国会颁布一项法规，要求内部人士在参与标的证券（如普通股）的任何购买或出售之前，向证券交易委员会提交文件，并且该文件即日可在证券交易委员会的公开网站上获得。然后，受托人将被允许在下一个工作日从事合法的预期交易。再加上公司董事和管理人员将被禁止在可报告事件和向证券交易委员会提交文件（如表 8-K）之间的时间间隔内交易目标公司的证券，从事非法内幕交易的机会将大大减少。[109]

与上述建议相对应，国会应制定以内幕交易计划为重点的立法。与此同时，废除现行 10b5-1 规则。为了将内幕交易计划视为对非法内幕交易指控的抗辩，应采取以下措施：第一，必须在委托书、年度报告或其他适当的证券交易委员
234　会文件中向目标公司的股东披露计划及其内容。该计划本身应该被要求发布

---

[107]　例如，证券交易委员会在针对玛莎·斯图尔特（Martha Stewart）的内幕交易执法行动中就采取了这一立场。斯图尔特女士在没有承认或否认证券交易委员会对其指控的情况下，同意接受重大处罚。参见《证券交易委员会诉讼公告》No.19794（2006）。斯图尔特的经纪人向她"非法透露"非公开信息，称时任 ImClone Systems 首席执行官塞缪尔·瓦克萨尔（Samuel D. Waksal）和他的女儿正在出售他们持有的 ImClone 股票，根据这一信息，斯图尔特出售了她持有的所有 ImClone 股票。斯图尔特同意"交出 45 673 美元，也就是她在内幕交易中避免的损失，外加 12 389 美元的预判利息……以及 137 019 美元的民事罚款，即避免的损失的 3 倍"。此外，她"同意在五年内不得担任上市公司的董事，并在五年内不得担任上市公司的管理人员或雇员，同时被禁止参与某些活动，包括财务报告、财务披露、监督对联邦证券法的遵守情况、内部控制、审计或委员会备案"。在刑事诉讼中，本文作者以斯图尔特聘请的专家证人的身份提出，政府关于首席执行官交易本身构成重大非公开信息的立场违背了惯例。参见 United States v. Martha Stewart 案，该案表明，"如果公司内部人士（如首席执行官）试图出售其股票的事实本身就是重大信息，那么每一次内幕交易（如首席执行官的交易）本身都将违反法律"。参见 Jeanne L. Schroeder, Envy and Outsider Trading: The Case of Martha Stewart, 26 Cardozo L. Rev. 2023, 2025（2005），该文指出，她的经纪人"窃取"了内部人士出售股票的事实，这是一个新奇的理论，远远超出了迄今为止任何其他挪用理论的应用。美国上诉法院维持了对斯图尔特共谋、向政府官员作虚假陈述和妨碍机构程序的定罪。

[108]　参见 Caitlin McCabe, Insiders Snap Up Stock, Betting on Recovery, Wall St. J., March 27, 2020, at B1，该文称"因为内部人士通常对公司的前景最为了解，其购买行为可以成为公司乐观的信号，并让投资者放心，尤其是在动荡时期"。

[109]　参见前注㉒；Ahmad Etebari et al., Disclosure Regulation and the Profitability of Insider Trading: Evidence from New Zealand, 12 PacificBasin Fin. J. 479, 481（2004），该文指出该研究发现，"内部人士的巨额异常收益'主要来自涉及延迟披露的交易'，而'涉及立即披露的交易收益微不足道'"，因此"有效的持续披露制度通过缩小内部人士与市场之间的信息不对称，降低了内幕交易的发生概率"。

在公司的网站上。⑩第二，在正式召开的股东大会上，该计划必须得到出席会议的大多数股东的批准，这还不包括将从该计划中受益的内部人士实益拥有的股东。⑪第三，在没有国家紧急情况或其他灾难性事件的情况下，未经必要的股东同意，目标公司董事会不得修改或取消该计划。⑫第四，在公司股东批准该计划（或对其进行修订）后，其生效前应该有一个强制性的等待期，例如 3 个月。⑬第五，公司的审计、公司治理或其他适当的委员会应监督该计划的遵守情况，并向股东提供一份向证券交易委员会提交的年度报告，用以证明自己遵守了该计划的要求。⑭第六，根据法律规定，对授权计划的技术合规不应使公司受托人免受内幕交易责任的保护。⑮相反，这种合规性将建立一种合法行为的推定，原告可以通过明确和令人信服的标准（或在刑事诉讼中排除合理怀疑）来证明，受调查的内部人士在知悉或有理由知悉重大非公开信息的情况下进行了交易或泄密，从而推翻这种推定。⑯

上述建议如能得到有效实施，可以大幅降低公司高管和董事进行内幕交易

---

⑩ 证券交易委员会的现行规则和条例要求遵守《证券交易法》的公司在各自的网站上发布指定的证券交易协会文件以及其他材料。例如，第 16（a）（4）条要求，根据该法规提交的报告应在证券交易委员会的网站和目标公司的网站上访问。此外，关于标的公司的道德准则，一种合规方法是该公司"在其互联网网站上公布此类道德准则的文本，并在其年度报告中披露其互联网地址以及在其互联网网址上公布此类道德准则的事实"。《联邦法规》第 17 卷第 406（c）（2）条。这种方法应该是股东和证券市场获取目标公司内幕交易计划的必要手段。

⑪ 这种投票结构类似于利益相关方交易，在该交易中，在确定结果时不计算财务利益相关受托人的投票。参见 *Kahn v. M & F Worldwide Corp*.案，该案称，如果控股人收购得到独立且运作得当的特别委员会以及无胁迫情况下大多数少数股东的批准，则适用更宽松的商业判断规则标准。

⑫ 参见 16b-3（d）（2）规则，规定发行人与高管或董事之间的特定交易免受《证券交易法》第 16（b）条约束的一种情形是获得股东批准。

⑬ 参见前注⑭，提议计划的初始交易"必须在计划提交后不少于 6 个月内安排"，在对计划进行任何修改后，这 6 个月的期限将重置。

⑭ 参见前注⑯，要求证券交易委员会考虑，除其他要求外，公司董事会是否必须执行相关政策，并监督遵守各自的 10b5-1 规则计划规定的情况。

⑮ 这种观点见于证券交易委员会的一些规则和条例。参见 D 条例注释（f），声明"对于任何交易或一系列交易，尽管在技术上符合 D 条例的规定，但如果是为了规避法案的注册条款而制定的计划或方案的一部分，发行人均不得使用 D 条例"。

⑯ 当然，在刑事诉讼中，排除合理怀疑将是适用的标准。在民事诉讼中，明确和令人信服的标准为被告提供的保护远远大于优势证据标准。参见 Bryan A. Garner（editor-in-chief），*Black's Law Dictionary*（*11th ed.*），Thomson Reuters press，2019，p.698，将明确和令人信服的标准定义为"表明待证明的事情是高度可能或合理确定的"。

235

的频率。第 16（b）条已经失去了其大部分效力，遵守第 16（b）条已成为一个技术性且繁琐的过程，应该予以废除。漏洞源于证券交易委员会，加之采用了符合这一规定的惯例公司政策，故而第 16（b）条对非法内幕交易的威慑作用相对较小。[117]

（三）采用全面准入原则

美国最高法院对内幕交易的处理方式是过去的遗留问题。自其产生之初，信托责任的基本原理就一直存在问题。将联邦证券法披露义务的存在置于州法律原则的适用之上并不可行。[118]与第 10（b）条的狭义解释相结合的是，证券交易委员会根据 14e-3 规则的规定，在要约收购中纳入了宽泛的内幕交易禁令。[119]正如本章前面的讨论所详述的，美国现行内幕交易法是不可接受的。

美国应制定与其他发达市场内幕交易法相一致的立法，同时应禁止那些
236 能够获取重大非公开信息的人利用此类信息进行交易或向他人提供此类信息。[120]此外，不论是知悉或有理由知悉，直接或间接获取重大非公开信息的人，也应受到内幕交易禁令的约束。[121]虽然这一原则的应用有时不免显得过于苛

---

[117] 多位评论者建议废除第 16（b）条。参见 Michael H. Dessent，*Weapons to Fight Insider Trading in the 21st Century：A Call for the Repeal of Section 16（b）*，33 Akron L. Rev. 481（2000）；Marleen A. O'Connor，*Toward a More Efficient Deterrence of Insider Trading；The Repeal of Section 16（b）*，58 Fordham L. Rev. 309（1989）；Ellen Taylor，*Teaching an Old Law New Tricks：Rethinking Section 16*，39 Ariz. L. Rev. 1315（1997）。正如泰勒教授所断言的那样，第 16（b）条应该被废除，因为除其他原因外，"它在防止或惩罚内幕交易方面毫无效果"。

[118] 布莱克门法官在 *Chiarella* 案中持不同意见，认为多数派的决定"甚至没有试图从证券法的目的出发为其裁决辩护，也没有使该裁决与长期以来但现在被滥用的原则保持一致，即联邦证券法应灵活解释，而非拘泥于狭隘的技术性规定"。*Chiarella v. United State* 案。参见 Charles W. Murdock，*The Future of Insider Trading after Salman：Perpetuation of a Flawed Analysis or a Return to Basics*，70 Hastings L. J. 1547，1608（2019），该文指出，鲍威尔大法官在 *Chiarella* 案和 *Dirks* 案为法院撰文时误解了判例法，就 *Dirks* 案而言，该裁决包含"严重错误的分析"。

[119] 参见前注⑩—⑯的讨论及其随附文本。

[120] 在最高法院对 *Chiarella* 案作出裁决之前，下级联邦法院通常采用这种方法。参见 *United States v. Chiarella* 案，该案指出，任何经常收到重大非公开信息的公司内部人员或其他人员，在没有明确披露义务的情况下，不得使用这些信息进行证券交易。

[121] 参见前注⑲引用的案例。

刻，[122]但就目前局势总体而言要可取得多。需要注意的是，其适用范围仅限于：（1）任何与该立场相一致的人，即其将接收重大非公开信息并承诺在此类信息充分传播给投资公众之前，该等信息将保持机密且不用于交易或透露信息；（2）任何通过不诚信或非法手段获取重大非公开信息的人；以及（3）任何直接或间接接收重大非公开信息且知悉或有理由知悉该信息是由有权获取此类信息的人传递的人。[123]

因此，这一原则允许证券分析师在进行调查任务时，挖掘有关特定公司的相关信息，而不必过度担心欺诈责任。[124]如果金融分析师或任何其他个人在知情的情况下从知情人士那里获得重大非公开信息，则适用内幕交易禁令。[125]这一原则的广度也受到限制，因为它排除了那些没有获取信息的人或没有接触机会但偶然获得重大内幕信息的个人。尽管 14e-3 规则和一些国家坚持信息平等原则，[126]但这一授权范围过于宽泛。对通过尽职调查或无意（且没有理由知道信息来源）获悉内幕信息的个人实施一系列内幕交易制裁，可能被视为越权。无论如何，由于公司、金融中介机构和其他顾问（包括法律顾问）通常有采取广泛

237

---

[122] *Dirks* 案就是一个例子。可以假设，证券交易委员会在追究德克斯时行使了不当的检察自由裁量权，该案揭露了美国证券交易委员会和其他监管机构未能揭露的大规模欺诈行为。事实上，股权融资欺诈让人想起该委员会在处理麦道夫丑闻（Madoff Scandall）时的无能。参见 *Dirks v. Securities and Exchange Commission* 案，该案评论，一名前股权融资员工表示，"各监管机构未能就股权融资员工提出的类似欺诈指控采取行动"；David Stout, *Report Details How Madoff's Web Ensnared SEC*, N. Y. Times, Sept. 2, 2009, https://www.nytimes.com/2009/09/03/business/03madoff.html，声明称，证券交易委员会的监察长发现，"尽管有众多可信且详细的投诉，但委员会未能采取必要且基本的步骤来确定麦道夫是否在运作庞氏骗局"。

[123] 因此，这项禁令将适用于那些通过计算机黑客攻击或以其他方式窃取重大非公开信息的人。这种方法远远优于将现行法律下的挪用理论进行扩展以涵盖此类行为。参见 *Securities and Exchange Commission v. Dorozhko* 案，该案指出，计算机黑客被认为挪用了与标的公司季度收益发布有关的重大非公开信息。

[124] 参见 Bruce A. Hiler, *Dirks v. SEC—A Study in Cause and Effect*, 43 Md. L. 292, 317—318 (1984)，该文评论称，最高法院根据两个目标证明其在 *Dirks* 案中的裁决是合理的——"提高内部人士和分析师在处理重大信息披露时的确定性，并确保重大信息及时反映在证券市场上"。

[125] 根据 *Dirks* 案的规定，根据第 10（b）条，只有当泄密者为了个人金钱利益或作为礼物传递重大非公开信息时，才禁止泄密行为。参见前注㉟—㊳的讨论及其随附文本。当然，如果信息与要约收购有关，则适用 14e-3 规则的广泛信息平等原则。参见前注㊴—㊺的讨论及其随附文本。

[126] 参见前注㉒、㊴—㊺的讨论及其随附文本。

程序来维护重大非公开信息的机密性,[127]以这种方式获取此类信息的个人往往相对较少。[128]

因此,准入原则是首选方法。这种做法支持了证券市场的完整性、公平感知和有效执行,[129]这与现行法律不一致和不公平的情况大为不同。[130]其影响力将在很大程度上由证券交易委员会的执法实践和联邦法院解释禁令的规定来决定。这显然远远优于现行制度,因此应采纳本章提出的准入原则。

238

四、结　论

本章重点介绍了美国内幕交易框架的糟糕状况,即模棱两可、前后矛盾,差别待遇盛行。为了显著改善这一框架,本章提出了以下建议:(1)上市公司必须立即向证券交易委员会和证券市场披露所有重大信息(除非另有合理的商业理由);(2)在可报告事件发生与向证券交易委员会提交文件(如表8-K)之间的时间间隔内,禁止董事、高管和其他知情人士交易目标公司的证券;(3)根据《证券交易法》第16(a)条的规定,内部人士必须提前通知其对目标

---

　　[127]　参见 Marc I. Steinberg and John Fletcher, *Compliance Programs for Insider Trading*,47 SMU L. Rev. 1783,1835(1994),该文称,25年前,任何掌握上市公司内幕信息的组织都将谨慎地采取和实施旨在防止内幕交易的合规计划。

　　[128]　一般而言,根据这种方法可以合法交易的人包括:缺乏信息获取途径但通过自身研究和敏锐洞察力发现重大非公开信息的人;意外获得此类信息且没有理由知道这些信息是直接或间接从有权限获取这些信息的人处获得的人;以及没有理由知道他们直接或间接从有权限获取这些信息的人处获得信息的受密者。

　　[129]　尽管这一原则不像信息平等原则那样广泛,但它强化了投资者的信任是"证券市场的基础"这一基本原则。Tarmar Frankel,*Insider Trading*,71 SMU L. Rev. 783,789(2019).

　　[130]　参见前注⑧—⑩的讨论及其随附文本。为了阐释内幕交易法,美国众议院于2019年通过了《禁止内幕交易法》。该法案将编纂大部分现行法律,包括将不当使用重大非公开信息作为违反信托义务(包括违反合同)或实施盗窃(通过电子或其他方式)、侵占和挪用等不当行为的条件。参见《禁止内幕交易法》第16A(c)(1)条。言下之意,该法案似乎将违反合同等同于违反信托义务。参见第16A(c)(1)(D)条(包括"不当"行为的定义中的"违反信托义务、违反保密协议、违反合同或违反任何其他个人或其他信任关系")。这种方法在本章早些时候受到了批评。参见前注㊵—㊹的讨论及其随附文本。通过后,该法案保留了对泄露者和受害者责任的个人利益测试。参见 *House Passes Potentially Historic Bill that Would Codify Law of Insider Trading*,Fed. Sec. L. Rep. (CCH) No.2900,at 9—13(2019).

公司权益证券的预期交易；（4）符合本协议规定标准的目标公司的内幕交易计划，可推定根据该计划进行的证券交易符合证券法的反欺诈条款；（5）采用全面的准入原则来监管基于重大非公开信息的交易和内幕消息的合法性。这些建议条款的颁布将显著改善美国的内幕交易框架。

第八章

并　购

一、导　言

本章将重点介绍合并和收购，涉及私下转售、要约收购、代理竞争、合并和类似类型的交易，并就此出现的关键问题进行探讨，进而提出应对措施。换言之，本章并非仅对这一主题进行全面概述，[①] 而是旨在审查当前框架并提供实施建议。

本章第二部分将讨论并购法律和监管框架内的具体主题，第三部分将就此提出几项建议，如果这些建议得以实施，将对投资者、证券市场和美国经济有所助益。

二、对当前并购框架的批判

与证券监管的其他领域一样，并购过程主要侧重于信息披露，以便投资者能够作出知情的投票和投资决策。[②]为此，州公司法根据谨慎和忠诚义务来处理

---

① 有关并购的研究，参见 Arthur M. Borden and Joel A. Yunis, *Going Private* (2019); Arthur Fleischer, Alexander R. Sussman, and Gail Weinstein, *Takeover Defense: Mergers and Acquisitions* (2017); Martin Lipton and Erica H. Steinberger, *Takeovers & Freezeouts* (2019); Simon M. Lorne and Joy M. Bryan, *Acquisitions and Mergers: Negotiated and Contested Transactions* (2020); Randall S. Thomas and Catherine T. Dixon, *Aranow & Einhorn on Proxy Contests for Corporate Control* (1998); Michael D. Walters, *Proxy Regulation* (1993).

② 参见 *Schreiber v. Burlington Northern, Inc.* 案，该案认为《证券交易法》第 14 (e) 条仅涵盖披露的准确性和充分性。

这些交易的公平性,③联邦法律则通过规定进行这些"交易"的程序来进入公平 240
领域。④尽管这些联邦公平条款更多的是程序性的而非实质性的,但通过规范收
购方和目标公司之间的"竞赛",在帮助改善市场参与者和投资者的公平待遇方
面具有重大影响。⑤

　　然而,在披露原则方面仍存在明显的差距。正如本书第二章所述,目前联
邦证券法(内幕交易除外)没有要求相关方披露所有重大信息(除非有正当的
商业理由)。⑥这一政策对维持有效市场和知情决策并无益处,也与其他发达市
场所采取的方法背道而驰。⑦

　　除此之外,在披露和程序公平领域,国会和证券交易委员会建立了一个以
高效和公平的方式运作的并购框架。除了《证券交易法》和证券交易委员会规
则要求特定各方进行的广泛披露外,⑧其中一些披露旨在实质性地提高股东的公
平待遇,具体可以从以下三个方面体现:

　　首先,当适用的州法律规定的评估权在交易中可用时,⑨注册人或其他提交
披露文件的人必须将这一权利和行使权利必须满足的程序告知证券持有人。⑩尽
管这项规定仅侧重于披露,但它具有有益的效果,可以提醒未受过训练的证券

---

　　③　参见 *Versata Enterprises,Inc*.*v*.*Selectica,Inc*.案;*Omnicare,Inc*.*v*.*NCS Healthcare,
Inc*.案;*Unitrin,Inc*.*v*.*American General Corp*.案;*MacAndrews & Forbes Holdings v*.*Revlon,
Inc*.案;*Unocal Corp*.*v*.*Mesa Petroleum Co*.案;*Weinberger v*.*UOP,Inc*.案。

　　④　参见《证券交易法》第 14(d)条;后注㉙—㊱的讨论及其随附文本。

　　⑤　参见后注㉙—㉛的讨论及其随附文本。

　　⑥　参见本书第二章的讨论;后注⑭—⑰的讨论及其随附文本。

　　⑦　同上注。

　　⑧　参见《联邦法规》第 17 卷 M-A 条例、附表 13D、附表 13E-3、附表 14A、附表 TO。

　　⑨　参见《特拉华州普通公司法》第 262 条,规定在合并中享有评估权。许多其他州一般将评
估权扩展到几乎所有资产的出售、股份交换交易以及公司章程的某些修订上。参见《标准商事公司
法》第 13.02(a)(1)条;Mary Siegel,*An Appraisal of the Model Business Corporation Act's Ap-
praisal Rights Provisions*,74 L. & Contemp. Prob. 231(2011)。

　　⑩　参见《联邦法规》第 17 卷附表 14A 第 3 项,关于异议股东的评估权。一般来说,根据州
法律,不能遵守完善评估权所需的程序会导致救济措施的丧失。参见 Randall S. Thomas,*Revising
the Delaware Appraisal Statute*,3 Del. L. Rev. 1(2000):

　　　　评估救济措施程序复杂。为了完善股东的评估权,股东必须满足几项严格的期限要求。股
　　东必须在交易投票前向公司提交书面评估要求,告知公司其希望寻求评估救济。否则,股东将
　　失去寻求评估救济的权利。这一要求旨在确保公司收到想要寻求评估救济的股东人数的通知。
　　同上注。 241

持有人必须按照州法律规定的程序来行使自身的评估权。[11]

其次，作为对要约收购的回应，目标公司必须向股东披露其对收购要约的立场以支持该立场的理由。[12]如果此次披露发生重大变化，公司必须立即向股东传达这一重大变化。[13]基于披露，这一规定提升了证券市场透明度，增强了证券法的有效市场目标，并为股东提供了重要信息，使他们能够更有效地评估其替代方案。[14]

再者，如本章稍后所述，[15]在美国最高法院对圣达菲工业公司（Santa Fe Industries）作出裁决后，[16]由于该裁决禁止了"仅因"不公平（且未因披露不足而得到修饰或解释）而依据第 10（b）条提起诉讼的权利，[17]证券交易委员会通过了 13e-3 规则。[18]简言之，该规则的一项规定要求相关方披露其是否合理地认为正在进行的私下转售对无关联的少数股权证券持有人公平或不公平，并就此看法所基于的重大因素进行披露。[19]因此，可以说证券交易委员会打着披露的幌

242

---

⑪　参见前注⑩，该文称"完善评估救济措施的程序要求对小股东来说似乎相当严格"。

⑫　《联邦法规》第 17 卷附表 14D-9 第 4 项、14e-2 规则。根据 14e-2 规则，目标公司必须在收到要约收购后的 10 个工作日内向其股东传达："（1）建议接受或拒绝投标人的要约收购；（2）对投标人的要约收购不发表意见且保持中立；或（3）无法就投标人的要约收购表明立场；在这种情况下，该声明应包括其中披露的立场（包括无法采取立场）的原因。"

⑬　参见《联邦法规》第 17 卷附表 14D-9（b）、14e-2（b）规则。

⑭　正如作者所说："该规则似乎实现了迫使目标管理层以认真的方式阐明其立场，其理论目标是允许股东在听取各方意见后作出投资决定。" Marc I. Steinberg, *Securities Regulation：Liabilities and Remedies* § 11.07（2020）。参见 Richard L. Gelfond and Steven B. Sebastian, *Re-evaluating the Duties of Target Management in a Hostile Tender Offer*，60 Bos. U. L. Rev. 403，410（1980），该文声明这一披露义务"符合该法案向投资公众提供信息的目标……并有助于实现该法案所追求的有效市场目的"。

⑮　参见后注㉔—㉛的讨论及其随附文本。本书第二章也讨论了这一主题。后注㉟—㊴的讨论及其随附文本。

⑯　*Santa Fe Industries，Inc．v．Green* 案。

⑰　《联邦法规》第 17 卷第 240.13e-3 条。参见《证券交易法公告》No.16075（1979）。

⑱　同上注。该交易"既无欺骗性，也无操纵性，因此没有违反《证券交易法》第 10（b）条或 10b-5 规则"。

⑲　同上注。参见附表 13E-3 第 8 项；证券交易委员会 M-A 条例第 1014 项。有趣的是，拟议的 13e-3 规则要求私下转售既要有程序上的公平，也要有实质上的公平。参见《证券交易法公告》No.14185（1977）。当该规则最终于 1979 年通过时，证券交易委员会认为"1977 年公告中观点是合理的，因此我们特此明确肯定这些观点"。《证券交易法公告》No.16075（1979）。

子，试图在私下转售中增强少数股东的利益，[20]也即是说，有时该委员会要求披露的主要目的显然是维护少数股东的福祉。[21]

本书第二章建议，公司必须及时披露所有重大信息，除非存在正当的商业理由。[22]对于该程序如何运作，并购提供了相应示例。根据证券交易委员会 S-K 条例第 303 项（管理层对财务状况和经营成果的讨论和分析，即 Management's Discussion and Analysis of Financial Condition and Results of Operation，MD&A），[23]除了其他必须披露的信息外，公司还需披露任何已知且合理可能发生的事件或不确定性，这些事件或不确定性如果发生，将对公司财务状况或经营成果产生重大影响。这包括已达到足够高级阶段的初步合并谈判。[24]根据该条款，MD&A 披露将包括已进入足够高级阶段的初步合并谈判。然而，过早披露此类谈判很可能会危及预期交易的完成。[25]因此，除非公司已经披露了谈判的存在，[26]或者法律规定必须进行此类披露，[27]否则无论 MD&A 规定如何，都有充分的商业理由不披露初步合并谈判。[28]

与证券监管的其他领域不同，联邦法规和证券交易委员会的规则超出了强

243

---

[20]　参见 Marc I. Steinberg，*The Federalization of Corporate Governance* 138（2018），评论称，"尽管该案阻止了第 10（b）条在私下转售的实质公平性方面的适用，但 13e-3 规则通过其严格的披露授权在很大程度上间接实现了这一点"。

[21]　违反 13e-3 规则会导致私人和政府责任风险。参见 *Howing Co. v. Nationwide Corp.*案；SEC 第 22 号案卷，第 1374 页；Ndiva Kofele-Kale，*Some Unfinished Business，Some Unresolved Issues：Section 13（e）and the Going-Private Rules*，20 Toledo L. Rev. 625（1989）。

[22]　参见本书第二章的讨论；后注[19]—[170]的讨论及其随附文本。

[23]　《联邦法规》第 17 卷 S-K 条例。

[24]　同上注。参见 *In the Matter of Caterpillar，Inc* 案；《证券法》No.9106（2010）；SEC 财务报告 No.36（1989）。

[25]　参见《证券交易委员会财务报告》No.36（1989）。虽然第 303 项可以理解为规定了披露未公开的初步合并谈判的义务，因为已知事件或不确定性合理地可能对未来财务状况或经营结果产生重大影响，但该委员会既未曾也不打算以这种方式适用第 303 项。

[26]　参见 *Basic，Inc. v. Levinson* 案，该案称，一旦目标公司选择发言且合并谈判处于实质性阶段，就存在不误导的义务。

[27]　参见《联邦法规》附表 14D-9 第 7 项，要求目标公司披露对要约收购的谈判承诺。

[28]　参见《证券交易委员会财务报告》No.36（1989），报告指出：

如果没有其他披露要求，也没有进行其他披露，那么 MD&A 不需要包含对此类谈判影响的讨论，因为在注册人看来，包含此类信息会危及交易的完成。如果存在其他披露要求，或注册人或其代表已进行其他披露，则避免过早披露的利益便不复存在。在这种情况下，谈判将遵循与任何其他已知趋势、需求、承诺、事件或不确定性相同的第 303 项下的披露标准。这些政策决定还将扩大到非正常业务过程中资产收购或处置的初步谈判。

制披露的范围，还致力于解决程序公平问题。㉙根据这些指令，联邦法律在规定并购交易必须遵循的规则方面发挥着主要作用，主要体现在以下几个方面：

（1）如果公司想在股东大会中征集委托书，那么在任何相关证券的注册持有人或受益持有人提出书面请求后，公司必须向该持有人提供股东名单，或向股东邮寄该持有人提供的材料（或使用其他即时传播方式）。㉚

（2）潜在投标人在没有发起和完成投标的资金的情况下，禁止宣布要约收购。㉛

244

（3）股东有权在要约公开的整个期间，由投标人按比例购买其证券，㉜该要约必须至少保持 20 个工作日。㉝

（4）要约收购必须向所有股东开放。禁止将特定股东排除在外的歧视性要约收购。㉞

㉙　参见后注㉚—㊱的讨论及其随附文本。

㉚　参见《联邦法规》第 17 卷第 240.14a-7 条。股东必须偿还公司因此产生的合理费用，包括邮寄费用。参见 14a-7（e）规则。如果持异议股东在代理人竞争中成功获得控制权，其费用通常会得到补偿。参见 Jana Master Fund，Ltd．v．CNET Networks，Inc．案，一般来说，尽管管理层的代理费用可以从公司资金中报销，但异议股东通常需要自行承担费用，如果提案成功，则有望得到补偿；Johnson v．Tago，Inc．案，声明"还款通常给予……成功的持异议股东"；Lucian Arye Bebchuk and Marcel Kahan，A Framework for Analyzing Legal Policy Towards Proxy Contests，78 Cal. L. Rev. 1073，1106（1990），该文声明"公司通常为现任者的连任竞选支付所有费用，但只有在挑战者获得董事会控制权的情况下才能报销费用"。除了汇总和继续的私下转售外，公司可以选择提供证券持有人名单或邮寄材料。如果预期交易受证券交易委员会的汇总或私下转售规则约束，则在满足特定条件后，证券持有人可以选择获得证券持有人名单。参见 14a-7（b）规则；Randall J. Thomas and Catherine T. Dixon，Aranow v. Einhorn on Proxy Contests for Corporate Control（3d ed. 1998）。

㉛　参见 14e-8 规则。规定任何人公开宣布该人（或其代表的一方）计划进行尚未开始的要约收购，属于《证券交易法》第 14（e）条所指的欺诈、欺骗或操纵行为或做法，如果该人：（a）正在宣布潜在的要约收购，而无意在合理时间内开始要约并完成要约，（b）直接或间接意图通过该公告操纵投标人或目标公司股票的市场价格，或（c）不合理地相信该人将有能力购买证券以完成要约。

㉜　参见 14d-8 规则。该规则延长了《证券交易法》第 14（d）（6）条规定的 10 个工作日期限。沙德主席和特雷德韦委员持不同意见，声称证券交易委员会无权通过该规则。参见《证券交易法公告》No.19336（1983）。在该版本中，该委员会指出"在要约的整个期限内延长按比例分配的权利，对于确保证券持有人有必要的时间考虑要约的优劣，获得足够的信息作为其投资决策的依据，并最大限度地减少因改变按比例分配期限和多个按比例分配池而产生的潜在证券持有人困惑和误解至关重要"。同上注。

㉝　参见 14e-1 规则。某些汇总交易存在例外，这些交易必须至少开放 60 个工作日。同上注。需要注意的是，几个州收购法规的适用将导致许多投标报价的公开时间明显超过 20 个工作日。参见 CTS v. Dynamics Corp. of America 案，该案维护了印第安纳州控制权股份收购法令的合宪性。

㉞　见《联邦法规》第 17 卷第 240.13-4 条、第 240.14d-10 条。这项规则的通过是对特拉华州最高法院在 Unocal Corp. v. Mesa Petroleum Co．案中的裁决的回应。参见 Unocal Corp. v. Mesa Petroleum Co．案，该案根据商业判断规则支持排除性发行人自我要约收购。更深入的讨论，参见后注㊾—㊿的讨论及其随附文本。

（5）股东一般有权在要约收购开放的整个期间内撤回先前向投标人投标的股份。[35]

（6）投标人向任何提交股份的股东支付的对价，也必须向所有其他提交证券的持有人支付。换句话说，所有证券持有人都有权获得根据要约收购向任何其他提交证券的持有人提供的最高价格。[36]

以上表明，在并购领域，证券交易委员会的监管往往超出了信息披露范围，　245甚至试图制定交易过程的规则。有时，该委员会变得更加积极主动，努力确保收购论坛的一致性和公平性。这种积极行动证明了证券交易委员会正在最大限度地扩大其法定职权。虽然其中一些措施最终被法院宣告无效，[37]但其他仍然有效的措施却构成了收购格局的关键。[38]

第一个例子是，在美国最高法院对 *Edgar v. MITE Corporation* 案作出裁决，[39]宣布《伊利诺伊州法案》违宪之前，[40]许多州法规要求提前披露并在允许要约收购开始之前设定一个特定的等待期。[41]这些法规削弱了收购过程的效率，增

---

　　[35]　参见《联邦法规》第 17 卷 14d-7 规则。需要注意的是，如果存在后续发行期，则不可行使撤回权。同前注[34]。参见 14d-11 规则；《证券交易法》第 14（d）（5）条，规定的法定撤回期从 7 天延长到整个首次发行期。该法令规定，证券交易委员会有权延长这一期限，即在规定法定期限的基础上声明"但委员会可以根据公共利益或保护投资者的必要或适当的规则、条例或命令另行规定"。

　　[36]　参见《联邦法规》第 17 卷第 240.13e-4（f）（8）条和第 240.14d-10 条。14d-10 规则在相关部分规定："任何投标人都不得进行要约收购，除非……投标人支付给任何证券持有人的对价是向所有其他证券持有人支付的最高对价。"2006 年，证券交易委员会修订了最佳价格规则，明确其仅适用于为要约收购证券支付的对价，不适用于雇佣补偿、遣散费或其他类型的员工福利安排。参见《证券交易法公告》No.54684（2006）；Emmanuel U. Obi, *SEC Rule 14d-10（e）（2）Amendment：Is This the Optimal Solution to the Tender Offer "Best-Price Rule" Dilemma?*, 35 Sec. Reg. L. J. 355（2007）。

　　[37]　参见后注[62]—[71]的讨论及其随附文本。

　　[38]　参见后注[39]—[61]的讨论及其随附文本。

　　[39]　*Edgar v. MITE Corporation* 案。

　　[40]　同上注。宣布《伊利诺伊州法案》违宪，该法案"对州际贸易施加了与州法所服务的地方利益相比过度的负担"。怀特大法官的另一部分意见（未得到法院多数人的支持）认为，根据最高条款，《伊利诺伊州法案》也是违宪的。参见 Mark A. Sargent, *On the Validity of State Takeover Regulation：State Responses to MITE and Kidwell*, 42 Ohio St. L. J. 689（1981）。

　　[41]　例如，《伊利诺伊州法案》适用于在伊利诺伊州有足够存在的目标实体。如法院所述："根据《伊利诺伊州法案》，目标公司被定义为位于伊利诺伊州且其股东拥有受要约约束的 10% 特定证券类别的公司或其他证券发行人，或满足以下三个条件中的任何两个条件的公司或证券发行人：该公司的主要执行办公室位于伊利诺伊州，根据伊利诺伊州法律组建，或在本州拥有至少 10% 的其法定资本和实收盈余。"*Edgar v. MITE Corporation* 案。

（转下页）

246　加了合规成本，并使《威廉姆斯法案》[42]的中立性目标向有利于目标公司的方向倾斜。[43]作为对这一州级行动的回应，证券交易委员会于 1979 年通过了《证券交易法》14d-2 规则，[44]该规则规定，投标人公开宣布要约收购，列出拟收购的股份数量和每股报价，即可触发要约收购的启动。[45]由于与许多州收购法规的启动前要求存在直接冲突，[46]14d-2 规则有效地排除了这些州法规。[47]证券交易委员会这种先占原则得到了许多联邦法院的支持。[48]

　　第二个例子是证券交易委员会采用了全体持有人规则。[49]该规则的颁布是对特拉华州最高法院在 *Unocal Corp. v. Mesa Petroleum Co.* 案中的裁决的迅

　　（接上页）《伊利诺伊州法案》规定了 20 天的等待期。此外，伊利诺伊州州务卿有权"在 20 天的等待期内，如果他认为有必要保护目标公司的股东，则有权随时召开听证会，以裁定要约的实质公平，如果目标公司的大多数外部董事或持有要约中 10% 特定证券类别的伊利诺伊州股东提出要求，则必须举行听证会"。参见 Comment，*The Validity of State Tender Offer Statutes：SEC Rule 14d-2（b）and Post-Kidwell Decisions*，38 Wash. and Lee L. Rev. 1025，1026（1981），引用了 36 个颁布了规范收购要约法规的州的内容。

　　[42]　《威廉姆斯法案》的主要发起人、参议员哈里森·威廉姆斯强调："我们非常小心地避免天平偏向管理层或出价收购的人。"参见后注[48]引用的案例。

　　[43]　参见 William C. Tyson，*The Proper Relationship Between Federal and State Law in the Regulation of Tender Offers*，66 Notre Dame L. Rev. 241，249—260（1990）。

　　[44]　参见《证券交易法公告》No.16384（1979）。

　　[45]　参见《联邦法规》第 17 卷 14d-2 规则。除某些例外情况外，以目前的形势，声明"投标人将于投标人首次向证券持有人发布、发送或提供要约收购方式之日凌晨 12:01 开始根据法案第 14（d）条和该条规定进行要约收购"。为了减少证券交易所要约的监管挑战，证券交易委员会授权这些要约在提交注册声明后开始。然而，值得注意的是，在标的注册声明生效之前，投标人不得购买投标的证券，并且需要向证券持有人提供包括所有重大变更的招股说明书补充资料。参见《证券交易法公告》No.42055（1999）。

　　[46]　这种直接冲突是因为根据联邦法律，要约收购通常在公开宣布要约时开始，而许多州法规中包含的预先通知要求在公开宣布后有很长的等待期。

　　[47]　参见《证券法公告》No.16384（1979）。

　　[48]　参见 *Kennecott Corp. v. Smith* 案；*Great Western United Corp. v. Kidwel* 案；*Canadian Pacific Enterprises，Inc. v. Krouse* 案；*G.M. Sub. Corp. v. Liggett Group，Inc.* 案。肯尼科特第三巡回法院认为 14d-2 规则优先于新泽西州法规，并表示：

　　　　Kennecott 案已经表明，它遵循的是联邦法律授权的程序，这一程序与州法律相冲突，不可能同时遵守这两个制度。它还表明，州法律的作用是防止迅速向股东披露关键信息，并通过拖延将这场斗争的优势转移给现任管理层。《威廉姆斯法案》及其相关法规的主要目的是确保尽快向目标公司的股东传送完整的信息，以便他们能够作出知情和自由的选择。该法案还旨在保持管理层和挑战者之间的平衡，使任何一方都不具有不公平的优势。

　　　　Kennecott Corp. v. Smith 案；*Rondeau v. Mosinee Paper Corp.* 案。

　　[49]　参见《联邦法规》第 17 卷第 240.13e-4 条和第 240.14d-10 条。

速回应，[50]该案维持了将敌意投标人排除在外的发行人自我要约收购。[51]通过要求发行人和第三方要约收购必须向所有股东开放，全体持有人规则实际上使特拉华州最高法院关于上市公司的裁决无效。[52]承认所通过的规则超出了对监管的 247披露之后，证券交易委员会声称，国会在这方面授予该委员会广泛的权力，可以通过实质性法规，以帮助确保采用最适当的框架。[53]

　　第三个例子也是前文提到的，证券交易委员会在 *Santa Fe Industries* 案[54]的裁决之后通过了 13e-3 规则。[55]在该裁决中，法院认为，涉及涉嫌违反信义义务且披露不足的实质公平事项不在《证券交易法》第 10（b）条及其规定的 10b-5 规则的范围内。[56]作为回应，证券交易委员会颁布了 13e-3 规则，[57]规定在私下转售中，相关方必须披露其"是否合理地认为 13e-3 规则的交易对无关联证券持有人是公平的还是不公平的"，[58]并告知形成这一看法的"重大因素"。[59]尽管该规则以披露原则为前提，但显然具有实质性的目标。因此，委员会通过其制定规则的权力，实际上是提高了私有化进程的公平性。同特拉华州最高法院关于长期并购的裁决一起，[60]证券交易委员会的积极行动通过提高这一领域的程序公平 248

---

　　[50]　*Unocal Corp. v. Mesa Petroleum Co.* 案。

　　[51]　同上注。得出的结论是，"董事会有权反对梅萨的收购要约，并根据保护公司企业的明确义务，在经过合理调查后，本着诚信原则进行选择性证券交易"。

　　[52]　参见前注⑳，该文指出"证券交易委员会积极制定规则意味着对上市公司股票的歧视性要约收购不再是一种可用的防御策略"。

　　[53]　参见《证券交易法公告》No.23421（1986）。给出的理由是，在通过《威廉姆斯法案》时，国会在第 13（e）条中授予证券交易委员会广泛的规则制定权，以确定发行人要约收购的最合适监管方案，行使这一权力可能包括通过实质性法规。

　　[54]　*Santa Fe Industries，Inc. v. Green* 案。参见前注⑮—㉑的讨论及其随附文本。

　　[55]　《联邦法规》第 17 卷第 13e-3 条。

　　[56]　《证券交易法》第 10（b）条。需要注意的是，第 10（b）条的法定语言、立法历史、证券法实现披露充分性的目标、各州在监管高管和董事信托标准方面的主要作用以及缠诉风险。

　　[57]　参见《证券交易法公告》No.16075（1979）。

　　[58]　一般来说，私下转售是"控股（或其他）团体通过诱导股东将其股票兑换成现金，从而使公司获得私有地位，大幅减少或完全消除公众持有的股票数量的一项交易或一系列交易"。Marc I. Steinberg，*Understanding Securities Law* 486（7th ed. 2018）.

　　[59]　见附表 13E-3 第 8 项；SEC M-A 条例第 1014 项。

　　[60]　参见 *Kahn v. M&F Worldwide Corp.* 案；*McMullin v. Beran* 案；*Weinberger v. UOP，Inc.* 案。在短期合并中（控股股东拥有目标公司至少 90% 的股份），"在没有欺诈或非法的情况下，评估救济是少数股东可以获得的唯一救济措施"。参见 *Glassman v. Unocal Exploration Corp.* 案；Marc I. Steinberg，*ShortForm Mergers in Delaware*，27 Del. J. Corp. L. 489（2002）.

和实质公平,为投资者的利益作出了贡献。[61]

证券交易委员会在试图将一股一票规则联邦化的过程中遭遇了重大失败。[62]这个问题出现在 20 世纪 80 年代初,当时越来越多的公司为了抵御恶意收购,采用了双层股权结构(也称为不同投票权计划)。虽然纳斯达克和美国证券交易所的上市规则没有涉及不同投票权,但纽约证券交易所存在一条长期存在的规则,即每股普通股有一票投票权。[63]由于担心当时的收购热潮会促使相关公司将其上市地点转移到纳斯达克,纽约证券交易所向证券交易委员会申请批准一项规则,即在某些条件下允许拥有不同投票权的股票上市。[64]证券交易委员会没有按照纽约证券交易所的请求采取行动,而是通过了 19c-4 规则。[65]除某些例外情况外,该规则禁止——即使获得股东批准——自律组织将公司的普通股上市,这大大减少了现有股东的每股投票权。[66]

最终,美国上诉法院在 *Business Roundtable v. Securities and Exchange Commission* 案中废止了 19c-4 规则,[67]理由是该规则超出了《证券交易法》第 19 条规定的证券交易委员会的权限。[68]该委员会的立场是,它有"极其广泛"的权力来做它认为必要的事情,以此"保护投资者和公众利益"。[69]上诉法院驳回了

---

⑥1   参见前注⑳。

⑥2   参见后注⑥3—⑦的讨论及其随附文本。

⑥3   参见 Joel Seligman, *Equal Protection in Shareholder Voting Rights:The One Common Share*, One Vote Controversy, 54 Geo. Wash. L. Rev. 687, 692—693, 700 (1986)。

⑥4   《证券交易法公告》No.23724、23803(1986)。参见 Stephen M. Bainbridge, *The Short Life and Resurrection of Rule 19c-4*, 69 Wash. U. L.Q. 565, 576(1991),该文指出,考虑到不同的投票权计划能够使管理层免受恶意收购的威胁,大量纽约证券交易所上市公司要求有权采用此类计划也就不足为奇了。

⑥5   《证券交易法公告》No.25891(1988)。

⑥6   参见 *Business Roundtable v. Securities and Exchange Commission* 案,引用证券交易委员会 19c-4 规则,声明 19c-4 规则禁止国家证券交易所和国家证券协会(统称为自律组织)上市任何采取公司行动"导致取消、限制或以不同方式削减现有普通股股东每股投票权的"的公司股票。即使是根据一股一票原则进行的股东投票批准的情况。

⑥7   *Business Roundtable v. Securities and Exchange Commission* 案。

⑥8   参见《证券交易法》第 19(c)条,上诉法院承认,该条款"允许证券交易委员会在其认为必要或适当的情况下自行修改自律组织的规则,(1)以确保自律组织的公平管理,(2)使其规则符合《证券交易法》及其适用于该组织的规则和条例的要求,或(3)以其他方式促进《证券交易法》的目的"。第 3 款是证券交易委员会为维护其颁布 19c-4 规则的权力而提出的条款,但上诉法院驳回了该条款。同上注。

⑥9   同上注。

这一立场，并回应道："如果 19c-4 规则在如此广泛的基础上得到验证，委员会将能够通过利用进入全国资本市场的途径作为其执行机制来制定联邦公司法。"[70] 上诉法院认为，证券交易委员会无权修改证券交易规则以强制执行一股一票规则，故对 19c-4 规则予以废止。[71]

总体而言，证券交易委员会在并购环境中寻求保护投资者、为市场参与者提供足够具体和实用的标准以及提高证券市场的透明度方面，做得相当出色。除了披露之外，该委员会还充分规定了并购交易的流程和程序，对某些事项的实质公平产生了积极影响。尽管如此，目前的框架需要大幅度改进。本章第三部分将重点介绍应在联邦层面并购环境下实施的新措施。

三、并购环境下实施的必要修订

250

并购环境下实施重大修订的最大阻碍在于，州内政原则管辖着具有全球影响、涉及数十亿美元的并购交易。[72] 在这过程中至关重要的问题应由联邦政府决

---

⑦　参见前注㊽。"我们将《证券交易法》解读为反映了国会不向证券交易委员会进行任何如此广泛的权力下放的明确决心。"

⑦　同上注。如今，越来越多的上市公司使用双重股权结构，这使公司创始人和高管的每股投票权超过了公众股东的每股投票权。参见 Speech, Rick Fleming（Investor Advocate）, *Dual-Class Shares：A Recipe for Disaster*（SEC Oct.15, 2019）; Vijay Govindarajan et al., *Should Dual-Class Stock Be Banned?*, Harv. Bus. Rev.（Dec. 3, 2018）; Robert B. Thompson, *Collaborative Corporate Governance：Listing Standards, State Law and Federal Regulation*, 38 Wake Forest L. Rev. 961（2003）. 关于证券交易所上市标准的重要性，证券交易委员会最近评论道：

　　证券在交易所首次和持续上市标准的制定、实施和执行对金融市场和投资公众至关重要。上市要求是交易所仅向符合某些首次和持续的定量和定性标准的公司提供上市地位的一种手段，这些标准有助于确保公司上市后能够维持公平有序的市场秩序。国家证券交易所上市标准所体现的公司治理标准尤其在确保交易所上市公司遵守良好治理做法方面发挥着重要作用，包括上市公司提供充分的信息披露，使投资者能够作出知情的投资和投票决策。证监会长期以来一直鼓励交易所采用和加强其公司治理上市标准，以提高上市发行人治理过程的透明度，增强投资者对证券市场的信心。

《证券交易法公告》No.78223（2016）。

⑦　一般来说，内政原则适用相关公司成立地的法律来管理公司、股东和受托人之间的关系。参见 *CTS Corp. v. Dynamics Corp. of America* 案; Richard Buxbaum, *The Threatened Constitutionalization of the Internal Affairs Doctrine in Corporate Law*, 75 Cal. L. Rev. 29（1987）; *Salzberg v. Sciabacucchi* 案. 特拉华州最高法院维持了目标公司注册章程条款的有效性，该条款要求针对 1933 年《证券法》所称违规行为的私人诉讼必须仅在联邦法院提起。因此，法院的这一授权在特拉华州注册成立的公司制定章程条款，以规范被视为"公司内政"的"外围"事项，从而涵盖内政原则之外的事项。同上注。

定，例如，为对抗敌意投标人而采取的防御策略的合法性。国会应该通过全面的立法，并由证券交易委员会作为监督并购过程的监管机构。诚然，这并不意味着各州无法发挥关键作用。例如，与召开股东会和董事会会议有关的程序、董事会和股东会召开的法定人数、股东名单的记录以及评估救济措施的适用等问题，仍将是州公司法问题。⑦

这一变革的主要目标是，对于在国家证券交易所上市的公司，联邦法律能够管理在并购中出现的实质性问题。联邦政府通常会对国家和国际政策产生影响，因此应该是主要的监管机构。这些事项不应由拥有不到 100 万人口⑭的特拉华州决定，即使其为首要公司法州，⑮同样，也不应由其他任何州决定。⑯

（一）改革建议 251

本部分讨论的重点是国会应通过并由证券交易委员会监管的几项建议。这些改革的实施将使上市公司的并购监管在更大程度上转移到联邦层面。具体可从以下几个方面展开。

1. 披露实益所有权

目前，《证券交易法》第 13（d）条和证券交易委员会规则通常要求任何获得上市公司股权证券 5% 以上实益所有权权益的个人（或团体）在获得该所有权比例后 10 天内向证券交易委员会提交附表 13D。⑰该法令的一个关键目标是

---

⑦　这些事项目前属于州公司法的管辖范围。参见《特拉华州普通公司法》《标准商事公司法》；Edward P. Welch et al., *Folk on the Delaware General Corporation Law*（6th ed. 2020）。

⑭　据估计，2020 年特拉华州的人口为 983 000 人，数据来源：https://worldpopulationreview. com/states/delaware-population。

⑮　参见 Delaware Division of Corporations, *Annual Report Statistics*，https://corp.delaware. gov/stats（2020），该报告提到"特拉华州仍然是绝大多数美国顶级公司的所在地，包括超过三分之二的财富 500 强和 80% 的上市公司"。

⑯　其他州则试图吸引大公司在各自的州注册成立。内华达州被称为西部的特拉华州。参见 J. Weston Phippen, Nevada, *a Tax Haven for Only ＄174*，The Atlantic，April 6, 2016，https:// www.theatlantic.com/national/archive/2016/04/panama-papersnevada/476994/，该文表示在 1991 年"内华达州放宽了公司法……希望使其成为西部的特拉华州，并以其低税收和高保密性吸引公司"。

⑰　参见《证券交易法》第 13（d）条；《联邦法规》第 17 卷 13d-1 规则；《联邦法规》第 17 卷附表 13D。正如一位消息人士所说："附表 13D 要求披露发行人和证券的身份、报告人的（转下页）

提醒市场注意目标公司控制权的潜在变化。[78]在申请前的 10 天内，可以根据联邦证券法进行额外购买。[79]尽管《罗迪诺反垄断改进法案》通常会对这些购买予以限制，[80]但联邦证券法应该通过将 5% 的门槛降低至 3%，并禁止在提交附表 13D 后的一个工作日之前累积超过 3% 的股份，来弥补这一漏洞。[81]

252

在这种情况下，累积 3% 的股份应足以要求提交附表 13D。无论买家是在考虑持有投资、成为活跃股东还是发起收购要约，市场通常都会重视这些信息，并认定这些信息为重大信息。[82]此外，买方实际上可能正在合法地利用其产生的

（接上页）身份、背景和公民身份、用于收购证券的资金来源和金额、交易目的、报告人在证券中的权益，包括过去 60 天的交易历史，以及任何合同、安排、谅解或与报告人或团体作为一方的证券相关的关系。" Kenneth J. Bialkin et al., *Why, When and How to Conduct a Proxy Fight for Corporate Control*, *Proxy Contests and Battles for Corporate Control* 117 (Practising Law Institute 1981).

一般来说，为了在第 13（d）条下成立一个"团体"，必须存在两个条件：第一，当事人必须同意一致行动；第二，这些人作为整体必须是上市公司某一类别股权证券 5% 以上的受益所有人。参见 *Wellman v. Dickinson* 案，该案根据第 13（d）条规定"团体"含义的标准；《联邦法规》第 17卷 13d-5 规则，将"团体"定义为"两个或多个同意共同行动以收购、持有、投票或处置发行人股权证券的人"。对于最近的一个涉及此主题的案例，参见 *Lowinger v. Nelson* 案。

[78]　参见 *Treadway Companies v. Care Corp.*案，该案声明第 13（d）条的目标是向市场警示每一次大规模、快速的证券聚集或积累行为……这可能代表着公司控制权的潜在转变。某些投资者，包括被动投资者，可以提交附表 13G，该附表要求的披露负担轻于附表 13D。参见《证券交易法》第 13（g）条；《联邦法规》第 17 卷附表 13G；《证券交易法公告》No.39538（1998），规定附表13G "仅适用于不寻求收购或影响发行人控制权且持有证券类别比例不到 20% 的人"。

[79]　参见前注[78]，声称这一漏洞导致股票积累，可能导致公司控制权的潜在变化，而没有向投资者和证券市场充分通知和披露必要的信息。

[80]　《罗迪诺反垄断改进法案》第 18a 条。法案要求，如果达到规定的资金门槛，则应向联邦贸易委员会和司法部提交收购前通知，并规定必须将标的收购推迟至机构审查的等待期结束。触发法案备案要求的门槛金额每年都会调整。该法案适用于合并、要约收购和类似收购。除其他要求外，2020 年的门槛交易规模通常为 9 400 万美元。参见 Federal Trade Commission, *FTC Announces Annual Update of Size of Transaction Thresholds for Premerger Notification Filings and Interlocking Directorate* (Jan. 28, 2020), https://www.ftc.gov/news-events/press-releases/2020/01/ftcannounces-annual-update-size-transaction-thresholds-premerger; Stephen M. Axinn, *Acquisitions Under the Hart-Scott-Rodino Antitrust Improvements Act* (3d ed. 2008).

[81]　参见 Martin Lipton and Erica Steinberger, *Takeovers and Freezeouts* § 7.02 [5] (2019)，该文认为"在进行恶意收购之前积累的股票可能会触发根据《罗迪诺反垄断改进法案》提交表格的义务，从而迫使恶意收购者浮出水面并披露其意图，即使其不符合提交附表 13D 的 5% 门槛"。需要注意的是，许多证券购买者不确定他们是否会发起收购要约。这些购买者可能满足于现在成为积极股东，并可能寻求董事会席位。在这种情况下，这些购买者很可能在这 10 天的时间间隔内获得超过5% 的所有权。

[82]　一家公司被认为"在收购中"通常会对其股票价格产生重大影响。参见 *Basic, Inc. v. Levinson* 案。

重大非公开信息进行交易。尽管这种做法可以说应该被完全禁止，但一个有效的解决方案是将所有权门槛降低到3%。在没有控制人的情况下，[83]在一家全国性证券交易所上市公司持有3%的股份是相当可观的。[84]因此，一旦个人达到该水平，应要求其在24小时内向证券交易委员会提交附表13D，并在此至少等待一个工作日才允许进行额外购买。[85]

253　　**2. 黄金降落伞**

"黄金降落伞"，即高管丰厚的遣散协议，几十年来一直是一个有争议的话题。[86]2010年的《多德—弗兰克法案》要求就这些安排进行咨询股东投票。[87]通常而言，这种咨询投票（伴随着高管薪酬披露中包含的与此类黄金降落伞安排有关的披露）发生在股东"薪酬话语权"投票时。[88]否则，这种不具约束力的投票可能于目标公司就合并或类似交易寻求股东批准时进行。[89]

根据第五章对高管薪酬投票的话语权所作的分析，[90]该股东投票应具有约束力，且应要求在为标的收购寻求股东批准时进行，而非仅仅是咨询性的。鉴于

---

[83]　例如，上市子公司由其母公司控制。参见 *Weinberger v. UOP, Inc.* 案。在这种情况下，3%的股东通常无法施加重大影响。

[84]　包括英国在内的许多国家都采用了要求披露的3%的所有权水平。参见 Financial Conduct Authority（FCA），*Disclosure Guidance and Transparency Review*，Chapter 5，http://www.handbook.fca.org.uk/handbook/DTR.pdf。在这个国家，以此类推，就股东准入规则而言，证券交易委员会为最大股东提名董事设定了3%的所有权门槛。参见《联邦法规》第17卷14a-11规则；*Business Roundtable v. Securities and Exchange Commission* 案，哥伦比亚特区巡回法院宣布该规则无效；本书第五章。

[85]　如果选择性披露不是故意的，那么这一个工作日与FD条例规定的公开披露必须与目标公司进行的时间段相当。参见《联邦法规》第17卷第243.101（d）条，规定在选择性披露非故意的情况下，公司必须"在合理可行的情况下尽快（但在任何情况下都不得晚于24小时或纽约证券交易所第2天交易开始时之后）"公开披露信息。

[86]　参见 Securities and Exchange Commission，*Advisory Committee on Tender Offers—Report of Recommendations*（July 8，1983），available at *SEC Historical Society Papers*，43 Md. L. Rev. 225，230（1984），主张"黄金降落伞应该被禁止，因为它们已经成为健全财政公司治理的丑闻和耻辱"。

[87]　《多德—弗兰克法案》第951条；《证券交易法》第14A条。如证券交易委员会所述：
公司需要提供……披露与高管在合并交易中的薪酬安排，即所谓的"黄金降落伞"安排。要求披露收购公司和目标公司与两家公司指定高管达成的所有协议和谅解。
《证券交易法》No.63768（2011）。

[88]　参见《证券交易法》第14A（b）（2）条。

[89]　同上注。

[90]　参见本书第五章的讨论；前注[68]、后注[140]—[173]的讨论及其随附文本。

黄金降落伞在高管"退出"各自公司时为他们提供了丰厚的福利，而且这些企业的许多员工在公司被收购后将可能不再拥有其原职位，[91]因此应强制进行有意义且有约束力的股东投票。届时，在充分了解这些安排的细节后，股东应该有机会充分行使自己的话语权。[92]

3. 绿票讹诈

一般来说，"绿票讹诈"（Greenmail）是指潜在的敌意投标人收购目标公司的大量普通股，其关键目标是诱导该公司以高于"投标人"支付金额的溢价购买这些股票。[93]这种做法使所谓的公司投标人能够威胁发起代理权竞争或收购要约，而实际上并无此意图。[94]根据特拉华州法律的商业判断规则，目标公司可以回购这些股份。[95]单凭商业判断规则不足以很好应对绿票讹诈，因此实践中采取了更有力的措施，包括制定州法规限制这种做法，[96]并对参与绿票讹诈的短期"投资

254

---

[91]　参见 Alana Semuels, *The Downsides of Efficiency*, The Atlantic（March 2, 2017），https://www.theatlantic.com/business/archive/2017/03/mergers-eficiency/518031/，该文指出"企业在合并后经常裁员"。

[92]　一般来说，英国《城市收购与合并守则》采用了这种关于解雇补偿的方法。*United Kingdom's City Code on Takeover and Mergers*（*Rules 16.2, 24.6 of the City Code*），http://www.thetakeover-panel.org.uk/download-links/the-takeover-code. 类似地，在这个国家，旧的降落伞协议应该被视为类似于国有公司法下的关联方交易，在国有公司法中，股东会以一定的频率获得批准，以帮助授权交易。参见 *Weinberger v. UOP, Inc.* 案。

[93]　参见 *Unocal Corp. v. Mesa Petroleum Co.* 案，"向对公司企业构成威胁的敌意投标人或持不同政见者支付绿票讹诈金"。参见 Jonathan R. Macey and Fred S. McChesney, *A Theoretical Analysis of Corporate Greenmail*, 95 Yale L. J. 13, 13—14（1985），该文表示"绿票讹诈金支付更频繁、更具争议，在一年的时间里，公司支付了超过 40 亿美元从个人股东那里回购了大量股票"。

[94]　*Unocal Corp. v. Mesa Petroleum Co.* 案，提及一位以绿票讹诈金闻名的敌意投标人构成的威胁。参见 Ronald J. Gilson, *Drafting an Effective Greenmail Prohibition*, 88 Colum. L. Rev. 329（1988）；Roberta S. Karmel, *Greenmail, The Control Premium and Shareholder Duty*, 48 Wash. & Lee L. Rev. 939（1991）。

[95]　在这种情况下，优尼科的双重标准将适用：首先，董事会必须确定"有合理的理由相信公司政策和效率面临风险，其次，就面临的风险而言，所采取的任何此类行动都是合理的"。*Unocal Corp. v. Mesa Petroleum Co.* 案。

[96]　参见前注[94]，声明州反绿票讹诈金法规通常禁止"公司在没有多数股东投票或向所有股东平等报价的情况下回购持有短期（6 个月至 3 年不等）的大量股票（在某些情况下为 3%，在纽约约为 5%，高达 10%）"。另一种方法是根据目标公司的注册证书或章程中的规定，禁止支付绿票讹诈金。参见 David M. Duree, *How Your Company Can Avoid Becoming the Victim of Greenmail*（Nov. 18, 2019），https://www.dmduree.net/blog/2019/11/howyour-company-can-avoid-becoming-the-victim-of-greenmail/，该文表示"公司可以在其公司章程中加入条款，以避免成为绿票讹诈金的受害者"。

者"征收 50% 的消费税。⑨除了完全禁止，还应实施一项额外措施：为了让目标公

255 司支付绿票讹诈金，其股东必须根据具有约束力的投票批准此类付款及其条款。⑱

4. 收购方股东

根据州法律，投标人或收购公司的股东对该公司进行的重大收购几乎没有
"话语权"。两个主要的例子是三角合并和要约收购。⑲在相关案例中，根据州法

256 律，收购公司的股东没有投票权。⑩收购方可以进行三角合并或发起要约收购，

---

⑨ 《美国法典》第 26 卷第 5881（a）条（对绿票讹诈金利润征收 50% 的税）；《国际税务条例》
第 26 条第 162（k）款（限制目标公司对绿票讹诈金付款的扣除额）。如今，当一个所谓的敌意投标
人威胁要发起一场代理竞争时，"绿票讹诈"被更频繁地使用。此外，需要注意的是，"由于绿票讹
诈的定义狭窄，很容易避免消费税"。Noam Noked, *Greenmail Makes a Comeback*, Harv. Law
School Forum on Corp. Gov., Jan. 22, 2014, https://corpgov.law.harvard.edu/2014/01/22/green-
mail-makes-a-comeback/.

⑱ 因此，该建议采纳了一些州的立场以及国会关于这一做法的立法提案。参见前注⑯。除非
目标公司寻求解散和可能的清算，否则向所有股东提出平等报价的替代方案通常不切实际。在 20 世
纪 80 年代中期，绿票讹诈是国会拟议行动的主体，试图在这种情况下施加限制。这些建议均未获通
过。参见 Linda C. Quinn and David B.H. Martin, Jr., *The SEC Advisory Committee on Tender Offers
and Its Aftermath—A New Chapter in Change-of-Control Regulation*, contained in *Tender Offers—
Developments and Commentaries* 9, 28（M. Steinberg ed., 1985），声明"绿票讹诈不仅在证券交易
委员会的立法倡议中，而且在单独的拟议立法中都是行动的主体，其中大多数都包括与证券交易委
员会的一揽子立法中相同的条款，即要求以高于市场的价格从持有待购买股份类别 3% 以上且持有
两年以下的证券，由大多数股东批准或在对所有股东平等的条件下发行"。

⑲ 参见 Douglas M. Branson et al., *Business Enterprises—Legal Structures, Governance, and
Policy* 868—869（4th ed. 2020）:
　　三角合并涉及 3 家或更多的公司。在 3 家公司三角合并中，收购方创建了一个空壳子公
　司——一个不持有资产、不开展业务的子公司——成为与被收购公司（目标）合并的一方。通
　过在合并中使用被收购方的子公司（而不是被收购方本身）作为合并中的组成公司，收购方可
　以有效地将目标公司收购为全资子公司。

⑩ 需要注意的是，根据纽约证券交易所的授权，如果合并中计划发行收购方 20% 或以上的股
份，则需要获得收购方股东的批准。参见《纽约证券交易所公司手册》（New York Stock Exchange
Company Manual）第 312.03 条; *In Paramount Communications, Inc. v. Time, Inc.* 案，特拉华州
最高法院认为，如果按最初计划进行交易，时代公司股东拥有的投票权是纽约证券交易所而非特拉
华州法律所规定的。同上注，第 1146 页。对此声明，作者评论道：
　　特拉华州最高法院指出，时代公司董事会没有剥夺公司股东依据特拉华州法律享有的任何
　权利。时代公司股东批准最初计划的合并是由纽约证券交易所规定的，而不是特拉华州法律。
　法庭的这一说法是正确的。尽管如此，董事会可能会促成成立子公司，将交易的一方并入子公
　司，从而剥夺公司股东在直接影响其经济利益的这一根本问题上的投票权，这是对公司治理的
　一个尖锐评论。在这种情况下，如果没有纽约证券交易所的规定，合并继续进行的话，前华纳
　股东将拥有时代华纳 62% 的股份，而时代公司股东在交易中没有话语权。　　　　　（转下页）

产生数十亿美元的成本和债务，而其股东在交易中没有话语权，这违背了公司治理原则。[100]由于各州忽视了对这种长期不足的补救，解决方案是将并购交易中的股东投票权联邦化。根据这一框架，涉及占各自公司净资产的 20% 或以上的全国上市公司的并购交易，一般视为"特殊"交易。除了必须得到被收购公司股东股份提供或投票批准外，还需要公开持股（直接或间接）的收购公司的大多数已发行股份（前提是满足 20% 的门槛）的批准。因此，这项建议将赋予公开持股公司在三角合并、要约收购以及根据州法律会剥夺股东"话语权"的类似交易中的投票权。[102]

5. 废除州接管法规

一个很普遍的现状是，各州反接管法规的存在影响了涉及全国上市公司的潜在收购。[103]为了维护包括员工和社区在内的各种利益相关者的利益，这些法规倾斜了国会批准[104]的投标方与目标方之间的公平竞争环境，从而有利于州相关公司。[105]虽然这种倾斜可能仅限于证券未在国家证券交易所上市的当地公司，但　257

（接上页）Marc I. Steinberg，*Nightmare on Main Street：The Paramount Picture Horror Show*，16 Del. J. Corp. L. 1，14（1991）. 参见 American Law Institute，*Principles of Corporate Governance：Analysis and Recommendations* § 6.01（b）（1994），指出除其他外，在三角合并中需要股东批准。

[100]　参见前注⑧，声明"在发出要约之前，应获得要约人股东的批准，（因为这）要求只是公司民主制度的体现"；前注⑩。

[102]　相比之下，根据州公司法，在全面合并交易中，通常需要获得每个受影响公司已发行股份中多数股份的批准。参见《特拉华州普通公司法》第 251（c）条。

[103]　参见 homas Lee Hazen，*State Anti-Takeover Legislation：The Second and Third Generations*，23 Wake Forest L. Rev. 77（1988）；Alan R. Palmiter，*The CTS Gambit：Stanching the Federalization of Corporate Law*，69 Wash. U. L.Q. 445（1991）；Arthur R. Pinto，*The Constitution and the Market for Corporate Control：State Takeover Statutes After CTS Corp.*，29 Wm. & Mary L. Rev. 699（1988）。

[104]　《威廉姆斯法案》试图在投标人和目标之间提供一个公平的竞争环境。参见前注㊷。

[105]　参见 *CTS Corp. v. Dynamics Corp. of America* 案，维护印第安纳州法规（适用于与该州有某些其他特定联系的印第安纳州注册公司）的合宪性，该法规允许购买目标公司特定比例股票的人行使投票权，但须获得大多数无利害关系股东的批准；*Edgar v. MITE Corporation* 案，宣布伊利诺伊州接管法规因违反州际贸易条款而违宪，该法规要求在发出收购要约前进行预先通知并等待一段时间；*Amanda Acquisition Corporation v. Universal Foods Corporation* 案，维护威斯康星州法规的合宪性，通常规定，除非目标公司的董事会提前同意预期交易，否则投标人在购买股票后必须等待三年才能进行后续合并；前注⑩。

州立法不应实质上干扰国家政策。⑩即使一项特定的州法规可能被视为对股东、证券市场和公共利益有利，该决定也应由国会作出，而不是由各州根据自己的议程行事。⑩因此，比起监管其证券在全国范围内交易的公司的州接管法规，联邦政府应具有优先权。

6. 必须要约收购的持股门槛

尽管已经提出了几项建议，⑩并且许多国家遵循了这一做法，⑩但联邦法律没有要求股东必须在收购目标公司特定比例的股份后发起要约收购。⑩虽然根据附表 13D 要求披露零星的股票积累，⑪但这种技术可能允许收购方通过股票市场购

---

⑩　参见证券交易委员会咨询委员会关于要约收购的报告建议 4；前注⑱，收购监管应承认此类交易发生在国家证券市场。

⑩　时任证券交易委员会主席 David S.Ruder 推断：

　　对全国股东所有的公司证券的自由转让加以限制降低了国家证券市场的效率、深度和流动性。因此，我认为联邦法律应该在这一领域发挥控制作用，通过优先于州法规的方式，阻止州法规过度干扰证券自由转让。我认为，对于业务和所有权在全国范围内的公司不应受到其主要生产设施所在州以州法规名义进行的反收购保护。此外，国会通过要约收购监管来监管公司内政是不明智的，各州利用其对内部治理问题的权力来监管州际公司控制权市场也是不明智的。

Remarks of SEC Chairman David S. Ruder, *Federal Preemption of State Anti-Takeover Legislation*, before the 26th Annual Corporate Counsel Institute, at 8—9 (Chicago Oct.7, 1987), reported in Fed. Sec. L. Rep. (CCH) No.1256, at 8—9 (1987).

⑩　参见证券交易委员会咨询委员会关于要约收购的报告建议 14；后注⑭的讨论及其随附文本。

⑩　参见《欧洲收购投标指令》，指令指出，一旦某人达到成员国规定的门槛，该人必须对目标公司的所有流通股票进行要约收购；*Baker McKenzie Takeovers Guide*, *Australia* (2018), https://www.bakermckenzie.com/-/media/files/people/lustig-richard/bk_australia_ takeoversguide_jan2018.pdf?la = en; International Organization of Securities Commissions, *Emerging Markets Committee*, *Takeover Regulation in the Jurisdictions of Some IOSCO EMC Members* (2006), https://www.iosco.org/library/pubdocs/pdf/IOSCOPD210.pdf；后注⑭。需要注意的是，《宾夕法尼亚州反收购法》有一项规定，即除某些例外情况外，收购目标公司 20%或以上有投票权的股票的人必须以现金支付反对该人收购的其他股东所持票的"公允价值"。参见《宾夕法尼亚州反收购法》第 2541—2548 条。

　　同样需要注意的是，欧洲各国政府"加强了对外国企业收购的保护措施，因为人们越来越担心因新冠病毒暴发而股价暴跌的公司很容易被外国企业收购"。Simon Clark and Ben Drummatt, *EU Beefs Up Takeover Protections*, Wall St. J., April 11—12, 2020, at B1.

⑩　有人提议，一旦一个人获得目标公司特定比例的有投票权的股份，就必须向所有股东发出要约收购。参见后注⑭—⑭的讨论及其随附文本。

⑪　董事、高管或持有某股权证券 10%以上的实益股份的股东，若通过零散方式收购股份，也必须根据第 16（a）条进行报告，并向证券交易委员会提交必要的表 4。参见《证券交易法》第 16（b）条。关于附表 13D，参见前注⑦—⑤的讨论及其随附文本。

258

买和私下转售获得控制权。在这种私下转售中，很可能会支付高于市场价格的溢价。[112]由于控制权可以被视为一种公司资产，故而根据这一逻辑，所有股东都应该有机会分享收购方为此资产支付的溢价。[113]强制规定收购方必须发起要约收购的情况，有助于确保这些实质性保护措施得以落实。[114]在这方面，证券交易委员会咨询委员会就要约收购报告建议，在证券交易委员会获得广泛豁免的情况下，"任何人都不得收购发行人的投票证券，如果在紧接着收购之后，该人将拥有该发行人已发行证券 20% 以上的投票，除非（1）向发行人进行该等购买或（2）根据要约收购进行该等购买"。[115]这项建议，或者要求更低持股比例门槛（如 15%）的建议，应由国会颁布。[116]此外，由于部分收购要约在今天并不受欢迎，[117]

259

---

[112]　此声明假设潜在的卖方了解潜在买方的实益所有权比例。这些信息将根据表 4 和附表 13D 的文件提供。认识到潜在买家计划增持更大比例的股份，这些潜在卖家通常应该能够成功地就高于市场价格的溢价进行谈判。参见前注[77]—[85]、[111]的讨论及其随附文本。此外，在某些情况下，私下转售交易，伴随着广泛征求股东意见，以高于现行市场价格的溢价购买固定数量的股票，可能构成要约收购。参见 *Hanson Trust PLC v. SCM Corporation* 案。

[113]　参见前注[98]，该文指出，证券交易委员会咨询委员会的提案通常要求持有目标公司 20% 以上表决权股票的收购方对所有股票进行要约收购，"其基本观点是，控制权本质上是一种公司资产，股东应有平等机会分享为该资产支付的任何溢价"；参见后注[115]。

[114]　同上注。证券交易委员会认为，加强改进"最好通过对要约收购程序实施实质性保护来保证"。

[115]　证券交易委员会咨询委员会关于要约收购的报告建议 14；前注[98]。

[116]　参见前注[86]，主张"收购一家公司的股份，从而拥有其已发行证券的 15% 或以上，应被要求对所有股份进行要约收购"；Louis Lowenstein, *Pruning Deadwood in Hostile Takeovers：A Proposal for Legislation*，83 Colum. L. Rev. 249，317（1983），一般来说，收购 20% 的实益所有权应该要求对超过目标公司股份 5% 的恶意收购进行要约收购；后注[119]。

[117]　部分要约收购频率的降低有几个原因，包括按比例分配和撤回的权利现在延伸到整个发行期（从而最大限度地减少股东急于投标股票以防止所有股票被降级到后续可能较低价格的交易的"抢购潮"效应），以及州反收购法规的存在，这些法规规定了实现后续交易的漫长等待期交易，因此，"抢购潮"效应的消散，再加上等待三年或更长时间才能实现并购，阻止了双层要约的提出。此外，许多州法规都有公平价格条款，通常规定，在没有无利害关系的股东批准的情况下，第二步交易必须支付与前端要约收购相同的价格。参见《马里兰州通用公司法》第 3-202 条；L.P. Scriggins and David Clarke, Jr.，*Takeovers and the 1983 Maryland Fair Price Legislation*，43 Md. L. Rev. 266（1984）。此外，许多公司已经通过了提供类似保护的公平价格章程修正案。参见 Mark S. Johnson and Ramesh P. Rao，*The Impact of Anti-Takeover Charter Amendments on Expectations of Future Earnings and Takeover Activity*，20 Managerial and Decision Economics No.2, at 75（1999），该文指出反收购章程修正案既不影响收购活动，也不影响所提供的溢价；Richard A. Booth，*The Promise of State Takeover Statutes*，86 Mich. L. Rev. 1635（1988）。

因此，收购要约应该针对所有流通在外的投票股份，从而排除部分收购要约。⑪⑧

260　　7. 收购要约应对措施

　　除了某些特例，⑪⑨采取适当的防御策略来抵御不受欢迎的收购要约属于州法律的管辖范围。⑫⓪美国最高法院在 *Schreiber v. Burlington Northern，Inc.*案中裁定，⑫①认为为了证明可根据《证券交易法》第 14（e）条的要约收购反欺诈条款提出可诉索赔，必须证明披露不足。⑫②在确定该条款的适用范围时，法院认为：

---

　　⑪⑧　在特殊情况下允许部分要约收购是适当的，此时，证券交易委员会应被授权发布豁免，从而授权在这种情况下进行部分要约收购。

　　许多国家都采用了所有股份要约收购的要求。参见前注⑩⑨，规定收购方必须在达到成员国规定的特定所有权门槛后，对目标公司的所有流通股进行要约收购；Marco Ventoruzzo，*Europe's Thirteenth Directive and U.S. Takeover Regulation*：*Regulatory Means and Political and Economic Ends*，41 Tex. Int'l L. J. 171, 191（2006），声明"当达到特定的控制门槛时，大多数欧洲国家要求对所有流通股进行强制性投标"。在英国，规定的所有权门槛通常为 30%。参见英国《城市收购与合并守则》第 5、9 条；前注⑨②；Hong Kong，Securities and Futures Commission，*The Codes on Takeovers and Mergers and Share Buy-Backs*（July 13，2018），https://www.sfc.hk/media/EN/assets/components/codes/files-current/web/codes/the-codes-on-takeovers-and-mergers-and-share-buybacks.pdf（30%）；Singapore，Monetary Authority of Singapore，*The Singapore Code on Take-Overs and Mergers*（Jan. 24，2019），https://www.mas.gov.sg-media/MAS/resource.sic/The_ Singapore_Code_on_Take_ Overs_and_Merger_24-January-2019.pdf?la = en&hash = 8DCB4A29BF 6DDA17527EC7E5 4A8CB5CFEDDAEE7D（30%）。许多国家（如中国、日本和韩国）坚持强制性部分要约收购的方式，即收购方在达到证券所有权门槛（如 20%）后，"有义务发起部分要约收购，以收购其计划购买的目标股份数量"。参见 Robin Hui Huang and Charles Cho Wang，*The Monetary Bid Rule under China's Takeover Law*：*A Comparative and Empirical Perspective*，53 Int'l Law. 195, 208（2020）；Yueh-Ping（Alex）Yang and Pin-Hsien（Peggy）Lee，*Is Moderation the Highest Virtue？A Comparative Study of a Middle Way of Control Transactions Regimes*，41 Del. J. Corp. L. 393（2017）；前注⑧⑥，主张"部分和双层要约通常应被禁止……因为这些要约收购让那些出于某种原因不投标的股东任由市场摆布，而市场往往在部分要约收购完成后下跌"。

　　⑪⑨　之前讨论的两个例外是证券交易委员会的最佳价格和所有持有人规则。参见前注⑭、⑯、⑲—㊽的讨论及其随附文本。

　　⑫⓪　参见后注⑫②—⑬③的讨论及其随附文本。

　　⑫①　*Schreiber v. Burlington Northern，Inc.*案。

　　⑫②　《美国法典》第 15 卷第 78n（e）条。在最高法院对 *Schreiber* 案作出裁决之前，一些下级联邦法院认为，即使充分披露，某些防御策略也构成了第 14（e）条规定的操纵行为。参见 *Mobil v. Marathon Oil Co.*案，目标公司授予白衣骑士购买公司核心资产的选择权被视为操纵行为；*Data Probe Acquisition Corp. v. Datatab，Inc* 案，向第三方授予购买目标公司股票的有吸引力的期权被视为操纵行为；Mark J. Loewenstein，*Section 14（e）of the Williams Act and the Rule 10b-5 Comparisons*，71 Geo. L. J. 1311（1983）。

"第 14（e）条中列出的所有三种不当行为，即欺诈、欺骗或操纵，均指向未进行信息披露。"⑫

因此，法院的裁决表明，州法律下的商业判断规则通常适用于这种情况下的信托行为。⑫尽管特拉华州法院在目标公司寻求保持其独立性时采用了强化的商业判断规则标准（即优尼科标准），⑫但实际上，优尼科标准的应用经常类似于"普通的"版本。⑫在出售控制权的情况下，问题转移到董事会是否履行了最大化股东回报的义务。⑫根据这些标准，特拉华州法院对优尼科标准下的特殊防御策略给予了　261
商业判断规则保护，包括产生 100 亿美元的债务、⑫进行重大公司资本结构重组⑫

---

⑫　*Schreiber v. Burlington Northern，Inc.*案。

⑫　参见 *Gearhart Industries v. Smith International，Inc.*案，得克萨斯州法律下传统商业判断规则的适用；*Unocal Corp. v. Mesa Petroleum Co.*案，适用修改后的商业判断规则；后注⑫—⑬的讨论及其随附文本。

⑫　根据优尼科标准修改后的商业判断规则，包含两个方面：首先，董事会必须确定有合理的理由相信存在对公司政策和效率面临风险，其次，任何此类行动就所构成的风险而言都是合理的。*Unocal Corp. v. Mesa Petroleum Co.*案。需要注意的是，当目标公司的董事会由大多数独立董事组成时，这一证明往往更容易成立。参见 *Paramount Communications，Inc. v. Time，Inc.*案。

⑫　正如作者所说，优尼科标准"很可能只是表面文章，几乎没有实质性影响"。参见 Marc I. Steinberg，*Tender Offer Regulation：The Need for Reform*，23 Wake Forest L. Rev. 1, 15（1988）；后注⑬。

⑫　参见 *Lyondell Chemical Co. v. Ryan* 案，声明"露华浓只有一项责任——在出售公司时为股东争取最佳的价格"；*MacAndrews & Forbes Holdings v. Revlon，Inc.*案，该案认为，一旦一家公司被出售，目标公司董事会的职责"从保护公司作为一个法人实体转变为在为股东利益出售时使公司价值最大化"，如果承担了这一职责，董事会的行为"有权得到商业判断规则给予的尊重"。在 *Paramount* 案中，虽然不排除其他情况，特拉华州最高法院确定了露华浓适用的两种情况：第一种情况是，当一家公司主动发起竞标流程，试图出售自己或实现公司的明确拆分时。第二种情况是，在回应投标人的报价时，目标公司放弃其长期战略，寻求一项也涉及公司拆分的替代交易。*Paramount Communications，Inc. v. Time，Inc.*案。此外，实践中的第三种情况是公司控制权发生变化。参见 *Paramount Communications，Inc. v. QVC Network，Inc.*案。此外，正如特拉华州法院所裁定的那样，实现价值最大化并不一定要求在竞争投标人之间进行拍卖。参见 *Barkan v. Armsted Industries，Inc.*案。

⑫　参见 *Paramount Communications，Inc. v. Time，Inc.*案，裁定时代公司根据长期商业战略为收购华纳而产生 70 亿美元至 100 亿美元的债务是允许的，因为董事会"可以合理地认为其债务负担不会对公司造成如此大的损害，从而危及其福祉"；*Accord，Unocal Corp. v. Mesa Petroleum Co.*案，根据修改后的商业判断规则，支持优尼科公司为向股东提供自我要约收购而产生的超过 60 亿美元的额外债务，并解释说"董事们被告知，这一义务的主要作用是减少深入调查与评估，但该公司仍将是一个可行的实体"。

⑫　参见 *Unitrin，Inc. v. American General Corp.*案，认为"如果董事会的回应不严厉（排除或强制），且在'合理范围'内，法院不得以其判断代替董事会的判断"；前注⑫引用的案例。

以及采用毒丸条款。[130]对此，支持者认为，特拉华州在处理这一棘手难题时所表现出的深刻见解而值得称赞，[131]而批评者则认为，特拉华州的做法过度偏袒目标公司的受托人，而非股东利益。[132]无论哪种立场是正确的，在这种情况下，更重要的一点是，涉及国家和全球公司的收购政策不应属于州公司法的范畴。相反，联邦政府应该确定接管领域防御策略合法性的细则。[133]

262

在制定国家政策时，应适用一项指导原则：当董事会试图采取实质性策略来抵御潜在和持续的收购出价或吸引友好收购方时，目标公司的股东必须投票批准这一请求的行动。例如，在抵御恶意收购要约方面，这些策略包括采取毒丸植入、进行资本重组（如股票回购、非常规现金分配和发行人自我要约收购）和其他重组（如重大债务重组）。当目标公司在白衣骑士背景下或其他谈判交易中向友好收购方延长锁定期时，也应采用同样的方法。在这种情况下，只有在

---

[130] 参见 *Moore Corp. v. Wallace Computer Services*，*Inc.*案，适用特拉华州法律，当目标公司的董事会在面临敌意投标人的非强制性全股权现金报价时选择保留毒丸计划，对该防御策略表示认可；*Versata Enterprises*，*Inc. v. Selectica*，*Inc.*案，支持触发率为 4.99% 的股东权益计划；*Air Products & Chemicals*，*Inc. v. Airgas*，*Inc.*案，根据目标公司董事会的律师资格裁决，维持一项毒丸计划，该计划在回应非强制性不友好收购要约时触发率为 15%。

[131] 参见 Stephen M. Bainbridge，*Unocal at 20：Director Primacy in Corporate Takeovers*，31 Del. J. Corp. L. 769（2006）；Martin Lipton，*Takeover Bids in the Target's Boardroom*，35 Bus. Law. 101（1979）。

[132] 参见 Jennifer J. Johnson and Mary Siegel，*Corporate Mergers：Redefining the Role of Corporate Directors*，136 U. Pa. L. Rev. 315，330（1987），将优尼科标准视为"无牙标准"；Mark J. Loewenstein，*Unocal Revisited；No Tiger in the Tank*，27 J. Corp. L. 1，3（2001），将优尼科标准描述为"没有牙齿的老虎"；前注[100]，讨论了要约收购中特拉华州法律对股东保护的不足；A.A. Sommer，Jr.，*Whom Should the Corporation Serve？The Berle-Dodd Debate Revisited Sixty Years Later*，16 Del. J. Corp. L. 33，49（1990），前证券交易委员会委员评论称，特拉华州最高法院在 Unocal 案"模糊了公司和股东利益之间的区别"。

关于支持目标公司董事会维持股东权利计划或毒丸计划的决定的案例，其中提出了非强制性的全股全现金恶意投标，参见前注[130]。在作出这些决定之前，艾伦总用截然不同的方式分析了这种情况：

　　在董事会有合理机会探索或创造替代方案，或试图代表股东进行谈判后，承认董事会可能会使用最近的"毒丸计划"来剥夺股东有效选择接受非强制性要约的能力，在我看来，与广泛认同的适当公司治理理念不一致，可能会削弱我们公司法的合法性和权威性。

City Capital Associates v. Interco，*Inc.*案。

[133] 参见 Ted Fiflis，*Of Lollipops and Law——A Proposal for a National Policy Concerning Tender Offer Defenses*，19 U.C. Davis L. Rev. 303，306（1986），讨论"特拉华州（特拉华州可能不仅仅是一家优尼科公司或其他全球公司股东的所在地）在国际证券市场上制定国家政策是否合适，尤其是国会和联邦法院像尼禄一样放弃决策角色时"。

获得股东批准后，才能进行发行证券、出售核心资产和授予购买目标公司诱人资产的期权等行动。因此，无论拟议行为是通过修改章程还是通过其他方式进行的，都需要股东投赞成票。这种方法支持股东赋权，以协调上市公司的所有权和控制权分离，既适用于抵御不受欢迎的投标人的防御性措施，也适用于谈判交易中向收购方延长锁定期。[134]

　　坚持这种方法将使目标公司董事会能够考虑员工、社区和其他利益相关者的利益。[135]尽管如此，由于投标人的报价是直接向目标公司的股东提出的，[136]影响了其股票所有权的可转让性，因此目标公司董事会试图采取的可能阻碍该利益的策略理应得到股东的批准。

　　由于时间限制和收购要约背景下普遍存在的压力，目标公司董事会在收购战中寻求实施的某些策略，在需要股东批准的情况下或将无法实现。因此，这种方法强调在敌意或所谓友好的第三方发起收购之前，现任董事会将倾向于实施战略的提前规划并获得股东的批准。[137]董事会可以向股东说明其理由，阐述公司对这些策略合理性的立场。这一立场可能会受到某些股东的质疑。为了帮助股东更好地了解情况，拥有最大比例有投票权的普通股的股东或团体（如果其他股东拒

　　[134]　参见 Conoco, Inc. v. Seagram Co.案，该案提到，在这些要约收购争议中，有时会忽略的是股东而非董事对其拥有的股份享有特许经营权；Blassius Industries, Inc. v. Atlas Corp.案，该案指出，股东特许经营权是董事权力合法性的意识形态基础，一般来说，股东只有两种针对被认为的经营业绩不佳的保护措施。在这种情况下，他们可以出售股票，或者他们可以投票替换现任董事会成员。关于某些防御策略，例如修改目标公司的公司章程，规定交错董事会或仅因正当理由罢免董事，州法律也规定需要获得股东批准。参见《标准商事公司法》第10.03条。本文建议，股东投票将属于联邦法律问题。

　　[135]　大多数州都制定了利益相关者法规。其他利益相关者包括客户、员工和供应商。参见 American Bar Association, Committee on Corporate Laws, *Other Constituencies Statutes: Potential for Confusion*, 45 Bus. Law. 2253（1990）；Marleen A. O'Connor, *Corporate Malaise—Stakeholder Statutes: Cause or Cure?*, 21 Stetson L. Rev. 3（1991）；Brett McDonnell, *Corporate Constituency Statutes and Employee Governance*, 30 Wm. Mitchell L. Rev. 1227（2004）。

　　[136]　参见前注[86]，前美国最高法院法官表示，"股东拥有公司，管理层并不……有权对直接影响要约方和目标公司未来的事项作出最终决定"；前注[134]引用的案例。

　　[137]　在一般经济状况或国家/全球灾难（如新冠病毒大流行）发生的情况下，提前规划和实施以获得股东对毒丸计划等操作的批准将是谨慎的。这种情况增加了"机会主义激进主义"的收购风险。参见 Aaron Bertinetti, Glass, Lewis & Co., *Poison Pills and Coronavirus: Understanding Glass Lewis' Contextual Policy Approach*, Harv. Law School Forum on Corp. Governance（April 11, 2020），https://corpgov. law. harvard. edu/2020/04/11/poison-pills-and-coronavirus-understanding-glass-lewis-contextual-policy-approach/。

绝，则为第二大股东）应有权在公司的披露声明中表明其立场（并遵守适当的最大字数限制）。⑬实施这一"行动计划"将使股东能够更好地了解利害攸关的多方面问题。此外，在收购要约开始之前进行这种对话，可以使受影响的人能够以更深思熟虑和合理的方式表明自己的立场。一旦股东在收到足够的披露（包括对每一项此类操作的规定的充分解释）后投票批准了每个策略，目标公司的董事会将被授权在适当的情况下部署这些策略，即当该董事会在充分知情且不存在导致丧失能力的利益冲突的情况下，合理地确定某一策略的使用符合目标公司及其股东的最大利益。⑲

265　　　　商业判断规则的保护在要约收购中并不适用。对于已获得股东批准的可能使用的策略，目标公司董事会必须就其部署采取合理行动。拥有武器库并不能赋予董事会发射武器的全权。相反，只要部署符合公司和股东的最大利益，在表明主体董事充分知情、没有利害关系和独立无偏见的情况下，使用特定策略是合理的。

（二）总结

除了解决因对司法、立法和监管发展以及创新技术的实施而可能随着时间

---

⑬　　参见《联邦法规》第 17 卷 14a-8 规则，符合条件的股东可以在公司的委托书中提交其决议的股东提案规则（本书第五章的讨论）；原 14a-11 规则，委托书取得规则，允许拥有公司至少 3% 有投票权股票的最大股东利用公司的委托书提名指定数量的董事。14a-11 规则随后被宣布无效。参见 *Business Roundtable v. Securities and Exchange Commission* 案；前注㉔；本书第五章。

⑲　　案文中的提议得到了英国《城市收购与合并守则》的支持。根据守则，目标公司的董事会在未经股东批准的情况下，不得采取可能导致善意要约受损或阻止股东决定是否接受投标人要约的策略。例如，可能不采用毒丸计划。参见英国《城市收购与合并守则》第 21 条；前注㉘，规定"受要约公司的董事会必须以公司整体利益为重，不得剥夺证券持有人决定出价优劣的机会"；Steve Cooke et al., *Slaughter and May, A Guide to Takeovers in the United Kingdom* 30—31（2020），https://my.slaughterandmay.com/insights/client-publications/a-guide-to-takeovers-in-the-unitedking-dom/；前注⑱，声明"欧洲的做法一旦公开募股就冻结了董事的权力，并要求任何可能对收购结果产生不利影响的行动都必须得到股东的批准……从而在防御措施问题上直接授权股东"；前注⑩，报道称，欧洲各国政府正在加强对本国公司的保护，使其免受外国收购。

几十年来，关于在要约收购中使用防御策略，已经提出了几项不同的建议。其中两项影响更深远的建议是：（1）要求目标公司的董事会和管理层必须完全被动；（2）一旦收到善意的收购要约，目标公司就必须进行拍卖，以从其他潜在收购方那里获得更有利的报价。参见 Frank Easterbrook and Daniel Fischel, *The Proper Role of Target Management in Responding to a Tender Offer*, 94 Harv. L. Rev. 1161（1981）；Lucian Bebchuk, *The Case for Facilitating Competing Tender Offers*, 95 Harv. L. Rev. 1028（1982）。提出的另一项建议是要求有一段相当长的"冻结"期，例如 6 个月。在此期间，在没有股东批准的情况下，不允许进行任何结构性变更（例如授予将关键资产出售给友好追求者的选择权）。参见前注⑩。关于这个主题的早期文章之一，参见 Gary G. Lynch and Marc I. Steinberg, *The Legitimacy of Defensive Tactics in Tender Offers*, 64 Cornell L. Rev. 901（1979）。

的推移而变化的特定防御和进攻策略外，⑭本章的建议理论上应在统一的基础上适用，不考虑特定的具体策略。这种方法增强了商业确定性，为参与者提供了必须获得股东批准的措施的更清晰认知。重要的是，股东利益得到了适当保护，因为只有获得股东批准，才能合法采取任何实质性策略。因此，这一办法达到了适当的平衡，应当予以实施。⑭

四、结　论

266

本章阐释了当前并购交易的监管方面的内容，随后提出了实施所需的修订建议。尽管证券交易委员会和国会建立了一个值得称赞的整体并购框架，但与完善的框架相比仍存在巨大差距。本章就其中存在的缺陷及修正的重要性进行了探讨。建议的解决方案侧重于联邦政府作为监管并购过程及其实质性影响的主要监管机构的应有地位。其他建议包括，各州的反收购法规应由联邦政府优先制定，为应对收购所采取措施的合法性应在联邦法律的管辖范围内。正如本章所讨论的，任何此类防御或进攻策略是否能被允许并产生效果的一个必要条件是获得股东的批准。本章提出的建议是：（1）不要实质性阻碍并购交易；（2）促进建立一个公平的竞争环境；（3）承认股东的话语权应该发挥主要作用；（4）正确地将国家政策的问题交给联邦政府处理。

---

⑭　参见前注㊳，指出"收购监管的主要问题之一……是在该领域从业者的巨大创新能力，因为他们似乎总是能想出新的进攻策略或新的防守对策"。

⑭　股东投票的有效性受到了几个方面的质疑。主要包括：上市公司存在的集体诉讼股东投票问题；代理顾问由于资源有限，未能针对特定公司提供更有意义的投票建议；缺乏激励措施，无法促使积极管理的基金和其他机构投资者花费必要的资源，作出充分知情的决策以提升股东价值。有关文献，参见 Lucian A. Bebchuk et al., *The Agency Problems of Institutional Investors*, 31 J. Econ. Persp. 89（2017）；James D. Cox et al., *Understanding the（Ir）Relevance of Shareholder Votes in M &A Deals*, 69 Duke L. J. 503（2019）；本书第五章。尽管如此可以假设，股东投票为支持所有权和控制权分离的合法化提供了关键依据，并具有"通过股东利益的视角"将董事会的注意力集中在其决策的适当性上的有益效果，从而显著改善了董事会的治理过程和决策。参见 Bernard S. Sharfman, *Enhancing the Value of Shareholder Voting Recommendations*, 86 Tenn. L. Rev. 691，697（2019）；Leo E. Strine, Jr., *Can We Do Better for Ordinary Investors? A Pragmatic Reaction to the Dueling Ideological Mythologists of Corporate Law*, 114 Colum. L. Rev. 449，453—455（2014）。最终结果应该是实现进一步促进目标公司和股东集体最大利益的决策。

第九章

证券交易委员会

一、导 言

证券交易委员会和司法部在执行联邦证券法方面拥有权威。司法部追究涉嫌犯罪的违法者，而证券交易委员会则对联邦证券法多方面进行监管。此外，该委员会还监督自律组织，包括证券交易所和金融业监管局（FINRA）。① 不可否认的是，证券交易委员会因其工作人员的勤勉和许多恰到好处的做法而受到赞扬，②但在过去几十年里，该委员会对严格执行证券法及其保护投资者的主要使命的热情已逐渐消退。③在本书前几章，已经讨论了一些消极的案例。④

本章侧重于厘清证券交易委员会在过去二十年中作出的不可接受的和应强

---

① 参见《证券交易法》第 15A 条；《证券交易法》第 19 条。

② 本书前几章论述了证券交易委员会的一些积极行动，包括：采用综合披露框架；注重质量经济实质性；内幕交易监管的适应性；所有持有人规则的颁布；以及解决私下转售中的问题。参见本书第二章、第四章、第五章、第七章和第八章的讨论。该委员会勤勉的工作人员得到广泛认可。参见 *SEC Report on the 38th Annual Government-Business Forum on Small Business Capital Formation*，Omaha NE，Aug. 14，2019，https://www.sec.gov/files/small-business-forum-report-2019.pdf，报告关于证券交易委员会辛勤工作的员工。

③ 参见 Steve Coll and David A. Vise，*Eagle on the Street*（1992），专注于证券交易委员会在 20 世纪 80 年代保护投资者的努力，几乎没有成功；Jesse Eisinger，*The Chickenshit Club：Why the Justice Department Fails to Prosecute Executives* 296（2017），指出金融危机发生三年后，证券交易委员会几乎没有采取任何执法行动，主要关注低级别的边缘违法者。

④ 例如，证券交易委员会在豁免发行的情况下专注于资本形成而非投资者保护（第三章），在证券交易委员会的文件中允许披露漏洞（第二章和第四章），以及为内幕交易计划采用过度的安全港规则（第七章）。

调的关键政策决定。这些政策决定或有疏漏或有令人不解之处，本章期望能为
政券交易委员会的相关行为提供一个合理的解释。毕竟，证券交易委员会的主 268
要目标应该是提高市场透明度、保证市场完整性和加强投资者保护。⑤在讨论了
该委员会屡次未能进行有效的监管和执法的问题后，本章拟提出一个根本解决
方案，以期实质性改善目前令人不快的局面。

二、证券交易委员会的无益聚焦

以下讨论涉及证券交易委员会在过去几十年中的关键失误。其中一些不足
涉及证券交易委员会的不作为——即使其有明确的法定权力（有时还有国会的
指示）来进行适当的监管。证券交易委员会还积极采取了其他措施，以牺牲投
资者利益为代价来支持企业利益。综合来看，证券交易委员会的政策表明了优
先级的错位，这严重影响了该机构在历史上的卓越地位。⑥

（一）采用现行报告制度

在 2002 年《萨班斯—奥克斯利法案》通过之前，⑦美国的强制性披露框架
存在一个黑洞。在定期报告之间的间隔期间，除某些例外情况外，⑧联邦证券法

---

⑤ 政券交易委员会的另一个目标是促进资本形成。参见 Securities and Exchange Commission，
The Mission of the SEC（2020），https://www.sec.gov/about/what-we-do。证券交易委员会被广泛
认为是最关心投资者保护的机构。参见 History.com Editors，*SEC：Securities and Exchange Commission*（Dec. 6, 2019），https://www.history.com/topics/us-government/securities-and-exchange-commission，该文称，证券交易委员会是一个独立的联邦机构，负责保护投资者和资本，监督股市，并
提出和执行联邦证券法。

⑥ 参见后注⑦—⑳的讨论及其随附文本。这一点在书中有不同的观点。参见本书第二章、第
三章和第四章。

⑦ 2002 年《萨班斯—奥克斯利法案》的各个方面在其他章节中进行了阐述，例如，包括本书
的第二章和第五章。

⑧ 在 2002 年《萨班斯—奥克斯利法案》和证券交易委员会对表 8-K、《联邦法规》第 17 卷第
249.308 条进行修订之前，表 8-K 中要求披露以下五项："注册人控制权的变更（第 1 项）、非正常业
务范围内资产的收购或处置（第 2 项）、破产或接管（第 3 项）、注册人认证会计师的变更（第 4 项）
和注册人董事的辞职（第 6 项）。" Marc I. Steinberg, *Understanding Securities Law* 193 n.125
(1989).

269 并未规定披露重大信息。⑨尽管证券交易所规则一般要求披露此类信息,⑩但投资者对违反自律组织规则的行为缺乏私人救济途径,交易所本身也很少对未披露此类信息的上市公司采取执法行动。⑪

认识到这一缺陷,国会在《萨班斯—奥克斯利法案》中指示证券交易委员会纠正这一情况,规定《证券交易法》报告公司应以简单易懂的语言向公众迅速和及时地披露有关发行人财务状况或运营状况的重大变化的额外信息,其中可能包括趋势和定性信息以及证券交易委员会根据规则确定的图表说明,这些信息对于保护投资者和公众利益是必要的或有用的。⑫根据该法令,证券交易委员会有权颁布与其他发达市场类似的及时披露标准,在没有正当商业理由的情况下,所有重大信息都必须及时公开披露。⑬正如本书第二章和第四章所述,这种方式备受学者青睐。然而,直到2004年证券交易委员会才实施该指令,并且是以有利于上市公司的方式实施该指令。⑭

尽管证券交易委员会采用的现行报告框架扩大了表8-K中必须在漫长的4

270 个工作日内披露的事项的范围,⑮但证券交易委员会并未要求披露所有重大信息。令人费解的是,例如,公司的重大合同损失不需要在表8-K中披露,即使

---

⑨ 参见 Marc I. Steinberg, *Insider Trading, Selective Disclosure, and Prompt Disclosure: A Comparative Analysis*, 22 U. Pa. J. Int'l Econ. L. 635, 658 (2001),该文指"实际上,美国持续披露框架中的黑洞最常见于存在与目标公司相关的不利财务信息的情况"。在这方面,证券交易委员会发表了一系列声明,敦促上市公司准确、及时地披露重大进展。参见《证券法公告》No.5092(1970),及时披露公司重大进展,尽管一家公司遵守了其报告要求,但它仍然有义务及时全面公布有关公司财务状况的重大信息。尽管如此,这些声明都是劝诫性的。有关进一步讨论,请参见本书第二章。

⑩ 参见 New York Stock Exchange(NYSE), *Listed Company Manual* §§ 202.01—.06;Nasdaq Listing Rules, *Disclosure of Material Information Rule*, IM-5250(b)(1);本书第二章的讨论。

⑪ 参见 *Harris v. TD Ameritrade, Inc*.案;*Walck v. American Stock Exchange* 案;*State Teachers Retirement Board v. Fluor Corp*.案;*Jablon v. Dean Witter & Co*.案。50 多年前,许多法院在这种情况下提示了私人诉讼权。参见 *Buttrey v. Merrill Lynch, Pierce, Fenner & Smith, Inc*.案。这些案例显然不再被效仿。参见本书第二章的讨论。

⑫ 2002 年《萨班斯—奥克斯利法案》第 409 条。

⑬ 本书第二章和第四章讨论了其他发达市场采用的持续披露授权。

⑭ 参见《证券交易法公告》No.49424(2004)。

⑮ 参见《联邦法规》第 17 卷 249.308 条;本书第二章的讨论。这 4 个工作日的时间太长了。参见本书第二章和第七章中讨论的 FD 条例,其中要求披露的信息通常必须在一个工作日内进行。

该合同的损失是无法挽回和确定的。[16]在提交下一次定期报告之前，此类重大信息可能一直处于保密状态，从而对透明度、该证券的有效市场和投资者的了解产生不利影响。[17]另一个例子是，尽管执行官的离职必须在表 8-K 中披露，但此类辞职、退休或免职的原因无需披露。[18]基于此，这条规则显得毫无意义。显然，机构投资者和其他活跃投资者以及金融界都希望了解更多信息，但是，如果该公司有选择地提供更详细的信息，就有违反 FD 条例的风险。[19]其后果往往是，表 8-K 中包含的是经过"净化处理"的通用披露，投资者和证券市场信息并不灵通。[20]

（二）免除公司及其内部人士的责任风险

如前所述，关于实施《萨班斯—奥克斯利法案》规定的持续披露授权，证券交易委员会选择了缩减版方案。在这样做的过程中，该委员会为《证券交易法》报告公司提供了关键便利，即拒绝采用要求立即披露所有重大信息的持续披露框架（不存在正当的商业理由），并在表 8-K 中明确无需披露重大信息的情况下提供漏洞（例如重大合同的不可挽回损失）。[21]然而，该委员会采取的更进一步行动，就是为未能在表 8-K 中披露特定项目的目标公司及其内部人士提供第 10（b）条责任的豁免。[22]根据这一安全港条款，目标公司及其内部人士在知道根据表 8-K 要求披露的重大非公开信息的情况下，可以故意拒绝就该信息提

271

⑯　参见《证券交易法》No.49424（2004），理由是注册人可能很难确定合同何时终止，强制披露此类信息可能被缔约方用作谈判策略。

⑰　如果是实质性信息，终止的合同将被要求根据 S-K 条例第 303 项（MD&A）进行披露。参见本书第二章的讨论。

⑱　参见表 8-K 第 5.02 项。证券交易委员会认为，披露高管离职的假定原因可能会让高管感到尴尬，或导致高管对公司提起诽谤诉讼。《证券交易法》No.49424（2004）。

⑲　《联邦法规》第 17 卷第 243.100 条；《证券交易法》No.43154（2000）发布。除某些例外情况外，FD 条例禁止公司或代表其行事的人选择性地披露有关该公司或其证券的重大非公开信息。FD 条例在本书第二章和第七章进行了讨论。

⑳　在这种情况下，一般披露的一个例子是，相关官员"因个人和职业原因辞职"。根据作者作为专家证人的经验分析，在两个不同的案件中使用了这一语言来解释某高管的离职，而这两个案件最终达成和解，原告据此收回了损害赔偿。

㉑　参见前注⑮—⑳的讨论及其随附文本；本书第二章和第四章。

㉒　参见《联邦法规》第 17 卷第 13a-11（c）、13a-11（d）条，未按照表 8-K 第 1.01、1.02、2.03、2.04、2.05、2.06、4.02（a）、5.02（e）或 6.03 项的要求，以表 8-K 形式提交报告，不得视为违反第 10（b）条和第 10b-5 条的规定。参见 Allan Horwich, *A Call for the SEC to Adopt More Safe Harbors that Limit the Reach of Rule 10b-5*, 74 Bus. Law. 53（2018）。

交表 8-K，从而避免第 10（b）条规定的政府和私人诉讼中的承担责任。㉓

    证券交易委员会通过这一安全港条款的理由可能是什么？毕竟，建立一个有力的第 10（b）条案件是艰巨的，因为必须证明诸如敌意、实质性、信赖、损失因果关系和损害等标准。㉔唯一合理的解释是显而易见的：剥夺投资者根据联邦证券法对这种公然违反披露规定的行为提起集体诉讼的权利。㉕至于证券交易委员会，即使有了安全港条款，也可以根据一些替代条款对被告采取强制执行行动，例如《证券交易法》第 13（a）条的报告违规行为㉖和《证券法》第 17（a）条的欺诈违规行为，㉗并根据这两项规定不承认私人诉讼权。㉘然而，对于投资者来说，如果没有第 10（b）条的补救条款，他们就无法采取联邦证券法规

    ㉓ 见《证券交易法公告》No.49424（2004）。该安全港包括表 8-K 中的以下项目：

    第 1.01 项 订立实质性最终协议；

    第 1.02 项 重大终止最终协议；

    第 2.03 项 注册人直接财务义务或表外安排下义务的设定；

    第 2.04 项 加速或增加直接金融义务或表外安排下义务的触发事件；

    第 2.05 项 退出或处置活动相关的成本；

    第 2.06 项 重大减值；

    第 4.02（a）项 不信赖先前发布的财务报表或相关审计报告或已完成的中期审查［如果公司作出决定，但未收到其独立会计师发出的第 4.02（b）项所述的通知］；

    第 5.02（c）项 执行官的雇用和薪酬安排。

同前注㉒。

    ㉔ 参见本书第六章中的讨论。当然，在政府诉讼中，不需要证明信赖、损失因果关系和损害赔偿。

    ㉕ 如果表 8-K 中的重大误导性信息是"提交"的（而不是"提供"的），则可以援引《证券交易法》第 18（a）条规定的私人诉讼权。然而，由于该法令的个别信赖要求，该法令未能在集体诉讼中被成功援引。参见本书第六章。此外，需要注意的是，根据适用的州法律，诉讼权可能存在于州证券法或普通法下。尽管如此，1998 年《证券诉讼统一标准法案》（SLUSA）优先于涉及全国交易证券的集体诉讼的州法律（有某些例外）。本书第六章对这一主题进行了阐述。

    ㉖ 《美国法典》第 15 卷第 78m（a）条。要求《证券交易法》报告公司向证券交易委员会提交报告，"根据委员会为适当保护投资者和确保证券交易的公平性而规定的必要或适当的情况"。

    ㉗ 《美国法典》第 15 卷第 77q（a）条，禁止在证券发行或销售中的虚假陈述、欺诈计划以及作为欺诈计划的行为。参见 *Aaron v. Securities and Exchange Commission* 案，该案认为证券交易委员会被要求在因涉嫌违反《证券法》第 17（a）（1）条和《证券交易法》第 10（b）条而提起的诉讼中证明其知情，但不需要就《证券法》第 17（a）（2）条和第 17（a）（3）条证明其知情。

    ㉘ 参见 *Northstar Financial Advisors，Inc. v. Schwab Investments* 案，该案根据《证券交易法》第 13（a）条不存在私人诉讼权；*Landry v. All American Assurance Co.* 案，该案根据《证券法》第 17（a）条不存在私人诉讼权；Marc I. Steinberg，*Securities Regulation：Liabilities and Remedies* §§ 6.05［2］，9.03（2020）。

定的集体诉讼救济措施。㉙这一安全港条款的通过充分说明了证券交易委员会在保护不法企业对普通投资者的私人诉讼中免于承担责任方面的灵活性——对于一个负责保护投资者的政府机构来说，这种立场是站不住脚的。

证券交易委员会在这方面的谨慎态度也体现在它采用了"提交"与"提供"的区别。根据证券交易委员会的几项规则，公司可以选择"提供"而不是"提交"其证券交易委员会要求文件中的某些信息。例如，表 10-Q（季度报告）㉚和表 8-K（当前报告）㉛中要求的特定项目可以"提供"而不是"提交"给证券交易委员会。㉜通过选择提供证券交易委员会的报告，发行人和其他潜在被告可以避免《证券法》第 11 条和《证券交易法》第 18（a）条规定的责任风险。

根据第 18（a）条规定，任何人在根据《证券交易法》（或根据其下的任何规则或条例）"提交"的文件（如表 10-Q）中作出或导致作出实质性虚假或误导性陈述，应承担责任（但须符合某些条件）。㉝关于第 11 条，根据本书第二章和第四章中讨论的综合披露框架，证券交易委员会"备案"的《证券交易法》报告将通过引证纳入主体证券法注册声明。㉞如果受影响的发行人正在进行连续储架注册发行，其很可能会选择"提交"（而不是"提供"）。例如，正如证券交易委员会所观察到的，正在进行的注册发行的公司"可以选择提交"其

273

㉙　在某些情况下，可以采取州救济措施。参见前注㉕；本书第六章的讨论。

㉚　关于表 10-Q："表 10-Q 第一部分第 1 项（财务报表）、第 2 项（管理层对财务状况和经营成果的讨论和分析）和第 3 项（关于市场风险的定量和定性披露）所要求的信息不被视为是根据《证券交易法》第 18 条提交的。"《证券交易法公告》No.84842（2018）。参见《联邦法规》第 17 卷第 240.13a-13（d）条，规定"表 10-Q 第一部分要求的财务状况信息不应被视为是为了《证券交易法》第 18 条的目的而'提交'的，也不应以其他方式受制于该法该条的责任，而应受制于该法案的所有其他规定"。

㉛　根据表 8-K，可以提供第 2.02 项（"经营成果和财务状况"）和第 7.01 项（"FD 条例披露"）要求的信息。参见第 B.2 项中的一般说明。《联邦法规》第 17 卷第 249.308 条，前提是，根据第 2.02 项或第 7.01 项提供的报告中的信息不应被视为是《证券交易法》第 18 条规定的"提交"信息，也不应受制于该条规定的责任，除非注册人明确声明该信息将被视为根据《证券法》或《证券交易法》进行提交。

㉜　参见前注㉚、㉛。另一个例子是，公司向其证券持有人提交的年度报告不被视为"提交"报告。参见《证券交易法公告》No.3380（1943）。

㉝　《美国法典》第 15 卷第 78r（a）条。第 18（a）条在本书第六章进行了讨论。

㉞　参见本书第二章和第四章的讨论。

表 8-K 中包含的收益发布信息，"以确保当前使用的注册声明不会包含对收益发布中的信息的重大遗漏"。㉟这种通过引证纳入的方式意味着这些文件是根据第 11 条中对投资者友好的规定进行评估的，从而大大增加了发行人、其董事和高管以及注册发行的承销商和专家的责任风险。㊱

如果《证券交易法》报告公司在被允许的情况下选择提供而不是提交特定信息，则不会引发《证券法》第 11 条或《证券交易法》第 18（a）条规定的责任。以这种方式，证券交易委员会彻底剥夺了投资者原本有权使用的重要救济措施。尽管原告可以提起诉讼，指控违反第 10（b）条，但这一规定提出了更为艰巨的挑战。㊲此外，与第 11 条和第 18（a）条不同的是，㊳第 10（b）条中只有主要违法者可以被起诉。㊴

对于证券交易委员会此方案的支持者声称，将第 11 条的严格规定应用于报告公司的《证券交易法》定期报告义务是不恰当的。㊵鉴于第 11 条的严格尽职调查抗辩（没有向发行人提供此类辩护）以及其缺乏信赖和损失因果关系要求，㊶这一立场具有一定的吸引力。然而，反对的意见更为有力：第一，如果投资者救济措施的减少得以实施，这种行动应该通过国会来实现。㊷第二，负责投

274

㉟ 《证券交易法公告》No.84842（2018）。

㊱ 参见《美国法典》第 15 卷第 77k 节。尽职调查的概念及其在储架注册设置中的影响在本书的第四章中进行了阐述。

㊲ 参见《美国法典》第 15 卷第 78j（b）条。本书第二章和第六章讨论了第 10（b）条和根据该条颁布的 10b-5 规则。

㊳ 根据第 11 条，责任风险延伸至发行人、注册声明的签署人（包括发行人的首席执行官及其首席财务官）、发行人的董事、发行承销商和专家（就专家"专业"的注册声明部分而言）。一般来说，根据第 18（a）条，那些"作出或导致作出"《证券交易法》文件中包含的重大虚假或误导性陈述的人，将受到该法规规定的责任风险。

㊴ 参见 Central Bank of Denver v. First Interstate Bank of Denver 案，该案在第 10（b）条的私人诉讼中取消协助和教唆责任。进一步讨论，参见本书第六章。

㊵ 参见 David B.H. Martin and Graham Robinson, Securities Disclosure: To Be or Not to Be "Filed", 17 Insights No.8, at 16（Sept. 2003）。

㊶ 参见本书第四章和第六章的讨论。

㊷ 尽管根据《证券法》第 28 条，证券交易委员会拥有广泛的豁免权限，但投资者救济措施的大幅削减应超出本条款的范围。该法令还限制了证券交易委员会对《证券法》及其规则和条例的豁免权限。此外，作为一项政策，这种改变法定框架而损害投资者利益的行政激进主义应该是不受欢迎的。

资者保护的监管机构主动剥夺受害投资者原本可以主张的救济措施是不恰当的。[43]第三，储货注册发行有利于《证券交易法》报告公司更成功地进入公开市场，并且由此产生的费用更少。[44]作为这一重大利益的交换条件，严格的第 11 条规定应适用，以确保董事、高管和承销商在储架注册框架中更严格的行业自律。[45]第四，每年依据第 11 条提起的诉讼数量不多，不足以作为政策依据在这种情况下将其取消。2019 年，由于许多诉讼涉及相对较小公司（包括首次公开募股）的诉讼，共有 65 份向联邦和州法院提交的诉讼指控违反了第 11 条。[46]第五，当标的证券存在活跃的二级交易市场时，联邦法院在第 11 条案件中适用的严格的追溯要求极大地限制了潜在原告的数量。[47]

275

更令人困惑的是，当《证券交易法》报告公司选择提供而不是提交特定信息时，证券交易委员会相当于放弃了《证券交易法》第 18（a）条的救济措施。[48]在

---

[43]　由于证券交易委员会被视为投资公众的"守护者"，剥夺原告的关键救济措施是不可接受的。参见 Securities and Exchange Commission，*The "Work" We Do*（2013），https：www.sec.gov/a-bout/what-we-do。

[44]　参见本书第二章和第四章的讨论。

[45]　为了使表 10-K 的编制过程更加严谨，证券交易委员会要求大多数注册人的董事签署表 10-K。见《证券交易法》No.6231（1980），该委员会认为，正如其公司财务司的规则和行政重点正在重新调整，以反映重点转向信赖《证券交易法》规定的定期披露一样，包括管理层、董事、会计师和律师在内的私营部门的注意力也必须重新集中在《证券交易法》纪律的程度要灌输到系统中，使其发挥作用。

[46]　参见 Cornerstone Research，*Securities Class Action Filings：2019 Year in Review* at 22（2020），https：//www.cornerstone.com/Publications/Reports/Securities-Class-Action-Filings-2019-Year-in-Review。2019 年，联邦第 11 节诉讼和州 1933 法案的备案总数为 65 份，包括 22 份并行诉讼、27 份州诉讼和 16 份联邦诉讼。参见 *Salzberg v. Sciabacucchi* 案，该案引用了 Cor erstone Research 2019 年度回顾。

[47]　参见 *Krim v. pcOrder.com* 案，该案提出，即使售后市场的股票池由追溯到适用注册发行的 99.85％的股票组成，也要求以 100％的确定性建立追溯。这一严格的要求遭到了作者的批评。参见 Marc I. Steinberg and Brent A. Kirby，*The Assault on Section 11 of the Securities Act：A Study in Judicial Activism*，63 Rutgers L. Rev. 1（2010）。

[48]　第 18（a）条的范围仅限于根据《证券交易法》"或其下的任何规则或条例，或第 15（d）条规定的注册声明中包含的任何承诺"向证券交易委员会"提交"的"申请、报告或文件"。《美国法典》第 15 卷第 78r（a）条。同样，根据代理法规、《证券交易法》第 14（a）条和《联邦法规》第 17 卷第 240.14a-9 条，可以通过提供而不是提交某些材料，以避免责任风险。参见前注[40]，声明"将披露视为'未提交'的目的是根据《证券交易法》第 18 条［以及在适用的情况下，根据《证券交易法》第 14（a）条和 14a-9 规则下的责任"，并为此目的，证券交易委员会没有要求提交"与高管薪酬有关的薪酬委员会报告的委托书披露"］。《证券法公告》No.6962（1992）。

这种情况下，该委员会的理由显然是取消第 18（a）条的诉讼权，因为它可能会给发行人、其内部人士和受影响的参与者带来不必要的负担。[49]证券交易委员会主动废除国会在制定 1934 年法案时通过的一项救济措施，这令人不安。

276　因此，证券交易委员会应取消文件提交与提供的区别。上市公司在向该委员会提交投资公众和证券市场所信赖的定期报告时，不应能够选择其错误披露的责任后果。得益于进入公开市场并由此筹集资金，这些公司不应以牺牲投资者利益为代价获得优惠待遇。因此，联邦证券法的责任条款应保持不变，而证券交易委员会不应采取不当的监管干预。如果要修改这一责任框架，那么这项任务就应适合留给国会来完成。[50]

（三）强制执行政策、实践和优先级

证券交易委员会根据同意协商程序解决了绝大多数悬而未决执法行动，根据该程序，被告同意在不承认或否认不当行为的情况下接受特定制裁。[51]这些同意令在很大程度上源于我的导师——当时的证券交易委员会执法主任斯坦利·斯伯金（Stanley Sporkin），[52]通常很好地维护了证券交易委员会的利益。通过这种方式，证券交易委员会可以更迅速地解决悬而未决的问题，在不过度消耗资源的情况下获得大部分所需救济。[53]

当在联邦法院提起强制执行行动时，同意令必须获得司法批准才能生效。[54]

---

[49]　参见前注[40]、[48]。

[50]　参见前注[42]—[49]的讨论及其随附文本。

[51]　参见 William R. McLucas et al.，"*Neither Admit Nor Deny*" *Settlements from the Stanley Sporkin Era：Wise Policy or Outdated Enforcement Notion?*，43 Sec. Reg. L. J. 29，29（2015），该文指出，在过去 40 年中，证券交易委员会的标准做法是允许被告在不承认或否认对他们的指控的情况下（即在"既不承认也不否认"的基础上）达成和解。

[52]　参见 Theodore A. Levine and Edward D. Herlihy，*The Father of Enforcement*，43 Sec. Reg. L. J. 7，9（2015），斯伯金法官在领导证券交易委员会扩大执法计划方面取得的最大成就是使用了同意令；Arthur M. Mathews，*Effective Defense of SEC Investigations：Laying the Foundation for Successful Disposition of Subsequent Civil，Administrative，and Criminal Proceedings*，24 Emory L. J. 567（1975）。

[53]　参见前注[52]，这些同意令通常包括各种形式的公平救济，是解决强制执行问题的最有效方式，因为它们避免了诉讼的费用和风险，使证券交易委员会能够获得其寻求的救济，并使被告能够避免附带的禁止反言后果。

[54]　参见 *Securities and Exchange Commission v. Citigroup Global Markets，Inc.*案；*Securities and Exchange Commission v. Randolph* 案。

或许是由于一些法官对证券交易委员会所要求的救济措施力度不足提出了严厉批评，他们认为，鉴于所指控的不当行为的严重性，这些救济措施并不充分，[55]因此，证券交易委员会越来越多地在不需要司法批准即可执行和解的行政论坛上提起诉讼。[56]其中相当一部分案件是通过民事罚款、追缴利润、不知情的违规指控以及对个人的指控来解决的。[57]

277

事实上，在过去的二十年里，证券交易委员会对实体征收了巨额民事罚款，作为标准收费，包括自2008年金融危机之后，在某些情况下征收了数亿甚至数十亿美元的罚款。[58]但是，包括一些证券交易委员会委员在内的反对者批评这种

---

⑤⑤　例如，法官杰德·拉科夫（Jed Rakoff）称证券交易委员会的"既不承认也不否认"同意程序"被历史所尊崇，但不是理性所尊崇"。*Securities and Exchange Commission v. Citigroup Global Markets，Inc.*案。拉科夫法官驳回了在上诉中被推翻的拟议和解，他认为"拟议的同意判决要求法院根据没有任何已证实或公认事实支持的指控，通过法院自己的藐视法庭权力强制实施实质性禁令救济，这既不合理，也不公平，既不充分，也不符合公众利益"。相反，第二巡回法院认为，"地区法院在评估同意令时使用了错误的法律标准，滥用了其自由裁量权"。

2013年，证券交易委员会宣布，将要求在特别恶劣的案件中承认不当行为，其评估的因素是"公众承认和问责的必要性、犯罪的严重性以及对投资者的伤害程度"。*Chair White Announces Revisions of SEC "No Admit" Settlement Policy*，45 Sec. Reg. & L. Rep.（BNA）1150（2013）. 自通过以来，证券交易委员会的"要求承认政策谨慎使用……在被指控的个人和实体中……远远低于2%"。David Rosenfeld，*Admissions in SEC Enforcement Cases：The Revolution That Wasn't*，103 Iowa L. Rev. 113，116（2017）.同前注⑭，*SEC*案，声明称，"在没有个人受到指控，也不存在刑事指控、私人集体诉讼或监管制裁等附带后果的现实可能性的情况下，证券交易委员会通常会寻求大型金融机构的认可"。参见 Verity Winship and Jennifer K. Robbennolt，*An Empirical Study of Admissions in SEC Settlements*，50 Ariz. L. Rev. 1，1（2017），声明"包括承认在内的和解数量很少"。

⑤⑥　参见 Jean Eaglesham，*SEC Steers More Trials to Judges It Appoints*，Wall St. J.，Oct.21，2014，at A1；*Securities and Exchange Commission v. Citigroup Global Markets，Inc.*案，声明"在证券交易委员会不希望与法院接触的情况下，它可以自由地避开法院的介入，转而使用自己的救济措施"。

⑤⑦　参见 David Rosenfeld，*Civil Penalties Against Public Companies in SEC Enforcement Actions：An Empirical Analysis*，22 U. Pa. J. Bus. L. 135，135—136（2019）；Marc I. Steinberg and Ralph C. Ferrara，*Securities Practice：Federal and State Enforcement*（2d ed. 2001 and 2020—2021 supp.）.

⑤⑧　参见 Press Release，U.S. Dep't of Justice，No.14—884，*Bank of America to Pay $16.65 Billion in Historic Justice Department Settlement for Financial Fraud Leading Up To and During the Financial Crisis*（Aug. 21，2014），https://www.justice.gov/opa/pr/bank-america-pay1665-billion-historic-justice-department-settlement-financial-fraud-leading；Press Release，U.S. Department of Justice，*Goldman Sachs Agrees to Pay More than $5 Billion in Connection with Its Sale of Residential Mortgage Backed Securities*（April 11，2016），https://www. justice. gov/opa/pr/goldman-sachs-agrees-pay-more-5-billion-connection-its-sale-residential-mortgage-backed；Ben Eisen，*Wells Fargo Settles U.S. Probes*，Wall St. J.，Feb. 22—23，2020，at A1，支付30亿美元和解；《证券交（转下页）

278　做法会对受到不当行为损害的股东造成伤害。㉟对此，证券交易委员会反驳称，除了向指控的不法分子追缴的非法所得外，㊱还可以根据"公平基金"条款进行罚款来补偿受害者。㊲统计数据表明，证券交易委员会根据公平基金规定分配了大量资金。例如，执法司在其 2019 年年度报告中表示，已收缴 43 亿美元的上缴和罚款，其中约 12 亿美元返还给了受伤害的人。㊳尽管并非无可非议，但另一项研究赞扬了证券交易委员会在使用公平基金条款方面的成功。㊴

（接上页）易法公告》No.676694（2015），在 *JP Morgan-Chase Bank*，*N.A.*案中，支付 3.07 亿美元和解；《证券交易法公告》No.75710（2015），在 *Citigroup Alternative Investments LLC & Citigroup Global Markets LLC* 案中，支付 1.8 亿美元和解；《证券交易法公告》No.75040（2015），在 *Deutsche Bank AG* 案中，支付 5 500 万美元和解；Patrick Thomas，*Mylan Settles SEC Lawsuit*，Wall St. J.，Sept. 28—29，2019，at B3，支付 3 000 万美元和解。

㊟　参见 SEC Commissioner Paul S. Adkins，*Remarks Before the Atlanta Chapter of the National Association of Corporate Directors*（Feb. 23，2005），https://www.sec.gov/news/speech/spch022305psa.htm，因披露违规而被罚款的公司用股东的钱来支付股东成为受害者的行为，SEC Commissioner Cynthia A. Glassman，*SEC in Transition：What We've Done and What's Ahead*（June 15，2005），a-vailable at https://www.sec.gov/news/speech/spch061505cag.htm；前注㊟，引用前面的消息来源，并表示对上市企业征收罚款的适当性导致了"证券交易委员会的严重分歧"。

2006 年，证券交易委员会发布了《处罚声明》，以澄清证券交易委员会将征收罚款的情况。参见 *SEC Press Release 2006-4*，https://www.sec.gov/news/press/2006-4.htm。处罚声明着眼于两个主要因素：（1）"违规行为给公司是否带来直接利益"；以及（2）"处罚将在多大程度上补偿或进一步伤害受损害的股东"。此外，处罚声明中列举了几个额外的因素，通常侧重于威慑、违法者的意图程度、采取的救济措施以及与包括证券交易委员会在内的执法部门的合作。处罚声明不具有约束力。自声明通过以来，证券交易委员会以不同程度的积极性执行了该声明。参见前注㊟。

㊱　美国最高法院在 *U.S. Supreme Court in Liu v. Securities and Exchange Commission* 案中支持了证券交易委员会的追缴救济措施，《美国联邦最高法院判例汇编》第 140 卷第 1936、1940 页，一般来说，如果该裁决"不超过不法行为人的净利润，并被授予"不法行为的受害者，则支持该裁决。

㊲　公平基金条款是根据 2002 年《萨班斯—奥克斯利法案》制定的。参见 2002 年《萨班斯—奥克斯利法案》第 308 条。除了公平基金条款外，证券交易委员会还通过退还非法收益、破产管理行动、追回行动和协调政府程序的方式向投资者分配资金。参见 Andrew Kull，*Common Law Restitution and the Madoff Liquidation*，92 Bos. U. L. Rev. 939（2012）。

㊳　参见 *SEC Press Release 2019-233*（Nov. 6，2019）at 4，https://www.sec.gov/news/pressrelease/2019-233，通过这些执法行动，证券交易委员会获得了总计超过 43 亿美元的判决和命令。还向因执法行动而受损害的投资者退还了约 12 亿美元；*SEC Division of Enforcement*，*2019 Annual Report* at 16—17（2019），https://www.sec.gov/files/enforcement-annual-report2019.pdf，声明称，在 2019 财年，证券交易委员会获得了总额为 32.48 亿美元的非法所得和 11.01 亿美元的罚款，近 12 亿美元的资金被退还给了受损害的投资者。

㊴　参见 Urska Velikonja，*Public Compensation for Private Harm：Evidence from the SEC's Fair Fund Distributions*，67 Stan. L. Rev. 331，334（2015），在 2002 年至 2013 年间对公平基金的研究中，声明证券交易委员会根据公平基金分配了超过 75%的罚款，"三分之二的公平基金赔（转下页）

在与证券交易委员会达成和解时，被告通常会寻求豁免取消资格条款的规 　279
定，否则这些规定将在该委员会命令生效时适用。[64]由于这些取消资格的人会对
被告的商业运营产生不利影响，因此他们是同意协商过程的关键组成部分。[65]统
计数据显示，这些豁免不成比例地授予大型金融公司（即使它们是累犯），而不
是小型金融公司。[66]这种做法再次印证了长期以来的说法，即证券交易委员会 　280

（接上页）偿投资者最恰当地描述为客户欺诈或金融中介机构的反竞争行为……从而在私人诉讼不可
用或不切实际的情况下赔偿投资者的损失"；*U.S. Government Accountability Office（GAO）Letter
dated April 22，2010 to Honorable Dennis Moore，Chairman of the Subcommittee on Oversight and
Investigations of the U.S. House of Representatives Committee on Financial Services* at 3，https：//
www.gao.gov/assets/100/96667.pdf，自 2007 年以来，设立的公平基金减少了，公平基金的收集和
分配也有所增加，但许多公平基金多年来仍保持开放和活跃状态；Richard M. Buxbaum，*From TGS
Conservatorships to Sarbanes-Oxley Fair Funds*，71 SMU L. Rev. 653（2018）；Verity Winship，*Fair
Funds and the SEC's Compensation of Injured Investors*，60 Fla. L. Rev. 1103（2008）。

　　[64]　参见 Urska Velikonja，*Waiving Disqualification：When Do Securities Violators Receive a
Reprieve?*，103 Cal. L. Rev. 1081（2015）。一般来说，不合格的发行人和不良行为人取消资格条款
禁止个人和实体利用《证券法》注册的特定豁免以及更优惠的证券发行和披露待遇。例如，对于不
良行为者，在没有豁免的情况下，自动取消发行人依据 506 规则豁免的资格（这是对《证券法》注
册的豁免，根据该豁免筹集了最多的资本——见本书第三章的讨论）。另一个例子是，在没有豁免
的情况下，不良行为人被禁止被归类为成熟的知名发行人（见本书第四章的讨论）。例如，不良行
为人被取消资格的事件包括：与证券交易有关的刑事定罪；法院发布的禁令，禁止或禁止该人从事
与证券购买或出售有关的特定行为；州证券委员会发布的禁止此人从事保险、银行或证券业务的命
令；证券交易委员会下令暂停或撤销一个人的经纪人或交易商注册；以及涉及基于科学的反欺诈条
款的停止令［如《证券交易法》第 10（b）条］。参见《联邦法规》第 17 卷第 230.262 条。在这方
面，如果没有豁免，"被判犯有证券欺诈罪的公司和个人在十年内不能担任投资顾问、投资基金经
理或基金承销商"。同前注。需要注意的是，根据 A 条例和 D 条例，如果"发行人的任何董事、高
级职员、普通合伙人、发起人或 10% 的所有者，或承销商的合伙人、董事或高级职员，因违反联邦
证券法的反欺诈条款、《证券法》第 5 条或特定联邦和州监管机构"，要放弃取消资格，必须由寻求放
弃资格的人证明"正当理由"。参见《联邦法规》第 17 卷第 230.262（b）条。

　　[65]　参见 Mary Jo White，*Chair of the Securities and Exchange Commission，Understanding Dis-
qualifications，Exemptions and Waivers Under the Federal Securities Laws，Remarks at the Corporate
Counsel Institute*（March 12，2015），https：//www.sec.gov/news/speech/031215-spch-cmjw.html，
声明"根据联邦证券法，取消资格的潜在范围相当广泛，可能对市场参与者产生非常重大的影响"。

　　[66]　参见前注[64]，声明该研究表明"大型金融公司获得了 81.6% 的绝大多数豁免"。关于证券
交易委员会频繁给予累犯豁免，参见 SEC Commissioner Kara M. Stein，*Dissenting Statement Re-
garding Certain Waivers Granted by the Commission for Certain Entities Pleading Guilty to Criminal
Charges Involving Manipulation of Foreign Exchange Rules*（May 21，2015），https：//www.sec.gov/
news/statement/stein-waivers-granted-dissenting-statement.html，反对并强调"这些机构的累犯"，
包括给予花旗集团自 2006 年以来的第四次豁免，巴克莱银行自 2007 年以来的第一次豁免，瑞银集
团自 2008 年以来的第七次豁免，摩根大通自 2008 年以来的第六次豁免，苏格兰皇家银行（转下页）

不合理地偏袒大公司，而过度惩罚小公司。[67]

最后一点，在涉及上市公司或金融服务公司的证券交易委员会执法行动中，个人通常不会受到指控。例如，从 2014 财年到 2018 财年，在涉及上市公司的诉讼中，约有 17% 是一个或多个个人被起诉。[68] 此外，在 2018 财年，在涉及金融机构的诉讼中，约有 5% 是一个或多个个人被起诉。[69] 因此，根据同意协商程序，相关方通常能够成功说服证券交易委员会不向其高管收取费用。如本章稍后所述，证券交易委员会未能对大型企业的高管和其他高级官员采取应有的执法行动，这是不可接受的。[70]

鉴于上述意见，应采取若干纠正措施。第一，只有在将相当大比例的收益分281 配给不当行为受害者的情况下，才应对公司和其他企业征收罚款。[71] 否则，无辜的股东将因内部人士的不当行为而遭受进一步的经济损失。[72] 然而，在个别不法分

（接上页）集团自 2013 年以来的第三次豁免。最近，时任证券交易委员会主席杰伊·克莱顿表示，"清算实体可以要求证券交易委员会考虑一项同时解决潜在执法行动和任何相关资格取消的和解要约……包括同时提出弃权请求"。SEC Chairman Jay Clayton, *Statement Regarding Offers of Settlement*（July 3，2019），https://www.sec.gov/news/public-statement/clayton-statement-regarding-offers-settlement.

⑴ 参见 Stavros Gadinis, *The SEC and the Financial Industry*：*Evidence from Enforcement Against Broker-Dealers*, 67 Bus. Law. 679（2012）。加迪尼斯教授对证券交易委员会针对经纪公司和投资银行的执法行动进行了实证分析，发现：

> 分析表明，大公司被告的情况更好。当大公司及其员工出现违规行为时，证券交易委员会通常只根据公司责任提起诉讼，而不会将任何特定个人列为被告。此外，在该委员会的行政诉讼中，大公司被告比小公司被告更有可能不受到行业禁令。当分析仅限于大公司和小公司的个别员工时，这一差距仍然存在。

同上注。这种差距已经存在了几十年，而不是最近才出现的。参见 Helen L. Miller and Jeffrey Rasansky, *A Slap on the Wrist or a Punch in the Face*：*The SEC's Disproportionate Treatment of NYSE Member and Non-NYSE Member Firms*, 19 Sec. Reg. L. J. 243, 243（1991），证券交易委员会一直对非纽约证券交易所会员公司实施比对纽约证券交易所会员公司更严厉的证券违规制裁，这些违规行为看起来大同小异。

⑹ 参见前注⑴，关于证券交易委员会在涉及上市公司的案件中对个人的指控，"从 2014 财年到 2018 财年，360 起诉讼中有 63 起（或相关诉讼）对个人提出指控，占 17.5%"。

⑺ 同上注，声明 2018 财年，证券交易委员会在涉及金融机构的第三十四次美国证券交易会执法行动的两次行动中对个人提出指控，占此类行动的 5.4%。

⑻ 参见后注⑵—⑳的讨论及其随附文本。

⑼ 参见前注⑴，解释对上市公司实施经济处罚的争议，因为股东没有责任，可能已经因不当行为而受到伤害，他们间接承担了经济处罚的成本。

⑽ 参见前注⑺。

子拥有目标公司大量股权的情况下，可能更有理由判处巨额罚款。[73]第二，证券交易委员会频繁向大型金融公司授予豁免资格的做法应该经过彻底审查，并采取更平衡和有限的透明政策。[74]第三，当证券交易委员会实施制裁时，无论规模大小的金融公司都应该得到公平的待遇。应该消除对大型金融公司及其内部人士的过度偏袒。[75]第四，证券交易委员会应利用现有的法定资源，对大型上市公司和大型金融公司的高管和董事采取有根据的执法行动。[76]证券交易委员会在追究这些个人责任方面的松懈，很好地反映了该证券交易委员会作为一个有效、公正的执法机构的使命。[77]

282

考虑到资源有限的现实，证券交易委员会继续使用同意协商程序和行政论

---

[73]　因此，拥有实体大量股份的不法分子很可能从不法行为中间接获利。然而，这些人可能没有支付巨额罚款的个人财力。如果该实体的收入和收益因此类内部人士的不当行为而增加，则更有理由对公司处以巨额罚款。

[74]　证券交易委员会的豁免政策招致了国会参众两院议员的批评。*Letter dated June 13，2014 from Senator Sherrod Brown，Chairman of the Banking Subcommittee on Financial Institutions and Consumer Protection，to SEC Chair May Jo White*，https://www.brown.senate.gov/newsroom/press/release/sen-brown-urges-sec-chair-to-stop-grantingwaivers-from-securities-law-to-banks-with-civil-or-criminal-settlements-or-enforcement-actions，声明证券交易委员会最近的行动"意味着证券交易委员会的政策似乎将豁免作为规则而非例外……并表示希望证券交易委员会重新考虑和修改这个目前受到公众、立法者和现任委员质疑的程序"。面对证券交易委员会明显拒绝修改其豁免政策，国会女议员 Maxine Waters 提出了改进这一程序的立法。根据《不良行为人资格取消法》，证券交易委员会将被阻止通过以下方式自动批准豁免请求：

（1）要求豁免程序在证券交易委员会层面而不是在工作人员层面进行和表决；

（2）要求证券交易委员会考虑给予豁免是否符合公众利益、保护投资者和促进市场诚信；

（3）要求证券交易委员会发布通知，让公众有机会在公开听证会上就是否应批准或拒绝特定豁免发表意见；和

（4）要求证券交易委员会工作人员保存所有豁免请求的完整公开记录（正式和非正式），并创建一个所有不合格不良行为人的公共数据库。

Press Release，Waters Introduces Legislation to Improve SEC Process for Holding Bad Actors Accountable（July 27，2017），available at financialservices.house.gov/news/documentsingle.Aspx?DocumentID＝400728，众议院金融服务委员会高级成员、国会女议员 Waters 也表示，"这项常识性立法将使豁免请求受到公众审查和证券交易委员会的有力审查，从而使法律保护投资者、市场和公众，这意味着没有人可以凌驾于法律之上，包括大型金融公司"。2019 年，国会女议员 Waters 介绍了这项拟议立法的讨论草案。参见 Robert Bergen et al.，*The Bad Actor Disqualification Act and Expected Impact on SEC Settlements*，Harv.Law School Forum on Corp. Gov.（July 20，2019），https://corpgov. law. harvard. edu/2019/07/20/the-bad-actor-disqualification-act-and-expected-impact-on-sec-settlements/，声称拟议立法的颁布将使证券交易委员会的执法计划复杂化，包括降低目标和解而非诉讼的动机，从而削弱证券交易委员会因资源有限而采取尽可能多执法行动的能力。

[75]　参见前注[66]、[67]、[74]的讨论及其随附文本。

[76]　参见后注[109]—[124]的讨论及其随附文本。

[77]　参见后注[109]—[154]的讨论及其随附文本。

坛是可以接受的策略,[78]但证券交易委员会不应利用这些技术制定不同的同意法令,以支持其所谓的信誉良好的目标并以此绕过司法审查。遗憾的是,正如本章稍后所述,证券交易委员会在这方面的偏见根深蒂固,显然只有更积极的改革才能有效改善这一困境。[79]

(四)拒绝执行法定指令

证券交易委员会经常拒绝执行国会制定的指令。作为一个负责遵守法定任务的行政机构,这种顽固态度令人担忧。也许并不奇怪,当国会授权证券交易委员会颁布可能对企业高管和看门人产生不利影响的规则时,就会出现这种情况。[80]例如,根据 2010 年《多德—弗兰克法案》,[81]证券交易委员会的任务是通过一项规则,要求《证券交易法》报告公司披露目标公司的财务业绩与已支付的高管薪酬之间的相关性(或缺乏相关性)。[82]根据该法规进行的披露,必须包括"显示实际支付的高管薪酬与公司财务业绩之间关系的信息,考虑到股票价值的变化、股息以及任何分配"。[83]该指令的实施将使股东和证券市场能够在公司财务业绩下降时,更好地评估高管薪酬水平的增长情况。[84]更笼统地说,此类披露

283

---

⑦⑧　例如,在 2020 财年,证券交易委员会将 89% 涉及上市公司和子公司的执法行动作为行政诉讼提起。参见 Cornerstone Research, SEC Enforcement Activity: Public Companies and Subsidaries—Fiscal Year 2020 Update, https://www.cornerstone.com/Publications/Reports/SEC-EnforcementActivity-FY-2020-Update.pdf.; Gretchen Morgenson, Quick, Call Tech Support for the S.E.C., N.Y. Times, Dec. 16, 2007, https://www.nytimes.com/2007/12/16/business/16gret.html,众所周知,与人口众多、富裕的华尔街世界相比,证券交易委员会人手和资金严重不足。鉴于证券交易委员会的资源有限,行政诉讼和联邦法院中提起诉讼的强制执行行动和有争议的附带问题的数量大幅增加,意味着证券交易委员会可能采取的强制行动数量可能会减少。

⑦⑨　参见后注⑫—⑬的讨论及其随附文本。

⑧⓪　参见后注⑧①—⑩⑧的讨论及其随附文本。

⑧①　《多德—弗兰克法案》。

⑧②　参见《多德—弗兰克法案》第 953 条;《证券交易法》第 14 (i) 条。

⑧③　同前注。新兴成长型公司不受该法规约束。关于新兴成长型公司的讨论,参见本书第四章。

⑧④　参见 Senate Report No.111—176, Committee on Banking, Housing and Urban Affairs, 111th Cong., 2d Sess;《恢复美国金融稳定法案》; Dodd-Frank Wall Street Reform and Consumer Protection Act: Law, Explanation, and Analysis 425 (CCH Attorney-Editor Publ. 2010); Theo Francis and Joann S. Lublin, Should Bar Be Lifted on CEO Bonuses?, Wall St. J., June 2, 2017, at B3,该文陈述了一些投资者的担忧,即董事会将业绩目标设定得过低,从而在实现这些目标时触发高管薪酬,而与类似公司相比,不必取得优异的业绩。

将有助于在高管薪酬金额与公司整体财务业绩之间进行比较。值得注意的是，证券交易委员会在 2015 年提出了一项实施这一法定指令的规则；⑧五六年过去了，仍没有采取任何行动。⑧六

《多德—弗兰克法案》的另一项条款规定，作为其证券在国家证券交易所上市的条件，公司必须制定并实施内部"追回"政策，在会计重述的情况下，其高管将向公司退还错误发放的基于激励的薪酬。⑧七然而，需要明确的是，该法令并不是自动执行的。相反，其有效性取决于证券交易委员会制定一项规则，指示国家证券交易所禁止因公司未遵守此法案的公司的证券上市。⑧八2015 年，证券交易委员会提出了一项实施这一国会指令的规则，但拒绝采取最终行动。⑧九

事实上，正如 2018 年发表的一篇文章中所说，"雷曼兄弟（Lehman Brothers）倒闭十年后，并在《多德—弗兰克法案》通过八年后，12 项强制性高管薪酬规则中有 5 项仍有待批准"。⑨〇此外，有时即使证券交易委员会遵循国会的指

284

---

⑧五　参见《证券交易法公告》No.74835（2015），提议对 S-K 条例第 402 项进行修订。

⑧六　参见 Marc I. Steinberg，*The Federalization of Corporate Governance* 221（2018），声明"到目前为止，证券交易委员会已经提出但没有通过实施该法规的规则"。

⑧七　参见《多德—弗兰克法案》第 954 条；《证券交易法》第 10D 条。需要注意的是，2002 年《萨班斯—奥克斯利法案》第 304 条也包含了追回条款，该条款在某些方面比《多德—弗兰克法案》的对应条款更狭窄，但在其他方面更广泛。例如，虽然第 954 条规定了"超过会计重述下应支付给执行官的薪酬"的基于激励的薪酬的追回，但第 304 条的范围更广，涵盖了似乎所有类别薪酬的高管补偿（包括基于激励和股权的薪酬以及股票利润）。虽然第 304 条将追回条款限制在目标公司的首席执行官和首席财务官，但第 954 条适用于"任何现任或前任执行官"。例如，第 304 条的追溯期为 12 个月，而第 954 条的追溯期则为 3 年。参见前注⑧七。

⑧八　参见《多德—弗兰克法案》第 954（a）条；《证券交易法》第 10D（a）节。

⑧九　参见《证券交易法公告》No.75342（2015），错误赔偿追回上市准则；*SEC Press Release No.2015-136*（July 1，2015），https://www.sec.gov/news/pressrelease/2015-136.html，根据拟议的新 10D-1 规则，"上市公司将被要求制定和执行追回政策，在会计重述的情况下，从现任和前任执行官那里'收回'，而不考虑基于过错激励的薪酬，因为它们不会根据重述获得补偿"。值得注意的是，一些公司自愿采取了追回政策。参见 American Accounting Association，*Executive Pay Clawbacks*（Jan. 30，2015），https://aaahq.org/Outreach/Newsroom/Press-Release/1-30-15-Executive-Pay-Clawbacks-Mandated；Terrance Gallogly，*Enforcing the Clawback Provision：Preventing the Erosion of Liability under Section 954 of the Dodd-Frank Act*，42 Seton Hall L. Rev. 1229（2012）；Rachel E. Schwartz，*The Clawback Provision of Sarbanes-Oxley：An Underutilized Incentive to Keep the Corporate House Clean*，64 Bus. Law. 1（2008）。

⑨〇　Francine McKenna，*A Decade After the Crisis，the SEC Still Hasn't Passed Executive Compensation Rules*，Market Watch—Capitol Report，Sept. 14，2018，https://www.marketwatch.com/story/a-decade-after-the-crisis-the-sec-still-leaves-executive-compensation-rules-unwritten-2018-09-10，描述了证券交易委员会根据《多德—弗兰克法案》必须采用的强制性规则，但迄今为止未被采纳。

示，通过了一项特定的规则，其对该规则的执行也是不存在的。证券交易委员会实施的《律师职业行为标准》就是一个例子。

在2008年金融危机之后，国会认为律师未能恰当地履行其看门人职责。[91]从广义上讲，看门人是能够发现和阻止欺诈行为的中间人。[92]通过在评估、认证或核实相关交易或其他事件的事实方面进行充分的尽职调查，看门人经常能够
285 阻止甚至预防不当行为。[93]为了促使律师熟练地履行其看门人职责，国会在2002年颁布的《萨班斯—奥克斯利法案》中指示证券交易委员会颁布一项规则，[94]要求法律顾问在面临公司客户或其任何代理人严重违反证券法或违反信托义务的证据时"逐级上报"。[95]

根据这项国会指令，证券交易委员会通过了《律师职业行为标准》（Standards of Conduct for Attorneys）。[96]一般来说，这些标准在很大程度上反映了美国律师

---

[91]　参见2002年《公司和刑事欺诈责任法案》，该法案指出，除其他外，律师是"发现和阻止欺诈的看门人"。

[92]　参见 *Lawson v. FMR，LLC* 案，该案提出，参议院报告强调了外部专业人员作为"发现和阻止欺诈行为的看门人"的重要性，总结道："国会必须重新考虑已经建立的激励制度，该制度鼓励在工作中遇到欺诈行为的会计师和律师保持沉默。"

[93]　参见 John C. Coffee, Jr., *The Attorney as Gatekeeper：An Agenda for the SEC*, 103 Colum. L. Rev. 1193（2003）；Marc I. Steinberg and James Ames, *From the Regulatory Abyss：The Weakened Gatekeeping Incentives Under the Uniform Securities Act*, 35 Yale L. & Pol. Rev. 1（2016）；Fred Zacharias, *Lawyers as Gatekeepers*, 41 San Diego L. Rev. 1387（2004）。在面对客户欺诈时，看门人往往没有作出充分的回应。正如著名法官 Stanley Sporkin 在一个典型案件中所哀叹的那样：

> 当这些明显不正当的交易完成时，这些专业人士在哪里？他们中的一些人现在甚至正在根据第五修正案主张自己的权利？为什么他们没有一个人发声或与交易脱钩？当这些交易生效时，外部会计师和律师又在哪里？令人难以理解的是，所有涉及的专业人才（包括会计和律师），没有一名专业人士举报以阻止本案中发生的越权行为。

Lincoln Savings & Loan Association v. Wall 案。

[94]　参见2002年《萨班斯—奥克斯利法案》。

[95]　参见2002年《萨班斯—奥克斯利法案》。根据该章程，证券交易委员会被指示通过一项规则：

　　（1）要求相关律师向公司首席法律顾问或首席执行官（或同等人员）报告公司或其任何代理人重大违反证券法或违反信托义务或类似违规行为的证据；以及（2）如果律师或官员没有对证据作出适当回应（如有必要，对违法行为采取适当的救济措施或制裁），要求该律师向发行人董事会审计委员会或仅由非发行人直接雇用的董事组成的董事会另一委员会报告证据，或向董事会报告证据。

[96]　参见《联邦法规》第17章第205条；《证券交易法公告》No.47276（2003）。

协会和绝大多数州所接受的现有道德规则。⑰在遵守《萨班斯—奥克斯利法案》中规定的"逐级上报"要求的同时,⑱证券交易委员会拒绝要求法律顾问在面临 286 客户欺诈时"高调退出"。⑲相反,《律师职业行为标准》赋予相关律师自由裁量权,在被认为为防止或纠正客户的不法行为而合理必要时,可以高调退出。⑳

关于这些证券交易委员会的行为标准,本书㉑前面章节已举例讨论过,这里

---

⑰　参见美国律师协会 2020 年《职业行为示范规则》1.2 (d)、1.6、1.13、4.1 规则;美国法律协会 2000 年《律师管理法重述(第三版)》第 67 条;Marc I. Steinberg, *Attorney Liability After Sarbanes-Oxley § 3.02 n.6* (2018),如今,超过 40 个州允许或要求律师揭露客户的犯罪或欺诈行为,尤其是如果这些行为可能会造成重大经济损失。

⑱　在这方面,证券交易委员会《律师职业行为标准》要求:
- 要求律师向首席法律顾问或公司首席执行官或同等人员报告根据客观标准确定的重大违规证据,在发行人内部"逐级上报";
- 如果公司首席法律顾问或首席执行官对证据没有作出适当回应,则要求律师向审计委员会、另一独立董事委员会或全体董事会报告证据;
- 澄清这些规则涵盖向与发行人存在律师—客户关系的发行人提供法律服务的律师,以及知悉其准备或协助准备的文件提交给证券交易委员会的律师;
- 允许发行人建立一个"合格的法律合规委员会"(QLCC),作为报告重大违规证据的替代程序。律师履行规则报告义务的一种方式是向 QLCC 报告重大违规的证据;
- 允许律师在未经发行人客户同意的情况下,在其合理认为必要的范围内披露与其代表相关的机密信息 (1) 以防止发行人实施可能对发行人或投资者的财务利益或对财产造成重大财务损害的重大违法行为;(2) 防止发行人作出违法行为;或 (3) 纠正使用律师服务的重大违规或非法行为的后果;和
- 声明,如果规则与州法律相冲突,则以规则为准,但不应妨碍州对不违反规则的律师施加更严格义务的权力。

SEC Press Release No.2003-13 (Jan. 23, 2003), https://www.sec.gov/news/press/2003-13.htm.

⑲　一般来说,当律师辞去客户代理一职,并通知监管机构(如证券交易委员会)或投资者退出是由于专业原因(也可能表示其无法再支持自己的工作成果)时,就会发生"高调退出"的情况。尽管证券交易委员会提出了一项"高调退出"授权,但它拒绝采纳这一规定。参见《证券交易法公告》No.46868 (2002),提出"高调退出"要求。

证券交易委员会的做法遵循了绝大多数人的观点。就少数几个州而言,少数几个州要求法律顾问在某些情况下"高调退出"(例如《田纳西州职业行为规则》第 4.1 条),而少数几个州禁止律师在存在财务(而非身体)伤害的情况下披露客户的机密信息〔例如《加利福尼亚州商业和职业法》第 6068 (e) 条〕。

⑳　参见前注㉟—⑲的讨论及其随附文本。

㉑　参见 Marc I. Steinberg, *Lawyering and Ethics for the Business Attorney* 15—38 (5th ed. 2020); Marc I. Steinberg, *The Fouston Siefkin Lecture*, *The Corporate/Securities Attorney as a "Moving Target"—Client Fraud Dilemmas*, 46 Washburn L. J. 1 (2006).

287 就不再赘述。[102]本章讨论的目的并不是分析这些标准的内容和适当性，而是为了强调一个严峻的现实，即自制定标准以来的近二十年里，证券交易委员会没有因律师涉嫌不遵守职业标准而提起任何诉讼。尽管金融丑闻和针对顶级律师事务所的私人诉讼持续存在，因为它们涉嫌为客户的欺诈提供便利而行为不端，[103]但证券交易委员会表现得像是一个旁观者，而不是一个负责维护法律的政府监管机构。证券交易委员会的不作为可以被描述为不适当地放弃行使其行政职权。[104]

证券交易委员会在执行《律师职业行为标准》方面的不作为，与其拒绝对主要律师事务所提起纪律处分或执法诉讼是一致的。几十年来，证券交易委员会一直没有采取这样的行动，[105]尽管它对主要会计师事务所采取的行动相当频繁。[106]鉴

---

[102] 参见 Karl A. Groskaufmanis, *Climbing Up the Ladder: Corporate Counsel and the SEC's Reporting Requirements for Lawyers*, 89 Cornell L. Rev. 511（2004）；Thomas L. Hazen, *Administrative Law Controls on Attorney Practice—A Look at the Securities and Exchange Commission's Lawyer Conduct Rules*, 55 Admin. L. Rev. 323（2003）；Lisa H. Nicholson, *SarbOx 307's Impact on Subordinate In-House Counsel: Between a Rock and a Hard Place*, 2004 Mich. St. L. Rev. 559（2004）。

[103] 由于最高法院根据第 10（b）条和 10b-5 规则否认协助和教唆责任，参见 *Central Bank of Denver v. First Interstate Bank of Denver* 案。最高法院根据这些条款对主要责任的限制性定义，*Janus Capital Group, Inc. v. First Derivative Traders* 案；*Stoneridge Investment Partners, LLC v. ScientificAtlanta, Inc.* 案，《私人证券诉讼改革法案》的质疑性辩护要求［《证券交易法》第 21D（b）条］；*Tellabs, Inc. v. Makor Issues & Rights, Ltd.* 案，以及根据《证券诉讼统一标准法案》的要求，即在某些例外情况下，涉及全国交易证券的集体诉讼必须在只有联邦法律适用的情况下向联邦法院提起［见《证券交易法》第 28（f）条］；*Merrill Lynch, Pierce, Fenner & Smith, Inc. v. Dabit* 案，如今，在联邦证券集体诉讼中，律师并没有被频繁起诉。尽管如此，他们在破产管理诉讼和州法院诉讼中承担了大量金钱责任。参见 Marc I. Steinberg, *Attorney Liability After Sarbanes Oxley*（2018）；Marc I. Steinberg, *Corporate Lawyers: Ethical and Practical Lawyering with Vanishing Gatekeeper Liability*, 88 Fordham L. Rev. 1575（2020）；Marc I. Steinberg and Chris Claassen, *Attorney Liability Under the State Securities Laws: Landscapes and Minefields*, 3 U. Cal. Berk. Bus. L. J. 1（2005）。

[104] 另一个例子是证券交易委员会根据《多德—弗兰克法案》通过了 14a-11 规则。该法案授权证券交易委员会颁布适当的规则，使特定的大股东能够在目标公司的委托书中指定一定数量的董事候选人参加董事会选举。参见《多德—弗兰克法案》第 971 条，《证券交易法》第 14（a）（2）条。为了履行这一立法指令，证券交易委员会颁布了 14a-11 规则，授权某些符合条件的大股东在不违背公司的委托书的前提下以提名指定数量的董事。见《证券交易法公告》No.62764（2010）。随后，该规则被美国上诉法院宣布无效。参见 *Business Roundtable v. Securities and Exchange Commission* 案。证券交易委员会没有修改和重新发布规则，而是选择放弃这项行动。参见前注⑧。

[105] 最近针对一家律师事务所的此类行动发生在 40 年前。参见《证券交易法公告》No.15982（1979）；*In re Keating, Muething & Klekamp* 案，根据和解协议，律师事务所被命令采用、维持和实施适当的程序。

[106] 与律师事务所不同，证券交易委员会对主要会计师事务所提起诉讼的频率有所不同。参见
288 *In re Pricewaterhouse Coopers LLP* 案，根据和解协议，该事务所承认违反审计师独立性（转下页）

于如今律师很少在因联邦证券集体诉讼中被起诉，这在很大程度上是由于严格的辩护要求和确立主要责任的不切实际，⑩证券交易委员会应保持警惕，以帮助确保律师作为看门人从事合规的行为。⑱

（五）大型企业内部人士执法不力

证券交易委员会拒绝对大型上市公司和金融公司的董事和执行官采取执法行动是众所周知的，并广受批评。⑩除了内幕交易和类似类型的公然自我交易等不当行为外，⑩证券交易委员会对此类内部人士采取的执法行动很少。例如，在金融危机之后，在奥巴马政府时期，证券交易委员会仅对一名高管采取了一项执法行动。⑪这种不作为今天仍在继续。⑫

（接上页）规定，并支付约 800 万美元罚款；*In re KPMG LLP* 案；根据和解协议，该事务所承认被指控的涉嫌篡改其以往审计工作以及多名员工在内部培训考试中作弊，支付 5 000 万美元罚款并承诺实施改进措施；*In re Grant Thornton LLP* 案，根据和解协议，该事务所承认违反专业标准的不当行为，退还 150 万美元的服务费用并支付 300 万美元罚款。

⑩　参见前注⑱；本书第六章。

⑱　在 21 世纪的前十年，证券交易委员会对律师采取了一系列执法行动。参见 *Securities and Exchange Commission v. Mintz* 案；*Securities and Exchange Commission v. Heinen* 案；*Securities and Exchange Commission v. Isselmann* 案。

⑩　参见前注③，声明称，在金融危机发生三年后，证券交易委员会几乎没有对企业高管采取任何执法行动，主要是"指控低级别的边缘违法者"；Jed Rakoff, *Why Have No High Level Executives Been Prosecuted in Connection with the Financial Crisis?*, CLS Blue Sky Blog（Nov. 15，2013），https://clsbluesky. law. columbia. edu/2013/11/15/why-have-no-high-level-executives-been-prosecuted-inconnection-with-the-financial-crisis/，声明"没有一位高管因最近的金融危机而被成功起诉"。

⑩　公司高管、董事、律师和其他专业人士已成为证券交易委员会几项指控非法内幕交易的执法行动的对象。参见 Marc I. Steinberg and William K.S. Wang, *Insider Trading*（3d ed. 2010）。

⑪　参见 *Defendant Angelo Mozillo* 案，前全美金融首席执行官解决了证券交易委员会的执法行动，同意永久禁止其担任任何上市公司的高管或董事，并支付 4 500 万美元的非法所得和 2 250 万美元的罚款。关于针对公司董事的执法行动，时任证券交易委员会委员路易斯·阿吉拉尔指出，"这些事情非常罕见，以至于该机构目前没有针对董事的案件统计数据"。Luis A. Aguilar, *SEC Commissioner*, *Remarks at the 12th Annual Boardroom Summit and Peer Exchange：The Important Work of Boards of Directors*（Oct. 14，2015），https://www.sec.gov/news/speech/important-work-of-boards-ofdirectors.html.

⑫　参见 Ben Eisen, *Wells Fargo Settles U.S. Probes*, Wall St. J., Feb. 22—23，2020，at A1，报道称，富国银行支付了 30 亿美元来解决司法部和证券交易委员会的调查，没有高管受到指控——随后，证券交易委员会对该公司的首席执行官提起诉讼；前注㊹，需要注意的是，在 2017 财年对金融机构提起的 26 起执法行动中，没有任何个人受到指控；*U.S. Senator Elizabeth Warren*, Facebook （转下页）

289　　　证券交易委员会的不作为被辩称为证明高管和董事在这种情况下的欺诈行为通常是一项无法克服的任务。根据这一理由，高管和外部董事不知道组织内部正在发生的不法行为。[113]假设这种方法是有效的，这种不作为并不能解释该委员会拒绝部署《证券交易法》中的控制人条款。[114]根据第 20（a）条，任何控制另一个违反《证券交易法》或根据该法通过的任何规则或条例的人也应承担

290　责任，除非控制人证明其"真诚行事，没有直接或间接诱导构成违规的行为"。[115]作为公司结构的一个问题，这项影响深远的规定应该延伸到企业的首席

（接上页）（Jan. 15，2016），https://m.facebook.com/senatorelizabethwarren/posts/546470835515414，"七年过去了，仍没有人认罪，也没有人会进监狱。这不是正义"；前注⑩。偶尔，证券交易委员会会追究大型上市公司的高管，但通常会在征得同意的情况下实施温和制裁。参见 *In the Matter of John G. Stumpf* 案，针对富国银行前首席执行官由于疏忽涉嫌违反第 17（a）（2）条和 17（a）（3）条，支付 250 万美元的民事罚款；*Valeant Pharmaceuticals International，Inc. et al.* 案，和解协议中，公司支付了 4 500 万美元的民事罚款，前高管支付了 42.5 万美元的刑事罚款，向公司偿还了 56 万美元的赔偿金，公司控制人被暂停在证券交易委员会执业，会计师有权在一年后寻求复职；*Walgreens Boots Alliance，Inc.* 案，根据和解协议，首席执行官和首席财务官分别同意下达停止令，并因未披露重大信息而被处以 16 万美元的罚款，这些信息在公开后导致股价下跌约 15%。相比之下，该公司同意下达停止命令，并处以 3 450 万美元的罚款。根据和解协议，美国货币监理署对富国银行前高管单独提出指控，包括 1 750 万美元的罚款和对该公司前首席执行官的终身禁令。参见 Rachel Louis Ensign and Ben Eisen，*Wells Fargo Ex-CEO Is Banned for Life*，Wall St. J.，Jan. 24，2020，at A1；David Michaels and Ben Eisen，*Wells Fargo's Ex-CEO Settles with SEC*，Wall St. J.，Nov. 14—15，2020，at B10，涉及比货币监理署实施的制裁少得多的制裁的解决方案。在这个国家之外，"英国检察官指控巴克莱银行的前首席执行官犯有欺诈和非法支付罪，他是被指控犯有与全球金融危机有关的罪行的最著名、最资深的银行家"。Max Colchester and Margot Patrick，*Barclays Hit with Fraud Charges*，Wall St. J.，June 21，2017，at B1.

⑬　参见 Daniel C. Richman，*Corporate Headhunting*，8 Harv. L. & Pol'y Rev. 265（2014），该文讨论了政府对高管和董事采取执法行动的挑战；Brandon Garrett，*The Corporate Criminal as a Scapegoat*，101 Va. L. Rev. 1789，1790（2015），该公司似乎是一种替罪羊：也许不像传统观念中那样完全无可指责，但实际上不可能被监禁——但能够承受最开始的指责和惩罚，而个人罪犯则逍遥法外。在 2002 年《萨班斯—奥克斯利法案》颁布之前，也是在金融危机之前，这一不作为的一个主要例外是证券交易委员会在所罗门兄弟诉讼中对高管采取的执法行动。参见 *In re Gutfreund* 案。

⑭　《证券交易法》第 20（a）条。《联邦法规》第 17 章第 230.405 条，"控制"一词是指"直接或间接拥有指导或促使指导个人管理和政策的权力"。

⑮　《美国法典》第 15 卷第 78t（a）条。参见 *In re Stone & Webster，Inc.* 案；*Harrison v. Dean Witter Reynolds，Inc.* 案；*Titan v. Hollinger Titan Capital Corp.* 案；*G.A. Thompson & Co.，Inc. v. Partridge* 案。尽管如此，少数法院要求原告充分为"负有责任的行为"辩护，表明"在某种意义上，控制人对是受控人违反证券法的行为负有责任的参与者"。参见 *Sharp v. Coopers & Lybrand* 案。

执行官和董事会主席。⑯此外，关于所谓的财务披露违法行为，公司的首席财务官及其审计委员会主席通常应被定义为控制人。⑰

在金融危机之后，证券交易委员会评估了对几家上市公司的巨额罚款。例如，美国银行和高盛集团分别支付了数十亿美元的罚款。⑱然而，令人费解的是，尽管证券交易委员会言辞激烈，但在针对这些企业内部人士的执法行动中，却拒绝援引控制人条款。⑲与证券交易委员会的不作为相比，控制人条款在私人证券诉讼中经常被援引，以至于通常会对声称负有此类责任的公司高管和董事提出索赔。⑳无论出于何种原因，证券交易委员会没有明确说明，但其都拒绝援引这一条款。

在 2018 年，证券交易委员会在一项和解协议的执法行动中，对一家公司的首席执行官和首席财务官适用了控制人条款。㉑目前，证券交易委员会在该诉讼

291

---

⑯　参见 *Maverick Fund v. Converse Technology* 案，驳回针对多名董事、首席财务官和总法律顾问的第 20（a）条索赔的动议；*Puskala v. Koss Corp.* 案，驳回针对公司董事的第 20（a）条索赔的动议；*In re Tronox，Inc.* 案，否认官员被告驳回第 20（a）条索赔的动议；*In re Proxima Corp Securities Litigation* 案，裁定对外部董事提起的《证券交易法》第 20（a）节控制人索赔指控充分。

⑰　参见前注⑯。

⑱　参见前注㊽、⑫，"在 2008 年的金融危机中，由于华尔街的轻率行为，我们失去了数万亿美元的财富，数百万人失去了家园和工作。今天，高盛宣布，它将支付 51 亿美元，因其误导投资者，使他们对兜售的垃圾抵押贷款证券的质量产生误导，从而导致经济崩溃……没人认罪，没有人会进监狱"。

⑲　在奥巴马政府时期，怀特主席曾使用过这样的措辞。参见 SEC Chair Mary Jo White，*Speech at the Council of Institutional Investors Fall Conference*，Chicago，Deploying the Full Enforcement Arsenal（Sept. 26, 2013），https：//www.sec.gov/News/Speech/Detail/Speech/1370539841202：

任何强有力的执法计划的另一个核心原则是尽可能追究责任人的责任。这是我们执法部门一直在做的事情，并且还将继续做下去。毕竟，公司是通过员工行事的。当我们能够确定这些人时，仅仅与公司和解可能是不够的。对不法行为的补救决不能被视为通过削减公司支票来弥补"做生意的成本"。

⑳　参见 Marc I. Steinberg and Forrest C. Roberts，*Laxity at the Gates*：The SEC's Neglect to Enforce Control Person Liability，11 Va. L. & Bus. Rev. 201, 238（2017），声明"在过去三年内，每个美国巡回法院都提交了指控第 20（a）条控制人责任的案件"。

㉑　参见 *Securities and Exchange Commission v. ITT Educational Services，Inc.* 案，在和解协议中，援引了第 20（a）条中针对公司前首席执行官和首席财务官的控制人条款，禁止他们在五年内担任上市公司的高管或董事，并处以罚款。关于分别对这位前首席执行官和首席财务官处以的 20 万美元和 10 万美元的罚款，4 名美国参议员在给证券交易委员会主席杰伊·克莱顿的信中表示，这些"微不足道"的罚款"只不过是一张停车罚单"。Letter dated July 20, *2018 from Senators Richard J. Durbin，Sherrod Brown，Elizabeth Warren，and Richard Blumenthal to SEC Chairman Jay Clayton*，https：//www.durbin.senate.gov/newsroom/press-releases/durbin-brown-warren-blumenthalblastsec-for-weak-settlement-with-former-for-profit-college-executive.

中援引控制人条款似乎是一个例外。尽管证券交易委员会经常敦促公司受托人从事合规的行为,[122]但往往在追究这些内部人士上力有不逮。控制人条款通过规定相关高管和董事除非能证明自己出于善意且未受他人诱导,否则将被追究责任,大大减轻了证券交易委员会的任务。[123]证券交易委员会有责任在其"工具箱"中部署资源。作为执法机构,证券交易委员会应以合理和公平的方式对大公司和金融公司的高管和董事援引控制人条款。通过以这种方式行使其法定权力,将向高管和董事会培养更292 高的纪律和道德标准,从而实现对法律规范的更严格遵守,并完善公司治理行为。[124]

(六)总结

上述讨论以及本书前面所讨论的主题,[125]凸显了证券交易委员会未能以符合几十年前被视为首要机构的方式行使其法定权力。[126]证券交易委员会拒绝采纳并切实执行立法指令,忽视追究主要企业高管的违法行为,剥夺了原告的救济措施,以及过度偏袒资本形成而损害了对投资者的保护,这些都与证券交易委员会的使命背道而驰。必须采取强有力的行动来纠正已经出现的不平衡现象。本章下一部分将建议实施一个证券交易委员会委员组成的新框架。

---

[122] 参见 SEC Chair Mary Jo White, *Remarks at the Securities Enforcement Forum*(Oct.9,2013),https://www.sec.gov/News/Speech/Detail/Speech/1370539872100♯_ftnref6,声明"我们市场的投资者希望知道有一个强有力的警察在巡逻……我认为证券交易委员会应该努力成为覆盖整个社区并追究每一级违规行为的机构";*In the Matter of W.R.Grace&Co.*案,根据和解协议,在第21(a)条报告中强调"公司高管和董事的肯定责任,以确保其服务的股东获得联邦证券法要求的准确和完整的信息披露";前注[119]。

[123] 参见前注[120]。正如一位美国参议员所说:"证券交易委员会并不总是动用其所掌握的所有处罚手段,而它应该这样做。"Senator Chuck Grassley, Press Release, *Bill Seeks Tougher Penalties for Wall Street Fraud*(July 9,2015),http://www.grassley.senate.gov/news/news-releases/bill-seeks-Tougher-penalties-wall-street-fraud.

[124] 同上注。在没有解释的情况下,证券交易委员会拒绝有效利用控制人条款,而是倾向于只有在看门人实施或协助实施主要违规行为的情况下才追究看门人,并且对于华尔街的"大玩家",证券交易委员会几乎从未追究任何个人责任,除极少数情况。

[125] 参见本书第二至七章的讨论;前注[4]。

[126] 参见 Judith Miller, *S.E.C.:Watchdog 1929 Lacked*, N.Y. Times, Oct.31,1979, at D1,该文声明"1934 年成立的执行联邦证券法的机构,证券交易委员会,仍然被广泛认为是美国最好的独立监管机构";David L. Ratner, *The SEC at Sixty*,16 Cardozo L. Rev.1765,1779(1995),该文认为证券交易委员会是证券业比其他金融服务业状况好得多的一个重要原因,也是美国证券市场是世界上最好的证券市场的原因之一。

三、重组证券交易委员会

证券交易委员会和司法部因未能有效执行针对大型企业内部人士的联邦法律而备受严厉批评。[127]虽然这本书的重点是站在证券交易委员会的立场，但司法部在金融危机后放弃对一名高管提起单一刑事诉讼，这表明证券交易委员会和 293 司法部有着相似的文化偏见问题。[128]至于证券交易委员会，其仅对一名与金融危机有关的董事会级高管采取了一项执法行动。毫无疑问，证券交易委员会作为投资公众的守护者和强硬执法者的传统形象已被逐渐弱化，公众嘲笑该机构软弱无能，惮于追究大公司和金融公司高管的责任。[129]

（一）旋转门挑战

许多评论者断言，未能对大公司的高管进行有意义的执法是由于监管机构试图脱离政府，通过"旋转门"进入利润丰厚的私营部门就业。[130]意识到他们使用被

---

[127] 参见 Stephen Lebaton，*S.E.C. Facing Deeper Trouble*，N.Y. Times，Dec. 1，2002，at D1，称证券交易委员会"面临的问题比其领导层的困难更严重，这些问题削弱了其监管公司和市场的能力"；前注③、⑩、⑫、⑬、⑫、⑫的讨论及其随附文本。

[128] 参见 John C. Coffee，Jr.，*Corporate Crime and Punishment—The Crisis of Underenforcement* 3（2020），评论称"华尔街或大型金融公司的高管都没有被定罪（甚至被起诉）"；前注③，声明"政府失败了"，"顶级金融公司的顶级银行家都没有因为导致 2008 年金融危机的广泛渎职行为而入狱"；Michael H. Hurwitz，*Focusing on Deterrence to Combat Financial Fraud and Protect Investors*，75 Bus. Law. 1519，1520（2020），提到只有一位高管在 2008 年金融危机后入狱。

[129] *The Big Short*（2015），based on Michael Lewis，*The Big Short*（2010）；*Billions*（Short Squeeze 2016），在这方面，参议员伊丽莎白·沃伦称证券交易委员会"特别软弱"。Senator Elizabeth Warren，*Rigged Justice 2016：How Weak Enforcement Lets Corporate Offenders Off Easy* at 1（Jan. 2016），http://www.warren.senate.gov/files/documents/Rigged_Justice_2016.pdf.

[130] 参见 Peter J. Henning，*The Revolving Door and S.E.C. Enforcement*，N.Y. Times：Dealbook（April 8，2010），https://dealbook.nytimes.com/2010/04/08/the-revolving-door-and-s-ec-enforcement/，讨论旋转门是否会对证券交易委员会执法部门的有效性产生不利影响；Andrew Ross Sorkin，*Revolving Door at S.E.C. Is Hurdle to Crisis Cleanup*，N.Y. Times：Dealbook（Aug. 1，2011），https://dealbook.nytimes.com/2011/08/01/revolving-door-at-s-e-c-is-hurdle-to-crisis-cleanup/，注意到"旋转门"多年来一直是证券交易委员会的"主导事实"，这引发了人们对华盛顿和华尔街的质疑；James D. Cox and Randall S. Thomas，*Revolving Elites：The Unexplored Risk of Capturing the SEC*，107 Geo. L. J. 845，849，860（2019），指出许多评论家认为"前证券交易委员会主席玛丽·乔·怀特的任期是旋转门的典范"，"旋转门是证券交易委员会的现实"。

认为过于积极的监管和执法做法很可能被视为对他们未来的就业前景有害，政府律师往往以表现得专业的方式工作，但又不会失去对潜在雇主的吸引力。正如一位消息人士所说："如果你在证券交易委员会的执法部门工作，你内心深处可能知道，表面也清楚，如果你与华尔街保持良好的关系，你可能很快就会受雇于华尔街并得到巨额报酬。"[131]这种看法也适用于证券交易委员会其他部门的律师，如在公司财务部，律师对证券交易委员会规则和政策的积极执行可能会在私营部门广为人知，但同时也可能会疏远未来的雇主。许多证券交易委员会律师的最终目标是成为一家顶级律师事务所的合伙人，代表他们可能曾经监管过的客户。[132]

旋转门现象在高级员工层面上也存在问题，律师事务所合伙人和其他来自私营部门的成熟的个人加入证券交易委员会之时，通常担任部门负责人或其他高级员工职位。[133]在这种背景下，文化偏见问题尤其尖锐。在知名律师事务所和私营部门其他高级职位工作多年甚至数十年的成功人士通常缺乏对政府进行强有力的监管和执法的认同感。一旦证券交易委员会的任期结束，他们很可能会回到自己的律师事务所继续执业。[134]由于他们曾为政府工作并因此获得了更多的专业知识、见解和员工的政府工作部门人脉，通常对客户更有吸引力。其结果是对严格的政府监管和执法显得并不积极。正如一名证券交易委员会工作人员在他的退休招待会上所说，该委员会"负责街道上破窗修补，很少去摩天大楼的顶层"。[135]

---

[131] Michael Lewis and David Einhorn, *The End of the Financial World as We Know It*, N.Y. Times (Jan. 3, 2009), https://www.nytimes.com/2009/01/04/opinion/04lewiseinhorn.html.

[132] 参见前注[130]，证券交易委员会工作人员和在证券集体诉讼中代表原告的律师事务所之间的大门并非双向旋转；Alexander I. Pratt, *The Non-Revolving Door*, 46 J. Corp. L.（forthcoming 2021），https://ssrn.com/abstract=3674179.

[133] 参见前注[130]，断言"关注部门主管，他们来自哪里，返回哪里，是一个比他们的下属迁移到哪里更重要的问题，因此，旋转门辩论的焦点应该是机构的部门主管，而不是工作人员"。

[134] 执法主任、公司财务部主任和总法律顾问等证券交易委员会部门负责人在证券交易委员会任期结束后，通常会与律师事务所建立伙伴关系。这些公司的其他高级工作人员经常也是如此。参见前注[130]。一个值得注意的例外是我的导师证券交易委员会执法主任斯坦利·斯伯金，他在离开证券交易委员会后成为中央情报局总法律顾问，此后成为联邦地区法官。斯伯金法官从法官席退休后，加入了 Weil, Gotshal & Manges 律师事务所。

[135] 前注③。"破窗理论"一词指的是证券交易委员会主席玛丽·乔·怀特（Mary Jo White）推行的政策，即任何违规行为，无论多么轻微，都应受到证券交易委员会的执法审查。参见 Remarks of SEC Chair Mary Jo White, *Securities Enforcement Forum*（Oct.9, 2013），https://www.sec.gov/news/speech/spch100913mjw，声明"即使是最小的违规行为也会有受害者，而且最小的违规往往只是迈向更大违规行为的第一步"。

旋转门的问题不容易解决。为了吸引敏锐的初级律师，流动性是必不可少 295
的。如果没有机会跳槽到律师事务所和私营部门的其他有吸引力的职位，一流
的初级律师和其他相对缺乏经验的专业人士往往不愿意成为证券交易委员会的
工作人员。通过在政府工作获得备受追捧的技能，并在私营部门获得有吸引力
的职位，证券交易委员会对这些人来说仍然是一个理想的就业选择。⑬

此外，经验丰富的律师和其他专业人员从私营部门跳槽到证券交易委员会
工作人员可能是有益的。这些知识渊博的个人提供了宝贵的实践经验、来自私
营部门的敏锐见解，以及对证券交易委员会拟议政策和行动的可行性的经验评
估。此外，一旦这些人重返私营部门，他们可能会帮助各自的客户更好地遵守
监管要求，从而提高法律合规性。⑬

（二）重组证券交易委员会委员

因此，解决方案不是为初级证券交易委员会人员设置更大的旋转门障碍，
也不是阻止私营部门有经验的专业人员从事有价值的政府服务。相反，答案在
于证券交易委员会委员的组成。毕竟，基调是由上层决定的。在过去的几十年
里，这种基调一直是支持资本形成，而不是加强投资者保护，同时普遍拒绝对 296
大公司和金融公司的高管采取执法行动。在这方面，在过去三十年中，相当多
的证券交易委员会委员（以及证券交易委员会主席）曾是著名的公司律师事务
所和金融公司的合伙人。⑬一些曾任法学教授或担任其他政府职位（如国会工作

---

⑬ 事实上，这一立场体现在《职业行为示范规则》中，在该规则中，当个人不合格的政府律
师转为私人执业时，可以实施筛选机制，以避免整个律师事务所被取消资格。参见 American Bar
Association，*Model Rules of Professional Conduct*，Rule 1.11。其理由是，如果在这种情况下禁止筛
选，政府招募熟练律师的能力将大大削弱。参见 *Armstrong v. McAlpin* 案；Thomas D. Morgan，
Appropriate Limits on Participation by a Former Agency Official in Matters Before an Agency，1980
Duke L. J. 14（1980）；Robert Mundheim，*Conflict of Interest and the Former Government
Employee：Rethinking the Revolving Door*，14 Creighton L. Rev. 707（1981）。

⑬ 参见前注⑬；U.S. Government Accountability Office（GAO），GAO-11-654，*Securities and
Exchange Commission：Existing Post-Employment Controls Could Be Further Strengthened* at 11
（2011）。

⑬ 参见 Paul Kierman，*SEC Director Says He Will Step Down*，Wall St. J.，Oct.28，2020，at
A2，该机构的高级职位通常由前公司律师担任。从 1990 年到 2020 年，约有 32 人被任命为证券交
易委员会委员。以下按时间顺序排列的证券交易委员会委员于 1990 年至 2020 年被任命为 （转下页）

人员）的委员在其职业生涯中曾与大型律师事务所有关联。[139]此外，一旦他们的任期结束，许多证券交易委员会委员就作为合伙人加入大型律师事务所，或在大型上市公司担任高级职位。[140]

显而易见的是，具有某些从属关系的合格个人似乎被排除在外。例如，许多在集体诉讼中代表投资者的经验丰富的证券诉讼律师将为证券交易委员会的审议带来不同的观点；然而，据我所知，从来没有人被任命为该委员会委员。[141]在公共养老基金担任高级职务的知识渊博的个人也是如此，这些基金的受益人是普通个人投资者，如加州公共雇员退休制度（CALPERS）。此外，私人非营利组织（如美国退休人员协会）的成员包括数百万美国人，其中许多人投资于

297

（接上页）证券交易委员会委员，在大型律师事务所和金融公司拥有丰富经验：Philip R. Lochner, Jr.（时代股份有限公司总法律顾问）；J. Carter Beese（Alex, Brown & Sons 合伙人）；Steven Wallman（Covington & Burling 合伙人）；Norman S. Johnson（Van Cott, Bagley, Cornwell & McCarthy 合伙人）；Harvey L. Pitt（主席）（Fried, Frank, Harris, Shriver & Jacobson 合伙人）；William H. Donaldson（主席）（Donaldson, Lufkin & Jenrette 公司董事长兼首席执行官）；Paul S. Atkins（Davis Polk & Wardwell 律师事务所合伙人）；Christopher Cox（主席）（Latham & Watkins 合伙人）；Annette L. Nazareth（Smith Barney 董事总经理）；Luis A. Aguilar（McKenna Long & Aldridge 合伙人）；Daniel M. Gallagher（Wilmer Hale 合伙人）；Mary Jo White（主席）（Debevoise & Plimpton 合伙人）；Jay Clayton（主席）（Sullivan & Cromwell 合伙人）；Allison H. Lee（Sherman & Howard 合伙人）。此外，最近几位证券交易委员会主席与律师事务所或行业有着密切的联系，包括哈维·皮特、威廉·唐纳森、克里斯托弗·考克斯、玛丽·乔·怀特和杰伊·克莱顿。参见前注⑬、⑬—⑭。值得注意的是，14 名前证券交易委员会委员撰写了美国最高法院的案情摘要。*Stoneridge Investment Partners LLC v. Scientific-Atlanta, Inc.*案，这严重限制了《证券交易法》第 10（b）条规定的主要责任范围。参见前注③。

[139] 例如，按时间顺序（1990 年至 2020 年），在各自被任命之前担任法学教授或其他政府职位，并在其职业生涯早期隶属于大型律师事务所的证券交易委员会委员包括：Richard C. Breedan（主席）；Roel C. Campos；Elisse B. Walter；Troy A. Paredes；Kara M. Stein；Robert J. Jackson, Jr.；Hester M. Peirce；Elad L. Roisman。

[140] 例如，按照时间顺序（从 1990 年到 2019 年），在任期结束后成为大型律师事务所合伙人或加入大型上市公司担任高级职位的证券交易委员会委员包括：Richard C. Breeden；Philip R. Lochner, Jr.；Richard Y. Roberts；J. Carter Beese, Jr.；Norman S. Johnson；Roel C. Campos；Christopher Cox；Annette L. Nazareth；Daniel M. Gallagher；Mary Jo White。

[141] 有几家顶尖的原告证券诉讼律师事务所，但他们的律师都没有被任命为委员——至少在过去的四十年里，如果不是自 1934 年证券交易委员会成立之初算起的话。例如，五家著名的原告证券诉讼律师事务所分别是：伯恩斯坦·利托维茨·伯格和格罗斯曼律师事务所（Bernstein Litowitz Berger & Grossmann）、格兰特和艾森霍夫律师事务所（Grant & Eisenhofer）、卡索维茨·本森和托雷斯律师事务所（Kasowitz Benson & Torres）、拉巴顿·苏查罗律师事务所（Labaton Sucharow）、罗宾斯·盖勒·鲁德曼和多德律师事务所（Robbins Geller Rudman & Dowd）。

证券市场，从未有一名高级官员在证券交易委员会任职。最后一个例子是，属于工会并通过各自公司的养老基金拥有证券的员工从未被任命加入证券交易委员会，即使其是精通证券的人员（如劳联会的资深内部律师）。[142]

几十年来，有大量的公司律师和高管被任命为证券交易委员会委员。[143]因此，证券交易委员会未能切实参与投资者保护的最终结果也就不足为奇了。例如，通过在高层制定政策和基调，证券交易委员会委员发出了信号，促进资本形成是投资者保护的优先级，大公司和金融公司的高管和董事在执行行动中不得因其从事普通事务（如其与目标公司披露实践有关的行为）而受到追究。[144]根据高层的指示，证券交易委员会的工作人员应尽职尽责地执行证券交易委员会的默示议程。

如果委员会实施而不是敦促联邦证券法所依据的投资者保护政策，情况将大不相同。[145]证券交易委员会空洞的言辞将成为过去时代的遗留物。根据证券交易委员会的指示，证券交易委员会的工作人员将负责实现这些目标。作为证券交易委员会聘用的一个广为人知的特点，工作人员律师将保持其对律师事务所和其他私营部门企业的吸引力。最重要的是，需要有力而公平的执法，以及有利于投资者和证券市场完整性的披露和市场监管做法。对于经验丰富的外部律师和其他专业人士来说，如果厌恶证券交易委员会重振计划的工作重点，则不适合调到该委员会担任部门负责人或其他职位。尽管如此，仍有数十名（如果不是数百名的话）其他经验丰富的专业人士渴望获得证券交易委员会的高级职员职位，以便服务于公众利益并对该委员会的做法和文化进行深入了解，从而能够在重返私营部门（如律师事务所）后更受同事和客户重视。[146]

298

---

[142]　因此，似乎有资格担任证券交易委员会委员的人选范围通常很狭窄，主要来自大型律师事务所、金融服务公司和政府机构，尤其是国会的个人。参见前注[133]—[140]的讨论及其随附文本。

[143]　参见前注[138]—[140]；前注③，称证券交易委员会主席玛丽·乔·怀特为"美国首屈一指的辩护律师之一"。

[144]　这些观点在整本书中都有讨论，包括本章前面的部分。需要注意的是，证券交易委员会有时会对这样一位高管提起强制执行诉讼。参见前注[112]。

[145]　参见前注③，声明为了应对金融危机，证券交易委员会几乎没有采取任何单独的执法行动，即便采取行动，也是针对"低级别的边缘违法者"；前注[119]、[122]。

[146]　参见前注[130]，阐述了"旋转门可以通过促进对监管要求的更多理解和提高合规水平，对私营部门和公共部门的绩效产生积极影响"的观点。

　　为了实现这些目标，证券交易委员会委员的组成必须比目前的做法更加多样化。首先，应该修改联邦证券法，将委员会的成员从 5 人增加到 7 人。[146]其次，法规应规定，同一政党的委员不得超过 4 名，由总统指定担任证券交易委员会主席的委员。[148]最后，根据法规，成员将由以下各个人或组织组成：（1）来自公司律师事务所、上市公司或注册金融公司的人员，（2）在上市公司会计监督委员会（PCAOB）注册的会计师事务所的人员，（3）在证券集体诉讼中代表投资者的律师事务所的人员，（4）在证券领域具有专业知识的学术界或政府（包括国会山）的人员，（5）管理公共养老金计划的机构投资者的人员，（6）非营利组织人员且其成员至少由数万名在证券市场投资的美国人组成，以及（7）成员或受益人是上市公司雇员的组织的人员。以这种方式任命证券交易委员会委员将大大增强多样性和视角。尽管这七种类别可能会在一定程度上有所调整，但它们必须保留其对具有不同观点的合格个人的规范，这些个人来自其成员、客户或业务与证券法或证券市场有关的组织。这些规范中应包括的主要考虑因素是性别和种族多样性。[149]通过这一框架将有助于使证券交易委员会恢复其昔日的辉煌，成为一个有效而权威的执法机构，其主要任务是保护投资者。随着现行制度的延续，无论民主党还是共和党执政，证券交易委员会的实力可能会继续削弱。[150]如果不加以控制，这种可能性对投资者和美国证券市场的完整性来说不是个好兆头。

四、结　论

　　证券交易委员会必须做出根本性的改变。正如本章所讨论的，该委员会已经失去了往日的光彩，它不再被视为投资者保护的捍卫者，也不再被那些在履

---

　　[146]　参见《证券交易法》第 4（d）（a）节（规定证券交易委员会"由 5 名委员组成，由总统在参议院的建议和同意下任命"）。

　　[148]　同上注，声明"同一政党的委员不得超过 3 名"。

　　[149]　本书第五章中关于公司董事会性别和种族多样性的讨论与证券交易委员会委员的任命有关。

　　[150]　事实上，应该强调的是，在 2008 年金融危机之后，证券交易委员会未能对大型金融公司的高管采取执法行动，这发生在奥巴马政府时期。就特朗普政府而言，正如预期的那样，任何认为证券交易委员会加强企业执法的看法都是错误的。参见前注③。

行职责的正常过程中做出异常行为的蓝筹公司高管所恐惧。针对证券交易委员会在过去几十年中的几次失败，前面的讨论建议了应该实施的纠正措施。需要注意的是，证券交易委员会的错误做法和政策并非毫无关联，而是系统性的，这就需要我们采取全面行动。重振证券交易委员会最可行的方法是，通过重组证券交易委员会委员，并在高层设定正确的基调。有效地推进这一改革应该能够激励证券交易委员会进行更平衡的监管，重新发挥其作为投资者保护捍卫者的作用。

第十章

分章建议汇编

一、导　言

　　本章总结了本书提出的关键建议。有关这些建议的具体分析载于提出这些建议的各章，本章仅提取出核心部分和关键点，希望以这种相对简洁的方式进行分章建议汇编，为这个具有挑战性的项目的总体目标提供实质性助益。

二、分章建议

（一）联邦证券法的披露制度

　　1. 联邦法律规范实质公平的正当性

　　在适当的情况下，联邦证券法应规范实质信托行为。这种方法向州立法机构和法院发出信号，明确公司高管和董事的过于宽容的处理行为可能会引发联邦行动，这种行为或许会取代或显著规范以前属于州法律管辖范畴的事项。联邦政府也可能需要采取行动来解决各州拒绝或未能充分解决的重要问题。

　　2. 重大性概念

　　（1）应拒绝过度依赖实质性的量化标准，而采用符合司法先例和证券交易302委员会披露声明的灵活定性和定量重大性阈值。

　　（2）叙述性披露中的虚假陈述或遗漏应根据相同重大性标准进行判断，而不考虑有争议的法律或监管规定。例如，就第 10（b）条和证券法的其他反欺诈条款而言，MD&A 设置中的重大披露缺陷应被视为重大事项。

（3）证券交易委员会关于公司治理背景下定义重大性披露的解释，特别是针对高管和董事行为的司法解释，往往过于狭隘。为了促进市场完整性和股东利益，应该采取更有力的方法。

3. 强制性披露框架

（1）强制性披露框架在证券法框架中占有稳固的地位，其根本重要性应得到最高优先考虑。

（2）注册人和受托人使用所谓的夸大宣传和信念声明，不应根据证券法承担责任。对各自公司和股东负有谨慎和忠诚义务的受托人应承担更高的责任标准。

（3）在证券交易委员会的披露框架中，明显不重大的信息"过载"现象普遍存在。在执行以下任务时，应大幅缩短披露文件的篇幅：在没有正当商业理由的情况下，必须及时充分披露所有重大信息。

（4）在目标公司向证券交易委员会提交的文件中，包括其《证券法》注册声明和《证券交易法》定期报告中，应要求有强制性的摘要部分。在证券交易委员会的注册声明和定期报告中提供足够全面的摘要，应有助于更严格的披露程序，并为普通投资者提供更好的机会来获取作出知情决策所需的重大信息。

（5）应要求每个《证券交易法》报告公司设立一个仅由独立董事组成的披露委员会，独立董事可代表该委员会聘请独立的法律顾问。

（6）证券交易委员会不恰当地废除了针对 506 规则的向合格投资者发行股票的强制性披露框架。除非这些投资者拥有足够的资金水平和金融专业知识，否则应适用强制性披露框架，使这些投资者有权获得注册类型的信息。

（7）证券交易委员会未能在没有正当商业理由的情况下要求目标公司披露所有重大信息，这表明这些公司的证券交易价格往往无法准确反映其价值。为了缓解这种情况，应要求上市公司在意识到此类信息的重大性后（在没有正当理由的情况下）一个工作日内披露所有重大信息。

303

（二）证券法注册豁免

1. D 条例

（1）认定个人为合格投资者，除了拥有必要的资金外，还应要求投资者或其买方代表具备财务专业知识。同样，除了满足特定的经济水平（例如总资产达到 500 万美元）外，还应要求各实体具备金融专业知识。

（2）获得合格投资者资格所需的资金金额应基于证券交易委员会 1982 年颁布 D 条例（包括 506 规则）时采用的资金水平，并且每年都应根据通货膨胀进行调整。

（3）除了在确定合格投资者资格时将个人的主要住所排除在计算个人净值之外，还应排除某些其他不可替代的资产，包括养老金和退休账户中的金额。

（4）广告和一般招标应仅允许合格投资者和合格机构买家，并且只有在这些投资者被视为合格（根据本书提出的标准）后才允许进行接下来的步骤。

304 （5）一旦向任何合格投资者披露了实质性信息，就应要求向所有投资者提供相同的信息。

（6）应要求在使用广告和一般招标［506（c）规则］之前至少 72 小时向证券交易委员会和每个适用州提交表 D，此要求同样适用于进行任何要约或出售［在 504 规则、506（b）规则］以及发行结束时。

（7）506（c）规则应予以废除，因为具有更优的投资者保障措施提案，更能在很大程度上实现其目标。

2. 加大对州证券监管机构的资金支持

州证券监督管理机构的资金应得到实质性改善。提出的解决方案是由北美证券管理者协会采用一个建议的费用表，由州证券委员会向其用户收取费用，包括发行人、金融中介机构和投资公司。各州证券机构将执行这一建议的费用表，并保留所有或足够数量的费用来支撑其运营成本。

3. A 条例

（1）应认真考虑是否应废除 A 条例的第一级。随着 504 规则在 12 个月内发行金额增加到 1 000 万美元，规模较小的发行人可以在州注册要求的范围内进行小型公开发行。寻求在公开募股中筹集更多资本的发行人，经常获得更大的投资者群体，将受到 A 条例第二级更严格的规定的约束。

（2）不应存在各州对 A 条例的先占原则。尽管如此，为了确保在没有额外的州授权（如绩效监管）的情况下，适用统一的披露要求，联邦标准将在州一级规定豁免的范围。

（3）广告和一般招标（以及试水沟通）的使用应仅限于合格投资者和合格中介机构，前提是他们被视为合格（根据本书提出的标准）。

（4）在 A 条例第二级发行中，未经认证的投资者在此类发行中可以购买的金额不应有限制。

305

4. 州内发行

州内发行豁免应该取消。本书建议的替代豁免将更好地满足发行人和投资者的需求，这将超过州内发行豁免带来的收益。

5. 主要豁免产品的合并

（1）如果所谓独立发行并非出于相同的一般目的，则不应将这些发行合并。

（2）如果所谓独立发行是出于相同的一般目的，则应适用 90 天的安全港规则。

（3）如果所谓独立的发行在 90 天内进行，并且是出于相同的一般目的进行的，则应采用传统的五要素测试来确定它们是否会合并且视为单独发行。

（三）证券转售豁免

1. 公开转售证券

（1）对于《证券交易法》报告公司而言，由于公共领域中存在大量关于这些公司及其证券的信息，且这些公司的证券通常在更发达的市场交易，因此应允许转售这些公司的股票，无论这些证券是受限制的还是不受限制的，不设持有期。

（2）在无持有期的情况下，《证券交易法》144 规则的任何 3 个月内报告公司权益证券的数量限制不得超过以下两者中的较大者：（a）已发行类别股份的 3%；（b）交易所报告的和/或通过注册证券协会的自动报价系统报告的交易前四周的平均周交易量。

306　　（3）关于非《证券交易法》报告公司的证券，应修订 15c2-11 规则，以提供更完整和更全新的信息。修订后的 15c2-11 规则要求的信息每 3 个月更新一次，并可在目标公司的网站上或通过其他电子方式获取。

　　（4）只要按照建议更新并遵守 15c2-11 规则的信息和交付要求，限制性或非限制性证券的持有期将不适用于非《证券交易法》报告公司的证券。

　　（5）根据修订后的 144 规则，私人持有企业的股权证券在 3 个月内的转售将限于该企业已发行股权证券的 1% 或交易前四周的平均每周交易量中的较大者。

2. 证券私下转售

　　（1）为了使非《证券交易法》报告公司援引第 4（a）（7）条的私下转售豁免，需要向潜在买家提供经修订后的 15c2-11 规则所要求的信息。

　　（2）对于《证券交易法》报告公司来说，相关公司及时遵守《证券交易法》的报告要求即可。

　　（3）如果满足信息要求，修订后的第 4（a）（7）条将允许向《证券交易法》报告公司和私营企业的合格和非合格投资者提供要约和销售，前提是这些投资者（自己或通过其代表）具有财务专业知识。

　　（4）鉴于对第 4（a）（7）条的这些修订，非正式的第 4（1-½）条豁免将被撤销。

3. 向合格机构买方转售

　　144A 规则中规定的要求均是适当的，除非应发行人的要求，必须向证券持
307　有人和潜在购买者提供自身基本信息和财务报表。由于更富有的投资者可以自力更生，144A 规则关于信息披露的规定应当废除。

（四）《证券法》注册框架

1. 披露《证券法》注册声明

（1）在《证券法》注册声明中，如果没有正当的商业理由，所有重大信息都应被要求披露。

（2）只有那些证券实际上在有效市场中交易的公司才允许通过引用《证券交易法》报告的方式纳入目标公司的注册声明。

（3）鉴于普通投资者（尤其是许多个人投资者）没有阅读通过引用纳入《证券法》注册声明中的《证券交易法》定期报告，因此招股说明书中应要求有一个足够全面的摘要部分。

2. 注册流程时间限制

（1）目前对"合格机构投资者"的定义过于宽泛。总资产标准并不等同于财务专业知识程度。因此，在这些投资者不具备必要的财务专业知识的情况下，非成熟的知名发行人应禁止"试水"或以其他方式在申请前期间进行出售要约。

（2）若干证券法条文有助于规模较小的上市公司及市场参与者为即将进行的注册发行调整市场。为了阻止这些公司和参与者参与此类活动，应实施更严格的标准。

（3）在一定程度上，规模较小的上市公司的大规模披露大大降低了监管成本和投资者负担，这是非常合理的。然而，规模化披露不应导致投资者和证券市场无法获得重大信息。根据披露原则，在没有正当商业理由的情况下，无论目标公司的规模如何，都必须及时、充分地披露所有重大信息。

3. 证券交易委员会对《证券法》第28条的错误适用

证券交易委员会针对非公开和公开发行环境制定规则时，援引了《证券法》第28条作为其权限基础。该委员会多次滥用第28条，以"符合公共利益且有利于保护投资者"的名义行使该豁免权。为了遵守这些指令，证券交易委员会应适用两项原则：首先，如果采取拟议的措施，投资者的境况会更糟，则不应采取此类措施，因其不符合"对投资者的保护"；其次，如果任何减少披露的提议意味着投资者和证券市场将不再能够获得某些重大信息，那么同样不应采用该提议的措施。

（五）注册发行的尽职调查

1. 外部董事

作为在国家证券交易所上市的一个条件，上市公司应被要求拥有一个由独立董事组成的董事会披露委员会。与审计委员会的授权类似，披露委员会应有权聘请自己的顾问，包括法律顾问。披露委员会应召开会议，邀请非委员会成员的其他外部董事（以及包括法律顾问在内的支持人员）出席会议。

2. 承销商

（1）证券交易委员会的许多建议侧重于承销商应如何建立关于注册证券潜在发行人的"知识库"，这些建议都是不切实际的。此外，证监会建议发行人聘请承销商法律顾问进行持续尽职调查，是可行的替代方案中最可取的一种。这项建议应升级为强制化要求；也就是说，在注册发行中，发行人必须聘请承销商的法律顾问。

（2）为了显著减少利益冲突问题，承销商的法律事务所将由目标公司的审计委员会或其披露委员会聘请，每个委员会都完全由独立董事组成。

（3）该审计或披露委员会将负责法律事务所的聘请、代理范围的确认、费用的安排，并在必要时终止与承销商的法律事务所的合作。

（4）在签署全面保密协议后，邀请特定数量的潜在承销商与审计委员会或披露委员会成员一起参加信息交流会。

（5）发行人将被要求公开指定潜在承销商（如五家此类承销商），从而有资格在该发行人即将进行的储架注册发行中被选为主承销商。

（六）公司治理的联邦化

公司治理框架存在漏洞，需要在联邦层面实施更严格的标准。本书讨论了其中两项改进建议：其一，需要制定全面的立法来规范内幕交易；其二，需要促进合并和收购环境中实质性行为的联邦化。

1. 董事会和董事会委员会的组成

过去几十年的发展中，联邦法律影响了董事会和董事会委员会的组成和职责。此外，由于州法律未能规定适当的行为规范，也未能充分解决公司受托人的异常行为，因此有必要采取额外的措施。

（1）国会应颁布立法，要求作为其证券在国家证券交易所上市的条件之一，相关公司必须有一名独立董事担任董事会主席。

310

（2）国会应颁布立法，在董事背景及其多样性（包括性别和种族多样性）方面加强董事会的组成。至少应为员工代表分配一个董事会职位。通过这项措施将提高董事会成员的独立性，减少结构性偏见的存在。

（3）独立董事应该有交错的任期限制，以减少董事懈怠和被同化的风险。

（4）实益拥有目标公司至少 3% 投票权股份且持有该等股份至少 12 个月的最大股东（或股东团体）应有权在该公司的委托书中，提名最多 25% 的董事会选举席位。

2. 股东对薪酬及相关问题的话语权

（1）对于在国家证券交易所进行证券交易的公司，国会应颁布法令，对首席执行官薪酬与普通员工薪酬差距设定上限。

（2）在目标公司董事会任职的员工代表（根据上述建议）也应担任该公司薪酬委员会的成员。

（3）现任顾问股东关于高管薪酬的股东咨询性投票应提升为具有约束力的股东投票。具有约束力的股东投票将带来更高水平的纪律，更好地使高管薪酬与公司业绩保持一致，从而改善整体公司薪酬结构中的公平观念。

3. 过度依赖州法律

确定联邦证券法的范围时遵守州法律原则是不合理的。鉴于当今联邦公司治理的强有力的存在，在解释联邦证券法的含义和范围时，联邦法律应统一作为控制性来源。

311　（七）私人证券诉讼

美国的私人证券诉讼框架是不可接受的，需要对所涉及的公共政策问题进行明确以及进行更统一和更好的评估。

1. 上市公司注册发行与二级市场交易

（1）一家普通股在国家证券交易所上市的公众持股上市公司会因其提交的是注册声明还是定期报告，适用截然不同的责任制度的约束。对于成熟公司，无论披露缺陷是包含在依据《证券法》提交的注册声明（和招股说明书）还是依据《证券交易法》提交的定期报告中，都应适用相同的责任框架。

（2）对于进行首次公开募股或尚未成熟的公司（例如，公开发行量低于7 500万美元的发行人），应适用《证券法》第11条的现行规定，但发行人（与其他第11条被告一样）应进行尽职调查抗辩。

（3）第11条繁琐的追溯要求应被解释为反映公平对待：原告只有在能够通过大量证据证明其是根据据称披露不足的注册声明收购股票的情况下，才能援引第11条。然而，根据第11条进行的任何集体索赔都将受到在二级市场流通的股票在标的注册发行中出售的比例的限制。

2. 统一的主观过失程度

（1）在没有正当理由的情况下，无论原告试图援引何种补救条款，在私人联邦证券诉讼中，都应基于相同的行为适用统一的过失标准。

312　（2）一般来说，对于易于事实核实的披露，被告的过失应以过失不当行为为前提，而不是以故意行为为前提。

（3）如果适用的陈述是面向未来的或无法以其他方式核实，则应适用基于被告表现出的重大疏忽或恶意的情况。

（4）私人证券诉讼应消除严格责任。

3. 私人证券诉讼中的抗辩要求

（1）应降低指控欺诈的私人证券诉讼中严苛的辩护标准，不受《私人证券诉讼改革法案》提高要求的影响，而反映《联邦民事诉讼规则》第 9（b）条标准。

（2）在没有不当干预的情况下，初审法院可酌情决定，在法院对撤案动议作出裁决之前，可下令进行有限的披露。

（3）在提供有限的证据后，如果法院发现原告的指控是轻率的，则应该制裁原告及其律师，包括向被告适当支付律师费。

4. 主要责任原则

应简化主要责任原则。本书建议的方法将减轻辩护负担，提供更多确定性，并缩小责任差距。

（1）与现行法律一样，主要责任风险应扩大到那些作出据称重大虚假或误导性陈述或从事欺诈或欺骗性行为的人。

（2）当一个实体，如公司，在向投资者传播的证券交易委员会文件或其他通信中作出涉嫌重大虚假或误导性陈述时，在该实体具有所需地位的特定个人，包括高管，应承担主要责任。

（3）外部董事不应承担主要责任，除非他们签署相关文件或以其他方式批准向投资公众传播的口头或书面信息。

（4）关于《证券法》注册声明，无论公司的地位如何，发行的承销商和审计师都应承担主要责任。 313

5. 取消信赖要求

《证券法》私人损害赔偿诉讼中的信赖要素应予以取消。与其为了进行有效的市场理论分析而耗费过多的时间和资源，更好的做法是遵循其他发达市场（和州证券法）的规定，取消信赖要求。尽管如此，原告将被要求证明损失的因果关系和损害赔偿金额。

6. 私人证券诉讼中的次要责任

（1）私人证券诉讼中的协助者和教唆者责任应依法恢复，过失标准为知情不当行为或轻率不当行为。

（2）如果相关控制人以合理谨慎行事，从而执行许多州遵守的《统一证券法》中规定的标准，则应修改控制人责任条款，以提供肯定的辩护。

（3）根据《证券法》，应放弃普通法中的雇主责任原则。

7. 夸大宣传、信念声明和前瞻性陈述

（1）在评估公司受托人的证券法披露义务时，应该废除夸大宣传的原则。

（2）PSLRA 对前瞻性陈述的保护应该受到限制。根据修订后的标准，前瞻性陈述将免于承担责任，除非原告证明该陈述是在重大过失或不诚信的情况下作出的。

（3）同样，关于信念声明，如果适用的陈述是面向未来的或无法以其他方式核实，则赔偿责任应以原告证明被告的行为有重大过失或不诚信为前提。

314　　**8. 联邦证券集体诉讼先占原则**

（1）除某些例外情况外，应保留《证券诉讼统一标准法案》（SLUSA）规定的联邦对全国交易证券的证券集体诉讼的先占原则。

（2）然而，SLUSA 先占原则不应适用于不能满足第 10（b）条长期要求的原告，因为他们既不是相关证券的买方也不是卖方。

（3）虽然 SLUSA 先占原则应要求涵盖的集体诉讼必须在联邦法院提起，但州法律索赔不应被优先权所取代。因此，国会应采取纠正行动，授权所涵盖的集体诉讼的原告在联邦法院提起的集体诉讼中，提出州法律索赔。

9. 经纪交易商和投资顾问

（1）关于证券仲裁，金融业监管局（FINRA）应该做到：扩大其仲裁员队伍，并在年龄、性别和种族方面实现更大多样性；对符合公共仲裁员资格的人员进行更严格的分类；提高支付给仲裁员的薪酬水平；需要更密集的仲裁员培训；加强仲裁员的强制性定期披露义务。

（2）尽管争议前仲裁协议应保持可执行性，但不应将其作为客户开户的强制性条件。相反，应根据争议前仲裁协议执行客户选择法院的制度。

（3）应修改《最佳利益监管条例》，要求经纪交易商必须监控零售客户的账户，除非客户书面承认经纪交易商没有此类义务。

（4）投资顾问对其客户的受托责任一直被以一种宽松的方式解释。例如，关于投资顾问收到的服务报酬，适用的标准应为合理性，并由该投资顾问承担举证责任，以确定其对所提供服务的报酬的合理性。因此，应拒绝采用目前过于宽松的"极不相称"的标准。

10. 损害赔偿上限

除非原告证明被告有知情不当行为，否则将适用损害赔偿上限原则。

（1）关于被告个人过失行为的金钱责任，损害赔偿应以该个人的以下金额中的较大者为上限：年总薪酬（包括股权激励收益）；聘用产生的费用和其他收入；或 10 万美元。

（2）一般来说，上市公司的责任上限应为以下两者中的较大者：100 万美元；或其市值的 2%。

（3）关于赔偿，应允许按照州法律的规定预付费用。然而，对于在结算中或根据不利判决支付的金额，只有在获得无利害关系股东的批准的情况下，才允许对公司高管和金融中介机构进行赔偿。外部董事将继续根据现行适用州法律规定的标准进行赔偿。

（八）内幕交易

美国有关内幕交易监管的证券法框架极其糟糕。不确定性和不一致性普遍存在，导致处境相似的人受到不同的待遇。为了纠正这种情况，国会应该制定全面的立法，明确且有意义地厘清内幕交易禁令的范围。

1. 要求公司披露所有重大信息

如本书其他部分所述，上市公司（无正当商业理由）应被要求在意识到此类信息的重大性后的一个工作日内，通过证券交易委员会备案和新闻稿（或其他适当的沟通形式）披露所有重大信息。在可报告事件发生和向美国证券交易委员会提交文件之间的时间间隔内，公司内部人士和其他有权获得相关信息的人将被禁止交易和泄露信息。执行这项授权将大大减少非法内幕交易的机会。

316　　2. 内幕交易预先通知

国会应制定一项法规，要求内部人士根据《证券交易法》第 16（a）条的规定，提前通知其在目标公司股权证券中的预期交易。此类预先通知将在向证券交易委员会提交的文件中做出，该文件将于当天在证券交易委员会的公开网站上公布。然后，知情人士将被允许在下一个工作日参与原本合法的预期交易。

3. 内幕交易计划修订

应废除证券交易委员会 10b5-1 规则。取而代之的是，国会应该立法，重点关注内幕交易计划的正当性。根据本书的建议，为了使内幕交易计划对非法内幕交易的指控构成有根据的辩护，需要采取并有效实施本文规定的若干实质性措施。

4. 废除《证券交易法》第 16（b）条

第 16（b）条已经失去了大部分效力，应该予以废除。遵守该法令已成为一个技术性强且繁琐的过程。由于证券交易委员会在其对第 16（b）条的解释中制造了漏洞，并且采用了符合该法规的惯例公司政策，第 16（b）条对非法内幕交易的威慑作用相对较小。如果本书中关于内幕交易的其他建议被采纳，这一主张尤其成立。

5. 采用全面准入原则

美国应制定与其他发达市场内幕交易法相一致的法律。

（1）应禁止那些能够接触到重大非公开信息的人就此类信息进行交易或向他人泄密。

（2）同样，那些知悉或有理由知悉其是直接或间接从知情人士处获取重大非公开信息的人，将受到内幕交易禁令的约束。

（3）准入原则应该是首选方法，其支持证券市场的完整性、公平感知和有 317
效执行。

（九）合并与收购

1. 联邦法律应管辖并购环境中的实质性问题

对于在国家证券交易所上市的公司，联邦法律应管辖并购环境中出现的实质性问题。联邦政府会对国家和国际政策产生影响，因此应该是主要的监管机构。

2. 披露实益所有权

应修订联邦证券法，要求实益拥有《证券交易法》报告公司股权证券 3%以上的任何个人（或团体）必须在 24 小时内向证券交易委员会提交附表 13D，并在提交该附表 13D 后的一个工作日内禁止进一步累积其持有的股份。

3. 黄金降落伞

股东对批准黄金降落伞协议的投票应该是有约束力的，而不是咨询性的。该投票应在为相关收购寻求股东批准时进行。因此，根据本章的提议，股东对高管薪酬和黄金降落伞协议的话语权应以类似的方式处理。

4. 绿票讹诈

为了让目标公司支付绿票讹诈金，应要求股东批准拟支付的款项及其条款。

5. 收购方股东

由于各州在并购交易中忽视了为收购公司的股东提供有意义的话语权，因此在这种情况下，股东投票权的联邦化是恰当的。根据这一建议，涉及全国上市公司的并购交易通常占公司净资产的 20% 或以上，将被视为"特殊"交易。 318
除了被收购公司的股东交出其股份或投票批准外，还需要公开持有（直接或间接）收购方的大多数已发行股份（前提是满足 20% 的门槛）来批准该交易。因此，这项建议将在三角合并、要约收购和类似类型的交易中授予这些股东投票权。

6. 废除州接管法规

对于监管证券在全国交易的公司，应实行联邦优先于州收购法规的原则。即使一项特定的州法规可能被视为对股东、证券市场和公共利益有利，该决定也应由国会作出，而不是由各州根据自己的议程行事。

7. 必须要约收购的持股门槛

（1）应执行证券交易委员会咨询委员会关于要约收购的报告中提出的建议，即在个人收购相关发行人已发行证券的20%（或15%）的投票权后，只能从发行人处或根据要约收购进行额外购买。

（2）应禁止部分要约，从而要求必须对所有已发行的投票权股份进行要约收购。

8. 收购要约应对措施

涉及国家和全球公司的收购政策不应属于州公司法的管辖范围。相反，联邦政府应该确定接管领域防御措施合法性的范围。

（1）当董事会试图采取实质性策略来抵御潜在的和正在进行的收购要约，或吸引友好的收购方时，目标公司的股东应有权投票批准所请求的行动。这种方法既适用于抵御不受欢迎的收购方而采取的防御策略，也适用于谈判交易中对追求者的锁定，并且支持股东赋权，从而协调上市公司的所有权和控制权分离。

（2）这一建议的方法强调对现任董事会倾向于实施的防御策略进行预先规划，并在第三方发起收购要约之前获得股东批准。

（3）为了帮助确保股东更好地了解情况，拥有最大比例投票权的普通股的股东（或团体）应有权在公司关于预期策略的披露声明中表明其立场（设有适当的字数限制）。

（4）商业判断规则在要约收购环境中的并不适用。对于已获得股东批准的可能使用的策略，目标公司的董事会必须就其部署采取合理行动，要求此类部署符合公司和股东的最佳利益。

（十）证券交易委员会

在过去的几十年里，证券交易委员会对积极执行联邦证券法的热情及其保护投资者的主要使命已经消散。这一失败要求采取强有力的措施来改善目前无法接受的局势。

1. 未能采用可接受的持续披露框架

根据《萨班斯—奥克斯利法案》，国会指示证券交易委员会颁布《证券交易法》报告公司的现行披露框架。该委员会没有采用与其他发达市场类似的披露标准，即（在没有正当商业理由的情况下）必须公开和及时披露所有重大信息，而是在表 8-K 中规定了额外的披露项目。因此，仍然存在重大漏洞，这使得目标公司能够避免及时披露重大信息。这一明显的缺陷应该通过证券交易委员会采用与其他发达市场一致的持续披露框架来弥补。

2. 不当隔绝公司及内部人士受追究于责任   320

证券交易委员会根据联邦证券法主动限制了目标公司及其内部人士的责任风险。对于一个负责保护投资者的监管机构来说，这种行为是不可接受的。该委员会核准的应予撤销的行动包括：

（1）报告公司及其内部人士不受第 10（b）条责任的影响，因为他们没有披露表 8-K 中的特定项目，即使是故意伤害投资者和实施欺诈。

（2）对于证券交易委员会要求的《证券交易法》报告公司所提交的文件中，对某些信息采用"提交"与"提供"的区别。根据《证券法》第 11 条和《证券交易法》第 18（a）条，通过选择"提供"而不是"提交"相关文件，公司和其他被告可以避免承担私人责任。

3. 强制执行政策、实践和优先级

证券交易委员会的一些执法政策、实践和优先级被误导了，应该予以纠正。应采取以下措施来弥补这些不足：

（1）只有当收益的很大一部分将分配给不当行为的受害者时，通常才应该对公司和其他企业处以罚款。

（2）证券交易委员会频繁向大型金融公司授予豁免资格条款的做法应经过彻底审查，并采取透明、平衡且有限政策。

（3）当证券交易委员会实施制裁时，无论金融公司规模大小都应该得到同等对待。应该避免对大型金融公司及其内部人士的过度偏袒。

（4）证券交易委员会应更积极地行使其法定权力，对大型上市公司和大型金融公司的高管和董事采取有合理执法行动。

4. 拒绝执行法定指令

证券交易委员会经常拒绝执行国会制定的指令。作为一个负责遵守法定任务的行政机构，这种固执行为是不可接受的。这种不作为可以被描述为不适当地放弃行使其行政职权。证券交易委员会应迅速和忠实地执行这些国会指示。示例包括以下内容：

（1）根据《多德—弗兰克法案》，国会责成证券交易委员会颁布了几项规则，其中一些规则证券交易委员会迄今拒绝通过。证券交易委员会应迅速通过这些国会授权的规则。

（2）尽管根据《萨班斯—奥克斯利法案》的规定，证券交易委员会于2003年通过了《律师职业行为标准》，但在这些标准通过后的近20年里，美国证券交易所没有因律师涉嫌未遵守该标准而提起过任何诉讼。因此，证券交易委员会应酌情援引这些标准。

（3）证券交易委员会拒绝援引《证券交易法》中的控制人条款来追究高管和董事的责任。由于这项规定在金融危机期间随时可用，证券交易委员会甚至一次都没有对董事或高管使用过这项规定。显然，证券交易委员会应该大力采用这一重要的强制措施。

（4）作为一个执法机构，证券交易委员会应遵守国会指令，尽职尽责地履行其法定权力。

5. 重组证券交易委员会

证券交易委员会作为投资公众守护者和强硬执法者的传统形象已被逐渐弱

化。证券交易委员会软弱无能，惮于追究大型上市公司和大型金融公司的高管。尽管证券交易委员会人员的旋转门被认为是导致其力量式微的原因之一，但解决问题的关键仍在于该委员会的组成。证券交易委员会委员的重组应通过以下方式完成：

（1）应修订联邦证券法，将委员会的成员从 5 人增加到 7 人。

（2）来自同一政党的委员不得超过 4 名，由总统指定委员担任证券交易委员会主席。

（3）委员会应由以下各一人组成：来自律师事务所、上市公司或注册金融公司的人员；在上市公司会计监督委员会（PCAOB）注册的会计师事务所的人员；在证券集体诉讼中代表投资者的律师事务所的人员；学术界或政府人员；管理公共养老金计划的机构投资者人员；一个非营利组织人员，该组织成员至少由数万名在证券市场投资的美国人组成；一个成员是上市公司雇员的组织。

（4）尽管上述分类可能会在一定程度上有所调整，但它们应保留其对具有不同观点的合格个人的规定，这些个人来自其成员、客户或业务与证券法或证券市场有关的组织。这些规定中应包括的主要考虑因素是性别和种族多样性。

三、结　论

本书中提出的分析和建议有望对立法者、政策制定者、执业律师、学者和学生产生助益。据我所知，本书是自几十年前美国法律协会对证券法进行的重述以来，首次"反思"证券法。这是一项充满挑战的任务，能带给挑战者无尽的动力。尽管本书提出的一些建议可能会遭到反对，但事实仍然是现行框架的许多方面都是不可接受的。因此，本书锚定了这些存在问题的领域，分析了它们的缺陷，并提出了改善现有缺陷的解决思路。随着本书建议的采纳和实施，美国证券框架应变得更加透明、公平，并且以投资者为导向，而不会给合法的商业行为造成不当负担。毕竟，美国证券市场在效率、透明度和诚信度方面的地位应该是首屈一指的，恰如本书所期盼的，这种显著的优越性应该延续下去。

索　引

为了便利数字用户，跨两个页面（例如 52—53）的索引术语有时可能只出现在其中一个页面上。

图书在版编目(CIP)数据

反思证券法 / (美) 马克·斯坦伯格
(Marc I. Steinberg) 著;林少伟,唐林垚译. -- 上海:
上海人民出版社, 2025. -- ISBN 978-7-208-18992-8

Ⅰ. D971.222.8

中国国家版本馆 CIP 数据核字第 2024S4P553 号

责任编辑　　夏红梅
封面设计　　一本好书

反思证券法

[美]马克·斯坦伯格　著

林少伟　唐林垚　译

沈彦希　孙光亮　校

出　　版　上海人民出版社
　　　　　（201101　上海市闵行区号景路 159 弄 C 座）
发　　行　上海人民出版社发行中心
印　　刷　上海商务联西印刷有限公司
开　　本　720×1000　1/16
印　　张　21
插　　页　2
字　　数　317,000
版　　次　2025 年 1 月第 1 版
印　　次　2025 年 1 月第 1 次印刷
ISBN 978 - 7 - 208 - 18992 - 8/D·4346
定　　价　88.00 元